José de Acosta

Historia natural y moral de las Indias

Edición de Francisco Mateos

Barcelona **2022**
linkgua-digital.com

Créditos

Título original: Historia natural y moral de las Indias.

© 2022, Red ediciones S.L.

e-mail: info@linkgua.com

Diseño de cubierta: Mario Eskenazi.

ISBN rústica: 978-84-9953-970-6.
ISBN ebook: 978-84-9953-969-0.

Cualquier forma de reproducción, distribución, comunicación pública o transformación de esta obra solo puede ser realizada con la autorización de sus titulares, salvo excepción prevista por la ley. Diríjase a CEDRO (Centro Español de Derechos Reprográficos, www.cedro.org) si necesita fotocopiar o escanear algún fragmento de esta obra.

Sumario

Créditos _____ 4

Historia natural y moral de las Indias _____ 15
   A la serenísima infanta doña Isabel Clara Eugenia de Austria _____ 15

Proemio al lector _____ 17

Libro primero _____ 19
   Capítulo I. De la opinión que algunos autores tuvieron, que el cielo no se extendía al nuevo mundo _____ 19
   Capítulo II. Que el cielo es redondo por todas partes, y se mueve en torno de sí mismo _____ 21
   Capítulo III. Que la Sagrada Escritura nos da a entender que la tierra está en medio del mundo _____ 24
   Capítulo IV. En que se responde a lo que se alega de la Escritura contra la redondez del cielo _____ 28
   Capítulo V. De la hechura y gesto del cielo del nuevo mundo _____ 29
   Capítulo VI. Que el mundo hacia ambos polos tiene tierra y mar _____ 30
   Capítulo VII. En que se reprueba la opinión de Lactancio, que dijo no haber Antípodas _____ 33
   Capítulo VIII. Del motivo que tuvo San Agustín para negar los Antípodas ___ 35
   Capítulo IX. De la opinión que tuvo Aristóteles cerca del Nuevo Mundo, y qué es lo que le engañó para negarle _____ 37
   Capítulo X. Que Plinio y los más de los antiguos sintieron lo mismo que Aristóteles ___ 41
   Capítulo XI. Que se halla en los antiguos alguna noticia de este Nuevo Mundo ___ 43
   Capítulo XII. Qué sintió Platón de esta India occidental _____ 46
   Capítulo XIII. Que algunos han creído que en las Divinas Escrituras Ofir signifique este nuestro Perú _____ 47
   Capítulo XIV. Qué significan en la Escritura Tarsis y Ofir _____ 49
   Capítulo XV. De la profecía de Abdías que algunos declaran de estas Indias ___ 51

Capítulo XVI. De qué modo pudieron venir a Indias los primeros hombres, y que no navegaron de propósito a estas partes _____53

Capítulo XVII. De la propiedad y virtud admirable de la piedra imán para navegar; y que los antiguos no la conocieron _____57

Capítulo XVIII. En que se responde a los que sienten haberse navegado antiguamente el océano, como ahora _____60

Capítulo XIX. Que se puede pensar, que los primeros pobladores de Indias aportaron a ellas echados de tormenta, y contra su voluntad _____60

Capítulo XX. Que con todo eso es más conforme a buena razón pensar que vinieron por tierra los primeros pobladores de Indias _____62

Capítulo XXI. En qué manera pasaron bestias y ganados a las tierras de Indias _____65

Capítulo XXII. Que no pasó el linaje de indios por la isla Atlántida, como algunos imaginan _____68

Capítulo XXIII. Que es falsa la opinión de muchos, que afirman venir los indios de el linaje de los judíos _____70

Capítulo XXIV. Por qué razón no se puede averiguar bien el origen de los indios _____72

Capítulo XXV. Qué es lo que los indios suelen contar de su origen _____73

Libro segundo _____75

Capítulo I. Qué se ha de tratar de la naturaleza de la equinoccial _____75

Capítulo II. Qué les movió a los antiguos a tener por cosa sin duda que la tórrida era inhabitable _____75

Capítulo III. Que la tórrida zona es humedísima; y que en esto se engañaron mucho los antiguos _____76

Capítulo IV. Que fuera de los trópicos es al revés que en la tórrida, y así hay más aguas cuando el Sol se aparta más _____78

Capítulo V. Que dentro de los trópicos las aguas son en el estío o tiempo de calor; y de la cuenta del verano e invierno _____79

Capítulo VI. Que la tórrida tiene gran abundancia de aguas y pastos, por más que Aristóteles lo niegue _____80

Capítulo VII. Trátase la razón por qué el Sol fuera de los trópicos, cuando más dista, levanta aguas, y dentro de ellos al revés, cuando está más cerca _____83

Capítulo VIII. En qué manera se haya de entender lo que se dice de la tórrida zona _____86

Capítulo IX. Que la tórrida no es en exceso caliente, sino moderadamente caliente _____87

Capítulo X. Que el calor de la tórrida se templa con la muchedumbre de lluvias y con la brevedad de los días _____ 88

Capítulo XI. Que fuera de las dichas hay otras causas de ser la tórrida templada, y especialmente la vecindad del mar océano _____ 90

Capítulo XII. Que las tierras más altas son más frías, y qué sea la razón de esto _____ 91

Capítulo XIII. Que la principal causa de ser la tórrida templada son los vientos frescos 93

Capítulo XIV. Que en la región de la equinoccial se vive vida muy apacible _____ 95

Advertencia al lector _____ **97**

Libro tercero _____ **99**

Capítulo I. Que la historia natural de cosas de las Indias es apacible y deleitosa _____ 99

Capítulo II. De los vientos y sus diferencias y propiedades y causas en general _____ 100

Capítulo III. De algunas propiedades de vientos que corren en el nuevo orbe _____ 103

Capítulo IV. Que en la tórrida zona corren siempre brisas, y fuera de ella vendavales y brisas _____ 105

Capítulo V. De las diferencias de brisas y vendavales con los demás vientos _____ 108

Capítulo VI. Qué sea la causa de hallarse siempre viento de oriente en la tórrida para navegar _____ 111

Capítulo VII. Por qué causa se hallan más ordinarios vendavales saliendo de la tórrida a más altura _____ 114

Capítulo VIII. De las excepciones que se hallan en la regla ya dicha, y de los vientos y calmas que hay en mar y tierra _____ 115

Capítulo IX. De algunos efectos maravillosos de vientos en partes de Indias _____ 116

Capítulo X. Del océano, que rodea las Indias, y de la mar del norte y del sur _____ 121

Capítulo XI. Del estrecho de Magallanes: cómo se pasó por la banda del sur _____ 123

Capítulo XII. Del estrecho que algunos afirman haber en la Florida _____ 125

Capítulo XIII. De las propiedades del estrecho de Magallanes _____ 126

Capítulo XIV. Del flujo y reflujo del mar océano en Indias _____ 128

Capítulo XV. De diversos pescados y modos de pescar de los indios _____ 130

Capítulo XVI. De las lagunas y lagos que se hallan en Indias _____ 133

Capítulo XVII. De diversas fuentes y manantiales _____ 136

Capítulo XVIII. De ríos _____ 137

Capítulo XIX. De la cualidad de la tierra de Indias en general _____ 139

Capítulo XX. De las propiedades de la tierra del Perú _____ 142

Capítulo XXI. De las causas que dan de no llover en los llanos _____ 144

Capítulo XXII. De la propiedad de Nueva España y islas y las demás tierras _____ 146

Capítulo XXIII. De la tierra que se ignora y de la diversidad de un día entero entre orientales y occidentales _____ 147

Capítulo XXIV. De los volcanes o bocas de fuego _____ 150

Capítulo XXV. Qué sea la causa de durar tanto tiempo el fuego y humo de estos volcanes _____ 151

Capítulo XXVI. De los temblores de tierra _____ 153

Capítulo XXVII. Cómo se abrazan la tierra y la mar _____ 155

Libro cuarto _____ 157

Capítulo I. De tres géneros de mixtos que se han de tratar en esta Historia _____ 157

Capítulo II. De la abundancia de metales que hay en las Indias occidentales _____ 158

Capítulo III. De la cualidad de la tierra donde se hallan metales; y que no se labran todos en Indias; y de cómo usaban los indios de los metales _____ 160

Capítulo IV. Del oro que se labra en Indias _____ 162

Capítulo V. De la plata de Indias _____ 165

Capítulo VI. Del cerro de Potosí y de su descubrimiento _____ 167

Capítulo VII. De la riqueza que se ha sacado y cada día se va sacando del cerro de Potosí _____ 170

Capítulo VIII. Del modo de labrar las minas de Potosí _____ 173

Capítulo IX. Cómo se beneficia el metal de plata _____ 176

Capítulo X. De las propiedades maravillosas del azogue _____ 177

Capítulo XI. Dónde se halla el azogue, y cómo se descubrieron sus minas riquísimas en Guancavelica _____ 179

Capítulo XII. Del arte que se saca el azogue, y beneficia con él la plata _____ 182

Capítulo XIII. De los ingenios para moler metales, y del ensaye de la plata _____ 185

Capítulo XIV. De las esmeraldas _____ 187

Capítulo XV. De las perlas _____ 188

Capítulo XVI. Del pan de Indias y del maíz _____ 190

Capítulo XVII. De las yucas, y cazavi, y papas y chuño, y arroz _____ 193

Capítulo XVIII. De diversas raíces que se dan en Indias _____ 195

Capítulo XIX. De diversos géneros de verduras y legumbres; y de los que llaman pepinos, y piñas, y frutilla de Chile, y ciruelas _____ 196

Capítulo XX. Del ají o pimienta de las Indias _____ 198

Capítulo XXI. Del plátano _____ 199

Capítulo XXII. Del cacao y de la coca _____ 201

Capítulo XXIII. Del magüey, del tunal, de la grana, del añil y algodón _____ 203

Capítulo XXIV. De los mameyes y guayabos y paltos _____ 205

Capítulo XXV. Del chicozapote y de las anonas y de los capolíes _____ 206

Capítulo XXVI. De diversos géneros de frutales; y de los cocos y almendras de andes y almendras de chachapoyas _____ 207

Capítulo XXVII. De diversas flores y de algunos árboles que solamente dan flores, y cómo los indios las usan _____ 209

Capítulo XXVIII. Del bálsamo _____ 211

Capítulo XXIX. Del liquidámbar y otros aceites y gomas y drogas, que se traen de Indias _____ 212

Capítulo XXX. De las grandes arboledas de Indias y de los cedros y ceibas y otros árboles grandes _____ 214

Capítulo XXXI. De las plantas y frutales que se han llevado de España a las Indias _____ 216

Capítulo XXXII. De uvas viñas y olivas y moreras y cañas de azúcar _____ 218

Capítulo XXXIII. De los ganados ovejuno y vacuno _____ 220

Capítulo XXXIV. De algunos animales de Europa que hallaron los españoles en Indias, y cómo hayan pasado _____ 222

Capítulo XXXV. De aves que hay de acá, y cómo pasaron allá en Indias _____ 224

Capítulo XXXVI. Cómo sea posible haber en Indias animales que no hay en otra parte del mundo _____ 225

Capítulo XXXVII. De aves propias de Indias _____ 226

Capítulo XXXVIII. De animales de monte _____ 229

Capítulo XXXIX. De los micos o monos de Indias _____ 230

Capítulo XL. De las vicuñas y tarugas del Perú _____ 232

Capítulo XLI. De los pacos y guanacos y carneros del Perú _____ 233

Capítulo XLII. De las piedras bezaares _____ 236

Libro quinto _____ 239

Prólogo a los libros siguientes _____ 239

Capítulo I. Que la causa de la idolatría ha sido la soberbia y envidia del demonio ___240
Capítulo II. De los géneros de idolatrías que han usado los indios ___242
Capítulo III. Que en los indios hay algún conocimiento de Dios ___243
Capítulo IV. Del primer género de idolatría de cosas naturales y universales ___244
Capítulo V. De la idolatría que usaron los indios con cosas particulares ___247
Capítulo VI. De otro género de idolatría con los difuntos ___250
Capítulo VII. De las supersticiones que usaban con los muertos ___252
Capítulo VIII. Del uso de mortuorios que tuvieron los mexicanos y otras naciones ___253
Capítulo IX. Del cuarto y último género de idolatría que usaron los indios con imágenes y estatuas, especialmente los mexicanos ___255
Capítulo X. De un extraño modo de idolatría que usaron los mexicanos ___259
Capítulo XI. De cómo el demonio ha procurado asemejarse a Dios en el modo de sacrificios y religión y sacramentos ___260
Capítulo XII. De los templos que se han hallado en las Indias ___261
Capítulo XIII. De los soberbios templos de México ___262
Capítulo XIV. De los sacerdotes y oficios que hacían ___265
Capítulo XV. De los monasterios de doncellas que inventó el demonio para su servicio ___266
Capítulo XVI. De los monasterios de religiosos que tiene el demonio para su superstición ___268
Capítulo XVII. De las penitencias y asperezas que han usado los indios por persuasión del demonio ___270
Capítulo XVIII. De los sacrificios que al demonio hacían los indios, y de qué cosas ___272
Capítulo XIX. De los sacrificios de hombres que hacían ___275
Capítulo XX. De los sacrificios horribles de hombres que usaron los mexicanos ___276
Capítulo XXI. De otro género de sacrificios de hombres que usaban los mexicanos ___279
Capítulo XXII. Como ya los mismos indios estaban cansados, y no podían sufrir las crueldades de sus dioses ___281
Capítulo XXIII. Cómo el demonio ha procurado remedar los sacramentos de la santa Iglesia ___283
Capítulo XXIV. De la manera con que el demonio procuró remedar la fiesta de Corpus Christi, y comunión que usa la santa Iglesia ___284
Capítulo XXV. De la confesión y confesores que usaban los indios ___287
Capítulo XXVI. De la unción abominable que usaban los sacerdotes mexicanos y otras naciones, y de sus hechiceros ___290

Capítulo XXVII. De otras ceremonias y ritos de los indios, a semejanza de los nuestros _____ 294

Capítulo XXVIII. De algunas fiestas que usaron los del Cuzco, y cómo el demonio quiso también imitar el misterio de la Santísima Trinidad _____ 296

Capítulo XXIX. De la fiesta del jubileo que usaron los mexicanos _____ 300

Capítulo XXX. De la fiesta de los mercaderes que usaron los Cholutecas _____ 305

Capítulo XXXI. Qué provecho se ha de sacar de la relación de las supersticiones de los indios _____ 308

Libro sexto _____ 311

Capítulo I. Que es falsa la opinión de los que tienen a los indios por hombres faltos de entendimiento _____ 311

Capítulo II. Del modo de cómputo y calendario que usaban los mexicanos _____ 312

Capítulo III. Del modo de contar los años y meses que usaron los Incas _____ 314

Capítulo IV. Que ninguna nación de indios se ha descubierto que use de letras ____ 315

Capítulo V. Del género de letras y libros que usan los chinos _____ 316

Capítulo VI. De las universidades y estudios de la China _____ 318

Capítulo VII. Del modo de letras y escritura que usaron los mexicanos _____ 319

Capítulo VIII. De los memoriales y cuentas que usaron los indios del Perú ____ 322

Capítulo IX. Del orden que guardan en sus escrituras los indios _____ 324

Capítulo X. Cómo enviaban los indios sus mensajeros _____ 324

Capítulo XI. Del gobierno y reyes que tuvieron _____ 325

Capítulo XII. Del gobierno de los reyes Incas del Perú _____ 326

Capítulo XIII. De la distribución que hacían los Incas de sus vasallos _____ 328

Capítulo XIV. De los edificios y orden de fábricas de los Incas _____ 329

Capítulo XV. De la hacienda del Inga, y orden de tributos que impuso a los indios __ 330

Capítulo XVI. De los oficios que aprendían los indios _____ 333

Capítulo XVII. De las postas y chasquis que usaba el Inga _____ 334

Capítulo XVIII. De las leyes y justicia y castigo que los Incas pusieron y de sus matrimonios _____ 335

Capítulo XIX. Del origen de los Incas, señores del Perú, y de sus conquistas y victorias _____ 337

Capítulo XX. Del primer Inga y de sus sucesores _____ 339

Capítulo XXI. De Pachacuti Inga Yupangui, y lo que sucedió hasta Guaynacapa ___ 340

Capítulo XXII. Del principal Inga llamado Guaynacapa _____ 342

Capítulo XXIII. De los últimos sucesores de los Incas _343
Capítulo XXIV. Del modo de república que tuvieron los mexicanos _344
Capítulo XXV. De los diversos dictados y órdenes de los mexicanos _346
Capítulo XXVI. Del modo de pelear de los mexicanos y de las órdenes militares que tenían_347
Capítulo XXVII. Del cuidado grande y policía que tenían los mexicanos en criar la juventud _348
Capítulo XXVIII. De los bailes y fiestas de los indios _350

Libro séptimo _**353**
  Capítulo I. Que importa tener noticias de los hechos de los indios, mayormente de los mexicanos _353
  Capítulo II. De los antiguos moradores de la Nueva España, y cómo vinieron a ella los Navatlacas _354
  Capítulo III. Cómo los seis linajes Navatlacas poblaron la tierra de México _356
  Capítulo IV. De la salida de los mexicanos, y camino y población de Mechoacán _358
  Capítulo V. De lo que les sucedió en Malinalco y en Tula y en Chapultepec_360
  Capítulo VI. De la guerra que tuvieron con los de Culhuacán _362
  Capítulo VII. De la fundación de México_363
  Capítulo VIII. Del motín de los de Tlatellulco, y del primer rey que eligieron los mexicanos _365
  Capítulo IX. Del extraño tributo que pagaban los mexicanos a los de Azcapuzalco_368
  Capítulo X. Del segundo rey y de lo que sucedió en su reinado _370
  Capítulo XI. Del tercero rey Chimalpopoca y de su cruel muerte, y ocasión de la guerra que hicieron los mexicanos_371
  Capítulo XII. Del cuarto rey Izcoalt, y de la guerra contra los Tepanecas _374
  Capítulo XIII. De la batalla que dieron los mexicanos a los Tepanecas, y de la gran victoria que alcanzaron _377
  Capítulo XIV. De la guerra y victoria que tuvieron los mexicanos de la ciudad de Cuyoacán_379
  Capítulo XV. De la guerra y victoria que hubieron los mexicanos de los Suchimilcos_380
  Capítulo XVI. Del quinto rey de México, llamado Motezuma, primero de este nombre383
  Capítulo XVII. Que Tlacaellel no quiso ser rey, y de la elección y sucesos de Tizocic 385
  Capítulo XVIII. De la muerte de Tlacaellel y hazañas de Ajayaca, séptimo rey de México _387

Capítulo XIX. De los hechos de Autzol, octavo rey de México _____389
Capítulo XX. De la elección del gran Motezuma, último rey de México _____391
Capítulo XXI. Cómo ordenó Motezuma el servicio de su casa, y la guerra que hizo para coronarse _____393
Capítulo XXII. De las costumbres y grandezas de Motezuma _____395
Capítulo XXIII. De los presagios y prodigios extraños que acaecieron en México, antes de fenecerse su imperio _____396
Capítulo XXIV. De la nueva que tuvo Motezuma de los españoles que habían aportado a su tierra, y de la embajada que les envió _____401
Capítulo XXV. De la entrada de los españoles en México _____404
Capítulo XXVI. De la muerte de Motezuma y salida de los españoles de México____406
Capítulo XXVII. De algunos milagros que en las Indias ha obrado Dios en favor de la Fe, sin méritos de los que los obraron _____409
Capítulo XXVIII. De la disposición que la divina providencia ordenó en Indias para la entrada en la religión cristiana en ellas_____ 412

Libros a la carta_____**419**

Historia natural y moral de las Indias
José de Acosta

A la serenísima infanta doña Isabel Clara Eugenia de Austria
SEÑORA
Habiéndome, la Majestad del Rey, nuestro Señor, dado licencia de ofrecer a V. A. esta pequeña obra, intitulada Historia natural y moral de las Indias, no se me podrá atribuir a falta de consideración querer ocupar el tiempo, que en cosas de importancia Vuestra Alteza tan santamente gasta, divirtiéndola a materias, que por tocar en Filosofía son algo oscuras, y por ser de gentes bárbaras no parecen a propósito. Mas porque el conocimiento y especulación de cosas naturales, mayormente si son notables y raras, causa natural gusto y deleite en entendimientos delicados, y la noticia de costumbres y hechos extraños también con su novedad aplace, tengo para mí, que para Vuestra Alteza podrá servir de un honesto y útil entretenimiento, darle ocasión de considerar en obras que el Altísimo ha fabricado en la máquina de este Mundo, especialmente en aquellas partes que llamamos Indias, que por ser nuevas tierras dan más que considerar, y por ser de nuevos vasallos, que el Sumo Dios dio a la Corona de España, no es del todo ajeno, ni extraño su conocimiento.

Mi deseo es que V. A. algunos ratos de tiempo se entretenga con esta lectura, que por eso va en vulgar; y si no me engaño, no es para entendimientos vulgares, y podrá ser, que, como en otras cosas, así en ésta, mostrando gusto Vuestra Alteza sea favorecida esta obrilla, para que por tal medio también el Rey, nuestro Señor, huelgue de entretener alguna vez el tiempo con la relación y consideración de cosa y gentes que a su Real Corona tanto tocan, a cuya Majestad dediqué otro libro, que de la predicación evangélica de aquellas Indias compuse en latín. Y todo ello deseo que sirva para que con la noticia de lo que Dios nuestro Señor repartió, y depositó de sus tesoros en aquellos Reinos, sean las gentes de ellos más ayudadas y favorecidas de estas de acá, a quien su divina y alta Providencia las tiene encomendadas.

Suplico a V. A. que si en algunas partes esta obrilla no pareciere tan apacible, no deje de pasar los ojos por las demás, que podrá ser, que unas u otras sean de gusto, y siéndolo, no podrán dejar de ser de provecho, y muy grande, pues este favor será en bien de gentes y tierras tan necesitadas de él. Dios nuestro Señor guarde y prospere a V. A. muchos años, como sus siervos cotidiana y afectuosamente lo suplicamos a su Divina Majestad. Amén. En Sevilla, primero de marzo de mil y quinientos y noventa años.

JOSEPH DE ACOSTA

Proemio al lector
Del nuevo mundo e Indias Occidentales han escrito muchos autores diversos libros y relaciones, en que dan noticia de las cosas nuevas y extrañas, que en aquellas partes se han descubierto, y de los hechos y sucesos de los españoles que las han conquistado y poblado. Mas hasta ahora no he visto autor que trate de declarar las causas y razón de tales novedades y extrañezas de naturaleza, ni que haga discurso o inquisición en esta parte; ni tampoco he topado libro cuyo argumento sea los hechos e historia de los mismos indios antiguos y naturales habitadores del nuevo orbe.

A la verdad ambas cosas tienen dificultad no pequeña. La primera, por ser cosas de naturaleza, que salen de la Filosofía antiguamente recibida y platicada; como es ser la región que llaman tórrida muy húmeda, y en partes muy templada; llover en ella cuando el Sol anda más cerca, y otras cosas semejantes. Y los que han escrito de Indias Occidentales no han hecho profesión de tanta Filosofía, ni aun los más de ellos han hecho advertencia en tales cosas. La segunda, de tratar los hechos e historia propia de los indios, requería mucho trato y muy intrínseco con los mismos indios, del cual carecieron los más que han escrito de Indias; o por no saber su lengua, o por no cuidar de saber sus antigüedades; así se contentaron con relatar algunas de sus cosas superficiales.

Deseando, pues, yo tener alguna más especial noticia de sus cosas, hice diligencia con hombres prácticos y muy versados en tales materias, y de sus pláticas y relaciones copiosas pude sacar lo que juzgué bastar para dar noticia de las costumbres y hechos de estas gentes. Y en lo natural de aquellas tierras y sus propiedades con la experiencia de muchos años, y con la diligencia de inquirir, discurrir y conferir con personas sabias y expertas; también me parece que se me ofrecieron algunas advertencias que podrían servir y aprovechar a otros ingenios mejores, para buscar la verdad, o pasar más adelante, si les pareciese bien lo que aquí hallasen.

Así que aunque el mundo nuevo ya no es nuevo, sino viejo, según hay mucho dicho, y escrito de él, todavía me parece que en alguna manera se podrá tener esta Historia por nueva, por ser juntamente Historia, y en parte Filosofía, y por ser no solo de las obras de naturaleza, sino también de las del libre albedrío, que son los hechos y costumbres de hombres. Por donde me pareció darle nombre de Historia natural y moral de las Indias, abrazando con este intento ambas cosas.

En los dos primeros libros se trata, lo que toca al Cielo, temperamento y habitación de aquel orbe; los cuales libros yo había primero escrito en latín, y ahora los he traducido usando más de la licencia de autor que de la obligación de intérprete, por acomodarme mejor a aquellos a quien se escribe en vulgar. En los otros dos libros siguientes se trata, lo que de elementos y mixtos naturales, que son metales, plantas y animales, parece notable en Indias. De los hombres y de sus hechos (quiero decir de los mismos indios, y de sus ritos, y costumbres, y gobierno, y guerras, y sucesos) refieren los demás libros, lo que se ha podido averiguar, y parece digno de relación. Cómo se hayan sabido los sucesos y hechos antiguos de indios, no teniendo ellos escritura como nosotros, en la misma Historia se dirá, pues no es pequeña parte de sus habilidades haber podido y sabido conservar sus antiguallas, sin usar ni tener letras algunas.

El fin de este trabajo es, que por la noticia de las obras naturales que el autor tan sabio de toda naturaleza ha hecho, se le dé alabanza y gloria al altísimo Dios, que es maravilloso en todas partes; y por el conocimiento de las costumbres y cosas propias de los indios, ellos sean ayudados a conseguir y permanecer en la gracia de la alta vocación del Santo Evangelio, al cual se dignó en el fin de los siglos traer gente tan ciega, el que alumbra desde los montes altísimos de su eternidad. Ultra de eso podrá cada uno para sí sacar también algún fruto, pues por bajo que sea el sujeto, el hombre sabio saca para sí sabiduría; y de los más viles y pequeños animalejos se puede tirar muy alta consideración y muy provechosa filosofía.

Solo resta advertir al lector que los dos primeros libros de esta Historia o discurso se escribieron estando en el Perú, y los otros cinco después en Europa, habiéndome ordenado la obediencia volver por acá, Y así los unos hablan de las cosas de Indias como de cosas presentes, y los otros como de cosas ausentes. Para que esta diversidad de hablar no ofenda, me pareció advertir aquí la causa.

Libro primero

Capítulo I. De la opinión que algunos autores tuvieron, que el cielo no se extendía al nuevo mundo
Estuvieron tan lejos los antiguos de pensar que hubiese gentes en este nuevo mundo, que muchos de ellos no quisieron creer que había tierra de esta parte; y lo que es más de maravillar, no faltó quien también negase haber acá este cielo que vemos. Porque aunque es verdad que los más y los mejores de los filósofos sintieron, que el cielo era todo redondo, como en efecto, lo es, y que así rodeaba por todas partes la tierra, y la encerraba en sí; con todo eso, algunos, y no pocos, ni de los de menos autoridad entre los sagrados doctores, tuvieron diferente opinión, imaginando la fábrica de este mundo a manera de una casa, en la cual el techo que la cubre, solo la rodea por lo alto, y no la cerca por todas partes; dando por razón de esto, que de otra suerte estuviera la tierra en medio colgada del aire, que parece cosa ajena de toda razón. Y también que en todos los edificios vemos que el cimiento está de una parte, y el techo de otra contraria; y así, conforme a buena consideración, en este gran edificio del mundo, todo el cielo estará a una parte encima, y toda la tierra a otra diferente debajo.

El glorioso Crisóstomo, como quien se había más ocupado en el estudio de las letras sagradas, que no en el de las ciencias humanas,[1] muestra ser de esta opinión, haciendo donaire en sus comentarios sobre la epístola *ad Hebaeos*, de los que afirman, que es el cielo todo redondo, y parécele que la divina Escritura[2] quiere dar a entender otra cosa, llamando al cielo tabernáculo y tienda, o toldo que puso Dios. Y aún pasa allí el Santo[3] más adelante en decir, que no es el cielo el que se mueve y anda, sino que el Sol y la Luna y las estrellas son las que se mueven en el cielo, en la manera que los pájaros se mueven por el aire; y no como los filósofos piensan, que se revuelven con el mismo cielo, como los rayos con su rueda.

---

1 Chrisostomus, Hom. 14. et. 27. in Epist. ad Hebrae.
2 Hebrae. 8.
3 Ídem Crisost. Homil. 6.et. 13. in Genes. et Homil. 12. ad pop. Antioc.

Van con este parecer de Crisóstomo Teodoreto, autor grave, y Teofilacto,[4] como suele casi en todo. Y Lactancio Firmiano,[5] antes de todos los dichos, sintiendo lo mismo, no se acaba de reír y burlar de la opinión de los peripatéticos y académicos que dan al cielo figura redonda, y ponen la tierra en medio del mundo, porque le parece cosa de risa que esté la tierra colgada del aire, como está tocado. Por donde viene a conformarse más con el parecer de Epicuro, que dijo no haber otra cosa de la otra parte de la tierra, sino un caos y abismo infinito. Y aun parece tirar algo a esto lo que dice San Jerónimo,[6] escribiendo sobre la epístola a los efesios, por estas palabras: El filósofo natural pasa con su consideración lo alto del cielo; y de la otra parte del profundo de la tierra y abismos halla un inmenso vacío. De Procopio refieren[7] —aunque yo no lo he visto— que afirma sobre el libro del Génesis, que la opinión de Aristóteles cerca de la figura y movimiento circular del cielo, es contraria y repugnante a la divina Escritura.

Pero que sientan y digan los dichos autores cosas como éstas, no hay que maravillarnos; pues es notorio, que no se curaron tanto de las ciencias y demostraciones de filosofía, atendiendo a otros estudios más importantes. Lo que parece más de maravillar, es que, siendo San Agustín tan aventajado en todas las ciencias naturales, y que en la Astrología y en la Física supo tanto; con todo eso se queda siempre dudoso, y sin determinarse en si el cielo rodea la tierra de todas partes, o no. Qué se me da a mí, dice él,[8] que pensemos que el cielo, como una bola, encierre en sí la tierra de todas partes, estando ella en medio del mundo, como en el fiel, o que digamos que no es así, sino que cubre el cielo a la tierra por una parte solamente, como un plato grande que está encima. En el propio lugar donde dice lo referido, da a entender, y aún lo dice claro, que no hay demostración, sino solo conjeturas, para afirmar que el cielo es de figura redonda. Y allí y en otras partes[9] tiene por cosa dudosa el movimiento circular de los cielos.

---

4   Theodoretus et Theophilactus in cap. 8 ad Hebrae.
5   Lactant. lib. 3. divin. Instit. cap. 24.
6   Hieronymus in Epist. ad Ephesos. lib. 2. in cap. 4.
7   Sixtus Senensis, lib. 5. Biblioth, annot. 3
8   Augustin. lib. 2. de Genes. ad lit. cap. 9.
9   Augustin. in Psalm. 135.

No se ha de ofender nadie, ni tener en menos los santos doctores de la Iglesia, si en algún punto de la filosofía y ciencias naturales sienten diferentemente de lo que está más recibido y aprobado por buena filosofía; pues todo su estudio fue conocer, y servir y predicar al Criador, y en esto tuvieron grande excelencia. Y como empleados del todo en esto, que es lo que importa, no es mucho que en el estudio y conocimiento de las criaturas, no hayan todas veces por entero acertado. Harto más ciertamente son de reprender los sabios de este siglo, y filósofos vanos, que conociendo y alcanzando el ser y orden de estas criaturas, el curso y movimiento de los cielos, no llegaron los desventurados a conocer al Criador y Hacedor de todo esto; y ocupándose todos en estas hechuras, y obras de tanto primor, no subieron con el pensamiento a descubrir al Autor soberano, como la divina Sabiduría lo advierte;[10] o ya que conocieron al Criador y Señor de todo,[11] no le sirvieron, y glorificaron como debían, desvanecidos por sus invenciones, cosa que tan justamente les arguye y acusa el Apóstol.

Capítulo II. Que el cielo es redondo por todas partes, y se mueve en torno de sí mismo

Mas viniendo a nuestro propósito, no hay duda sino que lo que el Aristóteles y los demás peripatéticos, juntamente con los estoicos, sintieron,[12] cuanto a ser el cielo todo de figura redonda, y moverse circularmente y en torno, es puntualmente tanta verdad, que la vemos con nuestros ojos los que vivimos, en el Perú; harto más manifiesta por la experiencia, de lo que nos pudiera ser por cualquiera razón y demostración filosófica.

Porque para saber que el cielo es todo redondo, y que ciñe y rodea por todas partes la tierra, y no poner duda en ello, basta mirar desde este hemisferio aquella parte y región del cielo, que da vuelta a la tierra, la cual los antiguos jamás vieron. Basta haber visto y notado ambos a dos polos, en que el cielo se revuelve como en sus quicios, digo el polo ártico y septentrional, que ven los de Europa, y estotro antártico o austral —de que duda Agustino—,[13] cuando, pasada la línea equinoccial, trocamos el Norte con el Sur, acá en el Perú. Basta

---
10 Sap. 13.
11 Rom. 1.
12 Plutarchus de placitis Philos. lib. 2. cap. 2.
13 August. 2 l. de Gen. ad lit. c. 10.

finalmente haber corrido navegando más de sesenta grados de Norte a Sur, cuarenta de la una banda de la línea, y veintitrés de la otra banda; dejando por ahora el testimonio de otros que han navegado en mucha más altura, y llegado a casi sesenta grados al Sur.

¿Quién dirá que la nao Victoria, digna, cierto, de perpetua memoria, no ganó la victoria y triunfo de la redondez del mundo, y no menos de aquel tan vano vacío, y caos infinito que ponían los otros filósofos debajo de la tierra, pues dio vuelta al mundo, y rodeó la inmensidad del gran océano? ¿A quién no le parecerá que con este hecho mostró, que toda la grandeza de la tierra, por mayor que se pinte, está sujeta a los pies de un hombre, pues la pudo medir?

Así que, sin duda, es el cielo de redonda y perfecta figura, y la tierra, abrazándose con el agua, hacen un globo o bola cabal, que resulta de los dos elementos, y tiene sus términos y límites, su redondez y grandeza. Lo cual se puede bastantemente probar y demostrar por razones de filosofía y de astrología, y dejando aparte aquellas sutiles, que se alegan comúnmente de que al cuerpo más perfecto (cual es el cielo) se le debe la más perfecta figura, que, sin duda, es la redonda: de que el movimiento circular no puede ser igual y firme, si hace esquina en alguna parte y se tuerce, como es forzoso si el Sol y Luna y estrellas no dan vuelta redonda al mundo. Mas dejando esto aparte, como digo, paréceme a mí que sola la Luna debe bastar, en este caso, como testigo fiel en el cielo; pues entonces solamente se oscurece y padece eclipse cuando acaece ponérsele la redondez de la tierra ex diámetro entre ella y el Sol, y así estorbar el paso a los rayos del Sol; lo cual cierto no podría ser si no estuviese la tierra en medio del mundo, rodeada de todas partes de los orbes celestes.

Aunque tampoco ha faltado quien ponga duda si el resplandor de la Luna se le comunica de la luz del Sol.[14] Mas ya esto es demasiado dudar, pues no se puede hallar otra causa razonable de los eclipses y de los llenos y cuartos de Luna, sino la comunicación del resplandor del Sol. También, si lo miramos, veremos que la noche ninguna otra cosa es sino la oscuridad causada de la sombra de la tierra, por pasársele el Sol a otra banda. Pues si el Sol no pasa por la otra parte de la tierra, sino que el tiempo de ponerse se torna haciendo esquina y torciendo, lo cual forzoso ha de conceder el que dice que el cielo no

---

14 August. Epist. 109 ad Januarium, cap. 4.

es redondo, sino que, como un plato, cubre la haz de la tierra; síguese claramente que no podrá hacer la diferencia que vemos de los días y noches, que en unas regiones del mundo son luengos y breves a sus tiempos y en otras son perpetuamente iguales.

Lo que el santo doctor Agustino escribe[15] en los libros de *Genesi ad litteram*, que se pueden salvar bien todas las oposiciones, y conversiones, y elevaciones, y caimientos, y cualesquiera otros aspectos y disposiciones de los planetas y estrellas, con que entendamos que se mueven ellas, estándose el cielo mismo quedo y sin moverse, bien fácil se me hace a mí de entenderlo, y se le hará a cualquiera, como haya licencia de fingir lo que se nos antojare, porque si ponemos, por caso, que cada estrella y planeta es un cuerpo por sí, y que le menea y lleva un ángel, al modo que llevó a Habacuch a Babilonia,[16] ¿quién será tan ciego que no vea que todas las diversidades que parecen de aspectos en los planetas y estrellas podrán proceder de la diversidad del movimiento que el que las mueve voluntariamente les da?

Empero no da lugar la buena razón a que el espacio y región por donde se fingen andar o volar las estrellas deje de ser elemental y corruptible, pues se divide y aparta cuando ellas pasan, que, cierto, no pasan por vacuo, y si la región en que las estrellas y planetas se mueven, es corruptible, también, ciertamente lo han de ser ellas de su naturaleza y, por el consiguiente, se han de mudar y alterar y, en fin, acabar. Porque, naturalmente, lo contenido no es más durable que su continente. Decir, pues, que aquellos cuerpos celestes son corruptibles, ni viene con lo que la Escritura dice en el salmo,[17] que los hizo Dios para siempre, ni, aun tampoco, dice bien con el orden y conservación de este universo. Digo más, que para confirmar esta verdad de que los mismos cielos son los que se mueven, y en ellos las estrellas andan en torno, podemos alegar con los ojos, pues vemos manifiestamente, que no solo se mueven las estrellas, sino partes y regiones enteras del cielo; no hablo solo de las partes lúcidas y resplandecientes, como es la que llaman vía láctea, que nuestro vulgar dice camino de Santiago, sino mucho más digo esto por otras partes oscuras y negras que hay en el cielo. Porque realmente vemos en él unas como manchas, que son muy notables, las cuales jamás me acuerdo haber echado

---

15 August. lib. 2. de Genes. ad lit. cap. 10.
16 Dan. 14.
17 Psalm. 148, v. 6.

de ver en el cielo cuando estaba en Europa, y acá, en este otro hemisferio, las he visto muy manifiestas. Son estas manchas de color y forma que la parte de la Luna eclipsada, y paréncensele en aquella negrura y sombrío. Andan pegadas a las mismas estrellas y siempre de un mismo tenor y tamaño, como con experiencia clarísima lo hemos advertido y mirado.

A alguno, por ventura, le parecerá cosa nueva, y preguntará de qué pueda proceder tal género de manchas en el cielo. Yo cierto no alcanzo hasta ahora más de pensar que, como la galaxia o vía láctea, dicen los filósofos, que resulta de ser partes del cielo más densas y opacas, y que por eso reciben más luz, así, también, por el contrario, hay otras partes muy raras y muy diáfanas o transparentes, y, como reciben menos luz, parecen partes más negras. Sea ésta, o no sea ésta, la causa (que causa cierta no puedo afirmarla), a lo menos en el hecho que haya las dichas manchas en el cielo, y que, sin discrepar, se menean con el mismo compás que las estrellas, es experiencia certísima y de propósito muchas veces considerada. Infiérese de todo lo dicho que, sin duda ninguna, los cielos encierran en sí de todas partes la tierra, moviéndose siempre al derredor de ella, sin que haya para qué poner esto más en cuestión.

Capítulo III. Que la Sagrada Escritura nos da a entender que la tierra está en medio del mundo

Y aunque a Procopio Gaceo y a otros de su opinión les parezca que es contrario a la divina Escritura poner la tierra en medio del mundo y hacer el cielo todo redondo, mas en la verdad ésta no solo no es doctrina contraria, sino, antes, muy conforme a lo que las letras sagradas nos enseñan. Porque, dejando aparte que la misma Escritura[18] usa de este término muchas veces: la redondez de la tierra, y que en otra parte apunta que todo cuanto hay corporal es rodeado del cielo y como abarcado de su redondez; a lo menos aquello del Eclesiastés[19] no se puede dejar de tener por muy claro, donde dice: Nace el Sol y pónese, y vuélvese a su lugar, y allí tornando a nacer da vuelta por el medio día y tuércese hacia el norte: rodeando todas las cosas anda el espíritu al derredor y vuélvese a sus mismos cercos.

---

18 Aesther. 13 Sap. 1. 2. 7. 11. 18. Psal. 9. 17. 23. 39. 97. Job. 37.
19 Ecclesiast. 1. w. 5. 6.

En este lugar dice la paráfrasis y exposición de Gregorio el Neocesariense o el Nacianceno: El Sol, habiendo corrido toda la tierra, vuélvese, como en torno, hasta su mismo término y punto. Esto que dice Salomón y declara Gregorio, cierto no podía ser si alguna parte de la tierra dejase de estar rodeada del cielo. Y así lo entiende San Jerónimo,[20] escribiendo sobre la epístola a los efesios, de esta manera: Los más comúnmente afirman, conformándose con el Eclesiastés, que el cielo es redondo y que se mueve en torno, a manera de bola. Y es cosa llana que ninguna figura redonda tiene latitud, ni longitud, ni altura, ni profundo, porque es por todas partes igual y pareja, etcétera. Luego, según San Jerónimo, lo que los más sienten del cielo que es redondo, no solo no es contrario a la Escritura, pero muy conforme con ella. Pues San Basilio[21] y San Ambrosio, que de ordinario le siguen en los libros llamados Hexamerón, aunque se muestran un poco dudosos en este punto, al fin, más se inclinan a conceder la redondez del mundo. Verdad es que, con la quinta sustancia que Aristóteles atribuye al cielo, no está bien San Ambrosio.[22]

Del lugar de la tierra y de su firmeza es cosa, cierto, de ver cuán galanamente y con cuánta gracia habla la divina Escritura, para causarnos gran admiración y no menor gusto de aquella inefable potencia y sabiduría del Criador. Porque en una parte nos refiere Dios[23] que él fue el que estableció las columnas que sustentan la tierra, dándonos a entender, como bien declara San Ambrosio,[24] que el peso inmenso de toda la tierra le sustentan las manos del divino poder, que así usa la Escritura[25] nombrar columnas del cielo y de la tierra, no cierto las del otro Atlante, que fingieron los poetas, sino otras propias de la palabra eterna de Dios, que con su virtud sostiene cielos y tierra.[26] Mas en otro lugar la misma divina Escritura,[27] para significarnos cómo la tierra está pegada y por gran parte rodeada del elemento del agua, dice galanamente: que asentó Dios la tierra sobre las aguas; y en otro lugar: que fundó la redondez de la tierra sobre la mar.

---

20 Hieronym. In cap. 3, ad Ephes.
21 Basil. Homil. 1. Hexameron prop finem.
22 Ambros. lib. 1. Hexameron, cap. 4.
23 Psal. 74, v. 4.
24 Ambros. 1. Hexameron, cap. 6.
25 Job. 9, v. 6, et cap. 26, v. 11.
26 Heb. 1, v. 3.
27 Ps. 135, v. 6. Psalm. 23, v. 2.

Y aunque San Agustín[28] no quiere que se saque de este lugar, como sentencia de fe, que la tierra y agua hacen un globo en medio del mundo, y así pretende dar otra exposición a las sobredichas palabras del salmo; pero el sentido llano sin duda es el que está dicho, que es darnos a entender que no hay para qué imaginar otros cimientos ni estribos de la tierra, sino el agua, la cual, con ser tan fácil y mudable, la hace la sabiduría del supremo Artífice, que sostenga y encierre aquesta inmensa máquina de la tierra. Y dícese estar la tierra fundada y sostenida sobre las aguas y sobre el mar, siendo verdad que antes la tierra está debajo del agua, que no sobre el agua, porque a nuestra imaginación y pensamiento lo que está de la otra banda de la tierra que habitamos nos parece que está debajo de la tierra; y así el mar y aguas que ciñen la tierra por la otra parte imaginamos que están debajo y la tierra encima de ellas. Pero la verdad es que lo que es propiamente debajo siempre es lo que está más en medio del universo. Mas habla la Escritura conforme a nuestro modo de imaginar y hablar.

Preguntará alguno: pues la tierra está sobre las aguas, según la Escritura, ¿las mismas aguas sobre qué estarán, o qué apoyo ternán? Y si la tierra y agua hacen una bola redonda, ¿toda esta tan terrible máquina dónde se podrá sostener? A eso satisface en otra parte la divina Escritura,[29] causando mayor admiración del poder del criador: extiende, dice, al aquilón sobre vacío, y tiene colgada la tierra sobre no nada. Cierto galanamente lo dijo; porque realmente parece que está colgada sobre no nada la máquina de la tierra y agua, cuando se figura estar en medio del aire, como en efecto está.

Esta maravilla, de que tanto se admiran los hombres, aún la encarece más Dios preguntando al mismo Job:[30] ¿Quién echó los cordeles para la fábrica de la tierra? Dime si lo has pensado ¿o en qué cimiento están aseguradas sus bases? Finalmente, para que se acabase de entender la traza de este maravilloso edificio del mundo, el profeta David, gran alabador y cantor de las obras de Dios, en un salmo[31] que hizo a este propósito, dice así: Tú, que fundaste la tierra sobre su misma estabilidad y firmeza, sin que bambalee ni se trastorne para siempre jamás. Quiere decir la causa porque estando la tierra puesta en

---

28   August. in Psalm. 135.
29   Job. 26, v. 7.
30   Job. 38, v. 4, 5, 6.
31   Psalm. 103, v. 5.

medio del aire no se cae, ni bambalea, es porque tiene seguros fundamentos de su natural estabilidad, la cual le dio su sapientísimo Criador para que en sí misma se sustente, sin que haya menester otros apoyos ni estribos.

Aquí, pues, se engaña la imaginación humana, buscando otros cimientos a la tierra, y procede el engaño de medir las obras divinas con las humanas. Así que no hay que temer, por más que parezca que esta tan gran máquina cuelga del aire, que se caiga o trastorne, que no se trastornará, como dijo el salmo[32] para siempre jamás. Con razón, por cierto, David, después de haber contemplado y cantado tan maravillosas obras de Dios, añade: Gozarse ha el Señor en sus obras; y después: ¡Oh, qué engrandecidas son tus obras, Señor! Bien parece que salieron todas de tu saber.

Yo, cierto, si he de decir lo que pasa, digo que, diversas veces que he peregrinado, pasando esos grandes golfos del mar océano, y caminando por estotras regiones de tierras tan extrañas, poniéndome a mirar y considerar la grandeza y extrañeza de estas obras de Dios, no podía dejar de sentir admirable gusto, con la consideración de aquella soberana sabiduría y grandeza del Hacedor, que reluce en éstas sus obras tanto, que en comparación de esto todos los palacios de los reyes, y todas las invenciones humanas me parecen poquedad y vileza. ¡Oh, cuántas veces se me venía al pensamiento y a la boca aquello del salmo:[33] Gran recreación me habéis, Señor, dado con vuestras obras, y no dejaré de regocijarme en mirar las hechuras de vuestras manos!

Realmente tienen las obras de la divina arte un no sé qué de gracia y primor como escondido y secreto, con que miradas una y otra y muchas veces causan siempre un nuevo gusto. Al revés de las obras humanas, que aunque estén fabricadas con mucho artificio, en haciendo costumbre de mirarse, no se tienen en nada, y aun cuasi causan enfado. Sean jardines muy amenos, sean palacios y templos galanísimos, sean alcázares de soberbio edificio, sean pinturas, o tallas, o piedras de exquisita invención y labor, tengan todo el primor posible; es cosa cierta y averiguada que, en mirándose dos o tres veces, apenas hay poner los ojos con atención, sino que luego se divierten a mirar otras cosas, como hartos de aquella vista. Mas la mar, si la miráis, o ponéis los ojos en un peñasco alto, que sale acullá con extrañeza, o el campo cuando está vestido

---

32 Psalm. 103. V. 31.
33 Psalm. 91, v. 5.

de su natural verdura y flores, o el raudal de un río que corre furioso, y está sin cesar batiendo las peñas, y como bramando en su combate; y finalmente, cualesquiera obras de naturaleza, por más veces que se miren, siempre causan nueva recreación, y jamás enfada su vista, que parece, sin duda, que son como un convite copioso y magnífico de la divina sabiduría, que allí de callada, sin cansar jamás, apacienta y deleita nuestra consideración.

Capítulo IV. En que se responde a lo que se alega de la Escritura contra la redondez del cielo
Mas volviendo a la figura del cielo, no sé de qué autoridades de la Escritura se haya podido colegir que no sea redondo, y su movimiento circular. Porque llamar San Pablo[34] al cielo un tabernáculo o tienda que puso Dios, y no el hombre, no veo que haga al caso, pues aunque nos digan que es tabernáculo puesto por Dios, no por eso hemos de entender que a manera de toldo cubre por una parte solamente la tierra y que está allí sin mudarse, como lo quisieron entender algunos. Trataba el Apóstol la semejanza, del tabernáculo antiguo de la ley, y a ese propósito dijo que el tabernáculo de la ley nueva de gracia es el cielo, en el cual entró el sumo sacerdote Jesucristo de una vez por su sangre, y de aquí infiere que hay tanta ventaja del nuevo tabernáculo al viejo, cuanto hay de diferencia entre el autor del nuevo, que es Dios, y el obrador del viejo, que fue hombre. Aunque es verdad que también el viejo tabernáculo se hizo por la sabiduría de Dios, que enseñó a su maestro Beseleél.[35] Ni hay para qué buscar en las semejanzas o parábolas o alegorías, que en todo y por todo cuadren a lo que se traen, como el bienaventurado Crisóstomo[36] a otro propósito lo advierte escogidamente.

La otra autoridad que refiere San Agustín, que alegan algunos, para probar que el cielo no es redondo, diciendo:[37] Extiende el cielo como piel, de donde infieren que no es redondo, sino llano en lo de arriba, con facilidad y bien responde el mismo santo doctor,[38] que en estas palabras del salmo no se nos da a entender la figura del cielo, sino la facilidad con que Dios obró un cielo

---

34 Heb. 8, v. 2, 5.
35 Exod. 36, v. 1.
36 Christ. in 20, c.
37 Psalm 103, v. 2.
38 August. 2, de Genes. ad lit. cap. 9.

tan grande, pues no le fue a Dios más difícil sacar una cubierta tan inmensa del cielo, que lo fuera a nosotros desplegar una piel doblada. O pretendió quizá darnos a entender la gran majestad de Dios, al cual sirve el cielo tan hermoso y tan grande, de lo que a nosotros nos sirve en el campo un toldo o tienda de pieles. Lo que un poeta galanamente declaró diciendo: El toldo del claro cielo.

Lo otro que dice Isaías:[39] El cielo me sirve de silla, y la tierra de escabelo para mis pies; si fuéramos del error de los antropomorfitas, que ponían miembros corporales en Dios según su divinidad, pudiera darnos en qué entender para declarar cómo era posible ser la tierra escabelo de los pies de Dios, estando en medio del mundo, si hinche Dios todo el mundo, porque había de tener pies de una parte y de otra, y muchas cabezas al derredor, que es cosa de risa y donaire. Basta, pues, saber que en las divinas Escrituras no hemos de seguir la letra que mata, sino el espíritu que da vida, como dice San Pablo.[40]

Capítulo V. De la hechura y gesto del cielo del nuevo mundo
Cuál sea el gesto y manera de este cielo que está a la banda del sur, pregúntanlo muchos en Europa, porque en los antiguos no pueden leer cosa cierta, porque aunque concluyen eficazmente que hay cielo de esta parte del mundo; pero qué talle y hechura tenga no lo pudieron ellos alcanzar. Aunque es verdad que tratan mucho[41] de una grande y hermosa estrella que acá vemos, que ellos llaman Canopo. Los que de nuevo navegan a estas partes suelen escribir cosas grandes de este cielo; es, a saber, que es muy resplandeciente, y que tiene muchas y muy grandes estrellas. En efecto, las cosas de lejos se pintan muy engrandecidas. Pero a mí al revés me parece, y tengo por llano que a la otra banda del norte hay más número de estrellas y de más ilustre grandeza. Ni veo acá estrellas que excedan a la bocina y al carro. Bien es verdad que el crucero de acá es hermoso y de vista admirable. Crucero llamamos cuatro estrellas notables que hacen entre sí forma de cruz, puestas en mucha igualdad y proporción.

Creen los ignorantes que este crucero es el polo del sur porque ven a los marineros tomar el altura por el crucero de acá, como allá suelen por el norte, mas engáñanse. Y la razón porque lo hacen así los marineros es porque no

---

39 Isaías 66, v. 1.
40 2 Cor. 3, v. 6.
41 Plinius lib. 6, cap. 22.

hay de esta banda estrella fija que muestre al polo, al modo que allá la estrella del norte lo hace, y así toman la altura por la estrella que es el pie del crucero, la cual estrella dista del verdadero y fijo polo treinta grados, como la estrella del norte allá dista tres y algo más. Y así es más difícil de tomar acá la altura, porque la dicha estrella del pie del crucero ha de estar derecha, lo cual es solamente a un tiempo de la noche, que en diversas partes del año es a diferentes horas, y en mucho tiempo del año en toda la noche no llega a encumbrar, que es cosa disgustosa para tomar el altura. Y así los más diestros pilotos no se cuidan del crucero, sino por el astrolabio toman el Sol, y ven en él el altura en que se hallan: en lo cual se aventajan comúnmente los portugueses, como gente que tiene más curso de navegar, de cuantas naciones hay en el mundo.

Hay también de esta parte del sur otras estrellas, que en alguna manera responden a las del norte. La vía láctea, que llaman, corre mucho y muy resplandecientes a esta banda, y vénse en ella aquellas manchas negras tan admirables, de que arriba hicimos mención; otras particularidades otros las dirán o advertirán con más cuidado; bástenos por ahora esto poco que habemos referido.

Capítulo VI. Que el mundo hacia ambos polos tiene tierra y mar

No está hecho poco, pues hemos salido con que acá tenemos cielo, y nos cobija como a los de Europa y Asia y África. Y de esta consideración nos aprovechamos a veces, cuando algunos o muchos de los que acá suspiran por España, y no saben hablar sino de su tierra, se maravillan y aun enojan con nosotros, pareciéndoles que estamos olvidados, y hacemos poco caso de nuestra común patria, a los cuales respondemos que por eso no nos fatiga el deseo de volver a España, porque hallamos que el cielo nos cae tan cerca por el Perú como por España. Pues, como dice bien San Jerónimo, escribiendo a Paulino, tan cerca está la puerta del cielo de Bretaña como de Jerusalén.

Pero ya que el cielo de todas partes toma al mundo en derredor, es bien que se entienda que no por eso se sigue que haya tierra de todas partes del mundo. Porque siendo así que los dos elementos de tierra y agua componen un globo o bola redonda, como los más y los mejores de los antiguos, según refiere Plutarco,[42] lo sintieron, y con demostraciones certísimas se prueba;

---

42 Plutarchus, lib. 3 de placitis Philosoph, c. 9, et 11.

podríase pensar que la mar ocupa toda la parte que cae al polo antártico o sur, de tal modo, que no deje lugar alguno a la tierra por aquella banda, según que San Agustín, doctamente arguye,[43] contra la opinión de los que ponen antípodas. No advierten, dice, que aunque se crea o se pruebe que el mundo es de figura redonda como una bola, no por eso está luego en la mano que por aquella otra parte del mundo esté la tierra descubierta y sin agua.

Dice bien, sin duda, San Agustín en esto. Pero tampoco se sigue, ni se prueba lo contrario, que es no haber tierra descubierta al polo antártico, y ya la experiencia a los ojos lo ha mostrado ser así, que en efecto la hay. Porque aunque la mayor parte del mundo, que cae al dicho polo antártico, esté ocupada del mar, pero no es toda ella, antes hay tierra, de suerte que a todas partes del mundo la tierra y el agua se están como abrazando, y dando entrada la una a la otra. Que de verdad es cosa para mucho admirar y glorificar el arte del Criador soberano.

Sabemos por la Sagrada Escritura,[44] que en el principio del mundo fueron las aguas congregadas, y se juntaron en un lugar, y que la tierra con esto se descubrió. Y también las mismas sagradas letras nos enseñan que estas congregaciones de aguas se llamaron mar, y como ellas son muchas, hay de necesidad muchos mares. Y no solo en el Mediterráneo hay esta diversidad de mares, llamándose uno el Euxino, otro el Caspio, otro el Eritreo o Bermejo, otro el Pérsico, otro el de Italia, y otros muchos así; mas también el mismo océano grande, que en la divina Escritura se suele llamar abismo, aunque en realidad de verdad sea uno, pero en muchas diferencias y maneras, como respecto de este Perú y de toda la América es uno el que llaman mar del Norte, y otro el mar del Sur. Y en la India Oriental, uno es el mar Indico, otro el de la China.

Yo he advertido, así en lo que he navegado como en lo que he entendido de relaciones de otros, que nunca la mar se aparta de la tierra más de mil leguas, sino que donde quiera, por mucho que corre el océano, no pasa de la dicha medida. No quiero decir que no se navegan más de mil leguas del mar océano, que esto sería disparate, pues sabemos que las naves de Portugal navegan cuatro tanto y más, y aun todo el mundo en redondo se puede navegar por mar, como en nuestro tiempo lo hemos ya visto, sin poderse dudar en ello. Mas

---

43   August, lib. 16. de Civit, cap. 9.
44   Genes. 1. v. 9. 10.

lo que digo y afirmo es que en lo que hasta ahora está descubierto, ninguna tierra dista por línea recta de la tierra firme o islas que le caen más cerca, sino a lo sumo mil leguas, y que así entre tierra y tierra nunca corre mayor espacio de mar, tomándolo por la parte que una tierra está más cercana de otra, porque del fin de Europa, y de África y de su costa no distan las Islas Canarias y las de las Azores, con las del Cabo Verde, y las demás en aquel paraje, más de trescientas o quinientas leguas a lo sumo de tierra firme.

De las dichas islas, haciendo discurso hacia la India Occidental, apenas hay novecientas leguas hasta llegar a las islas que llaman Dominica, y las Vírgenes, y la Beata, y las demás. Y éstas van corriendo por su orden hasta las que llaman de Barlovento, que son de Cuba, y Española, y Boriquen. De éstas, hasta dar en la tierra firme apenas hay doscientas o trescientas leguas, y por partes, muy mucho menos. La tierra firme luego corre una cosa infinita desde la tierra de la Florida hasta acullá a la tierra de los Patagones, y por estotra parte del sur, desde el estrecho de Magallanes hasta el cabo Mendocino, corre una tierra larguísima, pero no muy ancha, y por donde más ancha es aquí en esta parte del Perú, que dista del Brasil obra de mil leguas. En este mismo mar del sur, aunque no se halla ni sabe fin la vuelta del poniente, pero no ha muchos años que se descubrieron las islas que intitularon de Salomón, que son muchas y muy grandes y distan de este Perú como ochocientas leguas. Y porque se ha observado y se halla así, que donde quiera que hay islas, muchas y grandes, se halla no muy lejos tierra firme, de ahí viene que muchos, y yo con ellos, tienen opinión que hay cerca de las dichas islas de Salomón tierra firme grandísima, la cual responde a la nuestra América por parte del poniente, y sería posible que corriese por la altura del sur hacia el estrecho de Magallanes. La nueva Guinea se entiende que es tierra firme, y algunos doctos la pintan muy cerca de las islas de Salomón.

Así que es muy conforme a razón que aún está por descubrir buena parte del mundo. Pues ya por este mar del sur navegan también los nuestros a la China y Filipinas; y a la ida de acá allá no nos dicen que pasan más, largo mar que viniendo de España a estas Indias. Mas por donde se continúan y traban el un mar océano con el otro, digo el mar del Sur con el mar del Norte, por la parte del polo Antártico bien se sabe que es por el estrecho tan señalado de Magallanes, que está en altura de cincuenta y un grados. Pero si al otro lado del mundo al polo del norte también se continúan y corren estos dos mares, grande cosa es que muchos la han pesquisado; pero que yo sepa, nadie hasta ahora ha dado en ella, solamente por conjeturas, y no sé qué indicios, afirman algunos, que hay otro estrecho hacia el norte, semejante al de Magallanes. Para el intento que llevamos, bástanos hasta ahora saber de cierto que hay tierra de esta parte del sur, y que es tierra tan grande como toda la Europa y Asia, y aún África; y que a ambos polos del mundo se hallan mares y tierras abrazados entre sí, en lo cual los antiguos, como a quienes les faltaba experiencia, pudieron poner duda y hacer contradicción.

Capítulo VII. En que se reprueba la opinión de Lactancio, que dijo no haber Antípodas
Pero ya que se sabe que hay tierra a la parte del sur o polo antártico, resta ver si hay en ella hombres que la habiten que fue en tiempos pasados una cuestión muy reñida. Lactancio Firmiano,[45] y San Agustín[46] hacen gran donaire de los que afirman haber antípodas, que quiere decir hombres que traen sus pies contrarios a los nuestros. Mas aunque en tenerlo por cosa de burla convienen estos dos autores: pero en las razones y motivos de su opinión van por muy diferentes caminos, como en los ingenios eran bien diferentes. Lactancio vase con el vulgo, pareciéndole cosa de risa decir que el cielo está en torno por todas partes, y la tierra está en medio, rodeada de él como una pelota; y así escribe en esta manera: ¿Qué camino lleva lo que algunos quieren decir, que hay antípodas, que ponen sus pisadas contrarias a las nuestras? ¿Por ventura hay hombre tan tonto que crea haber gentes que andan los pies arriba y la cabeza abajo? ¿y que las cosas que acá están asentadas, estén allá trastornadas colgando? ¿y que los árboles y los panes crecen allá hacia abajo? ¿y que las lluvias y la nieve y el granizo suben a la tierra hacia arriba? y después de otras palabras añade Lactancio aquestas: El imaginar al cielo redondo fue causa de inventar estos hombres antípodas colgados del aire. Y así, no tengo más que decir de tales filósofos, sino que en errando una vez, porfían en sus disparates, defendiendo los unos con los otros. Hasta aquí son palabras de Lactancio.

---

45   Lactant. lib. 7, de divin. institut., cap. 23.
46   August., lib. 16. de Civit., cap. 9.

Mas por más que él diga, nosotros que habitamos al presente en la parte del mundo, que responde en contrario de la Asia, y somos sus antíctonos, como los cosmógrafos hablan, ni nos vemos andar colgando, ni que andemos las cabezas abajo y los pies arriba. Cierto es cosa maravillosa considerar, que al entendimiento humano por una parte no le sea posible percibir y alcanzar la verdad, sin usar de imaginaciones, y por otra tampoco le sea posible dejar de errar, si del todo se va tras la imaginación. No podemos entender que el cielo es redondo, como lo es, y que la tierra está en medio, sino imaginándolo. Mas si a esta misma imaginación no la corrige y reforma la razón, sino que se deja el entendimiento llevar de ella, forzoso hemos de ser engañados y errar. Por donde sacaremos con manifiesta experiencia, que hay en nuestras almas cierta lumbre del cielo, con la cual vemos y juzgamos aun las mismas imágenes y formas interiores, que se nos ofrecen para entender: y con la dicha lumbre interior aprobamos o desechamos lo que ellas nos están diciendo. De aquí se ve claro, cómo el ánima racional es sobre toda naturaleza corporal; y cómo la fuerza y vigor eterno de la verdad, preside en el más alto lugar del hombre; y vese como muestra y declara bien que ésta su luz tan pura es participada de aquella suma y primera luz; y quien esto no lo sabe o lo duda, podemos bien decir que no sabe o duda si es hombre.

Así que si a nuestra imaginación preguntamos, qué le parece de la redondez del cielo, cierto no nos dirá otra cosa sino lo que dijo a Lactancio. Es a saber, que si es el cielo redondo, el Sol y las estrellas habrán de caerse cuando se trasponen, y levantarse cuando van al medio día; y que la tierra está colgada en el aire; y que los hombres que moran de la otra parte de la tierra, han de andar pies arriba y cabeza abajo; y que las lluvias allí no caen de lo alto antes suben de abajo; y las demás monstruosidades, que aun decirlas provoca a risa. Mas si se consulta la fuerza de la razón, hará poco caso de todas estas pinturas vanas, y no escuchará a la imaginación más que a una vieja loca: y con aquella su entereza y gravedad, responderá, que es engaño grande fabricar en nuestra imaginación a todo el mundo a manera de una casa, en la cual está debajo de su cimiento la tierra, y encima de su techo está el cielo: y dirá también, que como en los animales siempre la cabeza es lo más alto y supremo del animal, aunque no todos los animales tengan la cabeza de una misma manera, sino unos puesta hacia arriba, como los hombres, otros atravesada, como los ganados, otros en medio, como el pulpo y la araña; así también el cielo donde quiera que esté, está arriba, y la tierra ni más ni menos, donde quiera que esté está debajo.

Porque siendo así, que nuestra imaginación está asida a tiempo y lugar, y el mismo tiempo y lugar no lo percibe universalmente, sino particularizado, de ahí le viene que cuando la levantan a considerar cosas que exceden y sobrepujan tiempo y lugar conocido, luego se cae: y si la razón no la sustenta y levanta, no puede un punto tenerse en pie. Y así veremos, que nuestra imaginación, cuando se trata de la creación del mundo, anda a buscar tiempo antes de criarse el mundo, y para fabricarse el mundo, también señala lugar, y no acaba de ver que se pudiese de otra suerte el mundo hacer; siendo verdad, que la razón claramente nos muestra, que ni hubo tiempo antes de haber movimiento, cuya medida es el tiempo, ni hubo lugar alguno antes del mismo universo, que encierra todo lugar. Por tanto el filósofo excelente Aristóteles, clara y brevemente satisface[47] al argumento que hacen contra el lugar de la tierra, tomado del modo nuestro de imaginar, diciendo con gran verdad, que en el mundo el mismo lugar es en medio y abajo, y cuanto más en medio está una cosa, tanto más abajo, la cual respuesta alegando Lactancio Firmiano, sin reprobarla con alguna razón, pasa con decir, que no se puede detener en reprobarla por la priesa que lleva a otras cosas.

Capítulo VIII. Del motivo que tuvo San Agustín para negar los Antípodas
Muy otra fue la razón que movió a San Agustín, como de tan alto ingenio, para negar los antípodas. Porque la razón que arriba dijimos, de que andarían al revés los antípodas, el mismo santo doctor la deshace en su libro de los Predicamentos. Los antiguos, dice él,[48] afirman, que por todas partes está la tierra debajo y el cielo encima. Conforme a lo cual los antípodas, que según se dice, pisan al revés de nosotros, tienen también el cielo encima de sus cabezas. Pues entendiendo esto San Agustín tan conforme a buena filosofía, ¿qué será la razón por donde persona tan docta se movió a la contraria opinión?

---

47 Aristótel. 1, de caelo, cap. 3.
48 August. lib. Categoriarum cap. 10, in 1 tomo.

Fue cierto el motivo que tuvo tomado de las entrañas de la sagrada teología, conforme a la cual nos enseñan las divinas letras, que todos los hombres del mundo descienden de un primer hombre, que fue Adán. Pues decir, que los hombres habían podido pasar al nuevo mundo, atravesando ese infinito piélago del mar océano, parecía cosa increíble y un puro desatino. Y en verdad, que si el suceso palpable, y experiencia de lo que hemos visto en nuestros siglos, no nos desengañará, hasta el día de hoy se tuviera por razón insoluble la dicha. Y ya que sabemos, que no es concluyente ni verdadera la dicha razón, con todo eso nos queda bien que hacer para darle respuesta, quiero decir, para declarar en qué modo, y por qué vía pudo pasar el linaje de los hombres acá, o cómo vinieron, y por dónde, a poblar estas Indias.

Y porque adelante se ha de tratar esto muy de propósito, por ahora bien será que oigamos lo que el santo doctor Agustino disputa de esta materia en los libros de la Ciudad de Dios,[49] el cual dice así: Lo que algunos platican, que hay antípodas, esto es, gentes que habitan de la otra parte de la tierra, donde el Sol nace al tiempo que a nosotros se pone, y que las pisadas de éstos son al revés de las nuestras, esto no es cosa que se ha de creer. Pues no lo afirman por relación cierta que de ello tengan, sino solamente por un discurso de filosofía que hacen, con que concluyen que, estando la tierra en medio del mundo rodeada de todas partes del cielo, igualmente ha de ser forzosamente lugar más bajo siempre el que estuviere más en medio del mundo. Y después añade: De ninguna manera engaña la divina Escritura, cuya verdad en lo que refiere haber pasado se prueba bien, viendo cuán puntualmente sucede lo que profetiza que ha de venir. Y es cosa de disparate decir que de estas partes del mundo hayan podido hombres llegar al otro nuevo mundo, y pasar esa inmensidad del mar océano, pues de otra suerte no es posible haber allá hombres, siendo verdad que todos los hombres descienden de aquel primer hombre.

Según esto toda la dificultad de San Agustín no fue otra sino la incomparable grandeza del mar océano. Y el mismo parecer tuvo San Gregorio Nacianceno afirmando, como cosa sin duda, que pasado el estrecho de Gibraltar es imposible navegarse el mar. En una epístola que escribe,[50] dice a este propósito: Estoy muy bien con lo que dice Píndaro, que después de Cádiz es la mar

---

49   Lib. 16, cap. 9.
50   Nacianc. Epistol. 17, ad Posthumianum.

innavegable de hombres. Y él mismo, en la oración funeral que hizo a San Basilio, dice que a ninguno le fue concedido pasar el estrecho de Gibraltar navegando la mar. Y aunque es verdad que esto se tomó como por refrán del poeta Píndaro, que dice que así a sabios como a necios les está vedado saber lo que está adelante de Gibraltar; pero la misma origen de este refrán da bien a entender cuán asentados estuvieron los antiguos en la dicha opinión; y, así, por los libros de los poetas, y de los historiadores, y de los cosmógrafos antiguos, el fin y términos de la tierra se ponen en Cádiz, la de nuestra España; allí fabrican las columnas de Hércules, allí encierran los términos del imperio romano, allí pintan los fines del mundo.

Y no solamente las letras profanas, más aún las sagradas, también hablan en esa forma, acomodándose a nuestro lenguaje, donde dicen[51] que se publicó el edicto de Augusto César, para que todo el mundo se empadronase; y de Alejandro el Magno, que extendió su imperio hasta los cabos de la tierra;[52] y en otra parte dicen:[53] Que el Evangelio ha crecido y hecho fruto en todo el mundo universo. Porque, por estilo usado, llama la Escritura todo el mundo a la mayor parte del mundo, que hasta entonces estaba descubierto y conocido. Ni el otro mar de la India oriental, ni este otro de la occidental, entendieron los antiguos que se pudiese navegar, y en esto concordaron generalmente. Por lo cual, Plinio, como cosa llana y cierta, escribe:[54] Los mares que atajan la tierra nos quitan de la tierra habitable la mitad por medio, porque ni de acá se puede pasar allá, ni de allá venir acá. Esto mismo sintieron Tulio y Macrobio, y Pomponio Mela, y finalmente fue el común parecer de los escritores antiguos.

Capítulo IX. De la opinión que tuvo Aristóteles cerca del Nuevo Mundo, y qué es lo que le engañó para negarle

Hubo, demás de las dichas, otra razón también, por la cual se movieron los antiguos a creer que era imposible el pasar los hombres de allá a este nuevo mundo, y fue decir que, allende de la inmensidad del océano, era el calor de la región que llaman tórrida o quemada tan excesivo, que no consentía, ni por mar ni por tierra, pasar los hombres, por atrevidos que fuesen, de un polo al

---

51   Luc. 2.
52   1, Machab. 1.
53   Colos. 1.
54   Plinius lib. 2, cap. 69.

otro polo. Porque, aun aquellos filósofos que afirmaron ser la tierra redonda, como, en efecto, lo es, y haber hacia ambos polos del mundo tierra habitable, con todo eso negaron que pudiese habitarse del linaje humano la región que cae en medio, y se comprende entre los dos trópicos, que es la mayor de las cinco zonas o regiones en que los cosmógrafos y astrólogos parten el mundo. La razón que daban de ser esta zona tórrida inhabitable era el ardor del Sol, que siempre anda encima tan cercano y abrasa toda aquella región, y, por el consiguiente, la hace falta de aguas y pastos.

De esta opinión fue Aristóteles, que, aunque tan gran filósofo, se engañó en esta parte. Para cuya inteligencia será bien decir en qué procedió bien con su discurso y en qué vino a errar. Disputando, pues, el filósofo[55] del viento ábrego o sur, si hemos de entender que nace del mediodía o no, sino del otro polo contrario al norte, escribe en esta manera: La razón nos enseña que la latitud y ancho de la tierra que se habita tiene sus límites, pero no puede toda esta tierra habitable continuarse entre sí, por no ser templado el medio. Porque cierto es que en su longitud, que es de oriente a poniente, no tiene exceso de frío ni de calor, pero tiénele en su latitud, que es del polo a la línea equinoccial, y así podría, sin duda, andarse toda la tierra en torno por su longitud, si no lo estorbase en algunas partes la grandeza del mar que la ataja.

Hasta aquí no hay más que pedir en lo que dice Aristóteles, y tiene gran razón en que la tierra, por su longitud, que es de oriente a poniente, corre con más igualdad y más acomodada a la vida y habitación humana, que por su latitud, que es del norte al mediodía, y esto pasa así no solo por la razón que toca Aristóteles de haber la misma templanza del cielo de oriente a poniente, pues dista siempre igualmente del frío del norte y del calor del mediodía, sino por otra razón también, porque, yendo en longitud, siempre hay días y noches sucesivamente, lo cual, yendo en latitud, no puede ser, pues se ha de llegar forzoso a aquella región polar, donde hay una parte del año noche continuada que dure seis meses, lo cual para la vida humana es de grandísimo inconveniente.

Pasa más adelante el filósofo reprendiendo a los geógrafos que describían la tierra en su tiempo, y dice así: Lo que he dicho se puede bien advertir en los caminos que hacen por tierra y en las navegaciones de mar, pues hay

---

55   Aristotel. 2. Meteor., cap. 5.

gran diferencia de su longitud a su latitud. Porque el espacio que hay desde las columnas de Hércules, que es Gibraltar, hasta la India, oriental, excede en proporción más que de cinco a tres al espacio que hay desde la Etiopía hasta la laguna Meotis y últimos fines de los Seitas, y esto consta por la cuenta de jornadas y de navegación cuanto se ha podido hasta ahora con la experiencia alcanzar. Y tenemos noticia de la latitud que hay de la tórrida habitable hasta las partes de ella que no se habitan.

En esto se le debe perdonar a Aristóteles, pues en su tiempo no se había descubierto más de la Etiopía primera, que llaman exterior y cae junto a la Arabia Y África; la otra Etiopía, interior, no la supieron en su tiempo ni tuvieron noticia de aquella inmensa tierra que cae donde son ahora las tierras del Preste Juan, y mucho menos toda la demás tierra que cae debajo de la equinoccial y va corriendo hasta pasar el trópico de Capricornio y para en el Cabo de Buena Esperanza, tan conocido y famoso por la navegación de los portugueses. Desde el cual cabo, si se mide la tierra hasta pasada la Scitia y Tartaria, no hay duda sino que esta latitud y espacio será tan grande como la longitud y espacio que hay desde Gibraltar hasta la India oriental.

Es cosa llana que los antiguos ignoraron los principios del Nilo y lo último de la Etiopía, y por eso Lucano reprende[56] la curiosidad de Julio César en querer inquirir el principio del Nilo, y dice en su verso:

¿Qué tienes tú, romano, que ponerte a inquirir del Nilo el nacimiento?

Y el mismo poeta hablando con el propio Nilo, dice:

Pues es tu nacimiento tan oculto,que ignora el mundo todo cuyo seas.

Mas conforme a la Sagrada Escritura, bien se entiende que sea habitable aquella tierra, pues de otra suerte no dijera el profeta Sofonías,[57] hablando de la vocación al evangelio de aquellas gentes: De más allá de los ríos de Etiopía me traerán presentes los hijos de mis esparcidos, que así llama a los apóstoles.

---

56 Lucano 10. Pharsal.
57 Sophon. 3, v. 10.

Pero, como está dicho, justo es perdonar al filósofo por haber creído a los historiadores y cosmógrafos de su tiempo.

Examinemos ahora lo que se sigue: La una parte, dice, del mundo, que es la septentrional puesta al norte, pasada la zona templada es inhabitable por el frío excesivo; la otra parte, que está al mediodía, también es inhabitable en pasando del trópico por el excesivo calor. Mas las partes del mundo que corren pasada la India, de una banda, y pasadas las columnas de Hércules, de otra, cierto es que no se juntan entre sí, por atajarlas el gran mar océano. En esto postrero dice mucha verdad; pero añade luego: Por cuanto a la otra parte del mundo es necesario que la tierra tenga la misma proporción con su polo antártico, que tiene esta nuestra parte habitable con el suyo, que es norte. No hay duda sino que en todo ha de proceder el otro mundo como este de acá, en todas las demás cosas, y especialmente en el nacimiento y orden de los vientos; y después de decir otras razones que no hacen a nuestro caso, concluye Aristóteles diciendo: Forzoso hemos de conceder que el ábrego es aquel viento que sopla de la región que se abrasa de calor, y la tal región, por tener tan cercano al Sol, carece de aguas y de pastos.

Este es el parecer de Aristóteles: y cierto que apenas pudo alcanzar más la conjetura humana. De donde vengo, cuando lo pienso cristianamente, a advertir muchas veces cuán flaca y corta sea la filosofía de los sabios de este siglo en las cosas divinas, pues, aun en las humanas, donde tanto les parece que saben, a veces tan poco aciertan. Siente Aristóteles y afirma que la tierra que está a este polo del sur habitable es, según su longitud, grandísima, que es de oriente a poniente, y que, según su latitud, que es desde el polo del sur hasta la equinoccial, es cortísima. Esto es tan al revés de la verdad, que cuasi toda la habitación que hay a esta banda del polo antártico es, según la latitud, quiero decir, del polo a la línea, y por la longitud, que es de oriente a poniente, es tan pequeña, que excede y sobrepuja la latitud a la longitud en este nuevo orbe, tanto como diez exceden a tres, y aún más.

Lo otro, que afirma ser del todo inhabitable la región media, que llaman tórrida zona, por el excesivo calor, causado de la vecindad del Sol, y por esta causa carecer de aguas y pastos, esto todo pasa al revés. Porque la mayor parte de este nuevo mundo, y muy poblada de hombres y animales, está entre los dos trópicos en la misma tórrida zona; y de pastos y aguas es la región más abundante de cuantas tiene el mundo universo, y por la mayor parte es región muy templada, para que se vea que, aun en esto natural, hizo Dios necia la sabiduría de este siglo. En conclusión, la tórrida zona es habitable y se habita copiosísimamente, cuanto quiera que los antiguos lo tengan por imposible. Mas la otra zona o región, que cae entre la tórrida y la polar al sur, aunque por su sitio sea muy cómoda para la vida humana; pero son muy pocos los que habitan en ella, pues apenas se sabe de otra, sino del reino de Chile y un pedazo cerca del cabo de Buena Esperanza; lo demás tiénelo ocupado el mar océano.

Aunque hay muchos que tienen por opinión, y de mí confieso que no estoy lejos de su parecer, que hay mucha más tierra que no está descubierta, y que ésta ha de ser tierra firme opuesta a la tierra de Chile, que vaya corriendo al sur pasado el círculo o trópico de Capricornio. Y si la hay, sin duda es tierra de excelente condición, por estar en medio de los dos extremos y en el mismo puesto que lo mejor de Europa. Y cuanto a esto, bien atinada anduvo la conjetura de Aristóteles. Pero hablando de lo que hasta ahora está descubierto, lo que hay en aquel puesto es muy poca tierra, habiendo en la tórrida muchísima y muy habitada.

Capítulo X. Que Plinio y los más de los antiguos sintieron lo mismo que Aristóteles

El parecer de Aristóteles siguió a la letra Plinio, el cual dice así:[58] El temple de la región del medio del mundo, por donde anda de continuo el Sol, y está abrasada como de fuego cercano, y toda quemada y como humeando. Junto a esta de en medio hay otras dos regiones de ambos lados, las cuales, por caer entre el ardor de ésta y el cruel frío de las otras dos extremas, son templadas. Mas estas dos templadas no se pueden comunicar entre sí por el excesivo ardor del cielo. Esta propia fue la opinión de los otros antiguos, la cual galanamente celebra el poeta en sus versos:[59]

Rodean cinco cintas todo el cielo:

---

58 Plinius, lib. 2, cap. 68.
59 Virgil. in Georgic.

De éstas, una con Sol perpetuo ardiente tienen de quemazón bermejo el suelo.

Y el mismo poeta en otro cabo:[60]

Oyólo, si hay alguno que allá habite,donde se tiende la región más larga,que en medio de las cuatro el Sol derrite.

Y otro poeta aún más claro dice lo mismo:[61]

Son en la tierra iguales las regiones a las del cielo; y de estas cinco, aquella que está en medio, no tiene poblaciones por el bravo calor.

Fundóse esta opinión común de los antiguos en una razón que les pareció cierta e inexpugnable. Veían que, en tanto era una región más caliente, cuando se acercaba más al mediodía. Y es esto tanta verdad, que en una misma provincia de Italia es la Pulla más cálida que la Toscana, por esa razón; y por la misma, en España es más caliente el Andalucía que Vizcaya, y esto en tanto grado, que, no siendo la diferencia de más de ocho grados, y aun no cabales, se tiene la una por muy caliente y la otra por muy fría. De aquí inferían por buena consecuencia, que aquella región que se allegase tanto al mediodía, que tuviese el Sol sobre su cabeza, necesariamente había de sentir un perpetuo y excesivo calor.

Demás de esto veían también que todas las diferencias que al año tiene, de primavera, estío, otoño, invierno, proceden de acercarse o alejarse el Sol. Y echando de ver que estando ellos aún bien lejos del trópico, a donde llega el Sol en verano, con todo eso, por írseles acercando, sentían terribles calores en estío, hacían su cuenta, que si tuvieran al Sol tan cerca de sí, que anduviera encima de sus cabezas, y esto por todo el discurso del año, fuera el calor tan insufrible, que, sin duda, se consumieran y abrasaran los hombres de tal exceso. Esta fue la razón que venció a los antiguos para tener por no habitable la región de en medio, que por eso llamaron tórrida zona. Y cierto que si la misma

---

60   7. AEneid.
61   Metamorph. Ovid. 1.

experiencia por vista de ojos no nos hubiera desengañado, hoy día dijéramos todos que era razón concluyente y matemática, porque veamos cuán flaco es nuestro entendimiento para alcanzar aún estas cosas naturales.

Mas ya podemos decir que a la buena dicha de nuestros siglos le cupo alcanzar aquellas dos grandes maravillas es, a saber, navegarse el mar océano con gran facilidad y gozar los hombres en la tórrida zona de lindísimo temple, cosas que nunca los antiguos se pudieron persuadir. De estas dos maravillas la postrera, de la habitación y cualidades de la tórrida zona, hemos de tratar, con ayuda de Dios, largamente en el libro siguiente. Y así, en éste será bien declarar la otra, del modo de navegar el océano, porque nos importa mucho para el intento que llevamos en esta obra. Pero, antes de venir a este punto, convendrá decir qué es lo que sintieron los antiguos de estas nuevas gentes que llamamos indios.

Capítulo XI. Que se halla en los antiguos alguna noticia de este Nuevo Mundo

Resumiendo lo dicho, queda que los antiguos o no creyeron haber hombres pasado el trópico de Cáncer, como San Agustín y Lactancio sintieron, o que, si había hombres, a lo menos no habitaban entre los trópicos, como lo afirman Aristóteles y Plinio, y antes que ellos, Parménides filósofo.[62] Ser de otra suerte lo uno y lo otro, ya está asaz averiguado. Mas todavía muchos con curiosidad preguntan si, de esta verdad que en nuestros tiempos es tan notoria, hubo en los pasados alguna noticia. Porque parece, cierto, cosa muy extraña, que sea tamaño este mundo nuevo, como con nuestros ojos le vemos, y que en tantos siglos atrás no haya sido sabido por los antiguos. Por donde, pretendiendo quizá algunos menoscabar en esta parte la felicidad de nuestros tiempos y oscurecer la gloria de nuestra nación, procuran mostrar que este nuevo mundo fue conocido por los antiguos, y realmente no se puede negar que haya de esto algunos rastros.

Escribe San Jerónimo,[63] en la epístola a los efesios: Con razón preguntamos qué quiera decir el Apóstol en aquellas palabras: En las cuales cosas anduvisteis un tiempo según el siglo de este mundo, si quiere por ventura dar a enten-

---

62   Plutarch. 3, de placitis Philosoph, capítulo 11.
63   Hieronym. super, cap. 67.

der que hay otro siglo que no pertenezca a este mundo, sino a otros mundos, de los cuales escribe Clemente en su epístola: El océano y los mundos que están allende del océano. Esto es de San Jerónimo. Yo cierto no alcanzo qué epístola sea ésta de Clemente, que San Jerónimo cita; pero ninguna duda tengo que lo escribió así San Clemente, pues lo alega San Jerónimo. Y claramente refiere San Clemente que, pasado el mar océano, hay otro mundo y aun mundos, como pasa, en efecto, de verdad, pues hay tan excesiva distancia del un nuevo mundo al otro nuevo, quiero decir, de este Perú y India occidental a la India oriental y China.

También Plinio, que fue tan extremado en inquirir las cosas extrañas y de admiración, refiere en su Historia natural,[64] que Hannón, capitán de los cartagineses, navegó desde Gibraltar, costeando la mar, hasta lo último de Arabia, y que dejó escrita esta su navegación. Lo cual si es así, como Plinio lo dice, síguese claramente que navegó el dicho Hannón todo cuanto los portugueses hoy día navegan, pasando dos veces la equinoccial, que es cosa para espantar. Y según lo trae el mismo Plinio[65] de Cornelio Nepote, autor grave, el propio espacio navegó otro hombre llamado Eudoxo, aunque por camino contrario, porque, huyendo el dicho Eudoxo del rey de los Latiros, salió por el mar Bermejo al mar océano, y por él volteando llegó hasta el estrecho de Gibraltar, lo cual afirma el Cornelio Nepote haber acaecido en su tiempo.

También escriben autores graves, que una nave de cartaginenses, llevándola la fuerza del viento por el mar océano, vino a reconocer una tierra nunca hasta entonces sabida, y que, volviendo después a Cartago, puso gran gana a los cartaginenses de descubrir y poblar aquella tierra, y que el senado con riguroso decreto vedó la tal navegación, temiendo que con la codicia de nuevas tierras se menoscabase su patria. De todo esto se puede bien colegir que hubiese en los antiguos algún conocimiento del nuevo mundo; aunque particularizando a esta nuestra América, y toda esta India occidental, apenas se halla cosa cierta en los libros de los escritores antiguos. Mas de la India oriental, no solo de allende, sino también de aquende, que antiguamente era la más remota, por caminarse al contrario de ahora, digo que se halla mención, y no muy corta, ni muy oscura. Porque, ¿a quién no le es fácil hallar en los

---

64 Plinius, lib. 2, cap. 67.
65 Ídem. Ibídem.

antiguos la Malaca, que llamaban Aurea Chersoneso? Y al cabo de Comorín, que se decía Promontorium Cori, ¿y la grande y célebre isla de Sumatra, por antiguo nombre tan celebrado, Taprobana? ¿Qué diremos de las dos Etiopías? ¿Qué de los Bracmanes? ¿Qué de la gran tierra de los Chinas? ¿Quién duda en los libros de los antiguos que traten de estas cosas no pocas veces?

Mas de las Indias occidentales no hallamos en Plinio que en esta navegación pasase de las islas Canarias, que él llama Fortunatas, y la principal de ellas dice[66] haberse llamado Canaria, por la multitud de canes o perros que en ella había. Pasadas las Canarias, apenas hay rastro en los antiguos de la navegación que hoy se hace por el golfo, que con mucha razón le llaman grande. Con todo eso se mueven muchos a pensar que profetizó Séneca el trágico de estas Indias occidentales, lo que leemos en su tragedia Medea[67] en sus versos anapésticos, que, reducidos al metro castellano, dicen así:

Tras luengos años verná un siglo nuevo y dichoso,que al océano anchuroso,sus límites pasará. Descubrirán grande tierra,verán otro nuevo Mundo, navegando el gran profundo,que ahora el paso nos cierra. La Thule tan afamada como del mundo postrera,quedará en esta carrera por muy cercana contada.

Esto canta Séneca en sus versos, y no podemos negar que al pie de la letra pasa así, pues los años luengos que dice, si se cuentan del tiempo del trágico, son al pie de mil cuatrocientos, y si del de Medea, son más de dos mil; que el océano anchuroso haya dado el paso, que tenía cerrado, y que se haya descubierto grande tierra, mayor que toda Europa y Asia, y se habite otro nuevo mundo, vémoslo por nuestros ojos cumplido, y en esto no hay duda. En lo que la puede con razón haber es en si Séneca adivinó o si, acaso, dio en esto su poesía. Yo, para decir lo que siento, siento que adivinó con el modo de adivinar que tienen los hombres sabios y astutos. Veía que ya en su tiempo se tentaban nuevas navegaciones y viajes por el mar; sabía bien, como filósofo, que había otra tierra opuesta del mismo ser, que llaman antíctona. Pudo con este fundamento considerar que la osadía y habilidad de los hombres en fin

---

66 Plinius, l. 6, c. 32.
67 Séneca in Medeo actu 2, in fine.

llegaría a pasar el mar océano, y, pasándole, descubrir nuevas tierras y otro mundo, mayormente siendo ya cosa sabida en tiempo de Séneca el suceso de aquellos naufragios que refiere Plinio, con que se pasó el gran mar océano.

Y que éste haya sido el motivo de la profecía de Séneca, parece lo dan a entender los versos que preceden, donde, habiendo alabado el sosiego y vida poco bulliciosa de los antiguos, dice así:

    Mas ahora es otro tiempo,y el mar de fuerza o de grado ha de dar paso al osado,y el pasarle es pasatiempo.

Y más abajo dice así:

Al alto mar proceloso ya cualquier barca se atreve: todo viaje es ya breve al navegante curioso. No hay ya tierra por saber,no hay reino por conquistar,nuevos muros ha de hallar quien se piensa defender. Todo anda ya trastornado, sin dejar cosa en su asiento: el mundo claro y exento no hay ya en él rincón cerrado. El indio cálido bebe del río Araxis helado,y el persa en Albis bañado,y el Rin más frío que nieve.

De esta tan crecida osadía de los hombres viene Séneca a conjeturar lo que luego pone, como el extremo a que ha de llegar, diciendo: Tras luengos años verna, etc., como está ya dicho.

Capítulo XII. Qué sintió Platón de esta India occidental

Mas si alguno hubo que tocase más en particular esta India occidental, parece que se le debe a Platón esa gloria, el cual, en su *Timeo* escribe así: En aquel tiempo no se podía navegar aquel golfo (y va hablando del mar Atlántico, que es el que está en saliendo del estrecho de Gibraltar), porque tenía cerrado el paso a la boca de las columnas de Hércules, que vosotros soléis llamar (que es el mismo estrecho de Gibraltar), y era aquella isla que estaba entonces junto a la boca dicha, de tanta grandeza, que excede a toda la África y Asia juntas. De esta isla había paso entonces a otras islas para los que iban a ellas, y de las otras islas se iba a toda la tierra firme, que estaba frontero de ellas, cercada del verdadero mar. Esto cuenta Cricias en Platón.

Y los que se persuaden que esta narración de Platón es historia, y verdadera historia, declarada en esta forma, dicen que aquella grande isla, llamada Atlantis, la cual excedía en grandeza a África y Asia juntas, ocupaba entonces la mayor parte del mar océano, llamado Atlántico, que ahora navegan los españoles, y que las otras islas que dice estaban cercanas a esta grande son las que hoy día llaman islas de Barlovento, es, a saber, Cuba, Española, San Juan de Puerto Rico, Jamaica y otras de aquel paraje. Y que la tierra firme que dice es la que hoy día se llama Tierra Firme, y este Perú y América. El mar verdadero que dice estar junto aquella tierra firme, declaran que es éste mar del sur, y que por eso se llama verdadero mar, porque en comparación de su inmensidad esotros mares mediterráneos, y aun el mismo Atlántico, son como mares de burla. Con ingenio cierto y delicadeza está explicado Platón por los dichos autores curiosos: con cuanta verdad y certeza, eso en otra parte se tratará.

Capítulo XIII. Que algunos han creído que en las Divinas Escrituras Ofir signifique este nuestro Perú

No falta también a quien le parezca que en las sagradas letras hay mención de esta India occidental, entendiendo por el Ofir que ellas tanto celebran este nuestro Perú. Roberto Stéfano, o por mejor decir, Francisco Vatablo, hombre en la lengua hebrea aventajado, según nuestro preceptor, que fue discípulo suyo, decía, en los escolios sobre el capítulo nono del tercer libro de los Reyes,[68] escribe que la isla Española que halló Cristóbal Colón era el Ofir, de donde Salomón traía cuatrocientos y veinte, o cuatrocientos y cincuenta talentos de oro muy fino. Porque tal es el oro de Cibao que los nuestros traen de la Española. Y no faltan autores doctos que afirmen[69] ser Ofir este nuestro Perú, deduciendo el un nombre del otro, y creyendo que en el tiempo que se escribió el libro del Paralipomenon se llamaba Perú como ahora.

Fúndase en que refiere la Escritura[70] que se traía de Ofir oro finísimo y piedras muy preciosas, y madera escogidísima, de todo lo cual abunda, según dicen estos autores, el Perú. Mas a mi parecer está muy lejos el Perú de ser el Ofir, que la Escritura celebra.[71] Porque aunque hay en él copia de oro, 'no es

---

68 In 3, lib. Reg., cap. 10.
69 Arias Montanus in apparatu, in Phaleg., cap. 9.
70 2. Paralip., 9, 5. Reg. 10.
71 2. Paral. 8, 4. Reg. 22, 3. Reg. 9

en tanto grado que haga ventaja en esto a la fama de riqueza que tuvo antiguamente la India oriental. Las piedras tan preciosas, y aquella tan excelente madera, que nunca tal se vio en Jerusalén, cierto yo no lo veo, porque aunque hay esmeraldas escogidas, y algunos árboles de palo recio y oloroso; pero no hallo aquí cosa digna de aquel encarecimiento que pone la Escritura. Ni aun me parece que lleva buen camino pensar que Salomón, dejada la India oriental riquísima, enviase sus flotas a esta última tierra. Y si hubiera venido tantas veces, más rastros fuera razón que halláramos de ello.

Mas la etimología del nombre Ofir, y reducción al nombre de Perú, téngolo por negocio de poca sustancia, siendo, como es cierto, que ni el nombre del Perú es tan antiguo ni tan general a toda esta tierra. Ha sido costumbre muy ordinaria en estos descubrimientos del nuevo mundo poner nombres a las tierras y puertos de la ocasión que se les ofrecía, y así se entiende haber pasado en nombrar a este reino Perú. Acá es opinión que de un río en que a los principios dieron los españoles, llamado por los naturales Perú, intitularon toda esta tierra Perú. Y es argumento de esto que los indios naturales del Perú ni usan ni saben tal nombre de su tierra. Al mismo tono parece afirmar que Sefer en la Escritura son estos Andes, que son unas sierras altísimas del Perú. Ni basta haber alguna afinidad o semejanza de vocablos, pues de esa suerte también diríamos que Yucatán es Yectán, a quien nombra la Escritura; ni los nombres de Tito y de Paulo que usaron los reyes Incas de este Perú se debe pensar que vinieron de romanos o de cristianos, pues es muy ligero indicio para afirmar cosas tan grandes.

Lo que algunos escriben, que Tarsis y Ofir no eran en una misma navegación ni provincia, claramente se ve ser contra la intención de la Escritura, confiriendo el capítulo XXII del cuarto libro de los Reyes con el capítulo XX del segundo libro del Paralipomenon. Porque lo que en los Reyes dice que Josafat hizo flota en Asiongaber para ir por oro a Ofir, eso mismo refiere el Paralipomenon haberse hecho la dicha flota para ir a Tarsis. De donde claro se colige que en el propósito tomó por una misma cosa la Escritura a Tarsis y Ofir.

Preguntarme ha alguno a mí, según esto, qué región o provincia sea el Ofir adonde iba la flota de Salomón con marineros de Hirán, rey de Tiro y Sidón, para traerle oro; a do también, pretendiendo ir la flota del rey Josafat, padeció naufragio en Asiongaber, como refiere la Escritura.⁷² En esto digo que me allego de mejor gana a la opinión de Josefo, en los libros de Antiquitatibus, donde dice que es provincia de la India oriental, la cual fundó aquel Ofir hijo de Yectán, de quien se hace mención en el Génesis:⁷³ y era esta provincia abundante de oro finísimo. De aquí procedió el celebrarse tanto el oro de Ofir o de Ofaz, y según algunos quieren decir, el obrizo es como el ofirizo, porque habiendo siete linajes de oro, como refiere San Jerónimo, el de Ofir era tenido por el más fino, así como acá celebramos el oro de Valdivia, o el de Carabaya.

La principal razón que me mueve a pensar que Ofir está en la India oriental, y no en esta occidental, es porque no podía venir acá la flota de Salomón sin pasar toda la India oriental y toda la China y otro infinito mar; y no es verosímil que atravesasen todo el mundo para venir a buscar acá el oro, mayormente siendo esta tierra tal, que no se podía tener noticia de ella por viaje de tierra; y mostraremos después que los antiguos no alcanzaron el arte de navegar, que ahora se usa, sin el cual no podían engolfarse tanto. Finalmente, en estas cosas, cuando no se traen indicios ciertos, sino conjeturas ligeras, no obligan a creerse más de lo que a cada uno le parece.

Capítulo XIV. Qué significan en la Escritura Tarsis y Ofir
Y si valen conjeturas y sospechas, las mías son que en la divina Escritura los vocablos de Ofir y de Tarsis las más veces no significan algún determinado lugar, sino que su significación es general cerca de los hebreos, como en nuestro vulgar el vocablo de Indias es general, porque el uso y lenguaje nuestro nombrando Indias es significar unas tierras muy apartadas, y muy ricas, y muy extrañas de las nuestras; y así los españoles igualmente llamamos Indias al Perú, y a México, y a la China, y a Malaca, y al Brasil; y de cualquier parte de éstas que vengan cartas decimos que son cartas de las Indias, siendo las dichas tierras y reinos de inmensa distancia y diversidad entre sí. Aunque tampoco se puede negar que el nombre de Indias se tome de la India oriental; y porque cerca de los antiguos esa India se celebraba por tierra remotísima, de ahí viene que estotra tierra tan remota, cuando se descubrió, la llamaron

---

72 3 Reg. 9, 4. Reg. 22.
73 Genes. 10.

también India, por ser tan apartada como tenida por el cabo del mundo; y así llaman indios a los que moran en el cabo del mundo.

Al mismo modo me parece a mí que Tarsis en las divinas letras, lo más común no significa lugar ni parte determinada, sino unas regiones muy remotas; y al parecer de las gentes, muy extrañas y ricas. Porque lo que Josefo y algunos quieren decir, que Tarsis y Tarso es lo mismo en la Escritura, paréceme que con razón lo reprueba San Jerónimo,[74] no solo porque se escriben con diversas letras los dos dichos vocablos, teniendo uno aspiración y otro no, sino también porque muy muchas cosas que se escriben de Tarsis no pueden cuadrar a Tarso, ciudad de Cilicia. Bien es verdad que en alguna parte se insinúa en la Escritura que Tarsis cae en Cilicia, pues se escribe así de Holofernes en el libro de Judith:[75] Y como pasase los términos de los Asirios, llegó a los grandes montes Ange (que por ventura es el Tauro),[76] los cuales montes caen a la siniestra de Cilicia, y entró en todos sus castillos, y se apoderó de todas sus fuerzas, y quebrantó aquella ciudad tan nombrada Melithi, y despojó a todos los hijos de Tarsis y a los de Ismael, que estaban frontero del desierto, y los que estaban al mediodía hacia tierra de Cellón, y pasó al Éufrates, etc. Mas, como he dicho, pocas veces cuadra a la ciudad de Tarso lo que se dice de Tarsis.

Teodoreto[77] y otros, siguiendo la interpretación de los Setenta, en algunas partes ponen a Tarsis en África, y quieren decir que es la misma que fue antiguamente Cartago,[78] y ahora reino de Túnez. Y dicen que allá pensó hacer su camino Jonás, cuando la Escritura refiere que quiso huir del Señor a Tarsis. Otros quieren decir que Tarsis es cierta región de la India, como parece sentir San Jerónimo.[79] No contradigo yo por ahora a estas opiniones pero afírmome en que no significa siempre una determinada región o parte del mundo. Los Magos que vinieron a adorar a Cristo cierto es que fueron de Oriente, y también se colige de la Escritura[80] que eran de Sabá, y de Epha, y de Madian; y hombres doctos sienten que eran de Etiopía, y de Arabia, y de Persia. Y de éstos canta el salmo y la Iglesia: Los reyes de Tarsis traerán presentes. Conce-

---

74 Hieron. ad Marcell. in 3, tom.
75 Jud. 2. vv. 12, 13, 14.
76 Lege. Plin., 1. 5. C. 27.
77 Theodoretus, in 1. Jonae.
78 Arias Mont., Ibídem, et in Alphabeto apparatus.
79 Hieron. ad Marcellam.
80 Ps. 44. Isai. 60, v. 6.

damos, pues, con San Jerónimo, que Tarsis es vocablo de muchos significados en la Escritura, y que unas veces se entiende por la piedra crisólito o jacinto; otras alguna cierta región de la India; otras la mar, que tiene el color de jacinto cuando reverbera el Sol.

Pero con mucha razón el mismo santo doctor niega que fuese región de la India el Tarsis donde Jonás huía, pues saliendo de Jope era imposible navegar a la India por aquel mar; porque Jope, que hoy se llama Jafa, no es puerto del mar Bermejo, que se junta con el mar oriental Indico, sino del mar Mediterráneo, que no sale a aquel mar Indico: de donde se colige clarísimamente que la navegación que hacía la flota de Salomón[81] de Asiongaber (donde se perdieron las naves del rey Josafat) iba por el mar Bermejo a Ofir y a Tarsis; que lo uno y lo otro afirma expresamente la Escritura,[82] fue muy diferente de la que Jonás pretendió hacer a Tarsis. Pues es Asiongaber puerto de una ciudad de Idumea, puesta en el estrecho, que se hace donde el mar Bermejo se junta con el gran Océano.

De aquel Ofir, y de aquel Tarsis (sea lo que mandaren) traían a Salomón oro, y plata, y marfil, y monos, y pavos, con navegación de tres años muy prolija. Todo lo cual sin duda era de la India oriental, que abunda de todas esas cosas, como Plinio largamente lo enseña, y nuestros tiempos lo prueban asaz. De este nuestro Perú no pudo llevarse marfil, no habiendo acá memoria de elefantes: oro y plata, y monos muy graciosos bien pudieran llevarse; pero en fin, mi parecer es que por Tarsis se entiende en la Escritura, comúnmente, o el mar grande, o regiones apartadísimas y muy extrañas; y así me doy a entender que las profecías que hablan de Tarsis, pues el espíritu de profecía lo alcanza todo, se pueden bien acomodar muchas veces a las cosas del nuevo orbe.

Capítulo XV. De la profecía de Abdías que algunos declaran de estas Indias

No falta quien diga y afirme, que está profetizado en las divinas letras tanto antes, que este nuevo orbe había de ser convertido a Cristo, y esto por gente española.[83] A este propósito declaran el remate de la profecía de Abdías, que

---

81   3. Reg. 22.
82   2. Paralip. 9. 3. Reg. 10.
83   Guido Boderianus in Epist. ad Philippum catholicum Reg. in 5. tom. sac. Bibl. Zumárraga in Hispanica historia.

dice así: Y la transmigración de este ejército de los hijos de Israel, todas las cosas de los Cananeos hasta Sarepta; y la transmigración de Jerusalén, que está en el Bósforo,[84] poseerá las ciudades del austro; y subirán los salvadores al monte de Sión para juzgar el monte de Esaú; y será el reino para el Señor. Esto es puesto de nuestra Vulgata así a la letra. Del hebreo leen los autores que digo en esta manera: Y la transmigración de este ejército de los hijos de Israel cananeos hasta Sarfat (que es Francia), y la transmigración de Jerusalén, que está en Sefarad (que es España) poseerá por heredad las ciudades del austro; y subirán los que procuran la salvación al monte de Sión para juzgar el monte de Esaú; y será el reino para el Señor.

Mas por qué Sefarad, que San Jerónimo interpreta el Bósforo o estrecho, y los Setenta interpretan, Eufrata, signifique a España, algunos no alegan testimonio de los antiguos, ni razón que persuada más de parecerles así. Otros alegan a la paráfrasis caldaica, que lo siente así, y los antiguos rabinos que lo declaran de esta manera. Como a Sarfat, donde nuestra Vulgata y los Setenta tienen Sarepta, entienden por Francia. Y dejando esta disputa, que toca a pericia de lenguas, ¿qué obligación hay para entender por las ciudades de austro o de Nageb (como ponen los Setenta) las gentes del nuevo mundo? ¿Qué obligación también hay para entender la gente española, por la transmigración de Jerusalén en Sefarad? Si no es que tomemos a Jerusalén espiritualmente, y por ella entendamos la Iglesia. De suerte que el Espíritu Santo, por la transmigración de Jerusalén, que está en Sefarad, nos signifique los hijos de la santa Iglesia, que moran en los fines de la tierra o en los puertos: porque eso denota en lengua siriaca Sefarad, y viene bien con nuestra España, que según los antiguos es lo último de la tierra, y cuasi toda ella está rodeada de mar. Por las ciudades del austro o del sur puédense entender estas Indias, pues lo más de este mundo nuevo está al medio día, y aun gran parte de él mira el polo del sur. Lo que se sigue: y subirán los que procuran la salvación al monte de Sión para juzgar el monte de Esaú, no es trabajoso de declarar, diciendo que se acogen a la doctrina y fuerza de la Iglesia santa los que pretenden deshacer los errores y profanidades de los gentiles: porque eso denota juzgar al monte de Esaú. Y síguese bien, que entonces será el reino no para los de España o para los de Europa, sino para Cristo nuestro Señor.

---

84 Ludovicus Leon, Augustinianus, in Commentar, super Abdiam.

Quien quisiere declarar en esta forma la profecía de Abdías no debe ser reprobado, pues es cierto que el Espíritu Santo supo todos los secretos tanto antes: y parece cosa muy razonable que de un negocio tan grande como es el descubrimiento y conversión a la fe de Cristo del nuevo mundo, haya alguna mención en las sagradas Escrituras. Isaías dice:[85] ¡Ay de las alas de las naos que van de la otra parte de la Etiopía! Todo aquel capítulo, autores muy doctos le declaran de las Indias, a quien me remito. El mismo profeta en otra parte dice[86] que los que fueren salvos de Israel, irán muy lejos a Tarsis, a islas muy remotas, y que convertirán al Señor muchas y varias gentes, donde nombra a Grecia, Italia y África y otras muchas naciones; y sin duda se puede bien aplicar a la conversión de estas gentes de Indias. Pues ya lo que el Salvador con tanto peso nos afirma, que se predicará el evangelio en todo el mundo,[87] y que entonces vendrá el fin, ciertamente declara que en cuanto dura el mundo hay todavía gentes a quien Cristo no esté anunciado. Por tanto debemos colegir que a los antiguos les quedó gran parte por conocer, y que a nosotros hoy día nos está encubierta no pequeña parte del mundo.

Capítulo XVI. De qué modo pudieron venir a Indias los primeros hombres, y que no navegaron de propósito a estas partes
Ahora es tiempo de responder a los que dicen que no hay antípodas, y que no se puede habitar esta región en que vivimos. Gran espanto le puso a San Agustín la inmensidad del océano para pensar que el linaje humano hubiese pasado a este nuevo mundo. Y pues por una parte sabemos de cierto que ha muchos siglos que hay hombres en estas partes, y por otra no podemos negar lo que la divina Escritura claramente enseña,[88] de haber procedido todos los hombres de un primer hombre, quedamos sin duda obligados a confesar que pasaron acá los hombres de allá de Europa, o de Asia, o de África; pero el cómo y por qué camino vinieron todavía los inquirimos y deseamos saber.

Cierto no es de pensar que hubo otra arca de Noé en que aportasen hombres a Indias: ni mucho menos que algún ángel trajese colgados por el

---
85 Isaías 18, v. 1, juxta 70. Interpret.
86 Isaías 66, v. 19.
87 Math. 24, v. 14.
88 Act. 17, v. 26.

cabello, como el profeta Abacuch,[89] a los primeros pobladores de este mundo. Porque no se trata qué es lo que pudo hacer Dios, sino qué es conforme a razón y al orden y estilo de las cosas humanas. Y así se deben en verdad tener por maravillosas, y propias de los secretos de Dios ambas cosas: una que haya podido pasar el género humano tan gran inmensidad de mares y tierras; otra, que habiendo tan innumerables gentes acá, estuviesen ocultas a los nuestros tantos siglos. Porque, pregunto yo, ¿con qué pensamiento, con qué industria, con qué fuerza pasó tan copioso mar el linaje de los indios? ¿Quién pudo ser el inventor y movedor de pasaje tan extraño? Verdaderamente he dado y tomado conmigo y con otros en este punto por muchas veces, y jamás acabo de hallar cosa que me satisfaga. Pero en fin, diré lo que se me ofrece: y pues me faltan testigos a quien seguir, dejaréme ir por el hilo de la razón, aunque sea delgado, hasta que del todo se me desaparezca de los ojos.

Cosa cierta es que vinieron los primeros indios por una de tres maneras a la tierra del Perú. Porqué o vinieron por mar o por tierra; y si por mar, o acaso o por determinación suya: digo acaso, echados con alguna gran fuerza de tempestad, como acaece en tiempos contrarios y forzosos: digo por determinación que pretendiesen navegar e inquirir nuevas tierras. Fuera de estas tres maneras, no me ocurre otra posible, si hemos de hablar según el curso de las cosas humanas, y no ponernos a fabricar ficciones poéticas y fabulosas: sino es que se le antoje a alguno buscar otra águila, como la de Ganimedes, o algún caballo con alas, como el de Perseo, para llevar los indios por el aire: o por ventura le agrada aprestar peces sirenas y nicolaos para pasarlos por mar. Dejando, pues, pláticas de burlas, examinemos por sí cada uno de los tres modos que pusimos; quizá será de provecho y de gusto esta pesquisa.

Primeramente parece que podríamos atajar razones con decir que de la manera que venimos ahora a las Indias, guiándose los pilotos por el altura y conocimiento del cielo, y con la industria de marear las velas conforme a los tiempos que corren, así vinieron y descubrieron y poblaron los antiguos pobladores de estas Indias. ¿Por qué no? ¿Por ventura, solo nuestro siglo y solos nuestros hombres han alcanzado este secreto de navegar el océano? Vemos que en nuestros tiempos se navega el océano para descubrir nuevas tierras, como pocos años ha navegó Álvaro Mendaña y sus compañeros, saliendo del

---
89 Dan. 14, v. 35.

puerto de Lima la vuelta del poniente, en demanda de la tierra que responde, leste oeste, al Perú; y al cabo de tres meses hallaron las islas que intitularon de Salomón, que son muchas y grandes; y es opinión muy fundada que caen junto a la nueva Guinea, o por lo menos tienen tierra firme muy cerca; y hoy día vemos que, por orden del Rey y de su Consejo, se trata de hacer nueva jornada para aquellas islas. Y pues esto pasa así, ¿por qué no diremos que los antiguos con pretensión de descubrir la tierra que llaman antíctona opuesta a la suya, la cual había de haber según buena filosofía, con tal deseo se animaron a hacer viaje por mar, y no parar hasta dar con las tierras que buscaban?

Cierto ninguna repugnancia hay en pensar que antiguamente acaeció lo que ahora acaece. Mayormente que la divina Escritura refiere[90] que de los de Tiro y Sidón recibió Salomón maestros y pilotos muy diestros en la mar, y que con éstos se hizo aquella navegación de tres años. ¿A qué propósito se encarece el arte de los marineros y su ciencia y se cuenta navegación tan prolija de tres años si no fuera para dar a entender que se navegaba el gran océano por la flota de Salomón? No son pocos los que lo sienten así, y aún les parece que tuvo poca razón San Agustín de espantarse y embarazarse con la inmensidad del mar océano, pues pudo bien conjeturar de la navegación referida de Salomón, que no era tan difícil de navegarse.

Mas diciendo verdad, yo estoy de muy diferente opinión, y no me puedo persuadir que hayan venido los primeros Indios a este nuevo Mundo por navegación ordenada y hecha de propósito, ni aun quiero conceder que los antiguos hayan alcanzado la destreza de navegar, con que hoy día los hombres pasan el mar océano, de cualquiera parte a cualquiera otra que se les antoja, lo cual hacen con increíble presteza y certinidad, pues de cosa tan grande y tan notable no hallo rastros en toda la antigüedad. El uso de la piedra imán, y del aguja de marear, ni la topo yo en los antiguos, ni aun creo que tuvieron noticia de él: y quitado el conocimiento del aguja de marear, bien se ve que es imposible pasar el océano. Los que algo entienden de mar, entienden bien lo que digo. Porque así es pensar, que el marinero puesto en medio del mar sepa enderezar su proa a donde quiere, si le falta el aguja de marear, como pensar, que el que está sin ojos muestre con el dedo lo que está cerca, y lo que está lejos acullá en un cerro.

---

90   2. Par. 9, 3. Reg. 10.

Es cosa de admiración, que una tan excelente propiedad de la piedra imán la hayan ignorado tanto tiempo los antiguos, y se haya descubierto por los modernos. Haberla ignorado los antiguos, claramente se entiende de Plinio,[91] que con ser tan curioso historiador de las cosas naturales, contando tantas maravillas de la piedra imán, jamás apunta palabra de esta virtud y eficacia, que es la más admirable, que tiene de hacer mirar al norte el hierro que toca. Como tampoco Aristóteles habló de ello, ni Teofrasto, ni Dioscórides, ni Lucrecio,[92] ni historiador, ni filósofo natural, que yo haya visto, aunque tratan de la piedra imán. Tampoco San Agustín toca en esto, escribiendo por otra parte muchas y maravillosas excelencias de la piedra imán, en los libros de la Ciudad de Dios.[93] Y es cierto que cuantas maravillas se cuentan de esta piedra, todas quedan muy cortas respecto de esta tan extraña de mirar siempre al Norte, que es un gran milagro de naturaleza. Hay otro argumento también, y es, que tratando Plinio[94] de los primeros inventores de navegación, y refiriendo allí de los demás instrumentos y aparejos, no habla palabra del aguja de marear, ni de la piedra imán: solo dice, que el arte de notar las estrellas en la navegación salió de los de Fenicia.

No hay duda sino que los antiguos lo que alcanzaron del arte de navegar, era todo mirando las estrellas, y notando las playas, y cabos, y diferencias de tierras. Si se hallaban en alta mar, tan entrados que por todas partes perdiesen la tierra de vista, no sabían enderezar la proa por otro regimiento, sino por las estrellas, y Sol y Luna. Cuando esto faltaba, como en tiempo nublado acaece, regíanse por la cualidad del viento y por conjeturas del camino que habían hecho. Finalmente, iban por su tino, como en estas Indias también los indios navegan grandes caminos de mar guiados de sola su industria y tino. Hace mucho a este propósito lo que escribe Plinio[95] de los isleños de la Taprobana, que ahora se llama Sumatra, cerca del arte e industria con que navegaban, escribiendo en esta manera: Los de Taprobana no ven el norte, y para navegar suplen esta falta llevando consigo ciertos pájaros, los cuales sueltan a menudo, y como los pájaros por natural instinto vuelan hacia la tierra, los marineros

---

91   Plin., 1, 36, c. 16, et lib. 34, cap. 14, et lib. 37, c. 4.
92   Dioscor., lib. 5, c. 105. Lucretius, lib. 6.
93   August., l. 21, de Civit., c. 4, ubi multa de magnete.
94   Plin., lib. 7, cap. 56.
95   Plin., lib. 6, cap. 22.

enderezan su proa tras ellos. ¿Quién duda, si estos tuvieran noticia del aguja, que no tomaran por guías a los pájaros, para ir en demanda de la tierra?

En conclusión, basta por razón, para entender que los antiguos no alcanzaron este secreto de la piedra imán, ver que para cosa tan notable, como es el aguja de marear, no se halla vocablo latino, ni griego, ni hebraico. Tuviera sin falta algún nombre en estas lenguas cosa tan importante, si la conocieran. De donde se verá la causa, por qué ahora los pilotos para encomendar la vía al que lleva el timón, se sientan en lo alto de la popa, que es por mirar de allí el aguja, y antiguamente se sentaban en la proa, por mirar las diferencias de tierras y mares, y de allí mandaban la vía, como lo hacen también ahora muchas veces al entrar o salir de los puertos. Y por eso los griegos llamaban a los pilotos proritas, porque iban en la proa.

Capítulo XVII. De la propiedad y virtud admirable de la piedra imán para navegar; y que los antiguos no la conocieron
De lo dicho se entiende, que a la piedra imán se debe la navegación de las Indias, tan cierta y tan breve, que el día que hoy vemos muchos hombres, que han hecho viaje de Lisboa a Goa, y de Sevilla a México y a Panamá; y en estotro mar del sur hasta la China y hasta el estrecho de Magallanes: y esto con tanta facilidad como se va el labrador de su aldea a la villa. Ya hemos visto hombres que han hecho quince viajes, y aun dieciocho a las Indias: de otros hemos oído, que pasan de veinte veces las que han ido y vuelto, pasando ese mar océano, en el cual cierto no hallan rastro de los que han caminado por él, ni topan caminante a quien preguntar el camino. Porque, como dice el Sabio:[96] la nao corta el agua y sus ondas, sin dejar rastro por donde pasa, ni hacer senda en las ondas. Mas con la fuerza de la piedra imán se abre camino descubierto por todo el grande océano, por haberle el altísimo Criador comunicado tal virtud, que de solo tocarla el hierro, queda con la mira y movimiento al Norte, sin desfallecer en parte alguna del mundo.

Disputen otros e inquieran la causa de esta maravilla, y afirmen cuanto quisieren no sé qué simpatía; a mí más gusto me da, mirando estas grandezas, alabar aquel poder y providencia del sumo Hacedor, y gozarme de considerar

---

96 Sap. 5, v. 10.

sus obras maravillosas. Aquí cierto viene bien decir con Salomón a Dios:[97] ¡Oh, Padre, cuya providencia gobierna a un palo, dando en él muy cierto camino por el mar, y senda muy segura entre las fieras ondas, mostrando juntamente que pudieras librar de todo, aunque fuese yendo sin nao por la mar! Pero porque tus obras no carezcan de sabiduría, por esto confían los hombres sus vidas de un pequeño madero, y atravesando el mar se han escapado en un barco. También aquello del Salmista[98] viene aquí bien: Los que bajan a la mar en naos haciendo sus funciones en las muchas aguas, esos son los que han visto las obras del Señor, y sus maravillas en el profundo. Que cierto no es de las menores maravillas de Dios, que la fuerza de una pedrezuela tan pequeña mande en la mar, y obligue al abismo inmenso a obedecer, y estar a su orden. Esto, porque cada día acontece, y es cosa tan fácil, ni se maravillan los hombres de ello, ni aun se les acuerda de pensarlo; y por ser la franqueza tanta, por eso los inconsiderados la tienen en menos. Mas a los que bien lo miran, oblígales la razón a bendecir la sabiduría de Dios, y darle gracias por tan grande beneficio y merced.

Siendo determinación del cielo que se descubriesen las naciones de Indias, que tanto tiempo estuvieron encubiertas, habiéndose de frecuentar esta carrera, para que tantas almas viniesen en conocimiento de Jesucristo, y alcanzasen su eterna salud, proveyóse también del cielo de guía segura para los que andan este camino, y fue la guía el aguja de marear, y la virtud de la piedra imán. Desde qué tiempo haya sido descubierto y usado este artificio de navegar, no se puede saber con certidumbre. El no haber sido cosa muy antigua, téngolo para mí por llano, porque además de las razones que en el capítulo pasado se tocaron, yo no he leído en los antiguos que tratan de relojes,[99] mención alguna de la piedra imán, siendo verdad que en los relojes de Sol portátiles que usamos, es el más ordinario instrumento el aguja tocada a la piedra imán. Autores nobles escriben en la historia de la India oriental,[100] que el primero que por mar la descubrió, que fue Vasco de Gama, topó en el paraje de Mozambique con ciertos marineros moros, que usaban el aguja de marear, y mediante ella navegaron aquellos mares. Mas de quien aprendieron aquel

---

97 Sap. 14, vv. 3, 4, 5.
98 Psam. 106, vv. 23, 24.
99 Lib. 1, de Italiae Illust. Reg. 13. Plin., lib. 2, c. 72 et 76, lib. 7, cap. último.
100 Osorius de reb. gest. Emmanuelis, lib. 1.

artificio, no lo escriben; antes algunos de estos escritores afirman lo que sentimos, de haber ignorado los antiguos este secreto.

Pero diré otra maravilla aun mayor de la aguja de marear, que se pudiera tener por increíble, si no se hubiera visto, y con clara experiencia tan frecuentemente manifestado. El hierro tocado y refregado con la parte de la piedra imán, que en su nacimiento mira al Sur, cobra virtud de mirar al contrario, que es el Norte, siempre y en todas partes; pero no en todas le mira por igual derecho. Hay ciertos puntos y climas, donde puntualmente mira al Norte, y se fija en él; en pasando de allí ladea un poco o al oriente o al poniente, y tanto más cuanto se va más apartando de aquel clima. Eso es lo que los marineros llaman nordestar y noruestar. El nordestar, es ladearse inclinando a levante; noruestar inclinando a poniente.

Esta inclinación o ladear del aguja importa tanto saberla, que aunque es pequeña, si no se advierte, errarán la navegación, e irán a parar a diferente lugar del que pretenden. Decíame a mí un piloto muy diestro, portugués, que eran cuatro puntos en todo el orbe, donde se fijaba la aguja con el Norte, y contábalas por sus nombres, de que no me acuerdo bien. Uno de estos es el paraje de las islas del Cuervo, en las Terceras o islas de Azores, como es cosa ya muy sabida. Pasando de allí a más altura, noruestea, que es decir que declina al poniente. Pasando al contrario a menos altura hacia el equinoccial nordestea, que es inclinar al oriente. Qué tanto y hasta dónde, diránlo los maestros de esta arte. Lo que yo diré es, que de buena gana preguntaría a los bachilleres que presumen de saberlo todo, que sea, que me digan la causa de este efecto. Por qué un poco de hierro de fregarse con la piedra imán, concibe tanta virtud de mirar siempre al Norte, y esto con tanta destreza, que sabe los climas y posturas diversas del mundo, dónde se ha de fijar, dónde inclinar a un lado, dónde a otro, que no hay filósofo, ni cosmógrafo, que así lo sepa.

Y si de estas cosas, que cada día traemos al ojo, no podemos hallar la razón, y sin duda se nos hicieran duras de creer si no las viéramos tan palpablemente, ¿quién no verá la necedad y disparate que es querernos hacer jueces, y sujetar a nuestra razón las cosas divinas y soberanas? Mejor es, como dice Gregorio teólogo, que a la fe se sujete la razón, pues aun en su casa no sabe bien entenderse. Baste esta digresión, y volvamos a nuestro cuento, concluyendo que el uso de la aguja de mar no le alcanzaron los antiguos: de donde se infiere que fue imposible hacer viaje del otro mundo a éste por el océano, llevando intento y determinación de pasar acá.

Capítulo XVIII. En que se responde a los que sienten haberse navegado antiguamente el océano, como ahora
Lo que se alega en contrario de lo dicho, que la flota de Salomón navegaba en tres años, no convence, pues no afirman las sagradas letras, que se gastaban tres años en aquel viaje, sino que en cada tres años una vez se hacía viaje. Y aunque demos que durante tres años la navegación, pudo ser, y es más conforme a razón, que navegando a la India oriental, se detuviese la flota por la diversidad de puertos y regiones que iba reconociendo y tomando, como ahora todo el mar del sur se navega cuasi desde Chile hasta Nueva España; el cual modo de navegar, aunque tiene más certidumbre, por ir siempre a vista de tierra, es empero muy prolijo por el rodeo que de fuerza ha de hacer por las costas, y mucha dilación en diversos puertos.

Cierto, yo no hallo en los antiguos que se hayan arrojado a lo muy adentro del mar océano, ni pienso que lo que navegaron de él, fue de otra suerte, que lo que el día de hoy se navega del Mediterráneo. Por donde se mueven hombres doctos a creer, que antiguamente no navegaban sin remos, como quien siempre iba costeando la tierra. Y aún parece, lo da así a entender la divina Escritura cuando refiere aquella famosa navegación del profeta Jonás, donde dice,[101] que los marineros, forzados del tiempo, remaron a tierra.

Capítulo XIX. Que se puede pensar, que los primeros pobladores de Indias aportaron a ellas echados de tormenta, y contra su voluntad
Habiendo mostrado que no lleva camino pensar, que los primeros moradores de Indias hayan venido a ellas con navegación hecha para ese fin, bien se sigue, que si vinieron por mar, haya sido acaso, y por fuerza de tormentas, el haber llegado a Indias. Lo cual, por inmenso que sea el mar océano, no es cosa increíble. Porque, pues, así sucedió en el descubrimiento de nuestros tiempos, cuando aquel marinero (cuyo nombre aún no sabemos, para que negocio tan grande no se atribuya a otro autor, sino a Dios), habiendo por un

---
101 Jon. 1.

terrible e importuno temporal reconocido el nuevo mundo, dejó por paga del buen hospedaje a Cristóbal Colón la noticia de cosa tan grande; así pudo ser, que algunas gentes de Europa, o de África antiguamente hayan sido arrebatadas de la fuerza del viento, y arrojadas a tierras no conocidas, pasado el mar océano. ¿Quién no sabe, que muchas, o las más de las regiones que se han descubierto en este nuevo mundo, ha sido por esta forma? ¿Qué se debe más a la violencia de temporales su descubrimiento, que a la buena industria de los que las descubrieron?

Y porque no se piense que solo en nuestros tiempos han sucedido semejantes viajes hechos por la grandeza de nuestras naves, y por el esfuerzo de nuestros hombres, podrá desengañarse fácilmente en esta parte, quien leyere lo que Plinio refiere[102] haber sucedido a muchos antiguos. Escribe, pues, de esta manera: Teniendo el cargo Gayo César, hijo de Augusto, en el mar de Arabia, cuentan haber visto y conocido señas de naves españolas, que habían padecido naufragio; y dice más después: Nepote refiere del rodeo septentrional, que se trajeron a Quinto Metelo Célere, compañero en el consulado de Gayo Afranio (siendo el dicho Metelo procónsul en la Galia) unos indios presentados por el Rey de Suevia: los cuales indios, navegando desde la India para sus contrataciones, por la fuerza de los temporales, fueron echados en Germania. Por cierto, si Plinio dice verdad, no navegan hoy día los portugueses más de lo que en aquellos dos naufragios se navegó, el uno desde España hasta el mar Bermejo, y el otro desde la India oriental hasta Alemania.

En otro libro escribe el propio autor[103] que un criado de Annio Plocanio, el cual tenía arrendados los derechos del mar Bermejo, navegando la vuelta de la Arabia, sobreviniendo nortes furiosos, en quince días vino pasada la Carmania, a tomar a Hippuros, puerto de la Taprobana, que hoy día llaman Sumatra. También cuentan, que una nao de cartagineses del mar de Mauritania fue arrebatada de brisas hasta ponerse a vista del nuevo orbe. No es cosa nueva para los que tienen alguna experiencia de mar, el correr a veces temporales forzosos, y muy porfiados, sin aflojar un momento de su furia. A mí me acaeció pasando a Indias, verme en la primera tierra poblada de españoles, en quince días después de salidos de las Canarias, y sin duda fuera más breve el viaje, si

---
102 Plin. 2 lib., Cap. 69.
103 Plin., Lib. 6, cap. 22

se dieran velas a la brisa fresca que corría. Así que me parece cosa muy verosímil que hayan, en tiempos pasados, venido a Indias hombres vencidos de la furia del viento, sin tener ellos tal pensamiento.

Hay en el Perú gran relación de unos gigantes que vinieron en aquellas partes, cuyos huesos se hallan, hoy día, de disforme grandeza, cerca de Manta, y de Puerto Viejo, y en proporción habían de ser aquellos hombres más que tres tanto mayores, que los indios de ahora. Dicen que aquellos gigantes vinieron por mar, y que hicieron guerra a los de tierra, y que edificaron edificios soberbios, y muestran hoy un pozo hecho de piedras de gran valor. Dicen más, que aquellos hombres haciendo pecados enormes, y especial usando contra natura, fueron abrasados y consumidos con fuego que vino del cielo. También cuentan los indios de Ica, y los de Arica, que solían antiguamente navegar a unas islas al poniente, muy lejos, y la navegación era en unos cueros de lobo marino hinchados. De manera, que no faltan indicios de que se haya navegado la mar del sur, antes que viniesen españoles por ella.

Así que podríamos pensar, que se comenzó a habitar el nuevo orbe de hombres, a quien la contrariedad del tiempo, y la fuerza de nortes echó allá, como al fin vino a descubrirse en nuestros tiempos. Es así, y mucho para considerar, que las cosas de gran importancia de naturaleza por la mayor parte se han hallado acaso, y sin pretenderse, y no por la habilidad y diligencia humana. Las más de las yerbas saludables, las más de las piedras, las plantas, los metales, las perlas, el oro, el imán, el ámbar, el diamante y las demás cosas semejantes. Y así sus propiedades y provechos, cierto más se han venido a saber por casuales acontecimientos, que no por arte e industria de hombres, para que se vea, que el loor y gloria de tales maravillas se debe a la providencia del Criador, y no al ingenio de los hombres. Porque lo que a nuestro parecer sucede acaso, eso mismo lo ordena Dios muy sobrepensado.

Capítulo XX. Que con todo eso es más conforme a buena razón pensar que vinieron por tierra los primeros pobladores de Indias

Concluyo, pues, con decir que es bien probable de pensar, que los primeros aportaron a Indias por naufragio y tempestad de mar. Mas ofrécese aquí una dificultad, que me da mucho en qué entender, y es que ya que demos que hayan venido hombres por mar a tierras tan remotas, y que de ellos se han multiplicado las naciones que vemos; pero las bestias y alimañas, que cría el nuevo orbe, muchas y grande, no sé cómo nos demos maña a embarcarlas y llevarlas por mar a las Indias. La razón porque nos hallamos forzados a decir que los hombres de las Indias fueron de Europa o de Asia es, por no contradecir a la sagrada Escritura, que claramente enseña, que todos los hombres descienden de Adán, y así no podemos dar otro origen a los hombres de Indias. Pues la misma divina Escritura también nos dice,[104] que todas las bestias y animales de la tierra perecieron, sino las que se reservaron para propagación de su género, en el arca de Noé. Así también es fuerza reducir la propagación de todos los animales dichos a los que salieron del arca en los montes de Ararat, donde ella hizo pie; de manera que como para los hombres, así también para las bestias, nos es necesidad buscar camino, por donde hayan pasado del viejo mundo al nuevo.

San Agustín, tratando esta cuestión:[105] cómo se hallan en algunas islas lobos, y tigres y otras fieras, que no son de provecho para los hombres, porque de los elefantes, caballos, bueyes, perros y otros animales de que se sirven los hombres, no tiene embarazo pensar, que por industria de hombres se llevaron por mar con naos, como los vemos hoy día, que se llevan desde oriente a Europa, y desde Europa al Perú con navegación tan larga; pero de los animales, que para nada son de provecho, y antes son de mucho daño, como son lobos, en qué forma hayan pasado a las islas, si es verdad, como lo es, que el diluvio bañó toda la tierra, tratándolo el sobredicho santo y doctísimo varón, procura librarse de estas angustias, con decir, que tales bestias pasaron a nado a las islas o alguno por codicia de cazar las llevó, o fue ordenación de Dios, que se produjesen, de la tierra, al modo que en la primera creación dijo Dios:[106] Produzca la tierra ánima viviente en su género, jumentos y animales rateros, y fieras del campo, según sus especies.

Mas cierto que si queremos aplicar esta solución a nuestro propósito, más enmarañado se nos queda el negocio. Porque comenzando de lo postrero, no es conforme al orden de naturaleza, ni conforme al orden del gobierno que Dios tiene puesto, que animales perfectos, como leones, tigres y lobos,

---

104 Genes. 7, vv. 21, 22, 23.
105 August., Lib. 16 de Civit., Cap. 7.
106 Genes. 1, v. 24.

se engendren de la tierra sin generación. De ese modo se producen ranas y ratones, y avispas y otros animales imperfectos. Mas ¿a qué propósito la Escritura tan por menudo dice:[107] Tomarás de todos los animales, y de las aves del cielo siete y siete, machos y hembras, para que se salve su generación sobre la tierra, si había de tener el mundo tales animales después del diluvio por nuevo modo de producción sin junta de macho y hembra? Y aún queda luego otra cuestión: ¿por qué naciendo de la tierra, conforme a esta opinión, tales animales, no los tienen todas las tierras, e islas, pues ya no se mira el orden natural de multiplicarse, sino sola la liberalidad del Criador?

Que hayan pasado algunos animales de aquellos por pretensión de tener caza, que era otra respuesta, no lo tengo por cosa increíble, pues vemos mil veces que para sola grandeza suelen príncipes y señores tener en sus jaulas leones, osos y otras fieras, mayormente cuando se han traído de tierras muy lejos. Pero esto creerlo de lobos y de zorras, y de otros tales animales bajos y sin provecho, que no tienen cosa notable, sino solo hacer mal a los ganados, y decir que para caza se trajeron por mar, por cierto es cosa muy sin razón. ¿Quién se podrá persuadir, que con navegación tan infinita, hubo hombres, que pusieron diligencia en llevar al Perú zorras, mayormente las que llaman añas, que es un linaje el más sucio y hediondo de cuantos he visto? ¿Quién dirá que trajeron leones y tigres? Harto es, y aun demasiado, que pudiesen escapar los hombres con las vidas en tan prolijo viaje, viniendo con tormenta, como hemos dicho, cuanto más tratar de llevar zorras y lobos, y mantenerlos por mar. Cierto es cosa de burla aun imaginarlo.

Pues si vinieron por mar estos animales, solo resta, que hayan pasado a nado. Esto ser cosa posible y hacedera, cuanto a algunas islas que distan poco de otras, o de la tierra firme, no se puede negar la experiencia cierta, con que vemos, que por alguna grave necesidad a veces nadan estos animales días y noches enteras, y al cabo escapan nadando; pero esto se entiende en golfillos pequeños. Porque nuestro océano haría burla de semejantes nadadores, pues aún a las aves de gran vuelo les faltan las alas para pasar tan gran abismo. Bien se hallan pájaros, que vuelen más de cien leguas, como los hemos visto navegando diversas veces: pero pasar todo el mar océano volando es imposible, o a lo menos muy difícil. Siendo así todo lo dicho, ¿por dónde abriremos

---

[107] Genes. 7, vv. 2, 3.

camino para pasar fieras y pájaros a las Indias?, ¿de qué manera pudieron ir del un mundo al otro?

Este discurso que he dicho, es para mí una gran conjetura para pensar que el nuevo orbe, que llamamos Indias, no está del todo diviso y apartado del otro orbe. Y por decir mi opinión, tengo para mí días ha, que la una tierra y la otra en alguna parte se juntan, y continúan, o a lo menos se avecinan y allegan mucho. Hasta ahora, a lo menos no hay certidumbre de lo contrario. Porque al polo ártico, que llaman norte, no está descubierta y sabida toda la longitud de la tierra: y no faltan muchos que afirmen, que sobre la Florida corre la tierra larguísimamente al septentrión, la cual dicen que llega hasta el mar Seítico, o hasta el Germánico. Otros añaden que ha habido nave que, navegando por allí, relató haber visto los Bacallaos correr hasta los fines cuasi de Europa. Pues ya sobre el cabo Mendocino en la mar del sur, tampoco se sabe hasta dónde corre la tierra, made que todos dicen que es cosa inmensa lo que corre. Volviendo al otro polo del sur, no hay hombre que sepa dónde para la tierra, que está de la otra banda del Estrecho de Magallanes. Una nao del Obispo de Plasencia, que subió del Estrecho, refirió que siempre había visto tierra, y lo mismo contaba Hernando Lamero, piloto, que por tormenta pasó dos o tres grados arriba del estrecho. Así que ni hay razón en contrario, ni experiencia que deshaga mi imaginación, u opinión de que toda la tierra se junta, y continúa en alguna parte, a lo menos se allega mucho.

Si esto es verdad, como en efecto me lo parece, fácil respuesta tiene la duda tan difícil que habíamos propuesto: como pasaron a las Indias los primeros pobladores de ellas, porque se ha de decir, que pasaron, no tanto navegando por mar, como caminando por tierra; y ese camino lo hicieron muy sin pensar, mudando sitios y tierras poco a poco; y unos poblando las ya halladas, otros buscando otras de nuevo, vinieron por discurso de tiempo a henchir las tierras de Indias de tantas naciones y gentes y lenguas.

Capítulo XXI. En qué manera pasaron bestias y ganados a las tierras de Indias

Ayudan grandemente al parecer ya dicho los indicios que se ofrecen a los que con curiosidad examinan el modo de habitación de los indios. Porque dondequiera que se halla isla muy apartada de tierra firme, y también de otras islas, como es la Bermuda, hállase ser falta de hombres del todo. La razón es porque no navegaban los antiguos sino a playas cercanas, y cuasi siempre a vista de tierra. A esto se alega que en ninguna tierra de Indias se han hallado navíos grandes, cuales se requieren para pasar golfos grandes. Lo que se halla son balsas, o piraguas, o canoas, que todas ellas son menos que chalupas; y de tales embarcaciones solas usaban los indios, con las cuales no podían engolfarse sin manifiesto y cierto peligro de perecer; y cuando tuvieran navíos bastantes para engolfarse, no sabían de aguja, ni de astrolabio, ni de cuadrante. Si estuvieran dieciocho días sin ver tierra, era imposible no perderse, sin saber de sí. Vemos islas pobladísimas de indios, y sus navegaciones muy usadas; pero eran las que digo, que podían hacer indios en canoa o piraguas, y sin aguja de marear.

Cuando los indios que moraban en Tumbez vieron la primera vez nuestros españoles que navegaban al Perú, y miraron la grandeza de las velas tendidas y los bajeles también grandes, quedaron atónitos: y como nunca pudieron pensar que eran navíos, por no haberlos vistos jamás de aquella forma y tamaño, dicen que se dieron a entender que debían de ser rocas y peñascos sobre la mar; y como veían que andaban, y no se hundían, estuvieron como fuera de sí de espanto gran rato, hasta que mirando más vieron unos hombres barbudos que andaban por los navíos, los cuales creyeron que debían ser algunos dioses, o gente de allá del cielo. Donde se ve bien cuán ajena cosa era para los indios usar naos grandes, ni tener noticia de ellas. Hay otra cosa que en gran manera persuade a la opinión dicha, y es que aquellas alimañas que dijimos no ser creíble haberlos embarcado hombres para las Indias se hallan en lo que es tierra firme, y no se hallan en las islas que disten de la tierra firme cuatro jornadas. Yo he hecho diligencia en averiguar esto, pareciéndome que era negocio de gran momento para determinarme en la opinión que he dicho, de que la tierra de Indias, y la de Europa y Asia y África tienen continuación entre sí, o a lo menos se llegan mucho en alguna parte.

Hay en la América y Perú muchas fieras, como son leones, aunque éstos no igualan en grandeza y braveza, y en el mismo color rojo a los famosos leones de África; hay tigres muchos, y muy crueles, aunque lo son más comúnmente con indios que con españoles; hay osos, aunque no tantos; hay jabalíes, hay zorras innumerables. De todos estos géneros de animales, si quisiéramos buscarlos en la isla de Cuba, o en la Española, o en Jamaica, o en la Margarita, o en la Dominica, no se hallará ninguno. Con esto viene que las dichas islas, con ser tan grandes y tan fértiles, no tenían antiguamente, cuando a ellas aportaron españoles, de esotros animales tampoco, que son de provecho; y ahora tienen innumerables manadas de caballos, de bueyes y vacas, de perros, de puercos; y es en tanto grado, que los ganados de vacas no tienen ya dueños ciertos, por haber tanto multiplicado, que son del primero que las desjarreta en el monte o campo: lo cual hacen los moradores de aquellas islas para aprovecharse de los cueros para su mercancía de corambre, dejando la carne por allí, sin comerla. Los perros han en tanto exceso multiplicado, que andan manadas de ellos; y hechos bravos hacen tanto mal al ganado, como si fueran lobos, que es un grave daño de aquellas islas.

No solo carecen de fieras, sino también de aves y pájaros en gran parte. Papagayos hay muchos, los cuales tienen gran vuelo y andan a bandas juntos; también tienen otros pájaros, pero pocos, como he dicho. De perdices no me acuerdo haber visto, ni sabido que las tengan, como las hay en el Perú, y mucho menos los que en el Perú llaman guanacos, y vicuñas, que son como cabras montesas ligerísimas, en cuyos buches se hallan las piedras bezaares, que precian algunos, y son a veces mayores que un huevo de gallina tanto y medio. Tampoco tienen otro género de ganado, que nosotros llamamos ovejas de las Indias, las cuales, demás de la lana y carne, con que se visten y mantienen los indios, sirven también de recua y jumentos para llevar cargas; llevan la mitad de la carga de una mula, y son de poco gasto a sus dueños, porque ni han menester herraduras, ni albardas, ni otros aparejos, ni cebada para su comer; todo esto les dio naturaleza sin costa, queriendo favorecer a la pobre gente de los indios.

De todos estos géneros de animales y de otros muchos que se dirán en su lugar, abunda la tierra firme de Indias; las islas de todos carecen, si no son los que han embarcado españoles. Verdad es que en algunas islas vido tigres un hermano nuestro, según él refería, andando en una peregrinación y naufragio trabajosísimo; mas preguntado qué tanto estarían de tierra firme aquellas islas, dijo que obra de seis u ocho leguas a lo más, el cual espacio de mar, no hay duda, sino que pueden pasarle a nado los tigres. De estos indicios y de otros semejantes se puede colegir que hayan pasado los indios a poblar aquella tierra, más por camino de tierra que de mar; o si hubo navegación, que fue no grande, ni dificultosa, porque, en efecto, debe de continuarse el un orbe con el otro o a lo menos estar en alguna parte muy cercanos entre sí.

Capítulo XXII. Que no pasó el linaje de indios por la isla Atlántida, como algunos imaginan

No faltan algunos[108] que, siguiendo el parecer de Platón, que arriba referimos, dicen que fueron esas gentes de Europa o de África a aquella famosa isla y tan cantada Atlántida, y de ella pasaron a otras y otras islas, hasta llegar a la tierra firme de Indias. Porque de todo esto hace mención el Cricias de Platón en su *Timeo*. Porque si era la isla Atlántida tan grande como toda la Asia y África juntas, y aún mayor, como siente Platón, forzoso había de tomar todo el océano Atlántico y llegar cuasi a las islas del nuevo orbe. Y dice más Platón: que con un terrible diluvio se anegó aquella su isla Atlántida, y por eso dejó aquel mar imposibilitado de navegarse, por los muchos bajíos de peñas, y arrecifes, y de mucha lama, y que así lo estaba en su tiempo; pero que después con el tiempo hicieron asiento las ruinas de aquella isla anegada, y en fin, dieron lugar a navegarse.

Esto tratan y disputan hombres de buenos ingenios muy de veras, y son cosas tan de burla considerándose un poco, que más parecen cuentos, o fábulas de Ovidio que historia, o filosofía digna de cuenta. Los más de los intérpretes y expositores de Platón afirman que es verdadera historia todo aquello que allí Cricias cuenta de tanta extrañeza del origen de la isla Atlántida, y de su grandeza, y de su prosperidad, y de las guerras que los de Europa y los de Atlántida entre sí tuvieron con todo lo demás. Muévense a tenerlo por verdadera historia, por las palabras de Cricias que pone Platón, en que dice en su *Timeo* que la plática que quiere tratar es de cosas extrañas, pero del todo verdaderas. Otros discípulos de Platón, considerando que todo aquel cuento tiene más arte de fábula que de historia, dicen que todo aquello se ha de entender por alegoría, que así lo pretendió su divino filósofo. De éstos es Proclo, y Porfirio, y aun Orígenes: son éstos tan dados a Platón, que así tratan sus escritos, como si fuesen libros de Moisés o de Esdras; y así donde las pala-

---

108 Sap., Cap. 12.

bras de Platón no vienen con la verdad, luego dan en que se han de entender aquello en sentido místico y alegórico y que no puede ser menos.

Yo, por decir verdad, no tengo tanta reverencia a Platón, por más que le llamen divino, ni aun se me hace muy difícil de creer que pudo contar todo aquel cuento de la isla Atlántida por verdadera historia, y pudo ser con todo eso muy fina fábula, mayormente que refiere él haber aprendido aquella relación de Cricias, que, cuando muchachos, entre otros cantares y romances, cantaba aquel de la Atlántida. Sea como quisieren, haya escrito Platón por historia, o haya escrito por alegoría, lo que para mí es llano, es, que todo cuanto trata de aquella isla, comenzando en el diálogo *Timeo*, y prosiguiendo en el diálogo Cricias, no se puede contar en veras, sino es a muchachos y viejas. ¿Quién no tendrá por fábula decir, que Neptuno se enamoró de Clito, y tuvo de ella cinco veces gemelos de un vientre?, ¿y que de un collado sacó tres redondos de mar, y dos de tierra, tan parejos que parecían sacados por torno? ¿Pues qué diremos de aquel templo de mil pasos en largo, y quinientos en ancho, cuyas paredes por defuera estaban todas cubiertas de plata, y todos los altos de oro, y por de dentro era todo de bóveda de marfil labrado, y entretejido de oro, plata y azófar? Y al cabo el donoso remate de todo, con que concluye en el *Timeo* diciendo: En un día y una noche, viniendo un grande diluvio, todos nuestros soldados se los trago la tierra a montones; y la isla Atlántida de la misma manera anegada en la mar desapareció.

Por cierto ella lo acertó mucho en desaparecer toda tan presto, porque siendo isla mayor que toda la Asia y África juntas, hecha por arte de encantamiento, fue bien que así desapareciese. Y es muy bueno que diga que las ruinas y señales de esta tan grande isla se echan de ver debajo del mar, y los que lo han de echar de ver, que son los que navegan, no pueden navegar por allí. Pues añade donosamente: Por eso hasta el día de hoy ni se navega, ni puede aquel mar, porque la mucha lama que la isla después de anegada poco a poco crió, lo impide. Preguntara yo de buena gana, ¿qué piélago pudo bastar a tragarse tanta infinidad de tierra, que era más que toda la Asia y África juntas, y que llegaba hasta las Indias? ¿Y tragársela tan del todo, que ni aun rastro no haya quedado? Pues es notorio que en aquel mar donde dicen había la dicha isla, no hallan fondo hoy día los marineros, por más brazas de sonda que den. Mas es inconsideración querer disputar de cosas que, o se contaron por pasatiempo, o ya que se tenga la cuenta que es razón con la gravedad de Platón, puramente se dijeron para significar, como en pintura, la prosperidad de una ciudad, y su perdición tras ella.

El argumento que hacen para probar que realmente hubo isla Atlántida, de que aquel mar hoy día se nombra mar Atlántico, es de poca importancia, pues sabemos que en la última Mauritania está el monte Atlante, del cual siente Plinio[109] que se le puso al mar el nombre de Atlántico. Y sin esto, el mismo Plinio refiere, que frontero del dicho monte está una isla llamada Atlántida, la cual dice ser muy pequeña y muy ruin.

Capítulo XXIII. Que es falsa la opinión de muchos, que afirman venir los indios de el linaje de los judíos
Ya que por la isla Atlántida no se abre camino para pasar los indios al nuevo mundo, paréceles a otros que debió de ser el camino el que escribe Esdras[110] en el cuarto libro, donde dice así: Y porque le viste que recogía a sí otra muchedumbre pacífica, sabrás que éstos son los diez tribus que fueron llevados en cautiverio en tiempo del rey Osee, al cual llevó cautivo Salmanasar, rey de los Asirios y a éstos los pasó a la otra parte del río, y fueron trasladados a otra tierra. Ellos tuvieron entre sí acuerdo y determinación de dejar la multitud de los gentiles, y de pasarse a otra región más apartada, donde nunca habitó el género humano, para guardar siquiera allí su ley, la cual no habían guardado en su tierra. Entraron, pues, por unas entradas angostas del río Éufrates; porque hizo el Altísimo entonces con ellos sus maravillas, y detuvo las corrientes del río, hasta que pasasen. Porque por aquella región era el camino muy largo de año y medio: y llámase aquella región Arsareth. Entonces habitaron allí hasta el último tiempo, y ahora cuando comenzaren a venir, tornará el Altísimo a detener otra vez las corrientes del río, para que puedan pasar; por eso viste aquella muchedumbre con paz.

Esta escritura de Esdras quieren algunos acomodar a los indios, diciendo que fueron de Dios llevados, donde nunca habitó el género humano, y que la tierra en que moran es tan apartada, que tiene año y medio de camino para ir a ella, y que esta gente es naturalmente pacífica. Que procedan los indios de

---
109 Plin., 1. 6. c. 5. et lib. 6, cap. 31.
110 4. Esdras 13.

linaje de judíos, el vulgo tiene por indicio cierto el ser medrosos y descaídos, y muy ceremoniáticos, y agudos y mentirosos. Demás de eso dicen, que su hábito parece el propio que usaban judíos, porque usan de una túnica o camiseta, y de un manto rodeado encima; traen los pies descalzos, o su calzado es unas suelas asidas por arriba, que ellos llaman ojotas. Y que éste haya sido el hábito de los hebreos dicen, que consta así por sus historias, como por pinturas antiguas, que los pintan vestidos en este traje. Y que estos dos vestidos, que solamente traen los indios, eran los que puso en apuesta Sansón, que la Escritura[111] nombra *tunicam et syndonem*, y es lo mismo que los indios dicen camiseta y manta.

Mas todas estas son conjeturas muy livianas, y que tienen mucho más contra sí, que por sí. Sabemos que los hebreos usaron letras; en los indios no hay rastro de ellas: los otros eran muy amigos del dinero, éstos no se les da cosa. Los indios, si se vieran no estar circuncidados, no se tuvieran por judíos. Los indios poco ni mucho no se retajan, ni han dado jamás en esa ceremonia, como muchos de los de Etiopía y del oriente. Mas ¿qué tiene que ver, siendo los judíos tan amigos de conservar su lengua y antigüedad, y tanto que en todas las partes del mundo, que hoy viven, se diferencian de todos los demás, que en solas las Indias a ellos no se les haya olvidado su linaje, su ley, sus ceremonias, su Mesías, finalmente todo su judaísmo? Lo que dicen de ser los indios medrosos, y supersticiosos, y agudos y mentirosos, cuanto a lo primero, no es eso general a todos ellos; hay naciones entre estos bárbaros, muy ajenas de todo eso, hay naciones de indios bravísimos y atrevidísimos, haylas muy botas y groseras de ingenio. De ceremonias y supersticiones siempre los gentiles fueron amigos. El traje de sus vestidos, la causa porque es el que se refiere, es, por ser el más sencillo y natural del mundo, que apenas tiene artificio, y así fue común antiguamente no solo a hebreos, sino a otras muchas naciones.

Pues ya la historia de Esdras (si se ha de hacer caso de escrituras apócrifas) más contradice, que ayuda su intento. Porque allí se dice que los diez tribus huyeron la multitud de gentiles, por guardar sus ceremonias y ley; mas los indios son dados a todas las idolatrías del mundo. Pues las entradas del río Éufrates, vean bien los que eso sienten, en qué manera pueden llegar al nuevo

---

111 Judic. 14.

orbe y vean si han de tornar por allí los indios, como se dice en el lugar referido. Y no sé yo por qué se han de llamar éstos gente pacífica, siendo verdad, que perpetuamente se han perseguido con guerras mortales unos a otros. En conclusión, no veo que el Éufrates apócrifo de Esdras dé mejor paso a los hombres para el nuevo orbe, que le deba la Atlántida encantada y fabulosa de Platón.

Capítulo XXIV. Por qué razón no se puede averiguar bien el origen de los indios
Pero cosa es mejor de hacer desechar lo que es falso del origen de los indios, que determinar la verdad, porque ni hay escritura entre los indios, ni memoriales ciertos de sus primeros fundadores. Y por otra parte, en los libros de los que usaron letras, tampoco hay rastro del nuevo mundo, pues ni hombres ni tierra, ni aun cielo les pareció a muchos de los antiguos, que no había en aquestas partes: y así no puede escapar de ser tenido por hombre temerario y muy arrojado el que se atreviere a prometer lo cierto de la primera origen de los indios, y de los primeros hombres que poblaron las Indias.

Mas así a bulto y por discreción podemos colegir de todo el discurso arriba hecho, que el linaje de los hombres se vino pasando poco a poco, hasta llegar al nuevo orbe, ayudando a esto la continuidad o vecindad de las tierras, y a tiempos alguna navegación, y que éste fue el orden de venir, y no hacer armada de propósito, ni suceder algún grande naufragio: aunque también pudo haber en parte algo de esto; porque siendo aquestas regiones larguísimas, y habiendo en ellas innumerables naciones, bien podemos creer, que unos de una suerte, y otros de otra se vinieron en fin a poblar. Mas al fin, en lo que me resumo, es que el continuarse la tierra de Indias con esotras del mundo, a lo menos estar muy cercanas, ha sido la más principal y mas verdadera razón de poblarse las Indias; y tengo para mí, que el nuevo orbe e Indias occidentales, no ha muchos millares de años que las habitan hombres, y que los primeros que entraron en ellas, más eran hombres salvajes y cazadores, que no gente de república, y pulida; y que aquéllos aportaron al nuevo mundo, por haberse perdido de su tierra o por hallarse estrechos y necesitados de buscar nueva tierra, y que hallándola comenzaron poco a poco a poblarla, no teniendo más ley que un poco de luz natural, y esa muy oscurecida, y cuando mucho algunas costumbres que les quedaron de su patria primera.

Aunque no es cosa increíble de pensar, que aunque hubiesen salido de tierras de policía, y bien gobernadas, se les olvidase todo con el largo tiempo, y poco uso; pues es notorio que aún en España y en Italia se hallan manadas de hombres, que si no es el gesto y figura, no tienen otra cosa de hombres. Así que por este camino vino a haber una barbaridad infinita en el nuevo mundo.

Capítulo XXV. Qué es lo que los indios suelen contar de su origen

Saber lo que los mismos indios suelen contar de sus principios y origen, no es cosa que importa mucho, pues más parecen sueños los que refieren, que historias. Hay entre ellos comúnmente gran pero no se puede bien determinar si noticia y mucha plática del diluvio; el diluvio que éstos refieren es el universal que cuenta la divina Escritura, o si fue algún otro diluvio o inundación particular de las regiones en que ellos moran, mas de que en aquestas tierras hombres expertos dicen que se ven señales claras de haber habido alguna grande inundación. Yo más me llego al parecer de los que sienten, que los rastros y señales que hay de diluvio no son del de Noé, sino de algún otro particular, como el que cuenta Platón, o el que los poetas cantan de Deucalión.

Como quiera que sea, dicen los indios que con aquel su diluvio se ahogaron todos los hombres y cuentan, que de la gran laguna Titicaca salió un Viracocha, el cual hizo asiento en Tiaguanaco, donde se ven hoy ruinas y pedazos de edificios antiguos y muy extraños, y que de allí vinieron al Cuzco, y así tornó a multiplicarse el género humano. Muestran en la misma laguna una isleta, donde fingen que se escondió y conservó el Sol y por eso antiguamente le hacían allí muchos sacrificios, no solo de ovejas, sino de hombres también.

Otros cuentan, que de cierta cueva por una ventana salieron seis, o no sé cuantos hombres, y que éstos dieron principio a la propagación de los hombres, y es donde llaman Pacari Tampo por esta causa. Y así tienen por opinión que los Tambos son el linaje más antiguo de los hombres. De aquí, dicen, que procedió Mangocapa, al cual reconocen por el fundador y cabeza de los Incas, y que de éste procedieron dos familias o linajes, uno de Hanan Cuzco, otro de Urin Cuzco. Refieren que los reyes Incas, cuando hacían guerra y conquistaban diversas provincias, daban por razón con que justificaban la guerra, que todas las gentes les debían reconocimiento, pues de su linaje y su patria se había renovado el mundo. Y así a ellos se les había revelado la verdadera religión y culto del cielo.

Mas ¿de qué sirve añadir más, pues todo va lleno de mentira, y ajeno de razón? Lo que hombres doctos afirman y escriben es, que todo cuanto hay de memoria y relación de estos indios llega a cuatrocientos años, y que todo lo de antes es pura confusión y tinieblas, sin poderse hallar cosa cierta. Y no es de maravillar, faltándoles libros y escritura, en cuyo lugar aquella su tan especial cuenta de los quipocamayos es harto y muy mucho, que pueda dar razón de cuatrocientos años. Haciendo yo diligencia para entender de ellos de qué tierras y de qué gente pasaron a la tierra en que viven, hallelos tan lejos de dar razón de esto, que antes tenían por muy llano, que ellos habían sido criados desde su primera origen en el mismo nuevo orbe donde habitan, a los cuales desengañamos con nuestra fe, que nos enseña, que todos los hombres proceden de un primer hombre.[112]

Hay conjeturas muy claras, que por gran tiempo no tuvieron estos hombres reyes, ni república concertada, sino que vivían por behetrías, como ahora los Floridos y los Chiriguanás, y los Brasiles, y otras naciones muchas, que no tienen ciertos reyes, sino conforme a la ocasión que se ofrece en guerra o paz, eligen sus caudillos, como se les antoja; mas con el tiempo algunos hombres que en fuerza y habilidad se aventajaban a los demás, comenzaron a señorear y mandar, como antiguamente Nembrot,[113] y poco a poco creciendo vinieron a fundar los reinos de Perú y de México, que nuestros españoles hallaron, que aunque eran bárbaros, pero hacían grandísima ventaja a los demás indios. Así que la razón dicha persuade, que se haya multiplicado y procedido el linaje de los indios por la mayor parte de hombres salvajes y fugitivos. Y esto baste cuanto a lo que del origen de estas gentes se ofrece tratar, dejando lo demás para cuando se traten sus historias más por extenso.

---

112 Act. 17, v. 26.
113 Gen. 10.

Libro segundo

Capítulo I. Qué se ha de tratar de la naturaleza de la equinoccial

Estando la mayor parte del nuevo mundo que se ha descubierto, debajo de la región de en medio del cielo, que es la que los antiguos llaman tórrida zona, teniéndola por inhabitable, es necesario para saber las cosas de Indias, entender la naturaleza y condición de esta región. No me parece a mí que dijeron mal los que afirmaron, que el conocimiento de las cosas de Indias dependía principalmente del conocimiento de la equinoccial; porque cuasi toda la diferencia que tiene un orbe del otro, procede de las propiedades de la equinoccial.

Y es de notar, que todo el espacio que hay entre los dos trópicos, se ha de reducir y examinar como por regla propia por la línea de en medio, que es la equinoccial, llamada así, porque cuando anda el Sol por ella, hace en todo el universo mundo iguales noches y días y también porque los que habitan debajo de ella, gozan todo el año de la propia igualdad de noches y días. En esta línea equinoccial hallamos tantas y tan admirables propiedades, que con gran razón despiertan y avivan los entendimientos para inquirir sus causas, guiándonos no tanto por la doctrina de los antiguos filósofos, cuanto por la verdadera razón y cierta experiencia.

Capítulo II. Qué les movió a los antiguos a tener por cosa sin duda que la tórrida era inhabitable

Ahora, pues, tomando la cosa de sus principios, nadie puede negar lo que clarísimamente vemos, que el Sol con llegarse calienta, y con apartarse enfría. Testigos son de esto los días y las noches; testigos el invierno y el verano, cuya variación, y frío y calor se causa de acercarse, o alejarse el Sol. Lo segundo, y no menos cierto, cuanto se acerca más el Sol, y hiere más derechamente con sus rayos, tanto más quema la tierra. Vése claramente esto en el fervor del medio día, y en la fuerza del estío.

De aquí se saca e infiere bien (a lo que parece), que en tanto será una tierra más fría, cuanto se apartar más del movimiento del Sol. Así experimentamos, que las tierras que se allegan más al septentrión y norte, son tierras más frías;

y al contrario, las que se allegan más al zodíaco, donde anda el Sol, son más calientes. Por esta orden excede en ser cálida la Etiopía a la África y Berbería, y éstas al Andalucía, y Andalucía a Castilla y Aragón, y éstas a Vizcaya y Francia; y cuanto más septentrionales, tanto son éstas y las demás provincias menos calientes: y así por el consiguiente las que se van más llegando al Sol, y son heridas más derecho con sus rayos, sobrepujan en participar más el fervor del Sol. Añaden algunos otros razón para lo mismo, y es el movimiento del cielo, que dentro de los trópicos es velocísimo, y cerca de los polos tardísimo: de donde concluyen, que la región que rodea el zodíaco tiene tres causas para abrasarse de calor, una la vecindad del Sol, otra herirla derechos sus rayos, la tercera, participar el movimiento más apresurado del cielo.

Cuanto al calor y al frío lo que está dicho es lo que el sentido y la razón parece que de conformidad afirman. Cuanto a las otras dos cualidades, que son humedad y sequedad, ¿qué diremos? Lo mismo, sin falta, porque la sequedad parece causarla el acercarse el Sol, y la humedad el alejarse el Sol: porque la noche, como es más fría que el día, así también es más húmeda; el día como más caliente, así también mas seco. El invierno, cuando el Sol está más lejos, es más frío y más lluvioso; el verano, cuando el Sol está más cerca, es más caliente y más seco. Porque el fuego así como va cociendo o quemando, así va juntamente enjugando y secando.

Considerando, pues, lo que está dicho, Aristóteles y los otros filósofos atribuyeron a la región media, que llaman tórrida, juntamente exceso de calor y de sequedad: y así dijeron, que era a maravilla abrasada y seca, y por el consiguiente del todo falta de aguas y pastos. Y siendo así, forzoso había de ser muy incómoda y contraria a la habitación humana.

Capítulo III. Que la tórrida zona es humedísima; y que en esto se engañaron mucho los antiguos

Siendo al parecer todo lo que se ha dicho y propuesto verdadero, y cierto y claro, con todo eso, lo que de ello se viene a inferir es muy falso; porque la región media, que llaman tórrida, en realidad de verdad la habitan hombres, y la hemos habitado mucho tiempo, y en su habitación muy cómoda y muy apacible. Pues si es así, y es notorio que de verdades no se pueden seguir falsedades, siendo falsa la conclusión, como lo es, conviene que tornemos atrás por los mismos pasos, y miremos atentamente los principios, en donde pudo haber yerro y engaño. Primero diremos cual sea la verdad, según la experiencia certísima nos la ha mostrado; y después probaremos, aunque es negocio muy arduo, a dar la propia razón conforme a buena filosofía.

Era lo postrero que se propuso arriba, que la sequedad tanto es mayor, cuanto el Sol está más cercano a la tierra. Esto parecía cosa llana y cierta; y no lo es, sino muy falsa, porque nunca hay mayores lluvias, y copia de aguas en la tórrida zona, que al tiempo que el Sol anda encima muy cercano. Es cierto cosa admirable y dignísima de notar, que en la tórrida zona aquella parte del año es más serena y sin lluvias, en que el Sol anda más apartado; y al revés, ninguna parte del año es más llena de lluvias, y nublados y nieves, donde ellas caen, que aquella en que el Sol anda más cercano y vecino. Los que no han estado en el nuevo mundo, por ventura ternán esto por increíble; y aún a los que han estado, si no han parado mientes en ello, también quizá les parecerá nuevo: mas los unos y los otros con facilidad se darán por vencidos, en advirtiendo a la experiencia certísima de lo dicho.

En este Perú, que mira al polo del sur, o antártico, entonces está el Sol más lejos, cuando está más cerca de Europa, como es en mayo, junio, julio, agosto, que anda muy cerca al trópico de Cancro. En estos meses dichos es grande la serenidad de el Perú: no hay lluvias, no caen nieves, todos los ríos corren muy menguados, y algunos se agotan. Mas después, pasando el año adelante, y acercándose el Sol al círculo de Capricornio, comienzan luego las aguas, lluvias y nieves, y grandes crecientes de los ríos, es a saber, desde octubre hasta diciembre. Y cuando volviendo el Sol de Capricornio hiere encima de las cabezas en el Perú, ahí es el furor de los aguaceros y grandes lluvias, y muchas nieves, y las avenidas bravas de los ríos, que es al mismo tiempo que reina el mayor calor del año, es a saber, desde enero hasta mediado marzo. Esto pasa así todos los años en esta provincia del Perú, sin que haya quien contradiga.

En las regiones que miran al polo ártico pasada la equinoccial, acaece entonces todo lo contrario, y es por la misma razón, ora tomemos a Panamá y toda aquella costa, ora la nueva España, ora las islas de Barlovento, Cuba, Española, Jamaica, San Juan de Puerto Rico, hallaremos sin falta que desde principio de noviembre hasta abril, gozan del cielo sereno y claro; y es la causa, que el Sol, pasando la equinoccial hacia el trópico de Capricornio, se aparta entonces de las dichas regiones más que en otro tiempo del año. Y por el contrario, en las mismas tierras vienen aguaceros bravos, y muchas lluvias, cuando el Sol se torna hacia ellas, y les anda más cerca, que es desde junio hasta septiembre, porque las hiere más cerca y más derechamente en esos meses.

Lo mismo está observado en la India oriental, y por la relación de las cartas de allá parece ser así. Así que es la regla general, aunque en algunas partes por especial causa padezca excepción, que en la región media o tórrida zona, que todo es uno, cuando el Sol se aleja, es el tiempo sereno y hay más sequedad: cuando se acerca, es lluvioso y hay más humedad, y conforme al mucho o poco apartarse el Sol, así es tener la tierra más o menos copia de aguas.

Capítulo IV. Que fuera de los trópicos es al revés que en la tórrida, y así hay más aguas cuando el Sol se aparta más
Fuera de los trópicos acaece todo lo contrario, porque las lluvias con los fríos andan juntas, y el calor con la sequedad. En toda Europa es esto muy notorio y en todo el mundo viejo. En todo el mundo nuevo pasa de la misma suerte; de lo cual es testigo todo el reino de Chile, el cual por estar ya fuera del círculo de Capricornio, y tener tanta altura como España, pasa por las mismas leyes de invierno y verano, excepto que el invierno es allá cuando en España verano; y al revés, por mirar al polo contrario, y así en aquella provincia vienen las aguas con gran abundancia juntas con el frío, al tiempo que el Sol se aparta más de aquella región, que es desde que comienza abril hasta todo septiembre. El calor y la sequedad vuelven cuando el Sol se vuelve a acercar allá; finalmente pasa al pie de la letra lo mismo que en Europa.

De ahí procede, que así en los frutos de la tierra, como en ingenios, es aquella tierra más allegada a la condición de Europa, que otra de aquestas Indias. Lo mismo por el mismo orden, según cuentan, acaece en aquel gran pedazo de tierra, que más adelante de la interior Etiopía se va alargando, al modo de punta, hasta el cabo de Buena Esperanza. Y así dicen ser esta la verdadera causa de venir el tiempo de estío las inundaciones del Nilo, de las cuales tanto los antiguos disputaron. Porque aquella región comienza por abril, cuando ya el Sol pasa del signo de Aries, a tener aguas de invierno, que lo es ya allí, y estas aguas, que parte proceden de nieves, parte de lluvias, van hinchendo aquellas grandes lagunas, de las cuales, según la verdadera y cierta

Geografía, procede el Nilo; y así van poco a poco ensanchando sus corrientes, y al cabo de tiempo, corriendo larguísimo trecho vienen a inundar a Egipto al tiempo del estío, que parece cosa contra naturaleza, y es muy conforme a ella. Porque al mismo tiempo es estío en Egipto, que está al trópico de Cancro, y es fino invierno en las fuentes y lagunas del Nilo, que están al otro trópico de Capricornio.

Hay en la América otra inundación muy semejante a esta del Nilo, y es en el Paraguay, o Río de la Plata por otro nombre, el cual cada año, cogiendo infinidad de aguas, que se vierten de las sierras del Perú, sale tan desaforadamente de madre, y baña tan poderosamente toda aquella tierra, que les es forzoso a los que habitan en ella por aquellos, meses pasar su vida en barcos, o canoas dejando las poblaciones de tierra.

Capítulo V. Que dentro de los trópicos las aguas son en el estío o tiempo de calor; y de la cuenta del verano e invierno
En resolución, en las dos regiones, o zonas templadas, el verano se concierta con el calor y la sequedad: el invierno se concierta con el frío y humedad. Mas dentro de la tórrida zona no se conciertan entre sí de ese modo las dichas cualidades. Porque al calor siguen las lluvias; al frío (frío llamo falta de calor excesivo) sigue la serenidad. De aquí procede, que siendo verdad que en Europa el invierno se entiende por el frío y por las lluvias, y el verano por la calor y por la serenidad, nuestros españoles en el Perú y Nueva España, viendo que aquellas dos cualidades no se aparean, ni andan juntas como en España, llaman invierno al tiempo de muchas aguas, y llaman verano al tiempo de pocas, o ningunas. En lo cual llanamente se engañan; porque por esta regla dicen, que el verano es en la sierra del Perú desde abril hasta septiembre, porque se alzan entonces las aguas; y de septiembre a abril dicen que es invierno, porque vuelven las aguas; y así afirman, que en la sierra del Perú es verano, al mismo tiempo que en España, e invierno, ni más ni menos. Y cuando el Sol anda por el cenit de sus cabezas, entonces creen que es finísimo invierno, porque son las mayores lluvias.

Pero esto es cosa de risa, como de quien habla sin letras; porque así como el día se diferencia de la noche por la presencia del Sol y por su ausencia en nuestro hemisferio, según el movimiento del primer móvil, y esa es la definición del día y de la noche, así ni más ni menos se diferencia el verano del invierno, por la vecindad del Sol, o por su apartamiento, según el movimiento propio del mismo Sol, y esa es su definición. Luego entonces en realidad de verdad es verano, cuando el Sol está en la suma propincuidad; y entonces invierno cuando está en el sumo apartamiento. Al apartamiento y allegamiento del Sol síguese el calor y el frío, o templanza necesariamente; mas el llover o no llover, que es humedad y sequedad, no se siguen necesariamente. Y así se colige contra el vulgar parecer de muchos, que en el Perú el invierno es sereno y sin lluvias, y el verano es lluvioso; y no al revés, como el vulgo piensa, que el invierno es caliente, y el verano frío.

 El mismo yerro es poner la diferencia que ponen entre la sierra y los llanos del Perú: dicen, que cuando en la sierra es verano, en los llanos es invierno, que es abril, mayo, junio, julio, agosto. Porque entonces la sierra goza de tiempo muy sereno, y son los soles sin aguaceros, y al mismo tiempo en los llanos hay niebla, y la que llaman garúa, que es una mollina o humedad muy mansa, con que se encubre el Sol. Mas como está dicho, verano e invierno por la vecindad, o apartamiento del Sol, se, han de determinar; y siendo así que en todo el Perú, así en sierra, como en llanos, a un mismo tiempo se acerca y aleja el Sol, no hay razón para decir que, cuando es verano en una parte, es en la otra invierno. Aunque en esto de vocablos no hay para qué debatir, llámenlo como quisieren, y digan que es verano cuando no llueve, aunque haga más calor; poco importa. Lo que importa es saber la verdad que está declarada, que no siempre se alzan las aguas con acercarse más al Sol, antes en la tórrida zona es ordinario lo contrario.

Capítulo VI. Que la tórrida tiene gran abundancia de aguas y pastos, por más que Aristóteles lo niegue
Según lo que está dicho, bien se puede entender que la tórrida zona tiene agua, y no es seca, lo cual es verdad en tanto grado, que en muchedumbre y dura de aguas hace ventaja a las otras regiones del mundo, salvo en algunas partes que hay arenales, o tierras desiertas y yermas, como también acaece en las otras partes a el mundo. De las aguas del cielo ya se ha mostrado que tiene copia de lluvias, de nieves, de escarchas, que especialmente abundan en la provincia del Perú. De las aguas de tierra, como son ríos, fuentes, arroyos,

pozos, charcos, lagunas, no se ha dicho hasta ahora nada; pero, siendo ordinario responder las aguas de abajo a las de arriba, bien se deja también entender que las habrá. Hay, pues, tanta abundancia de aguas manantiales, que no se hallará que el universo tenga más ríos, ni mayores, ni más pantanos y lagos.

La mayor parte de la América por esta demasía de aguas no se puede habitar, porque los ríos con los aguaceros de verano salen bravamente de madre y todo lo desbaratan, y el lodo de los pantanos y atolladeros por infinitas partes no consiente pasarse. Por eso los que moran cerca del Paraguay, de que arriba hicimos mención, en sintiendo la creciente del río, antes que llegue de avenida, se meten en sus canoas y allí ponen su casa y hogar, y por espacio cuasi de tres meses nadando guarecen sus personas y hatillo. En volviendo a su madre el río, también ellos vuelven a sus moradas, que aún no están del todo enjutas.

Es tal la grandeza de este río, que, si se juntan en uno el Nilo y Ganges, y Éufrates no le llegan con mucho. Pues, ¿qué diremos del río grande de la Magdalena, que entra en la mar entre Santa Marta y Cartagena, y que, con razón, le llaman el Río Grande? Cuando navegaba por allí me admiró ver que, diez leguas la mar adentro, hacía clarísima señal de sus corrientes, que sin duda toman de ancho dos leguas y más, no pudiéndolas vencer allí las olas e inmensidad del mar océano. Mas hablándose de ríos, con razón pone silencio a todos los demás aquel gran río, que unos llaman de las Amazonas, otros Marañón, otros el río de Orellana, al cual hallaron y navegaron los nuestros españoles; y cierto estoy en duda si le llame río o mar. Corre este río desde las sierras del Perú, de las cuales coge inmensidad de aguas, de lluvias y de ríos, que va recogiendo en sí, y pasando los grandes campos y llanadas del Paytiti, y del Dorado, y de las Amazonas, sale, en fin, al océano y entra en él cuasi frontero de las islas Margarita y Trinidad. Pero van tan extendidas sus riberas, especial en el postrer tercio, que hace en medio muchas y grandes islas, y lo que parece increíble, yendo por medio del río no miran los que miran sino cielo y río; aun cerros muy altos cercanos a sus riberas, dicen que se les encubre con la grandeza del río.

La anchura y grandeza tan maravillosa de este río, que justamente se puede llamar emperador de los ríos, supímosla de buen original, que fue un hermano de nuestra compañía que, siendo mozo, le anduvo y navegó todo, hallándose a todos los sucesos de aquella extraña entrada que hizo Pedro de Orsúa, y a los motines y hechos tan peligrosos del perverso Diego de Aguirre, de todos los cuales trabajos y peligros le libró el Señor, para hacerle de nuestra Compañía. Tales, pues, son los ríos que tienen la que llaman tórrida, seca y quemada región, a la cual Aristóteles y todos los antiguos tuvieron por pobre y falta de aguas y pastos.

Y porque he hecho mención del río Marañón, en razón de mostrar la abundancia de aguas que hay en la tórrida, paréceme tocar algo de la gran laguna que llaman Titicaca, la cual cae en la provincia del Collao, en medio de ella. Entran en este lago más de diez ríos y muy caudales; tiene un solo desaguadero, y ése no muy grande, aunque, a lo que dicen, es hondísimo; en el cual no es posible hacer puente, por la hondura y anchura del agua; ni se pasa en barcas, por la furia de la corriente, según dicen. Pásase con notable artificio, propio de indios, por una puente de paja echada sobre la misma agua, que, por ser materia tan liviana, no se hunde y es pasaje muy seguro y muy fácil. Boja la dicha laguna cuasi ochenta leguas; el largo será cuasi de treinta y cinco; el ancho mayor será de quince leguas; tiene islas, que antiguamente se habitaron y labraron, ahora están desiertas. Cría gran copia de un género de junco que llaman los indios totora, de la cual se sirven para mil cosas, porque es comida para puercos y para caballos y para los mismos hombres, y de ella hacen casa y fuego y barco y cuanto es menester: tanto hallan los Uros en su totora.

Son estos uros tan brutales, que ellos mismos no se tienen por hombres. Cuéntase de ellos que, preguntados qué gente eran, respondieron que ellos no eran hombres, sino uros, como si fuera otro género de animales. Halláronse pueblos enteros de uros, que moraban en la laguna en sus balsas de totora trabadas entre sí y atadas a algún peñasco, y acaecíales levarse de allí y mudarse todo un pueblo a otro sitio; y así, buscando hoy adonde estaban ayer, no hallarse rastro de ellos, ni de su pueblo.

De esta laguna, habiendo corrido el Desguadero como cincuenta leguas, se hace otra laguna menor, que llaman de Paria, y tiene ésta también sus isletas, y no se le sabe desaguadero. Piensan muchos que corre por debajo de tierra y que va a dar en el mar del sur, y traen, por consecuencia, un brazo de río que se ve entrar en la mar de muy cerca, sin saber su origen. Yo antes creo que las aguas de esta laguna se resuelven en la misma con el Sol. Baste esta digresión para que conste cuán sin razón condenaron los antiguos a la región media por falta de aguas, siendo verdad que, así del cielo como del suelo, tiene copiosísimas aguas.

Capítulo VII. Trátase la razón por qué el Sol fuera de los trópicos, cuando más dista, levanta aguas, y dentro de ellos al revés, cuando está más cerca

Pensando muchas veces con atención de qué causa proceda ser la equinoccial tan húmeda, como he dicho; deshaciendo el engaño de los antiguos, no se me ha ofrecido otra sino es que la gran fuerza que el Sol tiene en ella atrae y levanta grandísima copia de vapores do todo el océano, que está allí tan extendido, y juntamente con levantar mucha copia de vapores, con grandísima presteza los deshace y vuelve en lluvias. Que provengan las lluvias y aguaceros del bravísimo ardor, pruébase por muchas y manifiestas experiencias. La primera es la que ya he dicho que el llover en ella es al tiempo que los rayos hieren más derechos, y por eso más recios; y cuando el Sol ya se aparta y se va templando el calor, no caen lluvias ni aguaceros. Según esto, bien se infiere que la fuerza poderosa del Sol es la que allí causa las lluvias.

Ítem, se ha observado, y es así en el Perú y en la Nueva España, que por toda la región tórrida los aguaceros y lluvias vienen de ordinario después de mediodía, cuando ya los rayos del Sol han tomado toda su fuerza; por las mañanas, por maravilla llueve, por lo cual los caminantes tienen aviso de salir temprano y procurar para mediodía tener hecha su jornada, porque lo tienen por tiempo seguro de mojarse: esto saben bien los que han caminado en aquestas tierras. También dicen algunos pláticos que el mayor golpe de lluvias es cuando la Luna está más llena. Aunque, por decir verdad, yo no he podido hacer juicio bastante de esto, aunque lo he experimentado algunas veces. Así que el año, el día y el mes todo da a entender la verdad dicha, que el exceso de calor en la tórrida causa las lluvias. La misma experiencia enseña lo propio en cosas artificiales, como las alquitaras y alambiques que sacan agua de hierbas o flores, porque la vehemencia del fuego encerrado levanta arriba copia de vapores, y luego, apretándolos, por no hallar salida, los vuelve en agua y licor. La misma filosofía pasa en la plata y oro, que se saca por azogue, porque si es el fuego poco y flojo, no se saca cuasi nada del azogue; si es fuerte, evapora mucho el azogue, y topando arriba con que llaman sombrero, luego se torna en licor y gotea abajo. Así que la fuerza grande del calor, cuando halla materia aparejada, hace ambos efectos, uno de levantar vapores arriba, otro de derretirlos luego y volverlos en licor cuando hay estorbo para consumirlos y gastarlos.

Y aunque parezcan cosas contrarias que el mismo Sol cause las lluvias en la tórrida, por estar muy cercano, y el mismo Sol las cause fuera de ella, por estar apartado, y aunque parece repugnante lo uno a lo otro, pero bien mirado no lo es en realidad de verdad. Mil efectos naturales proceden de causas contrarias por el modo diverso. Ponemos a secar la ropa mojada al fuego, que calienta, y también al aire, que enfría. Los adobes se secan y cuajan con el Sol y con: el hielo. El sueño se provoca con ejercicio moderado; si es demasiado, y si es muy poco o ninguno, quita el sueño. El fuego, si no le echan leña, se apaga; si le echan demasiada leña, también se apaga; si es proporcionada, susténtase y crece. Para ver, ni ha de estar la cosa muy cerca de los ojos, ni muy lejos; en buena distancia se ve, en demasiada se pierde y muy cercana tampoco se ve. Si los rayos del Sol son muy flacos, no levantan nieblas de los ríos; si son muy recios, tan presto como levantan vapores, los deshacen, y así el moderado calor los levanta y los conserva. Por eso comúnmente ni se levantan nieblas de noche, ni al mediodía, sino a la mañana, cuando va entrando más el Sol. A este tono hay otros mil ejemplos de cosas naturales, que se ven proceder muchas veces de causas contrarias. Por donde no debemos maravillarnos que el Sol con su mucha vecindad levante lluvias, y con su mucho apartamiento también las mueva, y que siendo su presencia moderada, ni muy lejos, ni muy cerca, no las consienta.

Pero queda todavía gana de inquirir por qué razón dentro de la tórrida causa lluvias la mucha vecindad del Sol, y fuera de la tórrida las causa su mucho apartamiento. A cuanto yo alcanzo, la razón es porque fuera de los trópicos en el invierno no tiene tanta fuerza el calor del Sol, que baste a consumir los vapores que se levantan de la tierra y mar, y así éstos vapores se juntan en la región fría del aire en gran copia, y con el mismo frío se aprietan y espesan y con esto, como exprimidos o apretados, se vuelven en agua. Porque aquel tiempo de invierno el Sol está lejos y los días son cortos y las noches largas, lo cual todo hace para que el calor tenga poca fuerza. Mas cuando se va llegando el Sol a los que están fuera de los trópicos, que es en tiempo de verano, es ya la fuerza del Sol tal, que juntamente levanta vapores y consume y gasta y resuelve los mismos vapores que levanta.

Para la fuerza del calor ayuda ser el Sol más cercano y los días mas largos. Mas dentro de los trópicos, en la región tórrida, el apartamiento del Sol es igual a la mayor presencia de esotras regiones fuera de ellos, y así, por la misma razón, no llueve cuando el Sol está más remoto en la tórrida, como no llueve cuando está más cercano a las regiones de fuera de ella, porque está en igual distancia, y así causa el mismo efecto de serenidad. Mas cuando en la tórrida llega el Sol a la suma fuerza y hiere derecho las cabezas, no hay serenidad ni sequedad, como parecía que había de haber, sino grandes y repentinas lluvias. Porque con la fuerza excesiva de su calor atrae y levanta cuasi súbito grandísima copia de vapores de la tierra y mar océano; y siendo tanta la copia de vapores, no los disipando, ni derramando el viento, con facilidad se derriten y causan lluvias mal sazonadas. Porque la vehemencia excesiva del calor puede levantar de presto tantos vapores, y no puede tan de presto consumirlos y resolverlos; y así levantados y amontonados con su muchedumbre, se derriten y vuelven en agua.

Lo cual todo se entiende muy bien con un ejemplo manual. Cuando se pone a asar un pedazo de puerco, o de carnero, o de ternera, si es mucho el fuego y está muy cerca vemos que se derrite la grosura y corre y gotea en el suelo, y es la causa que la gran fuerza del fuego atrae y levanta aquel humor y vahos de la carne; y porque es mucha copia no puede resolverla, y así destila y cae; mas cuando el fuego es moderado y lo que se asa está en proporcionada distancia, vemos que se asa la carne y no corre ni destila, porque el calor va con moderación sacando la humedad y, con la misma, la va consumiendo y resolviendo. Por eso los que usan arte de cocina mandan que el fuego sea moderado y lo que se asa no esté muy lejos, ni demasiado cerca, porque no se derrita.

Otro ejemplo es en las candelas de cera o de sebo, que si es mucho el pábilo derrite el sebo o la cera, porque no puede gastar lo que levanta de humor. Mas si es la llama proporcionada, no se derrite ni cae la cera, porque la llama va gastando lo que va levantando. Esta, pues (a mi parecer), es la causa, porque en la equinoccial y tórrida la mucha fuerza del calor cause las lluvias que en otras regiones suele causar la flaqueza del calor.

Capítulo VIII. En qué manera se haya de entender lo que se dice de la tórrida zona

Siendo así que en las causas naturales y físicas no se ha de pedir regla infalible y matemática, sino que lo ordinario y muy común eso es lo que hace regla, conviene entender que en ese propio estilo se ha de tomar lo que vamos diciendo, que en la tórrida hay más humedad que en esotras regiones, y que en ella llueve cuando el Sol anda más cercano. Pues esto es así según lo más común y ordinario, y no por eso negamos las excepciones que la naturaleza quiso dar a la regla dicha, haciendo algunas partes de la tórrida sumamente secas, como de la Etiopía refieren y de gran parte del Perú lo hemos visto, donde toda la costa y tierra que llaman llanos carece de lluvias y aun de aguas de pie, excepto algunos valles que gozan de las aguas que traen los ríos que bajan de las sierras. Todo lo demás son arenales y tierra estéril, donde apenas se hallarán fuentes y pozos; si algunos hay, son hondísimos.

Qué sea la causa que en estos llanos nunca llueve (que es cosa que muchos preguntan) decirse ha en su lugar queriendo Dios, solo se pretende ahora mostrar que de las reglas naturales hay diversas excepciones. Y así, por ventura en alguna parte de la tórrida acaecerá que no llueva estando el Sol más cercano, sino más distante, aunque hasta ahora yo no lo he visto ni sabido, mas si la hay, habráse de atribuir a especial cualidad de la tierra, siendo cosa perpetua; mas si unas veces es así y otras de otra manera, hase de entender que en las cosas naturales suceden diversos impedimentos con que unas y otras se embarazan. Pongamos ejemplo: Podrá ser que el Sol cause lluvias y el viento las estorbe, o que las haga mas copiosas de lo que suelen. Tienen los vientos sus propiedades y diversos principios con que obran diferentes efectos, y muchas veces contrarios a lo que la razón y curso de tiempo piden. Y pues en todas partes suceden grandes variedades al año por la diversidad de aspectos de los planetas y diferencias de posturas, no será mucho que también acaezca algo de eso en la tórrida diferente de lo que hemos platicado de ella. Mas, en efecto, lo que hemos concluido es verdad cierta y experimentada que en la región de en medio, que llamamos tórrida, no hay la sequedad que pensaron los viejos, sino mucha humedad, y que las lluvias en ella son cuando el Sol anda más cerca.

Capítulo IX. Que la tórrida no es en exceso caliente, sino moderadamente caliente

Hasta aquí se ha dicho de la humedad de la tórrida zona, ahora es bien decir de las otras dos cualidades, que son calor y frío. Al principio de este tratado dijimos cómo los antiguos entendieron que la tórrida era seca y caliente, y lo uno y lo otro en mucho exceso; pero la verdad es que no es así, sino que es húmeda y cálida, y su calor, por la mayor parte, no es excesivo, sino templado, cosa que se tuviera por increíble si no la hubiéramos asaz experimentado.

Diré lo que me pasó a mí cuando fui a las Indias; como había leído lo que los filósofos y poetas encarecen de la tórrida zona, estaba persuadido que, cuando llegase a la equinoccial, no había de poder sufrir el calor terrible; fue tan al revés, que al mismo tiempo que le pasé sentí tal frío, que algunas veces me salía al Sol, por abrigarme, y era en tiempo que andaba el Sol sobre las cabezas derechamente, que es en el signo de Aries, por marzo. Aquí yo confieso que me reí e hice donaire de los meteoros de Aristóteles y de su filosofía, viendo que en el lugar y en el tiempo que, conforme a sus reglas, había de arder todo y ser un fuego, yo y todos mis compañeros teníamos frío. Porque, en efecto, es así, que no hay en el mundo región más templada, ni más apacible, que debajo de la equinoccial.

Pero hay en ella gran diversidad, y no es en todas partes de un tenor; en partes es la tórrida zona muy templada, como en Quito y los llanos del Perú; en partes muy fría, como en Potosí, y en partes es muy caliente, como en Etiopía y en el Brasil y en los Malucos. Y siendo esta diversidad cierta y notoria, forzoso hemos de inquirir otra causa de frío y calor sin los rayos del Sol, pues acaece en un mismo tiempo del año, lugares que tienen la misma altura y distancia de polos y equinoccial, sentir tanta diversidad, que unos se abrasan de calor y otros no se pueden valer de frío, otros se hallan templados con un moderado calor, Platón[114] ponía su tan celebrada isla Atlántida en parte de la tórrida, pues dice que en cierto tiempo del año tenía al Sol encima de sí; con todo eso, dice de ella que era templada, abundante y rica. Plinio[115] pone a la Taprobana o Sumatra, que ahora llaman, debajo de la equinoccial, como, en efecto, lo está,

---

114 Platón in Timeo et in Critia.
115 Plin., 1. 6, c. 22.

la cual no solo dice que es rica y próspera, sino también muy poblada de gente y de animales.

De lo cual se puede entender que, aunque los antiguos tuvieron por intolerable el calor de la tórrida, pero pudieron advertir que no era tan inhabitable, como la hacían. El excelentísimo astrólogo y cosmógrafo Ptolomeo y el insigne filósofo y médico Avicena atinaron harto mejor, pues ambos sintieron que debajo de la equinoccial había muy apacible habitación.

Capítulo X. Que el calor de la tórrida se templa con la muchedumbre de lluvias y con la brevedad de los días

Ser así verdad, como éstos dijeron, después que se halló el nuevo mundo quedó averiguado y sin duda. Mas es muy natural, cuando por experiencia se averigua alguna cosa que era fuera de nuestra opinión, querer luego inquirir y saber la causa de tal secreto. Así, deseamos entender por qué la región que tiene al Sol más cercano y sobre sí, no solo es más templada, pero en muchas partes es fría. Mirándolo ahora en común, dos causas son generales para hacer templada aquesta región.

La una es la que está arriba declarada, de ser región más húmeda y sujeta a lluvias, y no hay duda, sino que la lluvia refresca. Porque el elemento del agua es de su naturaleza frío, y aunque el agua por la fuerza del fuego se calienta, pero no deja de templar el ardor, que se causará de los rayos del Sol puro. Pruébase bien esto por lo que refieren de la Arabia interior, que está abrasadísima del Sol porque no tiene lluvias que templen la furia del Sol. Las nubes hacen estorbo a los rayos del Sol, para que no hieran tanto, y las lluvias que de ellas proceden también refrescan el aire y la tierra, y la humedecen; por más caliente que parezca el agua que llueve, en fin, se bebe y apaga la sed y el ardor, como lo han probado los nuestros, habiendo penuria de agua para beber. De suerte que, así la razón como la experiencia, nos muestran que la lluvia de suyo mitiga el calor; y pues hemos ya asentado que la tórrida es muy lluviosa, queda probado que en ella misma hay causa para templarse su calor.

A esto añadiré otra causa, que el entenderla bien importa no solo para la cuestión presente, sino para otras muchas; y por decirlo en pocas palabras, la equinoccial, con tener soles más encendidos, tiénelos, empero, más cortos, y, así, siendo el espacio del calor del día más breve y menor, no enciende ni abrasa tanto; mas conviene que esto se declare y entienda más. Enseñan los maestros de esfera, y con mucha verdad, que cuanto es más oblicua y atravesada la subida del zodíaco en nuestro hemisferio, tanto los días y noches son más desiguales; y al contrario, donde es la esfera recta y los signos suben derechos, allí los tiempos de noche y día son iguales entre sí. Es también cosa llana que toda región que está entre los dos trópicos tiene menos desigualdad de días y noches, que fuera de ellos, y cuanto más se acerca a la línea, tanto es menor la dicha desigualdad.

Esto por vista de ojos lo hemos probado en estas partes. Los de Quito, porque caen debajo de la línea, en todo el año no tienen día mayor ni menor, ni noche tampoco, todo es parejo. Los de Lima, porque distan de la línea cuasi doce grados, echan de ver alguna diferencia de noches y días, pero muy poca, porque en diciembre y enero crecerá el día como una hora aun no entera. Los de Potosí mucho más tienen de diferencia en invierno y verano, porque están cuasi debajo del trópico. Los que están ya del todo fuera de los trópicos notan más la brevedad de los días de invierno y prolijidad de los de verano, y tanto más cuanto más se desvían de la línea y se llegan al polo; y así, Germania y Angla tienen en verano más largos días que Italia y España. Siendo esto así, como la esfera lo enseña y la experiencia clara lo muestra, hase de juntar otra proposición también verdadera que, para todos los efectos naturales, es de gran consideración: la perseverancia en obrar de su causa eficiente.

Esto supuesto, sí me preguntan por qué la equinoccial no tiene tan recios calores como otras regiones por estío, *exempli gratia*, Andalucía, por julio y agosto, finalmente responderé que la razón es porque los días de verano son más largos en Andalucía, y las noches más cortas; y el día, como es caliente, enciende; la noche es húmeda y fría, y refresca. Y por eso el Perú no siente tanto calor, porque los días de verano no son tan largos, ni las noches tan cortas y el calor del día se templa mucho con el frescor de la noche. Donde los días son de quince o dieciséis horas, con razón hará más calor que donde son de doce o trece horas y quedan otras tantas de la noche para refrigerar. Y así, aunque la tórrida excede en la vecindad del Sol, excédenla esotras regiones en la prolijidad del Sol. Y es, según razón, que caliente más un fuego, aunque sea algo menor, si persevera mucho, que no otro mayor, si dura menos; mayormente interpolándose con frescor. Puestas, pues, en una balanza estas dos propiedades de la tórrida, de ser más lluviosa al tiempo del mayor calor, y de tener los días más cortos, quizá parecerá que igualan a otras dos contrarias, que son tener el Sol más cercano y más derecho, a lo menos que no les reconocerán mucha ventaja.

Capítulo XI. Que fuera de las dichas hay otras causas de ser la tórrida templada, y especialmente la vecindad del mar océano
Mas siendo universales y comunes las dos propiedades que he dicho, a toda la región tórrida, y con todo eso habiendo partes en ella que son muy cálidas y otras también muy frías, y, finalmente, no siendo uno el temple de la tórrida y equinoccial sino que un mismo clima aquí es cálido, allí frío, acullá templado, y esto en un mismo tiempo, por fuerza hemos de buscar otras causas de donde proceda esta tan gran diversidad que se halla en la tórrida.

Pensando, pues, en esto con cuidado, hallo tres causas ciertas y claras, y otra cuarta oculta. Causas claras y ciertas digo: la primera, el océano; la segunda, la postura y sitio de la tierra; la tercera, la propiedad y naturaleza de diversos vientos. Fuera de estas tres, que las tengo por manifiestas, sospecho que hay otra cuarta oculta, que es propiedad de la misma tierra que se habita y particular eficacia e influencia de su cielo. Que no basten las causas generales que arriba se han tratado, será muy notorio a quien considerare lo que pasa en diversos cabos de la equinoccial. Manomotapa, y gran parte del reino del Preste Juan, están en la línea o muy cerca, y pasan terribles calores, y la gente que allí nace es toda negra, y no solo allí, que es tierra firme, desnuda de mar, sino también en islas cercadas de mar acaece lo propio. La isla de Santo Tomé está en la línea, las islas de Cabo Verde están cerca, y tienen calores furiosos y toda la gente también es negra. Debajo de la misma línea, o muy cerca, cae parte del Perú y parte del nuevo reino de Granada, y son tierras muy templadas y que cuasi declinan más a frío que a calor, y la gente que crían es blanca. La tierra del Brasil está en la misma distancia de la línea que el Perú, y el Brasil y toda aquella costa es en extremo tierra cálida, con estar sobre la mar del norte. Estotra costa del Perú, que cae a la mar del sur, es muy templada.

Digo, pues, que quien mirare estas diferencias y quisiere dar razón de ellas, no podrá contentarse con las generales que se han traído para declarar cómo puede ser la tórrida tierra templada. Entre las causas especiales puse la primera la mar, porque, sin duda, su vecindad ayuda a templar y refrigerar el calor; porque, aunque es salobre su agua, en fin es agua, y el agua de suyo fría, y esto es sin duda. Con esto se junta que la profundidad inmensa del mar océano no da lugar a que el agua se caliente con el fervor del Sol, de la manera que se calientan las aguas de ríos. Finalmente, como el salitre, con ser de naturaleza de sal, sirve para enfriar el agua, así también vemos por experiencia que el agua de la mar refresca, y así, en algunos puertos, como en el del Callao, hemos visto poner a enfriar el agua o vino para beber en frascos o cántaros metidos en la mar.

De todo lo cual se infiere que el océano tiene, sin duda, propiedad de templar y refrescar del calor demasiado; por eso se siente más calor en tierra que en mar *coeteris paribus*. Y comúnmente las tierras que gozan marina son más frescas que las apartadas de ella, *coeteris paribus*, como está dicho. Así que, siendo la mayor parte del nuevo orbe muy cercana al mar océano, aunque esté debajo de la tórrida, con razón diremos que de la mar recibe gran beneficio para templar su calor.

Capítulo XII. Que las tierras más altas son más frías, y qué sea la razón de esto

Pero discurriendo más, hallaremos que en la tierra, aunque esté en igual distancia de la mar y en unos mismos grados, con todo eso no es igual el calor, sino en una mucha, y en otra poco. Qué sea la causa de esto, no hay duda sino que el estar más honda o estar más levantada hace que sea la una caliente y la otra fría. Cosa clara es que las cumbres de los montes son más frías que las honduras de los valles, y esto no es solo por haber mayor repercusión de los rayos del Sol en los lugares bajos y cóncavos, aunque esto es mucha causa, sino que hay otra también, y es que la región del aire que dista más de la tierra y está más alta, de cierto es más fría.

Hacen prueba suficiente de esto las llanadas del Collao, en el Perú, y las de Popayán y las de Nueva España, que, sin duda, toda aquella es tierra alta, y por eso fría, aunque está cercada de cerros y muy expuesta a los rayos del Sol. Pues si preguntamos ahora por qué los llanos de la costa en el Perú y en Nueva España es tierra caliente, y los llanos de las sierras del mismo Perú y Nueva España es tierra fría, por cierto que no veo que otra razón pueda darse, sino porque los unos llanos son de tierra baja y otros de tierra alta. El ser la región media del aire más fría que la inferior persuádelo la experiencia, porque cuanto los montes se acercan más a ella, tanto más participan de nieve y hielo y frío perpetuo. Persuádelo también la razón porque, si hay esfera de fuego, como Aristóteles y los más filósofos ponen por antiperístasis, ha de ser más fría la región media del aire, huyendo a ella el frío, como en los pozos hondos vemos en tiempo de verano. Por eso los filósofos afirman que las dos regiones extremas del aire, suprema e ínfima, son más cálidas, y la media más fría.

   Y si esto es así verdad, como realmente lo muestra la experiencia, tenemos otra ayuda muy principal para hacer templada la tórrida, y es ser por la mayor parte tierra muy alta la de las Indias y llena de muchas cumbres de montes, que con su vecindad refrescan las comarcas do caen. Vénse en las cumbres que digo perpetua nieve y escarcha, y las aguas hechas un hielo y aun heladas a veces del todo; y es de suerte el frío que allí hace, que quema la hierba. Y los hombres y caballos, cuando caminan por allí, se entorpecen de puro frío. Esto, como ya he dicho, acaece en medio de la tórrida, y acaece más ordinariamente cuando el Sol anda por su zenit. Así que, ser los lugares de sierra más fríos que los de los valles y llanos, es cosa muy notoria, y la causa también lo es harto, que es participar los montes y lugares altos más de la región media del aire, que es frigidísima. Y la causa de ser más fría la región media del aire también está dicha, que es lanzar y echar de sí todo el frío la región del aire, que está vecina a la ígnea exhalación, que, según Aristóteles, está sobre la esfera del aire. Y así, todo el frío se recoge a la región media del aire por la fuerza del antiperístasis, que llaman los filósofos.

   Tras esto, si me preguntare alguno si el aire es cálido y húmedo, como siente Aristóteles,[116] y comúnmente dicen, ¿de dónde procede aquel frío que se recoge a la media región del aire? Pues de la esfera del fuego no puede proceder, y si procede del agua y tierra, conforme a razón, más fría había de ser la región ínfima, que no la de en medio. Cierto que si he de responder verdad, confesaré que esta objeción y argumento me hace tanta dificultad, que cuasi estoy por seguir la opinión de los que reprueban las cualidades sémolas y disímbolas que pone Aristóteles en los elementos y dicen que son imaginación. Y así, afirman que el aire es de su naturaleza frío, y para esto, cierto, traen muchas y

---

116 Aristotel. Meteo.

grandes pruebas. Y dejando otras partes, una es muy notoria, que en medio de caniculares solemos con un ventalle hacernos aire, y hallamos que nos refresca; de suerte, que afirman estos autores que el calor no es propiedad de elemento alguno, sino de solo el fuego, el cual está esparcido y metido en todas las cosas, según que el magno Dionisio enseña.[117]

Pero ahora sea así, ahora de otra manera (porque no me determino a contradecir a Aristóteles, si no es en cosa muy cierta), al fin todos convienen en que la región media del aire es mucho más fría que la inferior, cercana a la tierra, como también la experiencia lo muestra; pues allí se hacen las nieves y el granizo y la escarcha y los demás indicios de extremo frío. Pues, habiendo de una parte mar, de otra sierras altísimas, por bastantes causas se deben éstas tener para refrescar y templar el calor de la media región que llaman tórrida.

Capítulo XIII. Que la principal causa de ser la tórrida templada son los vientos frescos

Mas la templanza de esta región, principalmente y sobre todo, se debe a la propiedad del viento que en ella corre, que es muy fresco y apacible. Fue providencia del gran Dios, criador de todo, que en la región donde el Sol se pasea siempre y con su fuego parece lo había de asolar todo, allí los vientos más ciertos y ordinarios fuesen a maravillar frescos, para que con su frescor se temple el ardor del Sol. No parece que iban muy fuera de camino los que dijeron que el paraíso terrestre estaba debajo de la equinoccial, si no les engañara su razón, que para ser aquella región muy templada, les parecía bastar el ser allí los días y las noches iguales, a cuya opinión otros contradijeron, y el famoso poeta[118] entre ellos, diciendo:

> Y aquella parte está siempre de un Sol bravo encendida, sin que fuego jamás de ella se aparte.

Y no es la frialdad de la noche tanta, que baste por sí sola a moderar y corregir tan bravos ardores del Sol. Así que por beneficio del aire fresco y apacible recibe la tórrida tal templanza, que, siendo para los antiguos más

---

117 Diotis., Cap. 15, de caer. Hiera.
118 Vir., 4, Gorg.

que horno de fuego, sea para los que ahora la habitan más que primavera deleitosa. Y que este negocio consiste principalmente en la cualidad del viento pruébase con indicios y razones claras. Vemos en un mismo clima unas tierras y pueblos más calientes que otros solo por participar menos del viento que refresca. Y así otras tierras donde no corre viento, o es muy terrestre, y abrasado como un bochorno, son tanto fatigadas del calor, que estar en ellas estar en horno encendido.

Tales pueblos y tierras hay no pocas en el Brasil, en Etiopía, en el Paraguay, como todos saben, y, lo que es más de advertir, no solo en las tierras, sino en los mismos mares, se ven estas diferencias clarísimamente. Hay mares que sienten mucho calor, como cuentan del de Mozambique y del de Ormuz, allá en lo oriental; y en lo occidental el mar de Panamá, que por eso cría caimanes, y el mar del Brasil. Hay otros mares, y aun en los mismos grados de altura, muy frescos, como es el del Perú, en el cual tuvimos frío, como arriba conté, cuando le navegamos la vez primera, y esto siendo en marzo, cuando el Sol anda por cima. Aquí cierto donde el cielo y el agua son de una misma suerte, no se puede pensar otra cosa de tan gran diferencia, sino la propiedad del viento, que o refresca o enciende.

Y si se advierte bien, en esta consideración del viento que se ha tocado podrás satisfacer por ella muchas dudas, que con razón ponen muchos, que parecen cosas extrañas y maravillosas. Es, a saber, ¿por qué hiriendo el Sol en la tórrida, y particularmente en el Perú, muy más recio que por caniculares en España; con todo eso, se defienden de él con mucho menor reparo, tanto, que con la cubierta de una estera, o de un techo de paja, se hallan más reparados del calor, que en España con techo de madera, y aun de bóveda? Ítem, ¿por qué en el Perú las noches de verano no son calientes ni congojosas, como en España? Ítem, ¿por qué en las más altas cumbres de la sierra, aun entre montones de nieve, acaece muchas veces hacer calores insolubles? ¿Por qué en toda la provincia del Collar, estando a la sombra, por flaca que sea, hace frío, y en saliendo de ella al Sol, luego se siente excesivo calor? Ítem, ¿por qué siendo toda la costa del Perú llena de arenales muertos, con todo eso es tan templada? Ítem, ¿por qué distando Potosí de la ciudad de la Plata solo dieciocho leguas, y teniendo los mismos grados, hay tan notable diferencia, que

Potosí es frigidísima, estéril y seca; la Plata, al contrario, es templada y declina a caliente y es muy apacible y muy fértil tierra?

En efecto, todas estas diferencias y extrañezas el viento es el que principalmente las causa, porque, en cesando el beneficio del viento fresco, es tan grande el ardor del Sol, que, aunque sea en medio de nieves, abrasa; en volviendo el frescor del aire, luego se aplaca todo el calor, por grande que sea. Y donde es ordinario y como morador este viento fresco, no consiente que los humos terrenos y gruesos, que exhala la tierra, se junten y causen calor y congoja, lo cual en Europa es al revés, que por estos humos de la tierra, que queda como quemada del Sol del día, son las noches tan calientes, pesadas o congojosas, y así parece que sale el aire muchas veces como de una boca de un horno.

Por la misma razón, en el Perú el frescor del viento hace que, en faltando de los rayos del Sol, con cualquier sombra se sienta fresco. Otrosí, en Europa el tiempo más apacible y suave en el estío es por la mañanica. Por la tarde es el más recio y pesado. Mas en el Perú y en toda la equinoccial es al contrario, que, por cesar el viento de la mar por las mañanas y levantarse ya que el Sol comienza a encumbrar, por eso el mayor calor se siente por las mañanas, hasta que viene la virazón, que llaman, o marea o viento de mar, que todo es uno, que comienza a sentirse fresco. De esto tuvimos experiencia larga el tiempo que estuvimos en las islas, que dicen de Barlovento, donde nos acaecía sudar muy bien por las mañanas y al tiempo de mediodía sentir buen fresco, por soplar entonces la brisa de ordinario, que es viento apacible y fresco.

Capítulo XIV. Que en la región de la equinoccial se vive vida muy apacible

Si guiaran su opinión por aquí los que dicen que el paraíso terrenal está debajo de la equinoccial,[119] aún parece que llevaran algún camino. No porque me determine yo a que está allí el paraíso de deleites que dice la Escritura, pues sería temeridad afirmar eso por cosa cierta. Mas daguilla porque, si algún paraíso se puede decir en la tierra, es donde se goza un temple tan suave y apacible. Porque para la vida humana no hay cosa de igual pesadumbre y

---

119 Vives, lib. 13, de Cicimate, cap. 21.

pena, como tener un cielo y aire contrario y pesado y enfermo; ni hay cosa más gustosa y apacible que gozar del cielo y aire suave, sano y alegre.

Está claro que de los elementos ninguno participamos más a menudo, ni más en lo interior del cuerpo, que el aire. Este rodea nuestros cuerpos, éste nos entra en las mismas entrañas y cada momento visita el corazón, y así le imprime sus propiedades. Si es aire corrupto, en tantico mata; si es saludable, repara las fuerzas; finalmente, solo el aire podemos decir que es toda la vida de los hombres. Así que, aunque haya más riqueza y bienes, si el cielo es desabrido y malsano, por fuerza se ha de vivir vida penosa y disgustada. Mas si el aire y cielo es saludable y alegre y apacible, aunque no haya otra riqueza da contento y placer. Mirando la gran templanza y agradable temple de muchas tierras de Indias, donde ni se sabe qué es invierno que apriete con fríos, ni estío que congoje con calores; donde con una esfera se reparan de cualquier injurias del tiempo; donde apenas hay que mudar vestido en todo el año, digo cierto que, considerando esto, me ha parecido muchas veces, y me lo parece hoy día, que si acabasen los hombres consigo de desenlazarse de los lazos que la codicia les arma, y si se desengañasen de pretensiones inútiles y pesadas, sin duda podrían vivir en Indias vida muy descansada y agradable. Porque lo que los otros poetas cantan de los campos Elíseos y de la famosa Teme, y lo que Platón, o cuenta o finge de aquella su isla Atlántida, cierto lo hallarían los hombres en tales tierras si con generoso corazón quisiesen antes ser señores, que no esclavos de su dinero y codicia.

De las cualidades de la equinoccial y del calor y frío, sequedad y lluvias y de las causas de su templanza, bastará lo que hasta aquí se ha disputado. El tratar más en particular de las diversidades de vientos y aguas y tierras; ítem, de los metales, plantas y animales que de ahí proceden, de que en Indias hay grandes y maravillosas pruebas, quedará para otros libros. A éste, aunque, breve, la dificultad de lo que se ha tratado le hará por ventura parecer prolijo.

Advertencia al lector

Adviértese al lector que los dos libros precedentes se escribieron en latín, estando yo en el Perú; y así hablan de las cosas de Indias, como de cosas presentes. Después, habiendo venido a España, me pareció traducirlos en vulgar, y no quise mudar el modo de hablar que tenían. Pero en los cinco libros siguientes, porque los hice en Europa, fue forzoso mudar el modo de hablar: y así trato en ellos las cosas de Indias, como de tierras y cosas ausentes. Porque esta variedad de hablar pudiera con razón ofender al lector, me pareció advertirle de nuevo aquí.

Libro tercero

Capítulo I. Que la historia natural de cosas de las Indias es apacible y deleitosa

Toda historia natural es de suyo agradable, y a quien tiene consideración algo más levantada es también provechosa para alabar al autor de toda la naturaleza, como vemos que lo hacen los varones sabios y santos, mayormente David,[120] en diversos salmos, donde celebra la excelencia de estas obras de Dios. Y Job,[121] tratando de los secretos del Hacedor; y el mismo Señor, largamente respondiendo a Job.

Quien holgare de entender verdaderos hechos de esta naturaleza, que tan varia y abundante es, tendrá el gusto que da la historia, y tanto mejor historia cuanto los hechos no son por trazas de hombres, sino del Criador: Quien pasare adelante y llegare a entender las causas naturales de los efectos, tendrá el ejercicio de buena filosofía: Quien subiere más en su pensamiento y, mirando al sumo y primer Artífice de todas estas maravillas, gozare de su saber y grandeza, diremos que trata excelente teología. Así que para muchos buenos motivos puede servir la relación de cosas naturales, aunque la bajeza de muchos gustos suele más ordinario parar en lo menos útil, que es un deseo de saber cosas nuevas, que propiamente llamamos curiosidad.

La relación de cosas naturales de Indias, fuera de ese común apetito, tiene otro, por ser cosas remotas, y que muchas de ellas, o las más, no atinaron con ellas los más aventajados maestros de esta facultad entre los antiguos. Si de estas cosas naturales de Indias se hubiese de escribir copiosamente, y con la especulación que cosas tan notables requieren, no dudo yo que se podría hacer obra que llegase a las de Plinio y Teofrasto y Aristóteles. Mas ni yo hallo en mí ese caudal, ni, aunque le tuviera, fuera conforme a mi intento, que no pretendo más de ir apuntando algunas cosas naturales, que estando en Indias vi y consideré, o las oí de personas muy fidedignas, y me parece no están en Europa tan comúnmente sabidas. Y así en muchas de ellas pasaré sucintamente, o por estar ya escritas por otros, o por pedir más especulación de la que yo les he podido dar.

---

120 Psalm. 103, 135, 91, 32, 18, 8.
121 Job 28, 38, 39, 40, 41.

Capítulo II. De los vientos y sus diferencias y propiedades y causas en general

Habiéndose, pues, en los dos libros pasados tratado lo que toca al cielo y habitación de Indias en general, síguese decir de los tres elementos, aire, agua y tierra, y los compuestos de éstos, que son metales y plantas y animales. Porque del fuego no veo cosa especial en Indias, que no sea así en todas partes; si no le pareciese a alguno que el modo de sacar fuego que algunos indios usan, fregando unos palos con otros, y el de cocer en calabazas, echando en ellas piedras ardiendo y otros usos semejantes, eran de consideración, de lo cual anda escrito lo que hay que decir. Mas de los fuegos que hay en volcanes de Indias, que tienen digna consideración, diráse cómodamente, cuando se trate la diversidad de tierras donde esos fuegos y volcanes se hallan.

Así que, comenzando por los vientos, lo primero que digo es que, con razón, Salomón,[122] entre las otras cosas de gran ciencia que Dios le había dado, cuenta y estima el saber la fuerza de los vientos y sus propiedades, que son cierto maravillosas. Porque unos son lluviosos, otros secos, unos enfermos y otros sanos, unos calientes y otros fríos, serenos y tormentosos, estériles y fructuosos, con otras mil diferencias. Hay vientos que en ciertas regiones corren y son como señores de ellas, sin sufrir competencia de sus contrarios. En otras partes andan a veces, ya vencen éstos, ya sus contrarios; a veces corren diversos, y aun contrarios juntos, y parten el camino entre sí, y acaece ir el uno por lo alto y el otro por lo bajo. Algunas veces se encuentran reciamente entre sí, que para los que andan en mar es fuerte peligro. Hay vientos que sirven para generación de animales, otros que las destruyen. Corriendo cierto viento se ve en alguna costa llover pulgas, no por manera de encarecer, sino que, en efecto, cubren el aire y cuajan la playa de la mar; en otras partes llueven sapillos.

Estas y otras diferencias, que se prueban tan ciertas, atribuyen comúnmente a los lugares por donde pasan estos vientos; porque dicen que de ellos toman sus cualidades de secos, o fríos, o húmedos, o cálidos, o enfermos, o sanos, y así las demás. Lo cual en parte es verdad y no se puede negar, porque en pocas lenguas se ven de un mismo viento notables diversidades. En España, pongo ejemplo, el solano o levante es comúnmente cálido y congojoso; en

---

[122] Sap. 7.

Murcia es el más sano y fresco que corre, porque viene por aquellas huertas y vega tan fresca y grande, donde se baña. Pocas leguas de ahí, en Cartagena, es el mismo viento pesado y malsano. El ábrego, que llaman los del mar océano sur, y los del Mediterráneo mezoyomo, comúnmente es lluvioso y molesto; en el mismo pueblo que digo, es sano y sereno. Plinio dice[123] que en África llueve con viento del norte, y el viento de mediodía es sereno.

Y lo que en estos vientos he dicho, por ejemplo, en tan poca distancia verá, quien lo mirare con algún cuidado, que se verifica muchas veces, que en poco espacio de tierra o mar un mismo viento tiene propiedades muy diferentes, y a veces harto contrarias. De lo cual se arguye bien que el lugar por donde pasa le da su cualidad y propiedad; pero de tal modo es esto verdad, que no se puede de ninguna suerte decir que ésta sea toda la causa, ni aun la más principal de las diversidades y propiedades de los vientos. Porque en una misma región, que toma (pongo por caso) cincuenta leguas en redondo, claramente se percibe que el viento de una parte es cálido y húmedo y de la otra frío y seco, sin que en los lugares por do pasan haya tal diferencia, sino que de suyo se traen consigo esas cualidades los vientos, y así se les dan sus nombres generales, como propios, verbigracia, al septentrión, o cierzo, o norte, que todo es uno, ser frío y seco y deshacer nublados; a su contrario, el ábrego o leveche o sur, todo lo contrario, ser húmedo y cálido y levantar nublados.

Así que, siendo esto general y común, otra causa mas universal se ha de buscar para dar razones de estos efectos, y no hasta decir que el lugar por do pasan los vientos les da las propiedades que tienen, pues pasando por unos mismos lugares hacen efectos muy conocidamente contrarios. Así que es fuerza confesar que la región del cielo de donde soplan les da esas virtudes y cualidades. Y así el cierzo, porque sopla del norte, que es la región más apartada del Sol, es de suyo frío. El ábrego, que sopla del mediodía, es de suyo caliente, y porque el calor atrae vapores es juntamente húmedo y lluvioso, y al revés el cierzo seco y sutil, por no dejar cuajar los vapores, y a este modo se puede discurrir en otros vientos, atribuyendo las propiedades que tienen a las regiones del aire de donde soplan.

Mas hincando la consideración en esto un poco más, no acaba de satisfacer del todo esta razón, porque preguntaré yo, ¿qué hace la región del aire, de

---

123 Plin., Lib. 2, cap. 47.

donde viene el viento, si allí no se halla su cualidad? Quiero decir, en Germania el ábrego es cálido y lluvioso, y en África el cierzo frío y seco; cierto es que, de cualquier región de Germania donde se engendre el ábrego, ha de ser más fría que cualquiera de África, donde se engendra el cierzo. Pues, ¿por qué razón ha de ser mas frío en África el cierzo que el ábrego en Germania, siendo verdad que procede de región más cálida?

Dirán que viene del norte, que es frío. No satisface, ni es verdad, porque, según eso, cuando corre en África el cierzo, había de correr en toda la región hasta el norte. Y no es así, pues en un mismo tiempo corren nortes en tierra de menos grados, y son fríos; y corren vendavales en tierra de más grados, y son cálidos; y esto es cierto y evidente y cotidiano. Donde, a mi juicio claramente se infiere, que ni basta decir que los lugares por do pasan los vientos les dan sus cualidades, ni tampoco satisface decir, que por soplar de diversas regiones del aire tienen esas diferencias, aunque, como he dicho, lo uno y lo otro es verdad; pero es menester más que eso.

Cual sea la propia, y original causa de estas diferencias tan extrañas de vientos, yo no atino a otra, sino que el eficiente, y quien produce el viento, ese le da la primera y más original propiedad. Porque la materia de que se hacen los vientos, que según Aristóteles y razón, son exhalaciones de los elementos inferiores, aunque con su diversidad de ser más gruesa, o más sutil, más seco o más húmeda, puede causar, y en efecto causa gran parte de esta diversidad; pero tampoco basta, por la misma razón que está tocada; es a saber: que en una misma región donde los vapores y exhalaciones son de un mismo género, se levantan vientos de operaciones contrarias. Y así parece se ha de reducir el negocio al eficiente superior y celeste, que ha de ser el Sol, y movimiento e influencia de los cielos que de diversas partes mueven e influyen variamente.

Y porque estos principios de mover e influirnos son a los hombres tan ocultos, y ellos en sí tan poderosos y eficaces, con gran espíritu de sabiduría dijo el santo profeta David,[124] entre otras grandezas del Señor; y lo mismo replicó el profeta Jeremías;[125] *Qui profert ventos de thesauris suis.* El que saca los vientos de sus tesoros. Cierto, tesoros son ocultos y ricos estos principios, que en su eficiencia tiene el autor de todo, conque cuando quiere, con suma facilidad

---

124 Psalm. 134, v. 7.
125 Jerem. 10, v. 13.

saca para castigo, o para regalo de los hombres, y envía el viento que quiere. Y no como el otro Eolo, que neciamente fingieron los poetas tener en su cueva encerrados los vientos como a fieras en jaula.

El principio y origen de estos vientos no le vemos, ni aun sabemos qué tanto durarán, ni dónde procedieron, ni hasta dónde llegarán. Mas vemos y sabemos de cierto los diferentes efectos que hacen, como nos advirtió la suma Verdad y autor de todo, diciendo:[126] *Spiritus ubi vult spirat: et vocem ejus audis: et nescis unde venit aut quo vadat.* El espíritu o viento sopla donde le parece, y bien que sientes su soplo, mas no sabes de dónde procedió, ni a dónde ha de llegar. Para que entendamos, que entendiendo tan poco en cosa que tan presente y tan cotidiana nos es, no hemos de presumir de comprender lo que tan alto y tan oculto es como las causas y motivos del Espíritu Santo.

Bástanos conocer sus operaciones y efectos, que en su grandeza y pureza se nos descubren bastantemente. Y también bastará haber filosofado esto poco de los vientos en general, y de las causas de sus diferencias, y propiedades, y operaciones, que en suma las hemos reducido a tres, es a saber: a los lugares por do pasan, a las regiones de donde soplan y a la virtud celeste movedora y causadora del viento.

Capítulo III. De algunas propiedades de vientos que corren en el nuevo orbe

Cuestión es muy disputada por Aristóteles[127] si el viento austro, que llamamos ábrego, o leveche, o sur (que por ahora todo es uno) sopla desde el otro polo antártico, o solamente de la equinoccial y mediodía, que en efecto es preguntar si aquella cualidad que tiene de ser lluvioso y caliente le permanece pasada la equinoccial Y cierto es bien para dudar, porque aunque se pasa la equinoccial, no deja de ser viento austro o sur, pues viene de un mismo lado del mundo, como el viento norte, que corre del lado contrario, no deja de ser norte, aunque se pase la tórrida y la línea. Y así parece que ambos vientos, han de conservar sus primeras propiedades, el uno de ser caliente y húmedo, y el otro de ser frío y seco: el austro de causar nublados y lluvias; y el bóreas, o norte de derramallas y serenar el cielo.

---

126 Joan. 3, v. 8.
127 Aristotel. 2. Meteo., cap. 5.

Mas Aristóteles a la contraria opinión se llega más, porque por eso es el norte en Europa frío, porque viene del polo, que es región sumamente fría; y el ábrego al revés es caliente, porque viene del mediodía, que es la región que el Sol más calienta. Pues la misma razón obliga a que los que habitan de la otra parte de la línea les sea el austro frío, y el cierzo, o norte caliente, porque allí el austro viene del polo, y el norte viene del mediodía. Y aun parece que ha de ser el austro, o sur más frío allá, que es acá el cierzo o norte. Porque se tiene por región más fría la del polo del sur que la del polo del norte, a causa de gastar el Sol siete días del año más hacia el trópico del Cancro que hacia el de Capricornio, como claramente se ve por los equinoccios y solsticios que hace en ambos círculos Con que parece quiso la naturaleza declarar la ventaja y nobleza, que esta media parte del mundo, que está al norte, tiene sobre la otra media, que está al sur.

Siendo así, parece concluyente razón para entender que se truecan estas cualidades de los vientos en pasando la línea. Mas en efecto no pasa así, cuanto yo he podido comprehender con la experiencia de algunos años que anduve en aquella parte del mundo, que cae pasada la línea al sur. Bien es verdad que el viento norte no es allá tan generalmente frío y sereno como acá. En algunas partes del Perú experimentan que el norte les es enfermo y pesado, como en Lima y en los llanos. Y por toda aquella costa, que corre más de quinientas leguas, tienen al sur por saludable y fresco, y lo que más es, serenísimo; pues con él jamás llueve, todo al contrario de lo que pasa en Europa, y de esta parte de la línea; pero esto de la costa del Perú no hace regla, antes es excepción, y una maravilla de naturaleza, que es nunca llover en aquella costa, y siempre correr un viento, sin dar lugar a su contrario; de lo cual se dirá después lo que pareciere.

Agora quedamos con esto, que el norte no tiene de la otra parte de la línea las propiedades que el austro tiene de ésta, aunque ambos soplan de el mediodía a regiones opuestas. Porque no es general allá que el norte sea cálido, ni lluvioso, como lo es acá el austro, antes llueve allá también con el austro, como se ve en toda la sierra del Perú, y en Chile, y en la tierra de Congo, que está pasada la línea, y muy dentro en la mar. Y en Potosí el viento que llaman tomahaui, que si no me acuerdo mal, es nuestro cierzo, es extremadamente seco y frío, y desabrido como por acá. Verdad es que no es por allá tan cierto el disipar las nubes el norte, o cierzo, como acá, antes, si no me engaño, muchas veces llueve con él.

No hay duda sino que de los lugares por do pasan, y de las próximas regiones de donde nacen, se les pega a los vientos tan grande diversidad y efectos contrarios, como cada día se experimentan en mil partes. Pero hablando en general, para la cualidad de los vientos, más se mira en los lados y partes del mundo, de donde proceden, que no en ser de ésta, o de la otra parte de la línea, como a mi parecer acertadamente lo sintió el filósofo. Estos vientos capitales, que son oriente y poniente, ni acá ni allá tiene tan notorias y universales cualidades como los dos dichos. Pero comúnmente por acá el solano o levante es pesado y mal sano, el poniente, o céfiro es más apacible y sano. En Indias, y en toda la tórrida, el viento de oriente, que llaman brisa, es, al contrario de acá, muy sano y apacible. Del de poniente no sabré decir cosa cierta ni general, mayormente no corriendo en la tórrida ese viento, sino rarísimas veces. Porque en todo lo que se navega entre los trópicos es ordinario y regular viento el de la brisa. Lo cual por ser una de las maravillosas obras de naturaleza es bien se entienda de raíz como pasa.

Capítulo IV. Que en la tórrida zona corren siempre brisas, y fuera de ella vendavales y brisas

No es el camino de mar como el de tierra, que por donde se va por allí se vuelve. El mismo camino es, dijo el filósofo, de Atenas a Tebas, y de Tebas a Atenas. En la mar no es así, por un camino se va, y por otro diferente se vuelve. Los primeros descubridores de Indias occidentales, y aun de la oriental, pasaron gran trabajo y dificultad en hallar la derrota cierta para ir, y no menos para volver,[128] hasta que la experiencia, que es la maestra de estos secretos, les enseñó que no era el navegar por el océano, como el ir por el Mediterráneo a Italia, donde se van reconociendo a ida y vuelta unos mismos puertos y cabos, y solo se espera el favor del aire, que con el tiempo se muda. Y aun cuando esto falta, se valen del remo; y así van y vienen galeras costeando.

En el mar Océano en ciertos parajes no hay esperar otro viento: ya se sabe que el que corre ha de correr más o menos: en fin, el que es bueno para ir no es para volver. Porque en pasando del trópico, y entrando en la tórrida

---

128 Juan de Barros en la Década 1, lib. 4, cap. 6.

señorean la mar siempre los vientos que vienen del nacimiento del Sol, que perpetuamente soplan, sin que jamás den lugar a que los vientos contrarios por allí prevalezcan, ni aun se sientan. En donde hay dos cosas maravillosas: una, que en aquella región, que es la mayor de las cinco, en que dividen el mundo, reinen vientos de oriente, que llaman brisas, sin que los de poniente, o de mediodía, que llaman vendavales, tengan lugar de correr en ningún tiempo de todo el año. Otra maravilla es que jamás faltan por allí brisas, y en tanto más ciertas son cuanto el paraje es más propincuo a la línea, que parece habían de ser allí ordinarias las calmas, por ser la parte del mundo más sujeta al ardor del Sol; y es al contrario; que apenas se hallan calmas, y la brisa es mucho más fresca y durable. En todo lo que se ha navegado de Indias se ha averiguado ser así.

Esta, pues, es la causa de ser mucho más breve, y más fácil, y aun más segura la navegación que se hace yendo de España a las Indias occidentales que la de ellas volviendo a España. Salen de Sevilla las flotas, y hasta llegar a las Canarias sienten la mayor dificultad, por ser aquel golfo de las Yeguas vario y contrastado de varios vientos. Pasadas las Canarias, van bajando hasta entrar en la tórrida, y hallan luego la brisa, y navegan a popa, que apenas hay necesidad de tocar a las velas en todo el viaje. Por eso llamaron a aquel gran golfo el golfo de las Damas, por su quietud y apacibilidad. Así llegan hasta las islas Dominica, Guadalupe, Deseada, Marigalante, y las otras que están en aquel paraje, que son como arrabales de las tierras de Indias. Allí las flotas se dividen; y las que van a Nueva España echan a mano derecha en demanda de la Española, y reconociendo el cabo de San Antón, dan consigo en San Juan de Ulúa, sirviéndoles siempre la misma brisa. Las de Tierra Firme toman la izquierda, y van a reconocer la altísima sierra Tayrona, y tocan en Cartagena, y pasan a Nombre de Dios, de donde por tierra se va a Panamá, y de allí por la mar del sur al Perú.

Cuando vuelven las flotas a España hacen su viaje en esta forma: la de el Perú va a reconocer el cabo de San Antón, y en la isla de Cuba se entra en La Habana, que es un muy hermoso puerto de aquella isla. La flota de Nueva España viene también desde la Veracruz, o isla de San Juan de Ulúa a La Habana, aunque con trabajo, porque son ordinarias allí las brisas, que son vientos contrarios. En La Habana, juntas las flotas, van la vuelta de España buscando altura fuera de los trópicos, donde ya se hallan vendavales, y con ellos vienen a reconocer las islas de Azores, o Terceras, y de allí a Sevilla. De suerte que la ida es en poca altura, y siempre menos de veinte grados, que es ya dentro de los trópicos; y la vuelta es fuera de ellos, por lo menos en veintiocho o treinta grados.

Y es la razón, la que se ha dicho, que dentro de los trópicos reinan siempre vientos de oriente, y son buenos para ir de España a Indias occidentales, porque es ir de oriente a poniente. Fuera de los trópicos, que son en veinte y tres grados, hállanse vendavales, y tanto más ciertos, cuanto se sube a más altura; y son buenos para volver de Indias, porque son vientos de mediodía y poniente, y sirven para volver a oriente y norte.

El mismo discurso pasa en las navegaciones que se hacen por el mar del sur, navegando de la Nueva España, o el Perú a las Filipinas, o a la China, y volviendo de las Filipinas o China a la Nueva España. Porque a la ida, como es navegar de oriente a poniente, es fácil; y cerca de la línea se halla siempre viento a popa, que es brisa. El año de ochenta y cuatro salió del Callao de Lima un navío para las Filipinas, y navegó dos mil y setecientas leguas sin ver tierra: la primera que reconoció fue la isla de Luzón, a donde iba, y allí tomo puerto, habiendo hecho su viaje en dos meses, sin faltarles jamás viento, ni tener tormenta, y fue su derrota cuasi por debajo de la línea, porque de Lima, que está a doce grados al sur, vinieron a Manila, que está cuasi otros tantos al norte. La misma felicidad tuvo en la ida al descubrimiento de las islas que llaman de Salomón, Álvaro de Mendaña, cuando las descubrió, porque siempre tuvieron viento a popa, hasta topar las dichas islas, que deben de distar del Perú, de donde salieron, como mil leguas, y están en la propia altura al sur.

La vuelta es como de Indias a España, porque para hallar vendavales los que vuelven de las Filipinas, o China a México, suben a mucha altura, hasta ponerse en el paraje de los Japones, y vienen a reconocer las Californias, y por la costa de la Nueva España tornan al puerto de Acapulco, de donde habían salido. De suerte, que en esta navegación está también verificado que de oriente a poniente se navega bien dentro de los trópicos, por reinar vientos orientales: y volviendo de poniente a oriente, se han de buscar los vendavales, o ponientes fuera de los trópicos en altura de veinte y siete grados arriba.

La misma experiencia hacen los portugueses en la navegación a la India, aunque es al revés, porque el ir de Portugal allá es trabajoso, y el volver es más fácil. Porque navegan a la ida de poniente a oriente, y así procuran subirse hasta hallar los vientos generales, que ellos dicen que son también de veinte y siete grados arriba. A la vuelta reconocen a las Terceras; pero esles más fácil, porque vienen de oriente, y sírvenles las brisas, o nordestes. Finalmente, ya es regla, y observación cierta de marineros, que dentro de los trópicos reinan los vientos de levante; y así es fácil navegar al poniente. Fuera de los trópicos unos tiempos hay brisas, otros, y lo más ordinario, hay vendavales; y por eso quien navega de poniente a oriente procura salirse de la tórrida, y ponerse en altura de veinte y siete grados arriba. Con la cual regla se han ya los hombres atrevido a emprender navegaciones extrañas para partes remotísimas, y jamás vistas,

Capítulo V. De las diferencias de brisas y vendavales con los demás vientos
Siendo lo que está dicho cosa tan probada y tan universal, no puede dejar de poner gana de inquirir la causa de este secreto, ¿por qué en la tórrida se navega siempre de oriente a poniente con tanta facilidad, y no al contrario?, que es lo mismo que preguntar ¿por qué reinan allí las brisas y no los vendavales? Pues en buena filosofía lo que es perpetuo, y universal, y de *per se*, que llaman los filósofos, ha de tener causa propia, y de *per se*. Mas antes de dar en esta cuestión, notable a nuestro parecer, será necesario declarar qué entendemos por brisas y qué por vendavales, y servirá para ésta, y para otras muchas cosas en materia de vientos y navegaciones.

Los que usan el arte de navegar cuentan treinta y dos diferencias de vientos, porque para llevar su proa al puerto que quieren, tienen necesidad de hacer su cuenta muy puntual, y lo más distinta y menuda que pueden; pues por poco que se eche a un lado, o a otro, hacen gran diferencia al cabo de su camino; y no cuentan más de treinta y dos porque estas divisiones bastan, y no se podría tener cuenta con más que éstas. Pero en rigor, como ponen treinta y dos, podrían poner sesenta y cuatro, y ciento veintiocho, y doscientos y cincuenta y seis; y finalmente, ir multiplicando estas partidas en infinito. Porque siendo como centro el lugar donde se halla el navío, y todo el hemisferio su circunferencia, ¿quién quita que no puedan salir de ese centro al círculo líneas innumerables?, y tantas partidas se contarán, y otras tantas divisiones de vientos; pues de todas las partes del hemisferio viene el viento, y el partille en tantas o tantas es, a nuestra consideración, que puede poner las que quisiere.

Mas el buen sentido de los hombres, y conformándose con él también la divina Escritura, señala cuatro vientos, que son los principales de todos, y como cuatro esquinas del universo, que se fabrican haciendo una cruz con dos líneas, que la una vaya de polo a polo, y la otra de un equinoccio al otro. Estos son el norte, o aquilón, y su contrario el austro, o viento que vulgarmente llamamos mediodía; y a la otra parte el oriente donde sale el Sol, y el poniente donde se pone. Bien que la sagrada Escritura[129] nombra otras diferencias de vientos en algunas partes, como el euroaquilo, que llaman los del mar océano nordeste, y los del Mediterráneo, *gregal*, de uno hace mención en la navegación de San Pablo. Pero las cuatro diferencias solemnes que todo el mundo sabe, esas celebran las divinas letras, que son, como está dicho, septentrión, y mediodía, y oriente y poniente.

Mas porque en el nacimiento del Sol, de donde se nombra el oriente, se hallan tres diferencias que son las dos declinaciones mayores que hace, y el medio de ellas, según lo cual nace en diversos puestos en invierno y en verano, y en el medio; por eso con razón se cuentan otros dos vientos, que son oriente estival, y oriente hiemal; y por el consiguiente otros dos ponientes contrarios a éstos, estival y hiemal. Y así resultan ocho vientos en ocho puntos notables del cielo, que son los dos polos, y los dos equinoccios, y los dos solsticios con los opuestos en el mismo círculo. De esta suerte resultan ocho diferencias de vientos, que son notables, las cuales en diversas carreras de mar y tierra tienen diversos vocablos.

Los que navegan el océano suelen nombrarlos así: al que viene del polo nuestro, llaman norte, como al mismo polo: al que se sigue, y sale del oriente estival, nordeste: al que sale del oriente propio y equinoccial, llaman leste: al del oriente hiemal, sueste: al del mediodía, o polo antártico, sur: al que sale del ocaso hiemal, sudueste: al del ocaso propio y equinoccial, oeste: al del ocaso estival, norueste. Los demás vientos fabrican entre estos, y participan de los nombres de aquellos a que se allegan, como nornorueste, nornordeste,

---

129 Act. 27.

lesnordeste, lessueste, susueste, sudueste, ossudueste, osnurueste, que cierto en el mismo modo de nombrarse, muestran arte, y dan noticia de los lugares de donde proceden los dichos vientos.

En el mar Mediterráneo, aunque siguen la misma arte de contar, nombran diferentemente estos vientos. Al norte llaman tramontana: a su opuesto el sur llaman mezoyomo, o mediodía: al este llaman levante: al oeste poniente; y a los que entre estos cuatro se atraviesan, al sueste dicen jiroque, o *jaloque*, a su opuesto, que es noroeste, llaman *maestral*: al nordeste llamar greco, o *gregal*, y a su contrario el sudueste llaman leveche, que es lívico, o africano en latín.

En latín los cuatro cabos son: *septentrio, auster, subsolanus, favonius*; y los entrepuestos son: *aquilo, vulturnus, africus* y *corus*. Según Plinio,[130] *vulturnus* y *corus* son el mismo viento que es sueste, o *jaloque*: *favonius* el mismo que oeste, o poniente: *aquilo* y boreas el mismo que nornordeste, o *gregal* tramontana: *africus* y *lybis* el mismo que sudueste, o leveche: *auster*, y notus el mismo que sur, o mediodía: *corus*, y *zefyrus* el mismo que noroeste, o *maestral*. Al propio que es nordeste, o *gregal*, no le da otro nombre sino *phenicias*: otros los declaran de otra manera; y no es de nuestro intento averiguar al presente los nombres latinos y griegos de los vientos.

Ahora digamos, cuales de estos vientos llaman brisas, y cuales vendavales, nuestros marineros del mar océano de Indias. Es así que mucho tiempo anduve confuso con estos nombres viéndoles usar de estos vocablos muy diferentemente hasta que percibí bien, que más son nombres generales, que no especiales de vientos ni partidas. Los que les sirven para ir a Indias, y dan cuasi a popa, llaman brisas, que, en efecto, comprehenden todos los vientos orientales, y sus allegados, y cuartas. Los que les sirven para volver de Indias llaman vendavales, que son desde el sur hasta el poniente estival. De manera, que hacen como dos cuadrillas de vientos, de cada parte la suya, cuyos caporales son: de una parte, nordeste, o *gregal*: de otra parte, sudeste, o leveche.

Mas es bien saber, que de los ocho vientos, o diferencias que contamos, los cinco son de provecho para navegar, y los otros tres no; quiero decir, que cuando navega en la mar una nao, puede caminar, y hacer el viaje que pretende, de cualquiera de cinco partes que corra el viento, aunque no le será igualmente provechoso; mas corriendo de una de tres, no podrá navegar a

---

130 Plin., lib. 2. cap. 47. Gell., lib. 2, cap. 22.

donde pretende. Como si va al sur con norte, y con nordeste, y con norueste navegará, y también con leste, y con oeste, porque los de los lados igualmente sirven para ir, y para venir. Mas corriendo sur, que es derechamente contrario, no puede navegar al sur, ni podrá con los otros dos laterales suyos, que son sueste y sudueste.

Esto es cosa muy trillada a los que andan por mar, y no había necesidad de ponerlo aquí, sino solo para significar, que los vientos laterales del propio y verdadero oriente, esos soplan comúnmente en la tórrida, y los llaman brisas; y los vientos de mediodía hacia poniente, que sirven para navegar de occidente a oriente, no se hallan comúnmente en la tórrida, y así los suben a buscar fuera de los trópicos, y esos nombran los marineros de Indias comúnmente vendavales.

Capítulo VI. Qué sea la causa de hallarse siempre viento de oriente en la tórrida para navegar
Digamos ahora cerca de la cuestión propuesta, cuál sea la causa de navegarse bien en la tórrida de oriente a poniente, y no al contrario. Para lo cual se han de presuponer dos fundamentos verdaderos: el uno es, que el movimiento del primer móvil, que llaman rapto o diurno, no solo lleva tras sí, y mueve a los orbes celestes a él inferiores, como cada día lo vemos en el Sol, Luna, y estrellas, sino que también los elementos participan aquel movimiento, en cuanto no son impedidos.

La tierra no se mueve así por su graveza tan grande, con que es inepta para ser movida circularmente, como también porque dista mucho del primer móvil. El elemento del agua tampoco tiene este movimiento diurno, porque con la tierra está abrazado, y hace una esfera, y la tierra no le consiente moverse circularmente. Esotros dos elementos fuego, y aire son más sutiles, y más cercanos a los orbes celestes, y así participan su movimiento, siendo llevados circularmente como los mismos cuerpos celestes. Del fuego no hay duda, si hay esfera suya, como Aristóteles, y los demás la ponen.

El aire es el que hace a nuestro caso: y que éste se mueva con el movimiento diurno de oriente a poniente, es certísimo, por las apariencias de los cometas, que clarísimamente se ven mover de oriente a occidente, naciendo y subiendo, y encumbrando y bajando; y finalmente, dando vuelta a nuestro hemisferio, de la misma manera que las estrellas que vemos mover en el firmamento. Y estando los cometas en la región, y esfera del aire, donde se engendran y aparecen, y se deshacen, imposible sería moverse circularmente, como se mueven, si el movimiento del aire donde están, no se moviese con ese propio movimiento. Porque siendo, como es, materia inflamada, estaría bien queda, y no andaría al derredor, si la esfera do está, estuviese queda. Si no es que finjamos que algún ángel, o inteligencia anda con el cometa trayéndole al derredor.

El año de mil y quinientos y setenta y siete se vio aquel maravilloso cometa, que levantaba una figura como de plumaje desde el horizonte cuasi hasta la mitad del cielo, y duró desde primero de noviembre hasta ocho de diciembre. Digo desde primero de noviembre, porque aunque en España se notó, vio a los nueve de noviembre, según refieren historias de aquel tiempo; pero en el Perú, donde yo estaba a la sazón, bien me acuerdo, que le vimos, y notamos ocho días antes por todos ellos. La causa de esta diversidad dirán otros; lo que yo ahora digo es, que en estos cuarenta días que duró, advertimos todos, así los que estaban en Europa, como los que estábamos entonces en Indias, que se movía cada día con el movimiento universal de oriente a poniente, como la Luna y las otras estrellas. De donde consta, que siendo su región la esfera del aire, el mismo elemento se movía así. Advertimos también, que además de ese movimiento universal tenía otro particular, con que se movía con los planetas de occidente a oriente, porque cada noche estaba más oriental, como lo hace la Luna, el Sol, y la estrella de Venus.

Advertimos otrosí, que con otro tercero movimiento particularísimo se movía en el zodíaco hacia el norte; porque a cabo de algunas noches estaba más conjunto a signos septentrionales. Y por ventura fue esta la causa de verse primero este gran cometa de los que estaban más australes, como son los del Perú. Y después, como con el movimiento tercero, que he dicho, se llegaba más a los septentrionales, le comenzaron a ver más tarde los de Europa; pero todos pudieron notar las diferencias de movimientos que he dicho. De modo, que se pudo echar bien de ver que llegaba la impresión de diversos cuerpos celestes a la esfera del aire. Así que es negocio sin duda el moverse el aire con el movimiento circular del cielo, de oriente a poniente, que es el presupuesto, o fundamento.

El segundo no es menos cierto y notorio, es a saber, que este movimiento del aire, por las partes que caen debajo de la equinoccial, y son propincuas a ella, es velocísimo, y tanto más, cuanto más se acerca a la equinoccial, como por el consiguiente tanto es mas remiso y tardío este movimiento, cuanto más se aleja de la línea, y se acerca a los polos. La razón de esto es manifiesta, porque siendo la causa eficiente de este movimiento el movimiento del cuerpo celeste, forzoso ha de ser más presuroso, donde el cuerpo celeste se mueve más velozmente. Y que en el cielo la tórrida tenga más veloz movimiento, y en ella la línea más que otra parte alguna del cielo, querer mostrarlo sería hacer a los hombres faltos de vista: pues en una rueda es evidente, que la circunferencia mayor se mueve más velozmente que la menor, acabando su vuelta grande en el mismo espacio de tiempo que la menor acaba la suya chica.

De estos dos presupuestos se sigue la razón, porque los que navegan golfos grandes, navegando de oriente a poniente, hallan siempre viento a popa yendo en poca altura, y cuanto más cercanos a la equinoccial, tanto más cierto y durable es el viento; y al contrario navegando de poniente a oriente, siempre hallan viento por proa, y contrario. Porque el movimiento velocísimo de la equinoccial lleva tras sí al elemento del aire, como a los demás orbes superiores, y así el aire sigue siempre el movimiento del día yendo de oriente a poniente, sin jamas variar, y el movimiento del aire veloz y eficaz lleva también tras sí los vahos y exhalaciones que se levantan de la mar; y esto causa ser en aquellas partes y región continuo el viento de brisa, que corre de levante.

Decía el P. Alonso Sánchez, que es un religioso de nuestra Compañía, que anduvo en la India occidental, y en la oriental, como hombre tan plático, y tan ingenioso, que el navegar con tan continuo y durable tiempo debajo de la línea o cerca de ella, que le parecía a él, que el mismo aire movido del cielo era el que llevaba los navíos, y que no era aquello viento propiamente, ni exhalación, sino el propio elemento del aire movido del curso diurno del cielo. Traía en confirmación de esto, que en el golfo de las Damas, y en esotros grandes golfos que se navegan en la tórrida, es el tiempo uniforme, y las velas van con igualdad extraña, sin ímpetu ninguno, y sin que sea menester mudarlas cuasi en todo el camino. Y si no fuera aire movido del cielo, alguna vez faltara, y algunas se mudara en contrario, y algunas también fuera tormentoso.

Aunque esto está dicho doctamente, no se puede negar que sea también viento, y le haya, pues hay vahos y exhalaciones del mar; y vemos manifiestamente, que la misma brisa a ratos es más fuerte, y a ratos más remisa, tanto que a ratos no se pueden llevar velas enteras. Hase, pues, de entender, y es así la verdad, que el aire movido lleva tras sí los vahos que halla, porque su fuerza es grande, y no halla resistencia: y por eso es continuo y cuasi uniforme el viento de oriente a poniente cerca de la línea, y cuasi en toda la tórrida zona, que es el camino que anda el Sol entre los dos círculos de Cancro y Capricornio.

Capítulo VII. Por qué causa se hallan más ordinarios vendavales saliendo de la tórrida a más altura
Quien considerare lo que está dicho, podrá también entender, que yendo de poniente a oriente en altura que exceda los trópicos, es conforme a razón hallar vendavales. Porque como el movimiento de la equinoccial tan veloz es causa que debajo de ella el aire se mueva, siguiendo su movimiento, que es de oriente a poniente, y que lleve tras sí de ordinario los vahos que la mar levanta; así al revés los vahos y exhalaciones que de los lados de la equinoccial o tórrida se levantan, con la repercusión que hacen topando en la corriente de la zona, revuelven casi en contrario, y causan los vendavales, o suduestes tan experimentados por esas partes. Así como vemos que las corrientes de las aguas, si son heridas y sacudidas de otras más recias, vuelven cuasi en contrario. Al mismo modo parece acaecer en los vahos y exhalaciones por donde los vientos se despiertan a unas partes y a otras.

Estos vendavales reinan más ordinariamente en mediana altura de veintisiete a treinta y siete grados, aunque no son tan ciertos y regulares como las brisas en poca altura, y la razón lo lleva; porque los vendavales no se causan de movimiento propio y uniforme del cielo, como las brisas cerca de la línea; pero son, como he dicho, más ordinarios, y muchas veces furiosos sobremanera y tormentosos. En pasando a mayor altura, como de cuarenta grados, tampoco hay más certidumbre de vientos en la mar, que en la tierra. Unas veces son brisas, o nortes; otras son vendavales, o ponientes; y así son las navegaciones más inciertas y peligrosas.

Capítulo VIII. De las excepciones que se hallan en la regla ya dicha, y de los vientos y calmas que hay en mar y tierra

Lo que se ha dicho de los vientos que corren de ordinario dentro y fuera de la tórrida, se ha de entender en la mar en los golfos grandes; porque en tierra es de otra suerte, en la cual se hallan todos vientos, por las grandes y desigualdades que tiene de sierras y valles, y multitud de ríos y lagos, y diversas facciones de país, de donde suben vapores gruesos y varios, y según diversos principios son movidos a unas y otras partes, así causan diversos vientos, sin que el movimiento del aire causado del cielo pueda prevalecer tanto, que siempre los lleve tras sí.

Y no solo en la tierra, sino también en las costas del mar en la tórrida, se hallan estas diversidades de vientos por la misma causa. Porque hay terrales que vienen de tierra, y hay mareros que soplan del mar: de ordinario los de mar son suaves y sanos, y los de tierra pesados y malsanos, aunque, según la diferencia de las costas, así es la diversidad que en esto hay. Comúnmente los terrales o terrenos soplan después de medianoche hasta que el Sol comienza a encumbrar; los de mar, desde que el Sol va calentando hasta después de ponerse. Por ventura es la causa, que la tierra, como materia más gruesa, humea más ida la llama del Sol, como lo hace la leña mal seca, que en apagándose la llama, humea más. La mar, como tiene más sutiles partes, no levanta humos, sino cuando la están calentando, como la paja, o heno, si es poca, y no bien seca, que levanta humo cuando la queman, y en cesando la llama cesa el humo. Cualquiera que sea la causa de esto, ello es cierto, que el viento terral prevalece más con la noche, y el del mar, al contrario, más con el día.

Por el mismo modo, como en las costas hay vientos contrarios, y violentos a veces, y muy tormentosos, acaece haber calmas y muy grandes. En gran golfo, navegando debajo de la línea, dicen hombres muy expertos, que no se acuerdan haber visto calmas, sino que siempre poco o mucho se navega, por causa del aire movido del movimiento celeste, que basta a llevar el navío, dando, como da, a popa. Ya dije, que en dos mil y setecientas leguas siempre debajo, o no más lejos de diez o doce grados de la línea fue una nao de Lima a Manila por febrero y marzo, que es cuando el Sol anda más derecho encima, y en todo este espacio no hallaron calmas, sino viento fresco; y así en dos meses

115

hicieron tan gran viaje. Mas cerca de la tierra, en las costas, o donde alcanzan los vapores de islas, o tierra firme, suele haber muchas y muy crueles calmas en la tórrida, y fuera de ella.

De la misma manera los turbiones, y aguaceros repentinos, y torbellinos, y otras pasiones tormentosas del aire, son más ciertas y ordinarias en las costas, y donde alcanzan los vahos de tierra que no en el gran golfo; esto entiendo en la tórrida, porque fuera de ella, así calmas, como turbiones, también se hallan en alta mar. No deja, con todo eso entre los trópicos, y en la misma línea de haber aguaceros, y súbitas lluvias a veces, aunque sea muy adentro en la mar, porque para eso bastan las exhalaciones y vapores del mar, que se mueven a veces presurosamente en el aire, y causan truenos y turbiones; pero esto es mucho más ordinario cerca de tierra, y en la misma tierra.

Cuando navegué del Perú a la Nueva España advertí, que todo el tiempo que fuimos por la costa del Perú, fue el viaje, como siempre suele, fácil y sereno, por el viento sur, que corre allí, y con él se viene a popa la vuelta de España, y de Nueva España: cuando atravesamos el golfo, como íbamos muy dentro en la mar, y cuasi debajo de la línea, fue el tiempo muy apacible, y fresco, y a popa. En llegando al paraje de Nicaragua, y por toda aquella costa, tuvimos tiempos contrarios, y muchos nublados y aguaceros, y viento que a veces bramaba horriblemente. Y toda esta navegación fue dentro de la zona tórrida, porque de doce grados al sur que está Lima, navegamos a diez y siete, que está Guatulco, puerto de Nueva España. Y creo que los que hubieren tenido cuenta en lo que han navegado dentro de la tórrida, hallarán, poco más o menos, lo que está dicho; y esto baste de la razón general de vientos que reinan en la tórrida zona por el mar.

Capítulo IX. De algunos efectos maravillosos de vientos en partes de Indias

Gran saber sería explicar por menudo los efectos admirables que hacen diversos vientos en diversas partes, y dar razón de tales obras. Hay vientos que naturalmente enturbian el agua de la mar, y la ponen verdinegra: otros la ponen clara como un espejo. Unos alegran de suyo y recrean, otros entristecen y ahogan. Los que crían gusanos de seda tienen gran cuenta con cerrar las ventanas cuando corren esos vendavales; y cuando corren los contrarios, las abren; y por cierta experiencia hallan, que con los unos se les muere su ganado, o desmedra, con los otros se mejora, y engorda. Y aun en sí mismo lo probará el que advirtiere en ello, que hacen notables impresiones y mudanzas en la disposición del cuerpo las variedades de vientos que andan, mayormente en las partes afectas o indispuestas, y tanto más, cuanto son delicadas. La Escritura[131] llama a un viento, abrasador; y a otro le llama, viento de rocío suave.

Y no es maravilla que en las yerbas, y en los animales, y hombres se sientan tan notables efectos del viento, pues en el mismo hierro, que es el más duro de los metales, se sienten visiblemente. En diversas partes de Indias vi rejas de hierro molidas y deshechas, y que apretando el hierro entre los dedos se desmenuzaba, como si fuera heno o paja seca; y todo esto causado de solo el viento, que todo lo gastaba y corrompía sin remedio. Pero dejando otros efectos grandes y maravillosos, solamente quiero referir dos: uno, que con dar angustias más que de muerte, no empece: otro, que sin sentirse corta la vida.

El marearse los hombres que comienzan a navegar, es cosa muy ordinaria; y si como lo es tanto y tan sabido su poco daño, no se supiera, pensaran los hombres que era aquel el mal de muerte, según corta, congoja, y aflige el tiempo que dura, con fuertes bascas de estómago, y dolor de cabeza, y otros mil accidentes molestos. Este tan conocido y usado efecto hace en los hombres la novedad del aire de la mar, porque aunque es así que el movimiento del navío, y sus vaivenes hacen mucho al caso para marearse más o menos, y asimismo la infección y mal olor de cosas de naos; pero la propia y radical causa es el aire y vahos del mar, lo cual extraña tanto el cuerpo y el estómago que no está hecho a ello, que se altera y congoja terriblemente, porque el aire en fin es con el que vivimos y respiramos, y le metemos en las mismas entrañas, y las bañamos con él. Y así no hay cosa que más presto, ni más poderosamente altere, que la mudanza del aire que respiramos, como se ve en los que mueren de peste.

Y que sea el aire de la mar el principal movedor de aquella extraña indisposición y náusea, pruébase con muchas experiencias. Una es que, corriendo cierto aire de la mar fuerte, acaece marearse los que están en tierra, como a mí me ha acaecido ya veces. Otra, que cuanto mas se entra en mar, y se apartan de tierra, más se marean. Otra, que yendo cubiertos de alguna isla, en embo-

---
131 Exod. 10, et 14. Job 27. Jon. 4. Ose. 13. Dan. 3.

cando aire de gruesa mar, se siente mucho más aquel accidente: aunque no se niega que el movimiento y agitación también causa mareamiento, pues vemos que hay hombres que pasando ríos en barcas se marean, y otros que sienten lo mismo andando en carros, o carrozas, según son las diversas complexiones de estómago: como al contrario hay otros, que por gruesas mares que haga, no saben jamás qué es marearse. Pero, en fin, llano y averiguado negocio es, que el aire de la mar causa de ordinario ese efecto en los que de nuevo entran en ella.

Ha querido decir todo esto para declarar un efecto extraño que hace en ciertas tierras de Indias el aire o viento que corre, que es marearse los hombres con él, no menos, sino mucho más que en la mar. Algunos lo tienen por fábula, y otros dicen que es encarecimiento esto: yo diré lo que pasó por mí. Hay en el Perú una sierra altísima, que llaman Pariacaca; yo había oído decir esta mudanza que causaba, e iba preparado lo mejor que pude, conforme a los documentos que dan allá los que llaman baquianos o pláticos; y con toda mi preparación, cuando subí las escaleras, que llaman, que es lo más alto de aquella sierra, cuasi súbito me dio una congoja tan mortal, que estuve con pensamientos de arrojarme de la cabalgadura en el suelo; y porque aunque íbamos muchos, cada uno apresuraba el paso, sin aguardar compañero, por salir presto de aquel mal paraje, solo me hallé con un indio, al cual le rogué me ayudase a tener en la bestia. Y con esto luego tantas arcadas y vómitos, que pensé dar el alma, porque tras la comida y flemas, cólera y más cólera, y una amarilla, y otra verde, llegué a echar sangre, de la violencia que el estómago sentía.

Finalmente digo, que si aquello durara, entendiera ser cierto el morir, mas no duró sino obra de tres o cuatro horas, hasta que bajamos bien abajo y llegamos a temple más conveniente, donde todos los compañeros, que serían catorce o quince, estaban muy fatigados, algunos caminando pedían confesión, pensando realmente morir. Otros se apeaban, y de vómitos y cámaras estaban perdidos; a algunos me dijeron que les había sucedido acabar la vida de aquel accidente. Otro vi yo que se echaba en el suelo y daba gritos del rabioso dolor que le había causado la pasada de Pariacaca. Pero lo ordinario es no hacer daño de importancia, sino aquel fastidio y disgusto penoso que da mientras dura.

Y no es solamente aquel paso de la sierra Pariacaca el que hace este efecto, sino toda aquella cordillera, que corre a la larga más de quinientas leguas, y por donde quiera que se pase se siente aquella extraña destemplanza, aunque en unas partes más que en otras, y mucho más a los que suben de la costa de la mar a la sierra, que no en los que vuelven de la sierra a los llanos. Yo la pasé fuera de Pariacaca, también por los Lucanas y Soras, y en otra parte por los Collaguas, y en otra por los Cabanas; finalmente, por cuatro partes diferentes en diversas idas y venidas, y siempre en aquel paraje, sentí la alteración y mareamiento, que he dicho, aunque en ninguna tanto como en la primera vez de Pariacaca. La misma experiencia tienen los demás que la han probado.

Que la causa de esta destemplanza y alteración tan extraña sea el viento o aire que allí reina, no hay duda ninguna, porque todo el remedio (y lo es muy grande) que hallan es en taparse cuanto pueden oídos y narices y boca, y abrigarse de ropa especialmente el estómago. Porque el aire es tan sutil y penetrativo, que pasa las entrañas, y no solo los hombres sienten aquella congoja, pero también las bestias, que a veces se encalman, de suerte que no hay espuelas que basten a movellas. Tengo para mí, que aquel paraje es uno de los lugares de la tierra que hay en el mundo más alto; porque es cosa inmensa lo que se sube, que, a mi parecer, los puertos nevados de España y los Pirineos y Alpes de Italia son como casas ordinarias respecto de torres altas, y así me persuado que el elemento del aire está allí tan sutil y delicado, que no se proporciona a la respiración humana, que le requiere más grueso y más templado, y esa creo es la causa de alterar tan fuertemente el estómago y descomponer todo el sujeto.

Los puertos nevados o sierras de Europa que yo he visto, bien que tienen aire frío, que da pena, y obliga a abrigarse muy bien: pero ese frío no quita la gana del comer, antes la provoca; ni causa vómitos, ni arcadas en el estómago, sino dolor en los pies o manos; finalmente, es exterior su operación: mas el de Indias, que digo, sin dar pena a manos, ni pies, ni parte exterior, revuelve las entrañas. Y, lo que es más de admirar, acaece haber muy gentiles soles y calor en el mismo paraje, por donde me persuado que el daño se recibe de la cualidad del aire que se aspira y respira, por ser sutilísimo y delicadísimo, y su frío no tanto sensible, como penetrativo.

De ordinario es despoblada aquella cordillera, sin pueblos, ni habitación humana, pero aun para los pasajeros apenas hay tambos, o chozas donde guarecerse de noche. Tampoco se crían animales buenos, ni malos, si no son vicuñas, cuya propiedad es extraña, como se dirá en su lugar. Está muchas veces la hierba quemada y negra del aire que digo. Dura el despoblado de veinte a treinta leguas de traviesa, y en largo, como he dicho, corre más de quinientas. Hay otros despoblados o desiertos o páramos, que llaman en el Perú punas, porque, vengamos a lo segundo que prometimos, donde la cualidad del aire sin sentir corta los cuerpos y vidas humanas.

En tiempos pasados caminaban los españoles del Perú al reino de Chile por la sierra, ahora se va de ordinario por mar, y algunas veces, por la costa, que, aunque es trabajoso y molestísimo camino, no tiene el peligro que el otro camino de la sierra, en el cual hay unas llanadas donde, al pasar, perecieron muchos hombres y otros escaparon con gran ventura, pero algunos de ellos mancos o lisiados. De allí un airecillo no recio, y penetra de suerte que caen muertos cuasi sin sentirlo, o se les caen cortados de los pies y manos dedos, que es cosa que parece fabulosa y no lo es, sino verdadera historia.

Yo conocí y traté mucho al general Jerónimo Costilla, antiguo poblador del Cuzco, al cual le faltaban tres o cuatro dedos de los pies que, pasando por aquel despoblado a Chile, se le cayeron, porque, penetrados de aquel airecillo, cuando los fue a mirar estaban muertos, y como se cae una manzana anublada del árbol, se cayeron ellos mismos, sin dar dolor, ni pesadumbre. Refería el sobredicho capitán que, de un buen ejército, que había pasado los años antes, después de descubierto aquel reino por Almagro, gran parte había quedado allí muerta, y que vio los cuerpos tendidos por allí y sin ningún olor malo ni corrupción. Y aún añadía otra cosa extraña, que hallaron vivo un muchacho, y, preguntado cómo había vivido, dijo que escondiéndose en no sé qué chocilla, de donde salía a cortar con un cuchillejo de la carne de un rocín muerto, y así se había sustentado largo tiempo; y que no sé cuántos compañeros que se mantenían de aquella suerte, ya se habían acabado todos, cayéndose un día uno y otro día otro amortecidos, y que él no quería ya sino acabar allí como los demás, porque no sentía en sí disposición para ir a parte ninguna, ni gustar de nada. La misma relación oí a otros, y, entre ellos, a uno que era de la Compañía y siendo seglar había pasado por allí.

Cosa maravillosa es la cualidad de aquel aire frío, para matar y, juntamente, para conservar los cuerpos muertos sin corrupción. Lo mismo me refirió un religioso grave, dominico, y perlado de su Orden, que lo había él visto, pasando por aquellos despoblados; y aún me contó que, siéndole forzoso hacer noche allí para ampararse del vientecillo, que digo que corre en aquel paraje tan mortal, no hallando otra cosa a manos, juntó cantidad de aquellos cuerpos muertos que había al derredor y hizo de ellos una como paredilla por cabecera de su cama; y así durmió, dándole la vida los muertos.

Sin duda es un género de frío aquél, tan penetrativo, que apaga el calor vital y corta su influencia, y, por ser juntamente sequísimo, no corrompe ni pudre los cuerpos muertos, porque la corrupción procede de calor y humedad. Cuanto a otro género de aire, que se siente sonar debajo de la tierra y causa temblores y terremotos, más en Indias que en otras partes, decirse ha cuando se trate de las cualidades de la tierra de Indias. Por ahora contentarnos hemos con lo dicho de los vientos y aires, y pasaremos a lo que se ofrece considerar del agua.

Capítulo X. Del océano, que rodea las Indias, y de la mar del norte y del sur

En materia de aguas el principado tiene el gran mar océano, por el cual se descubrieron las Indias, y todas sus tierras están rodeadas de él; porque, o son islas del mar océano, o tierra firme, que también por dondequiera que fenece y se acaba se parte con el mismo océano. No se ha hasta ahora en el nuevo orbe descubierto mar mediterráneo, como le tienen Europa, Asia y África, en las cuales entran unos brazos de aquel inmenso mar y hacen mares distintos, tomando los nombres de las provincias y tierras que bañan, y cuasi todos estos mares mediterráneos se continúan entre sí y, al cabo, con el mismo océano, en el estrecho de Gibraltar, que los antiguos nombraron columnas de Hércules. Aunque el mar Rojo, desasido de esotros mediterráneos, por sí se entra en el océano Índico, y el mar Caspio con ninguno se junta.

Mas en Indias, como digo, ningún otro mar se halla sino el océano, y éste dividen en dos: uno, que llaman Mar del Norte; otro, Mar del Sur. Porque la tierra de Indias occidentales, que fue descubierta primero por el océano que llega a España, toda está puesta al norte, y por esa tierra vinieron a descubrir mar de la otra parte de ella, la cual llamaron del sur, porque por ella bajaron hasta pasar la línea, y, perdido el norte o polo ártico, descubrieron el polo antártico, que llaman sur. Y de ahí quedó nombrar Mar del Sur todo aquel océano, que está de la otra parte de las Indias occidentales, aunque sea, grandísima parte de él puesta al norte, como lo está toda la costa de la Nueva España y de Nicaragua y de Guatimala y de Panamá. El primer descubridor de este mar del sur dicen haber sido un Vasco Núñez de Balboa; descubrióse por lo que ahora llaman Tierra Firme, en donde se estrecha la tierra lo sumo, y los dos mares se allegan tanto uno al otro, que no distan más de siete leguas, porque, aunque se andan dieciocho de Nombre de Dios a Panamá, es rodeando y buscando la comodidad del camino; mas tirando por recta línea no dista más de lo dicho un mar del otro.

Han platicado algunos de romper este camino de siete leguas y juntar el un mar con el otro, para hacer cómodo el pasaje al Perú, en el cual dan más costa y trabajo dieciocho leguas de tierra, que hay entre Nombre de Dios y Panamá, que dos mil y trescientas que hay de mar. A esta plática no falta quien diga que sería anegar la tierra, porque quieren decir que el un mar está mas bajo que el otro, como en tiempos pasados se halla por las historias haberse dejado de continuar por la misma consideración el mar Rojo con el Nilo, en tiempo del Rey Sesostris, y después del Imperio Otomano.[132] Mas para mí tengo por cosa vana tal pretensión, aunque no hubiese el inconveniente que dice, el cual yo no tengo por cierto: pero eslo para mí, que ningún poder humano bastará a derribar el monte fortísimo e impenetrable que Dios puso entre los dos mares, de montes y peñas durísimas, que bastan a sustentar la furia de ambos mares. Y cuando fuese a hombres posible, sería, a mi parecer, muy justo temer del castigo del cielo querer enmendar las obras que el Hacedor, con sumo acuerdo y providencia, ordenó en la fábrica de este universo.

Cesando, pues, de este cuidado de abrir la tierra y unir los mares, hubo otro menos temerario; pero, bien difícil y peligroso de inquirir, si estos dos grandes abismos se juntaban en alguna parte del mundo. Y esta fue la empresa de Fernando Magallanes, caballero portugués, cuya osadía y constancia grande en inquirir este secreto, y no menos feliz suceso en hallarle, con eterna memoria puso nombre al estrecho, que, con razón, por su inventor, se llama

---

132 Herodotus, Jovina.

de Magallanes, del cual, como de una de las grandes maravillas del mundo, trataremos un poco.

El estrecho, pues, que en la mar del sur halló Magallanes, creyeron algunos, o que no lo había, o se había ya cerrado como don Alonso de Ercilla escribe en su Araucana, y hoy día hay quien diga que no hay tal estrecho, sino que son islas entre la mar, porque lo que es tierra firme, se acaba allí, y el resto es todo islas, y al cabo de ellas se juntan el un mar con el otro amplísimamente, o, por mejor decir, se es todo un mismo mar. Pero de cierto consta haber el estrecho y tierra larguísima a la una banda y a la otra, aunque la que está de la otra parte del estrecho, al sur, no se sabe hasta dónde llegue. Después de Magallanes pasó el estrecho una nao del obispo de Plasencia, don Gutierre Carvajal, cuyo mástil dicen que está en Lima, a la entrada de Palacio.

De la banda del sur se fue después a descubrir por orden de don García de Mendoza que entonces tenía el gobierno de Chile, y así le halló y pasó el capitán Ladrillero, cuya relación notable yo leí, aunque dice no haberse atrevido a desembocar el estrecho, sino que, habiendo ya reconocido la mar del norte, dio la vuelta por el aspereza del tiempo, que era ya entrado el invierno, y venían según dice, las olas del norte furiosas, y las mares hechas todas espuma de bravas. En nuestros días pasó el propio estrecho Francisco Drac, inglés cosario; después le pasó el capitán Sarmiento por la banda del sur, y ahora, últimamente, en este año pasado de ochenta y siete, con la instrucción que dio Drac, le han pasado otros cosarios ingleses, que al presente andan en la costa del Perú. Y porque me parece notable la relación que yo tuve del piloto mayor, que le pasó, la pondré aquí.

Capítulo XI. Del estrecho de Magallanes: cómo se pasó por la banda del sur
Año de mil y quinientos y setenta y nueve; habiendo Francisco Drac pasado el estrecho de Magallanes, y corrido la costa de Chile y de todo el Perú, y robado el navío de San Juan de Antona, donde iba gran suma de barras de plata, el virrey don Francisco de Toledo armó y envió dos navíos buenos, para que reconociesen el estrecho, yendo por capitán Pedro Sarmiento, hombre docto en astrología.

Salieron del Callao, de Lima, por principio de octubre, y porque aquella costa tiene viento contrario, que corre siempre del sur, hiciéronse mucho a la mar y, con muy próspero viaje, en poco más de treinta días se pusieron en el paraje del estrecho. Pero, porque es dificultoso de reconocer, para este efecto llegándose a tierra entraron en una ensenada grande, donde hay un archipiélago de islas. Sarmiento porfiaba que allí era el estrecho, y tardó más de un mes en buscarle por diversas calas y caletas, y subiendo sobre cerros altos de tierra. Viendo que no le hallaban, a requerimiento que los del armada le hicieron, en fin tornó a salir a la mar, y hízose a lo largo. El mismo día les dio un temporal recio, con el cual corrieron, y a prima noche vieron el farol de la capitana, y luego desapareció, que nunca más la vido la otra nao. El día siguiente, durante la furia del viento, que era travesía, los de la capitana vieron una abra que hacía la tierra, y parecióles recogerse allí y abrigarse hasta que el temporal pasase.

Sucedió que, reconocida la abra, vieron que iba entrando más y más en tierra, y sospechando que fuese el estrecho que buscaban, tomando el Sol halláronse en cincuenta y un grados y medio, que es la propia altura del estrecho. Y para certificarse más echaron el bergantín, el cual, habiendo corrido muchas leguas por aquel brazo de mar adentro, sin ver fin de él, acabaron de persuadirse que allí era el estrecho. Y porque tenían orden de pasarle, dejaron una cruz alta puesta allí, y letra abajo, para que el otro navío, si aportase allí, supiese de la capitana y la siguiese.

Pasaron, pues, con buen tiempo y sin dificultad el estrecho, y, salidos a la mar del norte, fueron a no sé qué isla, donde hicieron aguada y se reformaron, y de allí tomaron su derrota a Cabo Verde, de donde el piloto mayor volvió al Perú por la vía de Cartagena y Panamá, y trajo al virrey la relación del estrecho y de todo lo sucedido, y fue remunerado conforme al buen servicio que había hecho. Mas el capitán Pedro Sarmiento, de Cabo Verde pasó a Sevilla en la nao que había pasado el estrecho, y fue a la corte, donde su majestad le hizo mucha merced, y a su instancia mandó armar una gruesa armada que envió con Diego Flores de Valdés, para poblar y fortificar el estrecho; aunque con varios sucesos la dicha armada tuvo mucha costa y poco efecto.

Volviendo ahora a la otra nao almiranta, que iba en compañía de la capitana, habiéndose perdido de ella con aquel temporal que dije, procuró hacerse a la mar lo más que pudo; mas, como el viento era travesía y forzoso, entendió de cierto parecer, así se confesaron y aparejaron para morir todos. Duróles el temporal sin aflojar tres días, de los cuales pensando dar en tierra cada hora, fue al revés, que siempre veían írseles desviando más la tierra, hasta que, al cabo del tercero día, aplacando la tormenta, tomando el Sol se hallaron en cincuenta y seis grados, y viendo que no habían dado al través, antes se hallaban más lejos de la tierra, quedaron admirados; de donde infirieron (como Hernando Lamero, piloto de la dicha nao, me lo contó), que la tierra que está de la otra parte del estrecho, como vamos por el mar del sur, no corría por el mismo rumbo que hasta el estrecho, sino que hacía vuelta hacia levante, pues de otra suerte no fuera posible dejar de zabordar en ella con la travesía que corrió tanto tiempo. Pero no pasaron más adelante, ni supieron si se acababa allí la tierra (como algunos quieren decir que es isla lo que hay pasado el estrecho, y que se juntan allí los dos mares de norte y sur), o si iba corriendo la vuelta del leste hasta juntarse con la tierra de Vista que llaman, que responde al cabo de Buena Esperanza, como es opinión de otros.

La verdad de esto no está averiguada hoy día, ni se halla quien haya bojado aquella tierra. El virrey don Martín Enríquez me dijo a mí que tenía por invención del cosario inglés la fama que se había echado, de que el estrecho hacía luego isla, y se juntaban ambos mares; porque él siendo virrey de la Nueva España, había examinado con diligencia al piloto portugués que allí dejó Francisco Drac, y jamás tal entendió de él, sino que era verdadero estrecho, y tierra firme de ambas parte;. Dando, pues, vuelta la dicha nao almiranta, reconocieron el estrecho, según el dicho Hernando Lamero me refirió; pero por otra boca o entrada que hace en más altura, por causa de cierta isla grande que está a la boca del estrecho, que llaman la Campana, por la hechura que tiene; y él quiso, según decía, pasarle, y el almirante y soldados no lo consintieron, pareciéndoles que era ya muy entrado el tiempo y que corrían mucho peligro; y así se volvieron a Chile y al Perú sin haberle pasado.

Capítulo XII. Del estrecho que algunos afirman haber en la Florida
Como Magallanes halló aquel estrecho, que esta al sur, así han otros pretendido descubrir otro estrecho, que dicen haber al norte, el cual fabrican en la

tierra de la Florida, la cual corre tanto, que no se sabe su término. El adelantado Pedro Meléndez, hombre tan plático y excelente en la mar, afirmaba ser cosa cierta el haber estrecho, y que el rey le había mandado descubrirle, de lo cual mostraba grandísima gana. Traía razones para probar su opinión, porque decía que se habían visto en la mar del norte pedazos de navíos que usan los chinos, lo cual no fuera posible si no hubiera paso de la una mar a la otra.

Ítem, refería que en cierta bahía grande que hay en la Florida, y entra trescientas leguas la tierra adentro, se veían ballenas a ciertos tiempos, que venían del otro mar; otros indicios también, refería, concluyendo, finalmente que, a la sabiduría del Hacedor y buen orden de naturaleza pertenecía, que, como había comunicación, y pasó entre los dos mares al polo antártico, así también la hubiese al polo ártico, que es más principal. Este estrecho, dicen algunos, que tuvo de él noticia aquel gran cosario Drac, y que así lo significó él cuando pasó la costa de Nueva España por la mar del sur, y aún se piensan que hayan entrado por él los cosarios ingleses, que este año pasado de mil quinientos ochenta y siete robaron un navío que venía de las Filipinas con gran cantidad de oro y otras riquezas, la cual presa hicieron junto a las Californias, que siempre reconocen las naos que vuelven a la Nueva España de las Filipinas y de la China.

Según es la osadía de los hombres y el ansia de hallar nuevos modos de acrecentarse, yo aseguro que antes de muchos años se sepa también este secreto, que es cierto cosa digna de admiración, que, como las hormiguillas tras el rastro, y noticia de las cosas nuevas, no paran hasta dar con lo dulce de la codicia y gloria humana. Y la alta y eterna sabiduría del Creador usa de esta natural curiosidad de los hombres para comunicar la luz de su Santo Evangelio a gentes que todavía viven en las tinieblas oscuras de sus errores. Mas, en fin, hasta ahora el estrecho del polo ártico, si le hay, no está descubierto; y así, será justo decir las propiedades y noticias que del antártico ya descubierto y sabido nos refieren los mismos que por sus ojos las vieron.

Capítulo XIII. De las propiedades del estrecho de Magallanes
El estrecho, como está dicho, está en altura de cincuenta y dos grados escasos al sur; tiene de espacio, desde un mar a otro, noventa, o cien leguas; donde más angosto, será de una legua, algo menos; y allí pretendían que el rey pusie-

se una fuerza para defender el paso. El fondo en partes es tan profundo, que no se puede sondar; en otras se halla fondo y en algunas no tiene más que dieciocho, y aun en otras no más de quince brazas. De las cien leguas que tiene de largo de mar a mar, se reconoce claro que las treinta va entrando por su parte la mar del sur, y va haciendo señal con sus olas: y las otras setenta leguas hace señal la mar del norte con las suyas.

Hay empero esta diferencia, que las treinta del sur corre entre peñas altísimas, cuyas cumbres están cubiertas perpetuamente de nieve, y, según son altas, parece que se juntan; y por eso es tan difícil reconocer la entrada del estrecho por la mar del sur. Estas mismas treinta leguas es de inmensa profundidad, sin que se pueda dar fondo en ellas; pero puédense varar los navíos en tierra, según es fondable su ribera. Las otras setenta leguas, que entra la mar del norte, se halla fondo, y tiene a la una banda y a la otra grandes campos y sabanas, que allá llaman. Entran en el estrecho muchos ríos y grandes de linda agua. Hay maravillosas arboledas y algunos árboles de madera escogida y olorosa y no conocida por acá, de que llevaron muestra los que pasaron del Perú. Hay grandes praderías la tierra adentro; hace diversas islas en medio del estrecho.

Los indios, que habitan a la banda del sur, son pocos, chicos y ruines; los que habitan a la banda del norte son grandes y valientes, de los cuales trajeron a España algunos que tomaron. Hallaron pedazos de paño azul y otras insignias claras de haber pasado por allí gente de Europa. Los indios saludaron a los nuestros con el nombre de Jesús. Son flecheros, andan vestidos de pieles de venados, de que hay copia por allí. Crecen y descrecen las aguas del estrecho con las mareas, y vénse venir las unas mareas de la mar del norte y las otras de la mar del sur claramente; y en el lugar donde se encuentran, que, como he dicho, es treinta leguas del sur y setenta del norte, parece ha de haber más peligro que en todo el resto.

Pero cuando pasó la capitana de Sarmiento, que he dicho, no padecieron grave tormenta, antes hallaron menos dificultad de lo que pensaron. Porque demás de ser entonces el tiempo bonancible, vienen las olas del mar del norte muy quebrantadas, por el gran espacio de setenta leguas que entran; y las olas del mar del sur, por ser su profundo inmenso, tampoco muestran tanta furia, anegándose en aquella profundidad. Bien es verdad que en tiempo de invierno es innavegable el estrecho por la braveza de los vientos e hinchazón de los mares que allí hay, y por eso se han perdido algunas naos que han pretendido pasar el estrecho, y de la parte del sur sola una le ha pasado, que es la capitana que he dicho, de cuyo piloto mayor, llamado Hernando Alonso, tuve yo muy larga relación de todo lo que digo, y vi la verdadera descripción y costa del estrecho, que, como la iban pasando, la fueron haciendo, cuya copia trajeron al rey a España, y llevaron a su virrey al Perú.

Capítulo XIV. Del flujo y reflujo del mar océano en Indias
Uno de los secretos admirables de naturaleza es el flujo y reflujo del mar, no solamente por la extrañeza de su crecimiento y disminución, sino mucho más por la variedad que en diversos mares se halla en esto, y aun en diversas playas de un mismo mar.

Hay mares que no tienen el flujo y reflujo cotidiano, como consta del Mediterráneo inferior, que es el Tirreno; teniendo flujo y reflujo cotidiano el Mediterráneo superior, que es el mar de Venecia, cosa, que con razón, causa admiración, porque siendo ambos Mediterráneos, y no mayor el de Venecia, aquel tiene flujo y reflujo, como el océano, y es otro mar de Italia no lo tiene; pero algunos Mediterráneos manifiestamente tienen crecimiento y menguante cada mes, otros ni al día, ni al mes. Otros mares como el océano de España, tienen el flujo y reflujo de cada día y, ultra de éste, el de cada mes, que son dos; es, a saber, a la entrada y a la llena de Luna, que llaman aguas vivas. Mar que tenga el crecimiento y disminución de cada día, y no le tenga el de cada mes, no sé que le haya.

En las Indias es cosa de admiración la variedad que hay en esto; partes hay en que llena y vacía la mar cada día dos leguas, como se ve en Panamá, y en aguas vivas es mucho más. Hay otras donde es tan poco lo que sube y lo que baja, que apenas se conoce la diferencia. Lo común es tener el mar océano creciente y menguante, cotidiana y menstrua; y la cotidiana es dos veces al día natural, y siempre tres cuartos de hora menos el un día del otro, conforme al movimiento de la Luna, y así nunca la marea un día es a la hora del otro.

Este flujo y reflujo han querido algunos sentir que es movimiento local del agua del mar, de suerte que el agua que viene creciendo a una parte, va descreciendo a la contraria, y así es menguante en la parte opuesta del mar cuando es acá creciente. A la manera que en una caldera hace ondas el agua, que es llano que, cuando a la una parte sube, baja a la otra. Otros afirman que el mar a un mismo tiempo crece a todas partes, y a un mismo tiempo mengua también a todas partes; de modo que es como el hervor de la olla, que juntamente sube y se extiende a todas sus partes, y cuando se aplaca, juntamente se disminuye a todas partes.

Este segundo parecer es verdadero, y se puede tener, a mi juicio, por cierto y averiguado, no tanto por las razones que para esto dan los filósofos que en sus meteoros fundan esta opinión, cuanto por la experiencia cierta que de este negocio se ha ya podido alcanzar. Porque, para satisfacerme de este punto y cuestión, yo pregunté, con muy particular curiosidad al piloto arriba dicho, como eran las mareas que en el estrecho hallaron, si por ventura descrecían y menguaban las mareas del mar del sur, al tiempo que subían y pujaban las del mar del norte, y al contrario. Porque, siendo esto así, era claro que el crecer el mar de una parte, era descrecer de otra, que es lo que la primera opinión afirma. Respondióme que no era de esa suerte, sino que, clarísimamente, a un propio tiempo venían creciendo las mareas del mar del norte y las del mar del sur, hasta encontrarse unas olas con otras, y que a un mismo tiempo volvían a bajar cada una a su mar; y que este pujar y subir, y después bajar y menguar, era cosa que cada día la veían, y que el golpe y encuentro de la una y otra creciente era (como tengo dicho) a las setenta leguas del mar del norte y treinta del mar del sur.

De donde se colige manifiestamente que el flujo y reflujo del océano no es puro movimiento local, sino alteración y fervor con que realmente todas sus aguas suben y crecen a un mismo tiempo, y a otro tiempo bajan y menguan, de la manera que del fervor de la olla se ha puesto la semejanza. No fuera posible comprender por vía de experiencia este negocio, sino en el estrecho, donde se junta todo el mar océano entre sí. Porque por las playas opuestas, saber si cuando en la una crece, descrece en la otra, solo los ángeles lo podrían averiguar, que los hombres no tienen ojos para ver tanta distancia, ni pies para poder llevar los ojos con la presteza que una marea da de tiempo, que son solamente seis horas.

Capítulo XV. De diversos pescados y modos de pescar de los indios

Hay en el océano multitud de pescados que solo el Hacedor puede declarar sus especies y propiedades. Muchos de ellos son del mismo género que en la mar de Europa se hallan, como lizas, sábalos, que suben de la mar a los ríos, dorados, sardinas y otros muchos. Otros hay que no sé que los haya por acá, como los que llaman cabrillas, y tienen alguna semejanza con truchas, y los que en Nueva España llaman bobos, que suben de la mar a los ríos. Besugos, ni truchas, no las he visto; dicen que en tierra de Chile las hay. Atunes hay algunos, aunque raros, en la costa del Perú, y es opinión que a tiempos suben a desovar al estrecho de Magallanes, como en España al estrecho de Gibraltar, y por eso se hallan más en la costa de Chile, aunque el atún que yo he visto traído de allá no es tal como lo de España.

En las islas que llaman de Barlovento, que son Cuba, la Española, Puerto Rico, Jamaica, se halla el que llaman manatí, extraño género de pescado, si pescado se puede llamar animal que pare vivos sus hijos, y tiene tetas, y leche con que los cría, y pace yerba en el campo; pero en efecto habita de ordinario en el agua, y por eso le comen por pescado, aunque yo cuando en Santo Domingo lo comí un viernes, casi tenía escrúpulo, no tanto por lo dicho, como porque en el color y sabor no parecían sino tajadas de ternera, y en parte de pernil, las postas de este pescado: es grande como una vara.

De los tiburones, y de su increíble voracidad, me maravillé con razón cuando vi que de uno que habían tomado en el puerto que he dicho le sacaron del buche un cuchillo grande carnicero, y un anzuelo grande de hierro, y un pedazo grande de la cabeza de una vaca con su cuerno entero, y aun no sé si ambos a dos. Yo vi por pasatiempo echar, colgado de muy alto, en una poza que hace la mar, un cuarto de un rocín, y venir a él al momento una cuadrilla de tiburones tras el olor; y porque se gozase mejor la fiesta, no llegaba al agua la carne del rocín, sino levantada no sé cuántos palmos; tenía en derredor esta gentecilla que digo, que daban saltos, y de una arremetida en el aire cortaban carne y hueso, con extraña presteza, y así cercenaban el mismo jarrete de el rocín, como si fuera un trancho de lechuga; pero tales navajas tienen en aquella su dentadura.

Asidos a estos fieros tiburones andan unos pececillos, que llaman romeros, y por más que hagan no los pueden echar de sí: estos se mantienen de lo que a los tiburones se les escapa por los lados. Voladores son otros pececillos que se hallan en la mar dentro de los trópicos, y no sé que se hallen fuera. A éstos persiguen los dorados, y por escapar de ellos saltan de la mar, y van buen pedazo por el aire; por eso los llaman voladores: tienen unas aletas como de tetilla o pergamino que les sustentan un rato en el aire. En el navío en que yo iba voló o saltó uno, y vi la facción que digo de alas.

De los lagartos o caimanes que llaman hay mucho escrito en Historias de Indias; son verdaderamente los que Plinio y los antiguos llaman cocodrilos. Hállanse en las playas y ríos calientes: en las playas o ríos fríos no se hallan. Por eso en toda la costa del Perú no los hay hasta Payta, y de allí adelante son frecuentísimos en los ríos. Es animal ferocísimo, aunque muy torpe: la presa hace fuera del agua, y en ella ahoga lo que toma vivo; pero no lo traga sino fuera del agua, porque tiene el tragadero de suerte que fácilmente se ahogaría entrándole agua.

Es maravilla la pelea del caimán con el tigre, que los hay ferocísimos en Indias. Un religioso nuestro me refirió haber visto a estas bestias pelear cruelísimamente a la orilla de la mar. El caimán con su cola daba recios golpes al tigre, y procuraba con su gran fuerza llevarle al agua; el tigre hacía fuerte presa en el caimán con las garras, tirándole a tierra. Al fin prevaleció el tigre, y abrió al lagarto; debió de ser por la barriga, que la tiene blanda, que todo lo demás no hay lanza, y aun apenas arcabuz que lo pase. Más excelente fue la victoria que tuvo de otro caimán un indio, al cual le arrebató un hijuelo, y se lo metió debajo del agua, de que el indio lastimado y sañudo se echó luego tras él con un cuchillo, y como son excelentes buzos, y el caimán no prende sino fuera del agua, por debajo de la barriga le hirió, de suerte que el caimán se salió herido a la ribera, y soltó al muchacho, aunque ya muerto y ahogado.

Pero más maravillosa es la pelea que tienen los indios con las ballenas, que cierto es una grandeza del Hacedor de todo dar a gente tan flaca como indios habilidad y osadía para tomarse con la más fiera y disforme bestia de cuantas hay en el universo; y no solo pelear, pero vencer y triunfar tan gallardamente. Viendo esto, me he acordado muchas veces de aquello del salmo,[133] que se

---

133   Psalm. 103, v. 26.

dice de la ballena: *Draco iste, quem formasti ad illudendum ei.* ¿Qué más burla que llevar un indio solo con un cordel vencida y atada una ballena tan grande como un monte?

El estilo que tienen, según me refirieron personas expertas, los indios de la Florida, donde hay gran cantidad de ballenas, es meterse en una canoa, o barquilla, que es como una artesa, y bogando llégase al costado de la ballena, y con gran ligereza salta, y sube sobre su cerviz, y allí caballero, aguardando tiempo, mete un palo agudo y recio, que trae consigo, por la una ventana de la nariz de la ballena; llamo nariz a aquella fístula por donde respiran las ballenas; luego le golpea con otro palo muy bien, y le hace entrar bien profundo. Brama la ballena, y da golpes en la mar, y levanta montes de agua, y húndese dentro con furia, y torna a saltar, no sabiendo qué hacerse de rabia. Estáse quedo el indio y muy caballero, y la enmienda que hace del mal hecho es hincarle otro palo semejante en la otra ventana, y golpearle de modo que le tapa del todo, y le quita la respiración; y con esto se vuelve a su canoa, que tiene asida al lado de la ballena con una cuerda, pero deja primero bien atada su cuerda a la ballena, y haciéndose a un lado con su canoa, va así dando cuerda a la ballena. La cual, mientras está en mucha agua, da vueltas a una parte y a otra, como loca de enojo, y al fin se va acercando a tierra, donde con la enormidad de su cuerpo presto encalla, sin poder ir ni volver. Aquí acuden gran copia de indios al vencido para coger sus despojos. En efecto, la acaban de matar, y la parten y hacen trozos, y de su carne harto perversa, secándola y moliéndola hacen ciertos polvos que usan para su comida, y les dura largo tiempo. También se cumple aquí lo que de la misma ballena dice otro salmo:[134] *Dedisti eum escam populis Aethiopum.* El adelantado Pedro Meléndez muchas veces contaba esta pesquería, de que también hace mención Monardes en su libro.

Aunque es más menuda, no deja de ser digna de referirse también otra pesquería que usan de ordinario los indios en la mar. Hacen unos como manojos de juncia, o espadañas secas bien atadas, que allá llaman balsas, y llévanlas a cuestas hasta la mar, donde arrojándolas con presteza suben en ellas, y así caballeros se entran la mar adentro, y bogando con unos canaletes de un lado y de otro se van una y dos leguas en alta mar a pescar; llevan en los dichos manojos sus redes y cuerdas, y sustentándose sobre las balsas, lanzan su red,

---

[134] Psalm. 73, v. 14.

y están pescando grande parte de la noche, o del día, hasta que hinchen su medida, con que dan la vuelta muy contentos. Cierto, verlos ir a pescar en el Callao de Lima era para mí cosa de gran recreación, porque eran muchos, y cada uno en su balsilla caballero, o sentado a porfía cortando las olas del mar, que es bravo allí donde pescan, parecían los tritones, o Neptunos que pintan sobre el agua. En llegando a tierra, sacan su barco a cuestas, y luego le deshacen; y tienden por aquella playa las espadañas para que se enjuguen y sequen.

Otros indios de los valles de Ica solían ir a pescar en unos cueros, o pellejos de lobo marino hinchados, y de tiempo a tiempo los soplaban como a pelotas de viento para que no se hundiesen. En el valle de Cañete, que antiguamente decían el Guarco, había innumerables indios pescadores; y porque resistieron al Inga, cuando fue conquistando aquella tierra, fingió paces con ellos, y ellos por hacerle fiesta, hicieron una pesca solemne de muchos millares de indios, que en sus balsas entraron en la mar: a la vuelta, el Inga tuvo apercibidos soldados de callada, y hizo en ellos cruel estrago, por donde quedó aquella tierra tan despoblada, siendo tan abundante.

Otro género de pesca vi, a que me llevó el virrey don Francisco de Toledo; verdad es que no era en mar, sino en un río, que llaman el Río Grande, en la provincia de los Charcas, donde unos indios Chiriguanás se zambullían debajo del agua, y nadando con admirable presteza seguían los peces, y con unas fisgas, o harpones que llevaban en la mano derecha, nadando solo con la izquierda herían el pescado; y así atravesado lo sacaban arriba, que cierto parecían ellos ser más peces que hombres de la tierra. Y ya que hemos salido de la mar, vamos a esotros géneros de aguas que restan por decir.

Capítulo XVI. De las lagunas y lagos que se hallan en Indias
En lugar del mar Mediterráneo, que gozan las regiones del viejo orbe, proveyó el Criador en el nuevo de muchos lagos, y algunos tan grandes que se pueden llamar mares; pues al de Palestina le llama así la Escritura, no siendo mayor, ni aun tan grande como alguno de éstos.

El principal es el de Titicaca en el Perú, en las provincias del Collao, del cual se ha dicho en el libro precedente que tiene de boj casi ochenta leguas, y entran en él diez o doce ríos caudales. Comenzóse un tiempo a navegar en barcos, o navíos, y diéronse tan mala maña, que el primer navío que entró se abrió con un temporal que hubo en la laguna. El agua no es del todo amarga y salobre como la del mar; pero es tan gruesa, que no es para beber. Cría dos géneros de pescado en abundancia; uno llaman suches, que es grande y sabroso, pero flemoso y mal sano; otro bogas, más sano, aunque pequeño y muy espinoso. De patos y patillos de agua hay innumerable cosa en toda la laguna.

Cuando quieren hacer fiesta los indios a algún personaje que pasa por Chucuito o por Omasuyo, que son las dos riberas de la laguna, juntan gran copia de balsas, y en torno van persiguiendo y encerrando los patos, hasta tomar a manos cuantos quieren: llaman este modo de cazar chaco. Están a las riberas de esta laguna de una y otra parte las mejores poblaciones de indios del Perú. Por el desaguadero de ésta se hace otra menor laguna, aunque bien grande, que se llama Paria, donde también hay mucho ganado especial porcuno, que se da allí en extremo, por la totora que cría la laguna, con que engorda bien ese ganado.

Hay muchas otras lagunas en los lugares altos de la sierra, de las cuales nacen ríos o arroyos, que vienen adelante a ser muy caudalosos ríos. Como vamos de Arequipa al Collao, hay en lo alto dos lagunas hermosas a una banda y a otra del camino: de la una sale un arroyo que después se hace río, y va a la mar del sur; de la otra dicen que tiene principio el río famoso de Aporima, del cual se cree que procede con la gran junta de ríos que se llegan de aquellas sierras, el ínclito río de las Amazonas, por otro nombre el Marañón.

Es cosa que muchas veces consideré, de dónde proviene haber tantos lagos en lo alto de aquellas sierras y cordilleras, en las cuales no entran ríos, antes salen muy copiosos arroyos y no se sienten menguar cuasi en todo el año las dichas lagunas. Pensar que de nieves que se derriten, o de lluvias del cielo se hacen estos lagos que digo, no satisface del todo, porque muchos de ellos no tienen esa copia de nieve, ni tanta lluvia, y no se sienten menguar, que todo arguye ser agua manantial, que la naturaleza proveyó allí, aunque bien es de creer se ayudan de nieves y lluvias en algunos tiempos del año. Son estos lagos tan ordinarios en las más altas cumbres de la sierras, que apenas hay ríos notables que no tenga su nacimiento de alguno de ellos. El agua de estos lagos es limpia y clara: crían poco pescado, y ese menudo, por el frío que continuo tienen, aunque por otra nueva maravilla se hallan algunas de estas lagunas ser sumamente calientes.

En fin del valle de Tarapaya, cerca de Potosí, hay una laguna redonda, y tanto, que parece hecha por compás, y con ser la tierra donde sale frigidísima, es el agua calidísima. Suelen nadar en ella cerca de la orilla, porque entrando más no pueden sufrir el calor. En medio de esta laguna se hace un remolino y borbollón de más de veinte pies en largo y ancho, y es allí el propio manantial de la laguna, la cual, con ser su manantial tan grande, nunca la sienten crecer cosa alguna, que parece se exhala allí, o tiene algunos desaguaderos encubiertos. Pero tampoco la ven menguar, que es otra maravilla, con haber sacado de ella una corriente gruesa para moler ciertos ingenios de metal, y siendo tanta el agua que desagua, había de menguar algo de razón.

Dejando el Perú, y pasando a la Nueva España, no son menos memorables las lagunas que en ellas se hallan, especialmente aquella tan famosa de México, en la cual hay dos diferencias de aguas, una es salobre y como de mar, otra clara y dulce, causada de ríos que entran allí. En medio de la laguna está un peñol muy gracioso, y en él baños de agua caliente, y mana allí, que para salud lo tienen por muy aprobado. Hay sementeras hechas en medio de las lagunas que están fundadas sobre la propia agua, y hechos sus camellones llenos de mil diferencias de semillas y yerbas, y infinitas flores, que si no es viéndolo, no se puede bien figurar cómo es.

La ciudad de México está fundada sobre esta laguna, aunque los españoles han ido cegando con tierra todo el sitio de la ciudad, y solo han dejado algunas acequias grandes, y otras menores que entran, y dan vuelta al pueblo: con estas acequias tienen gran comodidad para el acarreto de todo cuanto han menester de leña, yerba, piedra, madera, frutos de la tierra y todo lo demás. Cortés fabricó bergantines cuando conquistó a México; después pareció que era más seguro no usarlos; y así solo se sirven de canoas, de que hay grande abundancia. Tiene la laguna mucha pesca y caza, aunque no vi yo de ella pescado de precio: dicen valen los provechos de ella más de trescientos mil ducados.

Otra y otras lagunas hay también no lejos de allí, de donde se lleva harto pescado a México. La provincia de Mechoacán se dice así, por ser tierra de mucho pescado: hay lagunas hermosas y grandes, abundantísimas de pescado, y es aquella tierra sana y fresca. Otros muchos lagos hay, que hacer mención de todos, ni aun saberlos en particular no es posible. Solo se advierta lo que en el libro precedente se anotó, que debajo de la tórrida hay mayor copia de lagos que en otra parte de el mundo. Con lo dicho, y otro poco que digamos de ríos y fuentes, quedará acabado lo que se ofrece decir en esta materia.

Capítulo XVII. De diversas fuentes y manantiales
Como en otras partes del mundo, así en las Indias hay gran diversidad de manantiales, fuentes y ríos, y algunos de propiedades extrañas.
 En Guancavelica de el Perú, donde están las minas de azogue, hay una fuente que mana agua caliente, y como va manando el agua se va convirtiendo en peña. De esta peña o piedra tienen edificadas casi todas las casas de aquel pueblo. Es piedra blanca, y suave de cortar; y con hierro la cortan y labran con la facilidad que si fuese madera, y es liviana y durable. De esta agua, si beben hombres o animales, mueren, porque se les congela en el vientre, y se hace piedra; y así han muerto algunos caballos. Como se va convirtiendo en piedra, el agua que va manando tapa el camino a la demás, y así es forzoso mudar la corriente, por lo cual mana por diversas partes, como va creciendo la peña.
 En la punta o cabo de Santa Elena hay un manantial o fuente de un betún, que en el Perú llaman Copey. Debe de ser a este modo lo que la Escritura refiere[135] de aquel valle silvestre, donde se hallaban pozos de betún. Aprovéchanse los marineros de aquella fuente o pozo de copey, para brear las jarcias y aparejos, porque les sirve como la pez y brea de España para aquel efecto. Viniendo navegando para la Nueva España por la costa de el Perú, me mostró el piloto la isla, que llaman de Lobos, donde nace otra fuente o pozo del copey, o betún que he dicho, con que asimismo brean las jarcias. Y hay otra fuente o manantial de alquitrán. Díjome el sobredicho piloto, hombre excelente en su ministerio, que le había acaecido navegando por allí algunas veces estando tan metido a la mar, que no había visto de tierra, saber por el olor del copey dónde se hallaban, tan cierto como si hubiera reconocido tierra: tanto es el olor que perpetuamente se esparce de aquel manantial.

---

135 Genes. 14, v. 10.

En los baños que llaman de el Inga hay un canal de agua, que sale hirviendo, y junto a él otro de agua tan fría como de nieve. Usaba el Inga templar la una con la otra como quería; y es de notar, que tan cerca uno de otro haya manantiales de tan contrarias cualidades. Otros innumerables hay, en especial en la provincia de las Charcas, en cuya agua no se puede sufrir tener la mano por espacio de una Ave María, como yo lo vi sobre apuesta.

En el Cuzco tienen una heredad donde mana una fuente de sal, que así como va manando se va tornando sal; y es blanca y buena a maravilla, que si en otras partes fuera, no fuera poca riqueza; allí no lo es por la abundancia que hay de sal. Las aguas que corren en Guayaquil, que es en el Perú cuasi debajo de la equinoccial, las tienen por saludables para el mal francés y otros semejantes; y así van allí a cobrar salud de partes muy remotas: dicen ser la causa que hay por aquella tierra infinita cosa de la raíz que llaman zarzaparrilla, cuya virtud y operación es tan notoria, y que las aguas toman de aquella virtud, para sanar.

Bilcanota es un cerro que, según la opinión de la gente, está en el lugar más alto de el Perú. Por lo alto está cubierto de nieve, y por partes todo negro como carbón. Salen de él dos manantiales a partes contrarias, que en breve rato se hacen arroyos grandes, y poco después ríos muy caudalosos; va el uno al Collao a la gran laguna de Titicaca; el otro va a los Andes, y es el que llaman Yucay, que juntándose con otros sale a la mar del norte con excesiva corriente. Este manantial, cuando sale de la peña Bilcanota que he dicho, es de la misma manera que agua de lejía, la color cenicienta, y todo él vaheando un humo de cosa quemada, y así corre largo trecho, hasta que la multitud de aguas que entran en él le apagan aquel fuego, y humo que saca de su principio. En la Nueva España vi un manantial como de tinta algo azul, otro en el Perú de color rojo como de sangre, por donde le llaman el río Bermejo.

Capítulo XVIII. De ríos
Entre todos los ríos, no solo de Indias, sino del universo mundo, el principado tiene el río Marañón, o de las Amazonas, del cual se dijo en el libro pasado. Por éste han navegado diversas veces españoles, pretendiendo descubrir tierras, que según fama son de grandes riquezas, especialmente la que llaman

el Dorado, y el Paytiti. El adelantado Juan de Salinas hizo una entrada por él notable, aunque fue de poco efecto.

Tiene un paso que le llaman el Pongo, que debe ser de los peligrosos de el mundo, porque recogido entre dos peñas altísimas tajadas, da un salto abajo de terrible profundidad, adonde el agua con el gran golpe hace tales remolinos, que parece imposible dejar de anegarse y hundirse allí. Con todo eso la osadía de los hombres acometió a pasar aquel paso por la codicia del Dorado tan afamado. Dejáronse caer de lo alto arrebatados del furor del río, y asiéndose bien a las canoas, o barcas en que iban, aunque se trastornaban al caer y ellos y sus canoas se hundían, tornaban a lo alto, y en fin, con maña y fuerza salían. En efecto, escapó todo el ejército, excepto muy poquitos que se ahogaron; y lo que más admira, diéronse tan buena maña, que no se les perdió la munición y pólvora que llevaban. A la vuelta (porque al cabo de grandes trabajos y peligros la hubieron de dar por allí) subieron por una de aquellas peñas altísimas, asiéndose a los puñales que hincaban.

Otra entrada hizo por el mismo río el capitán Pedro de Orsúa, y muerto él, y amotinada la gente, otros capitanes prosiguieron por el brazo que viene hasta el mar del norte. Decíanos un religioso de nuestra compañía, que siendo seglar se halló en toda aquella jornada, que cuasi cien leguas subían las marcas el río arriba, y que cuando viene ya a mezclarse con el mar, que es cuasi debajo, o muy cerca de la línea, tiene setenta leguas de boca, cosa increíble, y que excede a la anchura del mar Mediterráneo; aunque otros no le dan en sus descripciones sino veinticinco o treinta leguas de boca.

Después de este río tiene el segundo lugar en el universo el río de la Plata, que por otro nombre se dice el Paraguay, el cual corre de las cordilleras del Perú, y entra en la mar en altura de treinta y cinco grados al sur. Crece al modo que dice del Nilo; pero mucho más sin comparación, y deja hechos mar los campos que bañan por espacio de tres meses; después se vuelve a su madre; suben por él navío grandes muy muchas leguas.

Otros ríos hay que, aunque no de tanta grandeza, pero igualan y aun vencen a los mayores de Europa, como el de la Magdalena, cerca de Santa Marta, y el río Grande, y el de Alvarado, en Nueva España, y otros innumerables. De la parte del sur, en las sierras del Perú, no son tan grandes los ríos comúnmente, porque tienen poco espacio de corrida y no pueden juntar tantas aguas; pero son recios, por caer de la sierra, y tienen avenidas súbitas, y por eso son peligrosos y han sido causa de muchas muertes; en tiempos de calores crecen y vienen de avenida. Yo pasé veintisiete por la costa, y ninguno de ellos a vado.

Usan los indios de mil artificios para pasar los ríos. En algunas partes tienen una gran soga atravesada de banda a banda, y en ella un cestón o canasto, en el cual se mete el que ha de pasar, y desde la ribera tiran de él, y así pasa en su cesto. En otras partes va el indio como caballero en una balsa de paja, y toma a las ancas al que ha de pasar, y bogando con un canalete pasa. En otras partes tienen una gran red de calabazas, sobre las cuales echan las personas o ropa que han de pasar, y los indios, asidos con unas cuerdas, van nadando y tirando de la balsa de calabazas, como caballos tiran un coche o carroza, y otros detrás van dando empellones a la balsa para ayudarla. Pasados, toman a cuestas su balsa de calabazas y tornan a pasar a nado; esto hacen en el río de Santa del Perú. En el de Alvarado, de Nueva España, pasamos sobre una tabla que toman a hombros los indios, y cuando pierden pie, nadan.

Estas y otras mil maneras que tienen de pasar los ríos ponen, cierto, miedo cuando se miran, por parecer medios tan flacos y frágiles; pero, en efecto, son muy seguros. Puentes ellos no las usaban, sino de crisnejas y paja. Ya hay en algunos ríos puentes de piedra por la diligencia de algunos gobernadores, pero harto menos de las que fuera razón en tierra, donde tantos hombres se ahogan por falta de ellas, y que tanto dinero dan, de que no solo España, pero tierras extranjeras fabrican soberbios edificios.

De los ríos que corren de las sierras sacan en los valles y llanos los indios muchas y grandes acequias para regar la tierra, las cuales usaron hacen con tanto orden y tan buen modo, que en Murcia, ni en Milán no le hay mejor; y esta es la mayor riqueza, o toda la que hay en los llanos del Perú, como también en otras muchas partes de Indias.

Capítulo XIX. De la cualidad de la tierra de Indias en general
La cualidad de la tierra de Indias (pues es éste el postrero de los tres elementos que propusimos tratar en este libro) en gran parte se puede bien entender, por lo que está disputado en el libro antecedente de la tórrida zona, pues la mayor parte de Indias cae debajo de ella. Pero, para que mejor se entienda, he

considerado tres diferencias de tierra en lo que he andado en aquellas partes: una es baja y otra muy alta, y la que está en medio de estos extremos.

La tierra baja es la que es costa de mar, que en todas las Indias se halla, y ésta de ordinario es muy húmeda y caliente, y así es la menos sana y menos poblada al presente. Bien que hubo antiguamente grandes poblaciones de indios, como de las historias de la Nueva España y del Perú consta, porque como les era natural aquella región a los que en ella nacían y se criaban, conservábanse bien. Vivían de pesquerías del mar y de las sementeras que hacían, sacando acequias de los ríos, con que suplían la falta de lluvias, que ordinariamente es poca en la costa, y en algunas partes ninguna del todo.

Tiene esta tierra baja grandísimos pedazos inhabitables, ya por arenales, que los hay crueles, y montes enteros de arena; ya por ciénagas que, como corre el agua de los altos, muchas veces no halla salida y viértese y hace pantanos y tierras anegadizas sin remedio. En efecto, la mayor parte de toda la costa del mar es de esta suerte en Indias, mayormente por la parte del mar del sur. En nuestro tiempo está tan disminuida y menoscabada la habitación de estas costas o llanos, que de treinta partes deben de haber acabado las veintinueve: lo que dura de indios, creen muchos se acabará antes de mucho. Atribuyen esto diversos a diversas causas, unos a demasiado trabajo que han dado a los indios, otros al diverso modo de mantenimientos y bebidas que usan, después que participan, del uso de españoles; otros, al demasiado vicio que en beber y en otros abusos tienen. Y yo, para mí, creo que este desorden es la mayor causa de su disminución, y el disputarlo no es para agora.

En esta tierra baja que digo, que generalmente es malsana y poco apta para la habitación humana, hay excepción de algunas partes que son templadas y fértiles, como es gran parte de los llanos del Perú, donde hay valles frescos y abundantes. Sustenta por la mayor parte la habitación de la costa el comercio por mar con España, del cual pende todo el estado de las Indias. Están pobladas en la costa algunas ciudades, como en el Perú, Lima y Trujillo; Panamá y Cartagena, en Tierra Firme; Santo Domingo, y Puerto Rico y La Habana, en las islas, y muchos pueblos menores, como la Veracruz, en la Nueva España; Ica y Arica, y otros en el Perú; y comúnmente los puertos (aunque poca) tienen alguna población. La segunda manera de tierra es por otro extremo muy alta y, por el consiguiente, fría y seca, como lo son las sierras comúnmente. Esta tierra no es fértil, ni apacible, pero es sana, y así es muy habitada; tiene pastos y, con ellos, mucho ganado, que es gran parte del sustento de la vida humana; con esto suplen la falta de sementeras, rescatando y trajinando. Lo que hace estas tierras ser habitadas, y algunas muy pobladas, es la riqueza de minas que se halla en ellas, porque a la plata y al oro obedece todo. En éstas, por ocasión de las minas, hay algunas poblaciones de españoles y de indios muy crecidas, como es Potosí y Guancavelica, en el Perú; los Zacatecas, en Nueva España. De indios hay por todas las serranías grande habitación, y hoy día se sustentan y aún quieren decir que van en crecimiento los indios, salvo que la labor de minas gasta muchos, y algunas enfermedades generales han consumido gran parte, como el cocoliste en la Nueva España: pero, en efecto, de parte de su vivienda no se ve que vayan en disminución.

    En este extremo de tierra alta, fría y seca hay los dos beneficios que he dicho de pastos y minas, que recompensan bien otros dos que tienen las tierras bajas de costa, que es el beneficio de la contratación de mar y la fertilidad de vino, que no se da sino en estas tierras muy calientes. Entre estos dos extremos hay la tierra de mediana altura, que, aunque una más o menos que otra, no llega, ni al calor de la costa, ni al destemple de puras sierras. En esta manera de tierra se dan sementeras bien de trigo, cebada y maíz, las cuales no se dan en tierras muy altas, aunque sí en bajas. Tienen también abundancia de pastos, ganados; frutas y arboledas, se dan asaz y las verduras. Para la salud y para el contento es la mejor habitación, y así lo más que está poblado en Indias es de esta cualidad. Yo lo he considerado con alguna atención en diversos caminos y discursos que he hecho, y hallado por buena cuenta, que las provincias y partes más pobladas y mejores de Indias son de este jaez. En la Nueva España (que sin duda es de lo mejor que rodea el Sol) mírese que, por doquiera que se entre, tras la costa luego se va subiendo, subiendo, y aunque de la suma subida se torna a declinar después, es poco, y queda la tierra mucho más alta que está la costa. Así está todo el contorno de México, y lo que mira el volcán, que es la mejor tierra de Indias. Así en el Perú, Arequipa y Guamanga y el Cuzco, aunque un algo más y otra algo menos; pero, en fin, toda es tierra alta y que de ella se baja a valles hondos y se sube a sierras altas, y lo mismo me dicen de Quito y de Santa Fe y de lo mejor del Nuevo Reino.

Finalmente, tengo por gran acuerdo del Hacedor proveer que cuasi la mayor parte de esta sierra de Indias fuese alta, porque fuese templada, pues siendo baja fuera muy cálida debajo de la zona tórrida, mayormente distando de la mar. Tiene también cuasi canta tierra yo he visto en Indias vecindad de sierras altas por un cabo o por otro, y algunas veces por todas partes. Tanto es esto, que muchas veces dejé allá que deseaba verme en parte donde todo el horizonte se terminase con el cielo y tierra tendida, como en España en mil campos se ve; pero jamás me acuerdo haber visto en Indias tal vista, ni en islas, ni en tierra firme, aunque anduve más de setecientas leguas en largo. Mas, como digo, para la habitación de aquella región fue muy conveniente la vecindad de los montes y sierras para templar el calor del Sol. Y así, todo lo más habitado de Indias es del modo que está dicho, y, en general toda ella es tierra de mucha hierba y pastos y arboleda, al contrario de lo que Aristóteles y los antiguos pensaron. De suerte que, cuando van de Europa a Indias, se maravillan de ver tierra tan amena y tan verde y tan llena de frescura, aunque tiene algunas excepciones esta regla, y la principal es de la tierra del Perú, que es extraña entre todas, de la cual diremos agora.

Capítulo XX. De las propiedades de la tierra del Perú
Por Perú entendemos no toda aquella gran parte del mundo que intitulan la América, pues en ésta se comprende el Brasil y el reino de Chile y el de Granada, y nada de esto es Perú, sino solamente aquella parte que cae a la banda del sur y comienza del reino de Quito, que está debajo de la línea, y corre en largo hasta el reino de Chile, que sale de los trópicos, que serán seiscientas leguas en largo, y en el ancho no más de hasta lo que toman los Andes, que serán cincuenta leguas comúnmente, aunque en algunas partes, como hacia Chachapoyas, hay más.

Este pedazo de mundo, que se llama Perú, es de más notable consideración, por tener propiedades muy extrañas y ser cuasi excepción de la regla general de tierras de Indias. Porque lo primero toda su costa no tiene sino un viento, y ese no es el que suele correr debajo de la tórrida, sino su contrario, que es el sur y sudueste. Lo segundo, con ser de su naturaleza este viento el más tempestuoso y más pesado y enfermo de todos, es allí a maravilla suave, sano y regalado, tanto, que a él se debe la habitación de aquella costa, que sin él fuera inhabitable de caliente y congojosa. Lo tercero, en toda aquella costa nunca llueve, ni truena, ni graniza, ni nieva, que es cosa admirable. Lo cuarto, en muy poca distancia junto a la costa llueve y nieva y truena terriblemente. Lo quinto, corriendo dos cordilleras de montes al parejo, y en una misma altura de polo, en la una hay grandísima arboleda y llueve lo más del año y es muy cálida; la otra todo lo contrario, es toda pelada, muy fría y tiene el año repartido en invierno y verano, en lluvias y serenidad.

Para que todo esto se perciba mejor, hase de considerar que el Perú está dividido en tres como tiras largas y angostas, que son llanos, sierras y andes; los llanos son costa de la mar, la sierra es todo cuestas con algunos valles, los andes son montes espesísimos. Tienen los llanos de ancho como diez leguas, y en algunas partes menos; en otras algo más; la sierra tendrá veinte, los andes otras veinte, en partes más y en partes menos; corren lo largo de norte a sur, lo ancho de oriente a poniente. Es, pues, cosa maravillosa, que en tan poca distancia como son cincuenta leguas, distando igualmente de la línea y polo, haya tan grande diversidad, que en la una parte cuasi siempre llueve, en la otra parte cuasi nunca llueve y en la otra un tiempo llueve y otro no llueve.

En la costa o llanos nunca llueve, aunque a veces cae una agua menudilla, que ellos llaman garúa y en Castilla mollina, y ésta a veces llega a unos goteroncillos de agua que cae; pero, en efecto, no hay tejados ni agua que obligue a ellos. Los tejados son una estera con un poco de tierra encima, y eso les basta. En los Andes cuasi todo el año llueve, aunque un tiempo hay más serenidad que otro. En la sierra que cae en medio de estos extremos llueve a los mismos tiempos que en España, que es desde septiembre a abril. Y esotro tiempo está sereno, que es cuando más desviado anda el Sol, y lo contrario cuando más cercano, de lo cual se trató asaz en el libro pasado.

Lo que llaman andes y lo que llaman sierra son dos cordilleras de montes altísimos, y deben de correr más de mil leguas la una a vista de la otra, cuasi como paralelas. En la sierra se crían cuasi innumerables manadas de vicuñas, que son aquéllas como cabras monteses tan ligeras. Críanse también los que llaman guanacos y pacos, que son los carneros, y juntamente los jumentos de aquella tierra, de que se tratará a su tiempo. En los Andes se crían monos y micos muchos y muy graciosos, y papagayos en cuantidad. Dase la hierba o árbol que llaman coca, que tan estimada es de los indios y tanto dinero vale su trato. Lo que llaman sierra, en partes donde se abre, hace valles, que son la mejor habitación del Perú, como el de Jauja, el de Andaguaylas, el de Yucay. En estos valles se da maíz y trigo y frutas, en unas más y en otras menos.

Pasada la ciudad del Cuzco (que era antiguamente la corte de los señores de aquellos reinos), las dos cordilleras que he dicho se apartan más una de otra y dejan en medio una campaña grande o llanadas, que llaman la provincia del Collao. En éstas hay cuantidad de ríos y la gran laguna Titicaca, y tierras grandes y pastos copiosos; pero, aunque es tierra llana, tiene la misma altura y destemplanza de sierra. Tampoco cría arboleda, ni leña, pero suplen la falta de pan con unas raíces que siembran, que llaman papas, las cuales debajo de la tierra se dan, y éstas son comida de los indios, y secándolas y curándolas hacen de ellas lo que llaman chuño, que es el pan y sustento de aquella tierra. También se dan algunas otras raíces y hierbezuelas, que comen. Es tierra sana y la más poblada de Indias y la más rica, por el abundancia de ganados que se crían bien, así de los de Europa, ovejas, vacas, cabras, como de los de la tierra, que llaman guanacos y pacos; hay caza de perdices harta. Tras la provincia de Collao viene la de los Charcas, donde hay valles calientes y de grandísima fertilidad, y hay cerros asperísimos y de gran riqueza de minas, que en ninguna parte del mundo las hay, ni ha habido mayores ni tales.

Capítulo XXI. De las causas que dan de no llover en los llanos
Como es cosa tan extraordinaria que haya tierra donde jamás llueve ni truena, naturalmente apetecen los hombres saber la causa de tal novedad. El discurso que hacen algunos que lo han considerado con atención es que por falta de materia no se levantan en aquella costa vahos gruesos y suficientes para engendrar lluvia, sino solo delgados, que bastan a hacer aquella niebla y garúa. Como vemos que en Europa muchos días por la mañana se levantan vahos, que no paran en lluvia, sino solo en nieblas, lo cual proviene de la materia por no ser gruesa y suficiente para volverse en lluvia. Y que en la costa del Perú sea eso perpetuo, como en Europa algunas veces, dicen ser la causa que toda aquella región es sequísima y inepta para vapores gruesos.

La sequedad bien se ve por los arenales inmensos que tiene y porque ni fuentes ni pozos no se hallan si no es en grandísima profundidad de quince y más estados, y aun esos han de ser cercanos a ríos, de cuya agua trascolada se hallan pozos, tanto que, por experiencia, se ha visto que, quitando el río de su madre y echándole por otra, se han secado los pozos, hasta que volvió el río a su corriente. De parte de la causa material para no llover dan ésta. De parte de la eficiente dan otra, no de menos consideración, y es que la altura excesiva de la sierra que corre por toda la costa abriga aquellos llanos, de suerte que no deja soplar viento de parte de tierra si no es tan alto que excede aquellas cumbres tan levantadas, y así no corre más del viento de mar, el cual, no teniendo contrario, no aprieta ni exprime los vapores que se levantan para que hagan lluvia. De manera que el abrigo de la sierra estorba el condensarse los vapores y hace que todos se vayan en nieblas esparcidas.

Con este discurso vienen algunas experiencias, como es llover en algunos collados de la costa que están algo menos abrigados, como son los cerros de Ático y Arequipa. Ítem, haber algunos años que han corrido nortes o brisas por todo el espacio que alcanzaron, como acaeció el año de setenta y ocho en los llanos de Trujillo, donde llovió muchísimo, cosa que no habían visto muchos siglos había. Ítem, en la misma costa llueve donde alcanzan de ordinario brisas o nortes, como en Guayaquil, y en donde se alza mucho la tierra y se desvía del abrigo de los cerros, como pasado Arica. De esta manera discurren algunos. Podrá discurrir cada uno como mejor le pareciere. Esto es cierto que, bajando de la sierra a los llanos, se suelen ver dos como cielos, uno claro y sereno en lo alto, otro oscuro y como un velo pardo tendido debajo, que cubre toda la costa.

Mas, aunque no llueve, aquella neblina es a maravilla provechosa para producir hierba la tierra y para que las sementeras tengan sazón; porque, aunque tengan agua de pie cuanta quieran sacada de las acequias, no sé qué virtud se tiene la humedad del cielo, que faltando aquella garúa hay gran falta en las sementeras. Y lo que es más de admirar, que los arenales secos y estériles con la garúa o niebla se visten de hierba y flores, que es cosa deleitosísima de mirar y de gran utilidad para los pastos de los ganados, que engordan con aquella hierba a placer, como se ve en la sierra que llaman del Arena, cerca de la ciudad de los Reyes.

Capítulo XXII. De la propiedad de Nueva España y islas y las demás tierras

En pastos excede la Nueva España, y así hay innumerables crías de caballos, vacas, ovejas y de lo demás. También es muy abundante de frutas y no menos de sementeras de todo grano; en efecto, es la tierra más proveída y abastada de Indias. En una cosa, empero, le hace gran ventaja el Perú, que es el vino, porque en el Perú se da mucho y bueno, y cada día va creciendo la labor de viñas que se dan en valles muy calientes, donde hay regadío de acequias. En la Nueva España, aunque hay uvas, no llegan a aquella sazón que se requiere para hacer vino; la causa es llover allá por julio y agosto, que es cuando la uva madura, y así no llega a madurar lo que es menester. Y si con mucha diligencia se quisiese hacer vino, sería como lo del Genovesado y de Lombardía, que es muy flaco y tiene mucha aspereza en el gusto, que no parece hecho de uvas.

Las islas que llaman de Barlovento, que es la Española, Cuba y Puerto Rico, y otras por allí, tienen grandísima verdura y pastos, y ganados mayores en grande abundancia. Hay cosa innumerable de vacas y puercos hechos silvestres. La granjería de estas islas es ingenios de azúcar y corambre; tienen mucha cañafístola y jengibre, que ver lo que en una flota viene de esto, parece cosa increíble que en toda Europa se puede gastar tanto. Traen también madera de excelentes cualidades y vista, como ébano y otras, para edificios y para labor. Hay mucho de aquel palo que llaman santo, que es para curar el mal de bubas. Todas estas islas y las que están por aquel paraje, que son innumerables, tienen hermosísima y fresquísima vista, porque todo el año están vestidas de hierba y llenas de arboledas, que no saben que es otoño ni invierno, por la continuada humedad con el calor de la tórrida.

Con ser infinita tierra, tiene poca habitación, porque de suyo cría grandes y espesos arcabucos (que así llaman allá los bosques espesos), y en los llanos hay muchas ciénagas y pantanos. Otra razón principal de su poca habitación es haber permanecido pocos de los indios naturales, por la inconsideración y desorden de los primeros conquistadores y pobladores. Sírvense en gran parte de negros; pero éstos cuestan caros y no son buenos para cultivar la tierra. No llevan pan ni vino estas islas, porque la demasiada fertilidad y vicio de la tierra no lo deja granar, sino todo lo echa en hierba y sale muy desigual. Tampoco se dan olivos, a lo menos no llevan olivas, sino mucha hoja y frescor de vista, y no llega a fruto. El pan que usan es cazavi, de que diremos en su lugar. Los ríos de estas islas tienen oro, que algunos sacan; pero es poco, por falta de naturales que lo beneficien. En estas islas estuve menos de un año, y la relación que tengo de la tierra firme de Indias donde no he estado, como es la Florida y Nicaragua y Guatimala y otras, es cuasi de estas condiciones que he dicho. En las cuales, las cosas más particulares de naturaleza que hay no las pongo por no tener entera noticia de ellas.

La tierra que más se parece a España y a las demás regiones de Europa en todas las Indias occidentales es el reino de Chile, el cual sale de la regla de esotras tierras, por ser fuera de la tórrida y trópico de Capricornio su asiento. Es tierra de suyo fértil y fresca; lleva todo género de frutos de España, dase vino y pan en abundancia, es copiosa de pastos y ganados, el temple sano y templado entre calor y frío, hay verano e invierno perfectamente, tiene copia de oro muy fino. Con todo esto, está pobre y mal poblada por la continua guerra que los araucanos y sus aliados hacen, porque son indios robustos y amigos de su libertad.

Capítulo XXIII. De la tierra que se ignora y de la diversidad de un día entero entre orientales y occidentales
Hay grandes conjeturas que en la zona templada que está al polo antártico hay tierras prósperas y grandes, mas hasta hoy día no están descubiertas, ni se sabe de otra tierra en aquella zona, si no es la de Chile y algún pedazo de la que corre de Etiopía al cabo de Buena Esperanza, como en el primer libro se dijo. En las otras dos zonas polares tampoco se sabe si hay habitación, ni sí llegan allá por la banda del polo antártico o sur. La tierra que cae pasado el estrecho de Magallanes, porque lo más alto que se ha conocido de ella es en cincuenta y seis grados, como está arriba dicho. Tampoco se sabe por la banda del polo ártico o norte a dónde llega la tierra que corre sobre el cabo Mendocino y Californias. Ni el fin y término de la Florida, ni qué tanto se extiende al occidente. Poco ha que se ha descubierto gran tierra, que llaman el Nuevo México, donde dicen hay mucha gente y hablan la lengua mexicana.

Las Filipinas y islas consecuentes, según personas pláticas de ellas refieren, corren más de novecientas leguas. Pues tratar de la China y Cochinchina y

Sian, y las demás provincias que tocan a la India oriental, es cosa infinita y ajena de mi intención, que es solo de las Indias occidentales. En la misma América, cuyos términos por todas partes se saben, no se sabe la mayor parte de ella, que es lo que cae entre el Perú y Brasil; y hay diversas opiniones de unos que dicen que toda es tierra anegadiza, llena de lagunas y pantanos, y de otros que afirman haber allí grandes y floridos reinos, y fabrican allí el Paytiti, y el Dorado, y los Césares, y dicen haber cosas maravillosas.

A uno de nuestra Compañía, persona fidedigna, oí yo que él había visto grandes poblaciones, y caminos tan abiertos y trillados como de Salamanca a Valladolid; y esto fue cuando se hizo la entrada o descubrimiento por el gran río de las Amazonas o Marañón por Pedro de Orsúa, y después otros que le sucedieron; y creyendo que el Dorado que buscaban estaba adelante, no quisieron poblar allí; y después se quedaron sin el Dorado (que nunca hallaron), y sin aquella gran provincia que dejaron. En efecto, es cosa hasta hoy oculta la habitación de la América, exceptos los extremos, que son el Perú y Brasil, y donde viene a angostarse la tierra, que es el río de la Plata, y después Tucumán, dando vuelta a Chile y a los Charcas. Ahora últimamente, por cartas de los nuestros que andan en Santa Cruz de la Sierra, se tiene por relación fresca que se van descubriendo grandes provincias y poblaciones en aquellas partes que caen entre el Perú y Brasil.

Esto descubrirá el tiempo, que según es la diligencia y osadía de rodear el mundo por una y otra parte, podemos bien creer que, como se ha descubierto lo de hasta aquí, se descubrirá lo que resta, para que el Santo Evangelio sea anunciado en el universo mundo, pues se han ya topado por oriente y poniente, haciendo círculo perfecto del universo, las dos coronas de Portugal y Castilla, hasta juntar sus descubrimientos, que cierto es cosa de consideración que por el oriente hayan los unos llegado hasta la China y Japón, y por el poniente los otros a las Filipinas, que están vecinas, y cuasi pegadas con la China. Porque de la isla de Luzón, que es la principal de las Filipinas, en donde está la ciudad de Manila, hasta Macán, que es la isla de Cantón, no hay sino ochenta o cien leguas de mar en medio.

Y es cosa maravillosa que, con haber tan poca distancia, traen un día entero de diferencia en su cuenta: de suerte que en Macán es domingo al mismo tiempo que en Manila es sábado; y así en lo demás, siempre los de Macán y la

China llevan un día delantero, y los de las Filipinas le llevan atrasado. Acaeció al Padre Alonso Sánchez (de quien arriba se ha hecho mención), que yendo de las Filipinas llegó a Macán en dos de mayo, según su cuenta; y queriendo rezar de San Atanasio, halló que se celebraba la fiesta de la invención de la Cruz, porque contaban allí tres de mayo. Lo mismo le sucedió otra vez que hicieron viaje allá. A algunos ha maravillado esta variedad, y les parece que es yerro de los unos o de los otros; y no lo es, sino cuenta verdadera y bien observada. Porque según los diferentes caminos por donde han sido los unos y los otros, es forzoso cuando se encuentran tener un día de diferencia. La razón de esto es, porque los que navegan de occidente a oriente van siempre ganando día, porque el Sol les va saliendo más presto; los que navegan de oriente a poniente, al revés, van siempre perdiendo día o atrasándose, porque el Sol les va saliendo más tarde, y según lo que más se van llegando a oriente o poniente, así es tener el día más temprano o más tarde.

En el Perú, que es occidental respecto de España, van más de seis horas traseros, de modo que cuando en España es medio día, amanece en el Perú; y cuando amanece acá, es allá media noche. La prueba de esto he yo hecho palpable, por computación de eclipses del Sol y de la Luna. Agora, pues, los portugueses han hecho su navegación de poniente a oriente, los castellanos de oriente a poniente; cuando se han venido a juntar (que es en las Filipinas y Macán), los unos han ganado doce horas de delantera, los otros han perdido otras tantas; y así a un mismo punto y a un mismo tiempo hallan la diferencia de veinte y cuatro horas, que es día entero; y por eso forzoso los unos están en tres de mayo, cuando los otros cuentan a dos; y los unos ayunan sábado santo, y los otros comen carne en día de Resurrección.

Y si fingiésemos que pasasen adelante, cercando otra vez al mundo, y llevando su cuenta, cuando se tornasen a juntar, se llevarían dos días de diferencia en su cuenta. Porque, como he dicho, los que van al nacimiento del Sol, van contando el día más temprano, como les va saliendo más presto; y los que van al ocaso, al revés, van contando el día más tarde, como les va saliendo más tarde. Finalmente, la diversidad de los meridianos hace la diversa cuenta de los días, y como los que van navegando a oriente o poniente van mudando meridianos sin sentirlo, y por otra parte van prosiguiendo en la misma cuenta en que se hallan cuando salen, es necesario que cuando hayan dado vuelta entera al mundo, se hallen con yerro de un día entero.

Capítulo XXIV. De los volcanes o bocas de fuego
Aunque en otras partes se hallan bocas de fuego, como el monte Etna y el Vesubio, que ahora llaman el monte de Soma, en Indias es cosa muy notable lo que se halla de esto. Son los volcanes de ordinario cerros muy altos, que se señalan entre las cumbres de los otros montes. Tienen en lo alto una llanura, y en medio una hoya o boca grande, que baja hasta el profundo, que es cosa temerosa mirarlos. De estas bocas hechan humo y algunas veces fuego. Algunos hay que es muy poco el humo que echan, y cuasi no tienen más de la forma de volcanes, como es el de Arequipa, que es de inmensa altura, y cuasi todo de arena, en cuya subida gastan dos días; pero no han hallado cosa notable de fuego, sino rastros de los sacrificios que allí hacían indios en tiempo de su gentilidad, y algún poco de humo alguna vez.

El volcán de México, que está cerca de la Puebla de los Angeles, es también de admirable altura, que sube de treinta leguas al derredor. Sale de este volcán no continuamente, sino a tiempos, cuasi cada día un gran golpe de humo, y sale derecho en alto como una vira; después se va haciendo como un pluma de muy grande, hasta que cesa del todo, y luego se convierte en una como nube negra. Lo más ordinario es salir por la mañana salido el Sol, y a la noche cuando se pone, aunque también lo he visto a otras horas. Sale a vueltas del humo también mucha ceniza: fuego no se ha visto salir hasta agora; hay recelo que salga, y abrase la tierra, que es la mejor de aquel reino, la que tiene en su contorno. Tienen por averiguado que de este volcán y de la sierra de Tlaxcala, que está vecina, se hace cierta correspondencia, por donde son tantos los truenos y relámpagos, y aun rayos, que de ordinario se sienten por allí. A este volcán han subido y entrado en él españoles y sacado alcrebite o piedra azufre para hacer pólvora. Cortés cuenta la diligencia que él hizo para descubrir lo que allí había.

Los volcanes de Guatimala son más famosos, así por su grandeza, que los navegantes de la mar del sur descubren de muy lejos, como por la braveza de fuego que echan de sí. En veinte y tres de diciembre del año de ochenta y seis pasado sucedió caer cuasi toda la ciudad de Guatimala de un temblor, y morir algunas personas. Había ya seis meses que de noche ni de día no cesó el volcán de echar de sí por lo alto, y como vomitar un río de fuego, cuya materia, cayendo por las faldas del volcán, se convertía en ceniza y cantería quemada. Excede el juicio humano cómo pudiese sacar de su centro tanta materia como por todos aquellos meses lanzaba de sí. Este volcán no solía echar sino humo, y eso no siempre; y algunas veces también hacía algunas llamaradas. Tuve yo esta relación, estando en México, por una carta de un secretario del Audiencia de Guatimala, fidedigna, y aun entonces no había cesado el echar el fuego que se ha dicho de aquel volcán.

En Quito los años pasados, hallándome en la ciudad de los Reyes, el volcán que tiene vecino echó de sí tanta ceniza, que por muchas leguas llovió ceniza tanta, que escureció del todo el día; y en Quito cayó de modo, que no era posible andar por las calles. Otros volcanes han visto que no echan llama, ni humo, ni ceniza, sino allá en lo profundo están ardiendo en vivo fuego sin parar. De éstos era aquél, que en nuestro tiempo un clérigo cudicioso se persuadió, que era masa de oro la que ardía, concluyendo que no podía ser otra materia, ni metal, cosa que tantos años ardía sin gastarse jamás; y con esta persuasión hizo ciertos calderos y cadenas, con no sé qué ingenio, para coger y sacar oro de aquel pozo; más hizo burla de él el fuego, porque no había bien llegado la cadena de hierro y el caldero cuando luego se deshacía y cortaba como si fuera estopa. Todavía me dijeron que porfiaba el sobredicho, y que andaba dando otras trazas cómo sacar el oro que imaginaba.

Capítulo XXV. Qué sea la causa de durar tanto tiempo el fuego y humo de estos volcanes
No hay para qué referir más número de volcanes, pues de los dichos se puede entender lo que en esto pasa. Pero es cosa digna de disputar qué sea la causa de durar el fuego y humo de estos volcanes, porque parece cosa prodigiosa, y que excede el curso natural, sacar de su estómago tanta cosa como vomitan. ¿Dónde está aquella materia, o quién se le da, o cómo se hace?

Tienen algunos por opinión que los volcanes van gastando la materia interior que ya tienen de su composición, y así creen que ternán naturalmente fin en habiendo consumido la leña, digamos, que tienen. En consecuencia de esta opinión se muestran hoy día algunos cerros, de donde se saca piedra quemada y muy liviana; pero muy recia y muy excelente para edificios, como es la que en México se trae para algunas fábricas. Y, en efecto, parece ser lo que dicen, que aquellos cerros tuvieron fuego natural un tiempo, y que se acabó, acabada la materia que pudo gastar, y así dejó aquellas piedras pasadas de fuego. Yo no contradigo a esto, cuanto a pensar que haya habido allí fuego, y en su modo sido volcanes aquellos en algún tiempo. Mas háceseme cosa dura creer que en todos los volcanes pasa así, viendo que la materia que de sí echan es cuasi infinita, y que no puede caber allá en sus entrañas junta. Y demás de eso hay volcanes que en centenares y aún millares de años se están siempre de un ser, y, con el mismo continente lanzan de sí humo, fuego y ceniza.

Plinio, el historiador natural (según refiere el otro Plinio, su sobrino), por especular este secreto, y ver cómo pasaba el negocio, llegándose a la conversación de el fuego de un volcán de estos, murió, y fue a acabar de averiguarlo allá. Yo, de más afuera mirándolo, digo que tengo para mí, que como hay en la tierra lugares que tienen virtud de atraer a sí materia vaporosa, y convertirla en agua, y esas son fuentes que siempre manan, y siempre tienen de qué manar, porque atraen así la materia de el agua; así también hay lugares que tienen propiedad de atraer a si exhalaciones secas y cálidas, y esas convierten en fuego y en humo, y con la fuerza de ellas lanzan también otra materia gruesa que se resuelve en ceniza, o en piedra pómez, o semejante. Y que esto sea así, es indicio bastante al ser a tiempos el echar el humo, y no siempre, y a tiempos fuego, y no siempre. Porque es, según lo que ha podido atraer y digerir; y como las fuentes en tiempo de invierno abundan, y en verano se acortan, y aun algunas cesan del todo, según la virtud y eficacia que tienen, y según la materia se ofrece, así los volcanes en el echar más o menos fuego a diversos tiempos.

Lo que otros platican que es fuego del infierno, y que sale de allá, para considerar por allí lo de la otra vida puede servir; pero si el infierno está, como platican los teólogos, en el centro, y la tierra tiene de diámetro más de dos mil leguas, no se puede bien asentar que salga de el centro aquel fuego. Cuanto más que el fuego del infierno, según San Basilio[136] y otros santos enseñan, es muy diferente de este que vemos, porque no tiene luz y abrasa incomparable-

---

136 Basil. in Psalm. 28, et in Hexam.

mente más que este nuestro. Así que concluyo con parecerme lo que tengo dicho más razonable.

Capítulo XXVI. De los temblores de tierra
Algunos han pensado que de estos volcanes que hay en Indias procedan los temblores de tierra que por allá son harto frecuentes. Mas porque los hay en partes también que no tienen vecindad con volcanes, no puede ser esa toda la causa.

Bien es verdad que en cierta forma tiene lo uno con lo otro mucha semejanza, porque las exhalaciones cálidas que se engendran en las íntimas concavidades de la tierra parece que son la principal materia del fuego de los volcanes, con las cuales se encienden también otra materia más gruesa y hace aquellas apariencias de humos y llamas que salen; y las mismas exhalaciones, no hallando debajo de la tierra salida fácil, mueven la tierra con aquella violencia para salir, de donde se causa el ruido horrible que suena debajo de la tierra, y el movimiento de la misma tierra agitada de la exhalación encendida, así como la pólvora tocándola el fuego rompe peñas y muros en las minas, y como la castaña puesta al fuego salta, y se rompe, y da estallido, en concibiendo el aire, que está dentro de su cáscara, el vigor del fuego.

Lo más ordinario de estos temblores o terremotos suele ser en tierras marítimas que tienen agua vecina. Y así se ve en Europa y en Indias que los pueblos muy apartados de mar y aguas sienten menos de este trabajo, y los que son puertos, o playas, o costa, o tienen vecindad con eso, padecen más esta calamidad. En el Perú ha sido cosa maravillosa y mucho de notar que desde Chile a Quito, que son más de quinientas leguas, han ido los terremotos por su orden corriendo, digo los grandes y famosos que otros menores han sido ordinarios. En la costa de Chile, no me acuerdo qué año, hubo uno terribilísimo que trastornó montes enteros, y cerró con ellos la corriente a los ríos, y los hizo lagunas, y derribó pueblos, y mató cuantidad de hombres, y hizo salir la mar de sí por algunas leguas, dejando en seco los navíos muy lejos de su puesto, y otras cosas semejantes de mucho espanto. Y si bien me acuerdo, dijeron había corrido trescientas leguas por la costa el movimiento que hizo aquel terremoto.

De ahí a pocos años el de ochenta y dos fue el temblor de Arequipa, que asoló cuasi aquella ciudad. Después, el año de ochenta y seis, a nueve de julio, fue el de la ciudad de los Reyes, que, según escribió el Virrey, había corrido en largo por la costa ciento y setenta leguas, y en ancho la sierra adentro cincuenta leguas. En este temblor fue gran misericordia del Señor prevenir la gente con un ruido grande, que sintieron algún poco antes del temblor, y como están allí advertidos por la costumbre, luego se pusieron en cobro, saliéndose a las calles, o plazas, o huertas, finalmente, a lo descubierto. Y así, aunque arruinó mucho aquella ciudad, y los principales edificios de ella los derribó o maltrató mucho; pero de la gente solo refieren haber muerto hasta catorce o veinte personas. Hizo también entonces la mar el mismo movimiento que había hecho en Chile, que fue poco después de pasado el temblor de tierra salir ella muy brava de sus playas y entrar la tierra adentro cuasi dos leguas, porque subió más de catorce brazas, y cubrió toda aquella playa, nadando en el agua que dije las vigas y madera que allí había.

Después, el año siguiente, hubo otro temblor semejante en el reino y ciudad de Quito, que parece han ido sucediendo por su orden en aquella costa todos estos terremotos notables. Y, en efecto, es sujeta a este trabajo, porque ya que no tienen en los llanos del Perú la persecución del cielo de truenos y rayos, no les falte de la tierra que temer, y así todos tengan a vista alguaciles de la divina justicia, para temer a Dios, pues, como dice la Escritura:[137] *Fecit haec, ut timeatur.*

Volviendo a la proposición, digo que son más sujetas a estos temblores las tierras marítimas; y la causa a mi parecer es que con el agua se tapan y obstruyen los agujeros y aperturas de la tierra por donde había de exhalar y despedir las exhalaciones cálidas, que se engendran. Y también la humedad condensa la superficie de la tierra, y hace que se encierren y reconcentren más allá dentro los humos calientes, que vienen a romper encendiéndose. Algunos han observado que, tras años muy secos viniendo tiempos lluviosos, suelen moverse tales temblores de tierra, y es por la misma razón, a la cual ayuda la experiencia, que dicen de haber menos temblores donde hay muchos pozos. A la ciudad de México tienen por opinión que le es causa de algunos temblores que tiene, aunque no grandes, la laguna en que está. Aunque también es verdad que ciudades y tierras muy mediterráneas y apartadas de mar sienten a veces grandes daños de terremotos, como en Indias la ciudad de Chachapo-

---

137 Eccles. 3, v. 14

yas, y en Italia la de Ferrara, aunque ésta, por la vecindad del río, y no mucha distancia del mar Adriático, antes parece se debe contar con las marítimas para el caso de que se trata.

En Chuquiabo, que por otro nombre se dice la Paz, ciudad del Perú, sucedió un caso en esta materia raro el año de ochenta y uno, y fue caer de repente un pedazo grandísimo de una altísima barranca cerca de un pueblo llamado Angoango, donde había indios hechiceros e idólatras. Tomó gran parte de este pueblo y mató cantidad de los dichos indios; y lo que apenas parece creíble; pero afírmanlo personas fidedignas, corrió la tierra, que se derribó continuadamente legua y media, como si fuera agua o cera derretida, de modo que tapó una laguna, y quedó aquella tierra tendida por toda esta distancia.

Capítulo XXVII. Cómo se abrazan la tierra y la mar
Acabaré con este elemento juntándolo con el precedente del agua, cuyo orden y trabazón entre sí es admirable. Tienen estos dos elementos partida entre sí una misma esfera, y abrázanse en mil maneras. En unas partes combate el agua a la tierra furiosamente como enemiga; en otras la ciñe mansamente. Hay donde la mar se entra por la tierra adentro mucho camino, como a visitarla; hay donde se paga la tierra con echar a la mar unas puntas que llega a sus entrañas. En partes se acaba el un elemento, y comienza el otro muy poco a poco, dando lugar uno a otro. En partes cada uno de ellos tiene al juntarse su profundo inmenso, porque se hallan islas en la mar del sur, y otras en la del norte, que llegando los navíos junto a ellas, aunque echan la sonda, en setenta y ochenta brazas no hallan fondo.

De donde se ve que son como unos espigones o puntas de tierra, que suben del profundo, cosa que pone grande admiración. De esta suerte me dijo un piloto experto que eran las islas que llaman de Lobos, y otra al principio de la costa de Nueva España, que llaman de los Cocos. Y aun hay parte donde en medio del inmenso océano, sin verse tierra en muchas leguas al derredor, se ven dos como torres altísimas, o picos de viva peña, que salen en medio del mar, y junto a ellos no se halla tierra ni fondo. La forma que enteramente hace la tierra en Indias no se puede entender por no saberse las extremidades ni estar descubiertas hasta el día presente; pero así gruesamente podemos decir que es como de corazón con los pulmones, lo más ancho de este como corazón es del Brasil al Perú: la punta al estrecho de Magallanes: el alto donde remata es Tierra Firme, y de allí vuelve a ensanchar poco a poco hasta llegar a la grandeza de la Florida, y tierras superiores que no se saben bien.

Otras particularidades de estas tierras de Indias se pueden entender de Comentarios que han hecho españoles, de sus sucesos y descubrimientos, y entre éstos la peregrinación que yo escribí de un hermano de nuestra Compañía, que cierto es extraña, pueda dar mucha noticia. Con esto quedará dicho lo que ha parecido bastar al presente para dar alguna inteligencia de cosas de Indias, cuanto a los comunes elementos de que constan todas las regiones del mundo.

Libro cuarto

Capítulo I. De tres géneros de mixtos que se han de tratar en esta Historia

Habiendo tratado en el libro precedente de lo que toca a elementos y simples, lo que en materia de Indias nos ha ocurrido, en este presente trataremos de los compuestos y mixtos, cuanto al intento que llevamos, pareciere convenir. Y aunque hay otros muchos géneros, a tres reduciremos esta materia, que son metales, plantas y animales.

Los metales son como plantas encubiertas en las entrañas de la tierra, y tienen alguna semejanza en el modo de producirse, pues se ven también sus ramos, y como tronco de donde salen, que son las vetas mayores y menores que entre sí tienen notable trabazón y concierto, y en alguna manera parece que crecen los minerales al modo de plantas. No porque tengan verdadera vegetativa y vida interior, que esto es solo de verdaderas plantas, sino porque de tal modo se producen en las entrañas de la tierra por virtud y eficacia del Sol, y de los otros planetas, que por discurso de tiempo largo se van acrecentando, y cuasi propagando. Y así como los metales son como plantas ocultas de la tierra, así también podemos decir que las plantas son como animales fijos en un lugar, cuya vida se gobierna del alimento que la naturaleza les provee en su propio nacimiento. Mas los animales exceden a las plantas, que como tienen ser más perfecto, tienen necesidad de alimento también más perfecto; y para buscalle, les dio la naturaleza movimiento; y para conocelle y descubrille, sentido.

De suerte, que la tierra estéril y ruda es como materia y alimento de los metales; la tierra fértil y de más sazón es materia y alimento de plantas; las mismas plantas son alimento de animales; y las plantas y animales alimento de los hombres; sirviendo siempre la naturaleza inferior para sustento de la superior, y la menos perfecta subordinándose a la más perfecta. De donde se entiende cuán lejos está el oro, y la plata, y lo demás que los hombres ciegos de codicia estiman en tanto de ser fin digno del hombre, pues están tantos grados más abajo que el hombre; y solo al Criador y universal Hacedor de todo está sujeto y ordenado el hombre, como a propio fin y descanso suyo, y todo lo demás no más de en cuanto le conduce y ayuda a conseguir este fin.

Quien con esta filosofía mira las cosas criadas, y discurre por ellas, puede sacar fruto de su conocimiento y consideración, sirviéndose de ellas para conocer y glorificar al autor de todas. Quien no pasa más adelante de entender sus propiedades y utilidades, o será curioso en el saber o codicioso en el adquirir, y al cabo le serán las criaturas lo que dice el Sabio,[138] que son a los pies de los insipientes y necios; conviene a saber, lazo y red en que caen y se enredan.

Con el fin, pues, e intento dicho, para que el Criador sea glorificado en sus criaturas, pretendo decir en este libro algo de lo mucho que hay digno de historia en Indias cerca de los metales, plantas y animales que son más propiamente de aquellas partes. Y porque tratar esto exactamente sería obra muy grande, y que requiere mayor conocimiento que el mío, y mucha más desocupación de la que tengo, digo que solamente pienso tratar sucintamente algunas cosas que, por experiencia o por relación verdadera, he considerado cerca de las tres cosas que he propuesto, dejando para otros más curiosos y diligentes la averiguación más larga de estas materias.

Capítulo II. De la abundancia de metales que hay en las Indias occidentales

Los metales crió la sabiduría de Dios para medicina, y para defensa, y para ornato, y para instrumento de las operaciones de los hombres. De todas estas cuatro cosas se pueden fácilmente dar ejemplos; mas el principal fin de los metales es la última de ellas. Porque la vida humana no solo ha menester sustentarse como la de los animales, sino también ha de obrar conforme a la capacidad y razón que le dio el Criador; y así como es su ingenio tan extendido a diversas artes y facultades, así también proveyó el mismo Autor que tuviese materia de diversos artificios para reparo, seguridad, ornato y abundancia de sus operaciones.

Siendo, pues, tanta la diversidad de metales que encerró el Criador en los armarios y sótanos de la tierra, de todos ellos tiene utilidad la vida humana. De unos se sirve para cura de enfermedades; de otros para armas y defensa contra sus enemigos; de otros para aderezo y gala de sus personas y habitaciones; de otros para vasijas, y herramientas, y varios instrumentos que inventa

---

138 Sap. 14, v. 11.

el arte humano. Pero sobre todos estos usos que son sencillos y naturales halló la comunicación de los hombres el uso del dinero, el cual, como dijo el filósofo,[139] es medida de todas las cosas, y siendo una cosa sola en naturaleza, es todas en virtud porque el dinero es comida, vestido, casa, cabalgadura y cuanto los hombres han menester. Y así obedece todo al dinero, como dice el Sabio.[140]

Para esta invención, de hacer que una cosa fuese todas las cosas, guiados de natural instinto eligieron los hombres la cosa más durable y más tratable, que es el metal; y entre los metales quisieron que aquellos tuviesen principado en esta invención de ser dinero, que por su naturaleza eran más durables o incorruptibles, que son la plata y el oro. Los cuales, no solo entre los hebreos, asirios, griegos y romanos y otras naciones de Europa y Asia tuvieron estima, sino también entre las más remotas y bárbaras naciones del universo, como son los indios, así orientales como occidentales, donde el oro y plata fue tenida en precio y estima; y como tal usada en los templos y palacios, y ornato de reyes y nobles.

Porque aunque se han hallado algunos bárbaros que no conocían la plata ni el oro, como cuentan de los Floridos, que tomaban las talegas o sacos en que iba el dinero, y al mismo dinero le dejaban echado por ahí en la playa como a cosa inútil. Y Plinio refiere[141] de los Babitacos, que aborrecían el oro, y por eso lo sepultaban donde nadie pudiese servirse de él; pero de estos Floridos, y de aquellos Babitacos ha habido y hay hoy día pocos; y de los que estiman, buscan y guardan el oro y la plata, hay muchos, sin que tengan necesidad de aprender esto de los que han ido de Europa. Verdad es que su codicia de ellos no llegó a tanto como la de los nuestros, ni idolatraron tanto con el oro y plata, aunque eran idólatras, como algunos malos cristianos, que han hecho por el oro y plata excesos tan grandes.

Mas es cosa de alta consideración que la sabiduría del eterno Señor quisiese enriquecer las tierras del mundo más apartadas y habitadas de gente menos política, y allí pusiese la mayor abundancia de minas que jamás hubo, para con esto convidar a los hombres a buscar aquellas tierras, y tenerlas, y de camino comunicar su religión y culto del verdadero Dios a los que no le

---

139 Arist. 5. Ethic., c. 5.
140 Eccles. 10, v. 19.
141 Plin., lib. 6, cap. 27

conocían, cumpliéndose la profecía de Isaías,[142] que la Iglesia había de extender sus términos, no solo a la diestra, sino también a la siniestra, que es como San Agustín declara[143] haberse de propagar el evangelio, no solo por los que sinceramente y con caridad lo predicasen, sino también por los que por fines y medios temporales y humanos lo anunciasen. Por donde vemos que las tierras de Indias más copiosas de minas y riqueza han sido las más cultivadas en la religión cristiana en nuestros tiempos, aprovechándose el Señor para sus fines soberanos de nuestras pretensiones. Cerca de esto decía un hombre sabio que lo que hace un padre con una hija fea para casarla, que es darle mucha dote, eso había hecho Dios con aquella tierra tan trabajosa, de darle mucha riqueza de minas, para que con este medio hallase quien la quisiese.

Hay, pues, en las Indias occidentales gran copia de minas, y haylas de todos metales, de cobre, de hierro, de plomo, de estaño, de azogue, de plata, de oro. Y entre todas las partes de Indias los reinos del Perú son los que más abundan de metales, especialmente de plata y oro y azogue; y es en tanta manera, que cada día se descubren nuevas minas. Y según es la cualidad de la tierra, es cosa sin duda, que son sin comparación muchas más las que están por descubrir que las descubiertas, y aun parece que toda la tierra está como sembrada de estos metales más que ninguna otra que se sepa al presente en el mundo ni que en lo pasado se haya escrito.

Capítulo III. De la cualidad de la tierra donde se hallan metales; y que no se labran todos en Indias; y de cómo usaban los indios de los metales

La causa de haber tanta riqueza de metales en Indias, especialmente en las occidentales del Perú, es, como está dicho, la voluntad del Criador, que repartió sus dones como le plugo. Pero llegándonos a la razón y filosofía, es gran verdad lo que escribió Filón, hombre sabio,[144] diciendo que el oro, plata y metales naturalmente nacían en las tierras más estériles e infructuosas.

Así vemos que tierras de buen tempero y fértiles de yerba y frutos, raras veces o nunca son de minas,[145] contentándose la naturaleza con darles vigor

---

142 Isaías 54, v. 3.
143 August., lib. 1. de concord. Evang., c. 31.
144 Philo, lib. 5, de genes. mundi.
145 Euseb., lib. 8, praepar. Evang., c. 5.

para producir los frutos más necesarios al gobierno y vida de los animales y hombres. Al contrario, en tierras muy ásperas, secas y estériles, en sierras muy altas, en peñas muy agrias, en temples muy desabridos, allí es donde se hallan minas de plata y de azogue y lavaderos de oro; y toda cuanta riqueza ha venido a España, después que se descubrieron las Indias occidentales, ha sido sacada de semejantes lugares ásperos, trabajosos, desabridos y estériles; mas el gusto del dinero les hace suaves, y abundantes, y muy poblados.

Y aunque hay en Indias, como he dicho, vetas y minas de todos metales, pero no se labran sino solamente minas de plata y oro, y también de azogue, porque es necesario para sacar la plata y el oro. El hierro llevan de España y de la China. Cobre usaron labrar los indios, porque sus herramientas y armas no eran comúnmente de hierro, sino de cobre. Después que españoles tienen las Indias, poco se labran, ni siguen minas de cobre, aunque las hay muchas, porque buscan los metales más ricos, y en esos gastan su tiempo y trabajo; para esotros se sirven de lo que va de España, o de lo que a vueltas del beneficio de oro y plata resulta.

No se halla que los indios usasen oro, ni plata, ni metal para moneda, ni para precio de las cosas; usábanlo para ornato, como está dicho. Y así tenían en templos, palacios y sepulturas grande suma, y mil géneros de vasijas de oro y plata. Para contratar y comprar no tenían dinero, sino trocaban unas cosas con otras, como de los antiguos refiere Homero y cuenta Plinio.[146] Había algunas cosas de más estima que corrían por precio en lugar de dinero; y hasta el día de hoy dura entre los indios esta costumbre. Como en las provincias de México usan de cacao, que es una frutilla, en lugar de dinero, y con ella rescatan lo que quieren. En el Perú sirve de lo mismo la coca, que es una hoja que los indios precian mucho. Como en el Paraguay usan cuños de hierro por moneda, y en Santa Cruz de la Sierra algodón tejido. Finalmente, su modo de contratar de los indios, su comprar y vender fue cambiar y rescatar cosas por cosas; y con ser los mercados grandísimos y frecuentísimos, no les hizo falta el dinero, ni habían menester terceros, porque todos estaban muy diestros en saber cuánto de qué cosa era justo dar por tanto de otra cosa.

Después que entraron españoles, usaron también los indios el oro y plata para comprar, y a los principios no había moneda, sino la plata por peso era el

---

146 Plin., lib. 33, c. 3.

precio, como de los romanos antiguos se cuenta.[147] Después, por más comodidad, se labró moneda en México y en el Perú; mas hasta hoy ningún dinero se gasta en Indias occidentales de cobre u otro metal, sino solamente plata u oro. Porque la riqueza y grosedad de aquella tierra no ha admitido la moneda que llaman de vellón, ni otros géneros de mezclas que usan en Italia y en otras provincias de Europa. Aunque es verdad que en algunas islas de Indias, como son Santo Domingo y Puerto Rico, usan de moneda de cobre, que son unos cuartos que en solas aquellas islas tienen valor porque hay poca plata; y oro, aunque hay mucho, no hay quien lo beneficie. Mas porque la riqueza de Indias y el uso de labrar minas consiste en oro y plata y azogue, de estos tres metales diré algo, dejando por agora los demás.

Capítulo IV. Del oro que se labra en Indias
El oro entre todos los metales fue siempre estimado por el más principal, y con razón, porque es el más durable o incorruptible, pues el fuego que consume, o disminuye a los demás, a éste antes le abona y perfecciona, y el oro que ha pasado por mucho fuego, queda de su color y es finísimo. El cual propiamente, según Plinio dice, se llama obrizo,[148] de que tanta mención hace la Escritura. Y el uso que gasta todos los otros, como dice el mismo Plinio, al oro solo no le menoscaba cosa, ni le carcome, ni envejece, y con ser tan firme en su ser, se deja tanto doblar y adelgazar, que es cosa de maravilla. Los batihojas y tiradores saben bien la fuerza del oro en dejarse tanto adelgazar y doblar, sin quebrar jamás. Lo cual todo, con otras excelentes propiedades que tiene, bien considerado dará a los hombres espirituales ocasión de entender por qué en las divinas Letras[149] la caridad se asemeja al oro. En lo demás, para que él se estime y busque, poca necesidad hay de contar sus excelencias, pues la mayor que tiene es estar entre los hombres ya conocido por el supremo poder y grandeza del mundo. Viniendo a nuestro propósito, hoy en Indias gran copia de este metal, y sábese de historias ciertas que los Incas del Perú no se contentaron de tener vasijas mayores y menores de oro, jarros, y copas y tazas y frascos y cántaros y aun tinajas, sino que también tenían sillas y andas, o literas de oro macizo, y en sus templos colocaron diversas estatuas de oro

---

147   Plin., lib. 33, e. 4.
148   Plin., lib. 33, c. 3.
149   Apoc. 3 et 21. Cant. 3, v. 10. Psalm. 67. Thren. 4, 3. Reg. 6.

macizo. En México también hubo mucho de esto, aunque no tanto; y cuando los primeros conquistadores fueron al uno y otro reino, fueron inmensas las riquezas que hallaron, y muchas más sin comparación la que los indios ocultaron y hundieron. El haber usado de plata para herrar los caballos a falta de hierro y haber dado trescientos escudos de oro por una botija o cántaro de vino, con otros excesos tales, parecería fabuloso contarlo, y, en efecto, pasaron cosas mayores que éstas.

Sácase el oro en aquellas partes en tres maneras; yo, a lo menos, de estas tres maneras lo he visto. Porque se halla oro en pepita y oro en polvo y oro en piedra. Oro en pepita llaman unos pedazos de oro que se hallan así enteros y sin mezcla de otro metal, que no tienen necesidad de fundirse, ni beneficiarse por fuego; llámanlos pepitas, porque de ordinario son pedazos pequeños del tamaño de pepita de melón o de calabaza. Y esto es lo que dice Job:[150] *Glebae illius aurum*, aunque acaece haberlos, y yo los he visto mucho mayores, y algunos han llegado a pesar muchas libras. Esta es grandeza de este metal solo, según Plinio afirma,[151] que se halla así hecho y perfecto, lo cual en los otros no acaece, que siempre tienen escoria y han menester fuego para apurarse. Aunque también he visto yo plata natural a modo de escarcha, y también hay las que llaman en Indias papas de plata, que acaece hallarse plata fina en pedazos, a modo de turmas de tierra; mas esto en la plata es raro y en el oro es cosa muy ordinaria. De este oro en pepitas es poco lo que se halla respecto de los demás.

El oro en piedra es una veta de oro que nace en la misma piedra o pedernal, y yo he visto de las minas de Zaruma, en la gobernación de Salinas, piedras bien grandes pasadas todas de oro, y otras ser la mitad oro y la mitad piedra. El oro de esta suerte se halla en pozos y en minas, que tienen sus vetas como las de plata, y son dificultosísimas de labrar. El modo de labrar el oro sacado de piedra, que usaron antiguamente los reyes de Egipto, escribe Agatárchides en el quinto libro de la historia del mar Eritreo, o Bermejo, según refiere Focio en su biblioteca, y es cosa de admiración cuán semejante es lo que allí refiere a lo que ahora se usa en el beneficio de estos metales de oro y plata. La mayor cantidad de oro que se saca en Indias es en polvo, que se halla en ríos

---

150 Job 28. v. 6.
151 Plin., lib. 33, c. 4.

o lugares por donde ha pasado mucha agua. Abundan los ríos de Indias de este género, como los antiguos celebraron el Tajo, de España, y el Pactolo, de Asia, y el Ganges, de la India oriental. Y lo que nosotros llamamos oro en polvo, llamaban ellos ramenta auri. Y también entonces era la mayor cantidad de oro lo que se hacía de estos ramentos o polvos de oro que se hallaban en ríos.

En nuestros tiempos, en las islas de Barlovento, Española y Cuba y Puerto Rico, hubo y hay gran copia en los ríos; más por la falta de naturales y por la dificultad de sacarlo, es poco lo que viene de ellas a España. En el reino de Chile y en el de Quito y en el nuevo reino de Granada hay mucha cantidad. El más celebrado es el oro de Carabaya, en el Perú, y el de Valdivia, en Chile, porque llega a toda la ley, que son veintitrés quilates y medio, y aun a veces pasa. También es celebrado el oro de Veragua por muy fino. De las Filipinas y China traen también mucho oro a México, pero comúnmente es bajo y de poca ley.

Hállase el oro mezclado o con plata o con cobre. Plinio dice[152] que ningún oro hay donde no haya algo de plata; mas el que tiene mezcla de plata comúnmente es de menos quilates que el que la tiene de cobre. Si tiene la quinta parte de plata, dice Plinio[153] que se llama propiamente electro, y que tiene propiedad de resplandecer a la lumbre de fuego mucho más que la plata fina, ni el oro fino. El que es sobre cobre, de ordinario es oro más alto. El oro en polvo se beneficia en lavaderos, lavándolo mucho en el agua, hasta que el arena o barro se cae de las bateas o barreñas, y el oro, como de más peso, hace asiento abajo. Benefíciase también con azogue; también se apura con agua fuerte, porque el alumbre, de que ella se hace, tiene esa fuerza de apartar el oro de todo lo demás. Después de purificado, o fundido, hacen tejos o barretas para traerlo a España, porque oro en polvo no se puede sacar de Indias, pues no se puede quintar y marcar y quilatar hasta fundirse.

Solía España, según refiere el historiador sobredicho,[154] abundar sobre todas las provincias del mundo de estos metales de oro y plata, especialmente Galicia y Lusitania, y, sobre todo, las Asturias, de donde refiere que se traían a Roma cada año veinte mil libras de oro, y que en ninguna otra tierra se hallaba tanta abundancia. Lo cual parece testificar el libro de los Macabeos, dende

---

152 Plin., lib. 33, c.
153 Ibídem.
154 Ibídem.

dice[155] entre las mayores grandezas de los romanos, que hubieron a su poder los metales de plata y oro que hay en España. Ahora a España le viene este gran tesoro de Indias, ordenando la divina providencia que unos reinos sirvan a otros y comuniquen su riqueza y participen de su gobierno, para bien de los unos y de los otros, si usan debidamente de los bienes que tienen.

La suma de oro que se trae de Indias no se puede bien tasar; pero puédese bien afirmar que es harto mayor que la que refiere, Plinio haberse llevado de España a Roma cada año. En la flota que yo vine, el año de ochenta y siete, fue la relación de Tierra Firme doce cajones de oro, que por lo menos es cada cajón cuatro arrobas. Y de Nueva España, mil y ciento cincuenta y seis marcos de oro. Esto solo para el rey, sin lo que vino para particulares registrado, y sin lo que vino por registrar, que suele ser mucho. Y esto baste para lo que toca al oro de Indias; de la plata diremos agora.

Capítulo V. De la plata de Indias

En el libro de Job[156] leemos así: Tiene la plata ciertos principios y raíces de sus venas, y el oro tiene su cierto lugar, donde se cuaja. El hierro cavando se saca de la tierra, y la piedra deshecha con el calor se vuelve en cobre. Admirablemente con pocas palabras declara las propiedades de estos cuatro metales, plata, oro, hierro, cobre.

De los lugares donde se cuaja y engendra el oro algo se ha dicho, que son, o piedras en lo profundo de los montes y senos de la tierra, o arena de los ríos y lugares anegadizos, o cerros muy altos, de donde los polvos de oro se deslizan con el agua, como es más común opinión en Indias. De dende vienen muchos del vulgo a creer que del tiempo del diluvio sucedió hallarse en el agua el oro en partes tan extrañas como se halla. De las venas de la plata, o vetas, y de sus principios y raíces, que dice Job, trataremos agora, diciendo primero que la causa de tener el segundo lugar en los metales la plata, es por llegarse al oro mas que otro ninguno en el ser durable y padecer menos del fuego y dejarse más tratar y labrar, y aun hace ventaja al oro en relucir más y sonar más. También porque su color es más conforme a la luz y su sonido es más delicado y penetrativo. Y partes hay donde estiman la plata más que el oro; pero el

---

155 1. Machab. 3, v. 3
156 Job 28, vv. 1, 2.

ser más raro el oro y la naturaleza más escasa en darlo, es argumento de ser metal más precioso, aunque hay tierras, como refieren de la China, donde se halla más fácilmente oro que plata; lo común y ordinario es ser más fácil y más abundante la plata.

En las Indias occidentales proveyó el Criador tanta riqueza de ella, que todo lo que se sabe de las historias antiguas y todo lo que encarecen las argentifodinas de España y de otras partes es menos que lo que vimos en aquellas partes. Hállanse minas de plata comúnmente en cerros y montes muy ásperos y desiertos, aunque también se han hallado en sabanas a campos. Estas son en dos maneras: unas llaman sueltas, otras llaman vetas fijas. Las sueltas son unos pedazos de metal, que acaece estar en partes donde, acabado aquel pedazo, no se halla más. Las vetas fijas son las que en hondo y en largo tienen prosecución, al modo de ramos grandes de un árbol, y donde se halla una de éstas es cosa ordinaria haber cerca luego otras y otras vetas.

El modo de labrar y beneficiar la plata, que los indios usaron, fue por fundición, que es derritiendo aquella masa de metal al fuego, el cual echa la escoria a una parte y aparta la plata del plomo y del estaño y del cobre y de la demás mezcla que tiene. Para esto hacían unos como hornillos, donde el viento soplase recio, y con leña y carbón hacían su operación. A éstas en el Perú llaman guayras. Después que los españoles entraron, demás del dicho modo de fundición, que también se usa, benefician la plata por azogue, y aún es más la plata que con él sacan, que no la de fundición. Porque hay metal de plata que no se beneficia, ni aprovecha con fuego, sino con azogue, y éste comúnmente es metal pobre, de lo cual hay mucha mayor cantidad. Pobre llaman al que tiene poca plata en mucha cantidad, rico al que da mucha plata.

Y es cosa maravillosa que no solo se halla esta diferencia de sacarse por fuego un metal de plata y otro no por fuego, sino por azogue; sino que en los mismos metales que el fuego saca por fundición hay algunos que, si el fuego se enciende con aire artificial, como de fuelles, no se derrite, ni se funde, sino que ha de ser aire natural que corra; y hay metales que se funden tan bien o mejor con aire artificial dado con fuelles. El metal de las minas de Porco se beneficia y funde fácilmente con fuelles; el metal de las minas de Potosí no se funde con fuelles, ni aprovecha sino el aire de guayras, que son aquellos hornillos que están en las laderas del cerro al viento natural, con el cual se derrite aquel metal. Y aunque dar razón de esta diversidad es difícil, es ella muy cierta por experiencia larga.

Otras mil delicadezas ha hallado la curiosidad y codicia de este metal, que tanto los hombres aman, de las cuales diremos algunas adelante. Las principales partes de Indias que dan plata son la Nueva España y Perú; mas las minas del Perú son de grande ventaja, y entre ellas tienen el primado del mundo las de Potosí. De las cuales trataremos un poco despacio, por ser de las cosas más célebres y más notables que hay en las Indias occidentales.

Capítulo VI. Del cerro de Potosí y de su descubrimiento

El cerro tan nombrado de Potosí está en la provincia de los Charcas, en el reino del Perú; dista de la equinoccial a la parte del sur, o polo antártico, veintiún grados y dos tercios, de suerte que cae dentro de los trópicos, en lo último de la tórrida zona. Y con todo eso es en extremo frío, más que Castilla la Vieja en España y más que Flandes, habiendo de ser templado o caliente conforme a la altura del polo en que está.

Hácele frío estar tan levantado y empinado, y ser todo bañado de vientos muy fríos y destemplados, especialmente el que allí llaman tomahavi, que es impetuoso y frigidísimo y reina por mayo, junio, julio y agosto. Su habitación es seca, fría y muy desabrida, y del todo estéril, que no se da ni produce fruto, ni grano, ni hierba, y así naturalmente, es inhabitable por el mal temple del cielo y por la gran esterilidad de la tierra. Mas la fuerza de la plata, que llama a sí con su codicia las otras cosas, ha poblado aquel cerro de la mayor población que hay en todos aquellos reinos, y la ha hecho tan abundante de todas comidas y regalos, que ninguna cosa se puede desear que no se halle allí en abundancia; y siendo todo de acarreto, están las plazas llenas de frutas, conservas, regalos, vinos excesivos, sedas y galas, tanto como donde más.

La color de este cerro tira a rojo oscuro; tiene una graciosísima vista, a modo de un pabellón igual, o un pan de azúcar; empínase y señorea todos los otros cerros que hay en su contorno; su subida es agra, aunque se anda toda a caballo; remátese en punta en forma redonda: tiene de boj y contorno una legua por su falda; hay desde la cumbre de este cerro hasta su pie y planta mil seiscientas veinticuatro varas de las comunes, que, reducidas a medida y cuenta de leguas españolas, hacen un cuarto de legua.

En este cerro, al pie de su falda, está otro cerro pequeño que nace de él, el cual antiguamente tuvo algunas minas de metales sueltos, que se hallaban como en bolsas y no en veta fija, y eran muy ricos, aunque pocos; llámanle Guayna Potosí, que quiere decir Potosí el mozo. De la falda de este pequeño cerro comienza la población de españoles o indios, que han venido a la riqueza y labor de Potosí. Tendrá la dicha población dos leguas de contorno; en ella es el mayor concurso y contratación que hay en el Perú.

Las minas de este cerro no fueron labradas en tiempo de los Incas, que fueron señores del Perú antes de entrar los españoles, aunque cerca de Potosí labraron las minas de Perco, que está a seis leguas. La causa debió de ser no tener noticia de ellas, aunque otros cuentan no sé qué fábula, que quisieron labrar aquellas minas y oyeron ciertas voces que decían a los indios que no tocasen allí, que estaba aquel cerro guardado para otros. En efecto, hasta doce años después de entrados los españoles en el Perú, ninguna noticia se tuvo de Potosí y de su riqueza, cuyo descubrimiento fue en este modo.

Un indio llamado Gualpa, de nación Chumbibilca, que es en tierra del Cuzco, yendo un día por la parte del poniente siguiendo unos venados, se le fueron subiendo el cerro arriba y, como es tan empinado y entonces estaba mucha parte cubierto de unos árboles, que llaman quinua, y de muy muchas matas, para subir un paso algo áspero le fue forzoso asirse a una rama que estaba nacida en la veta, que tomó nombre la Rica, y en la raíz y vacío que dejó, conoció el metal que era muy rico, por la experiencia que tenía de lo de Porco, y halló en el suelo, junto a la veta, unos pedazos de metal que se habían soltado de ella, y no se dejaban bien conocer, por tener la color gastada del Sol y agua, y llevólos a Porco a ensayar por guayra (esto es probar el metal por fuego), y como viese su extremada riqueza, secretamente labraba la veta sin comunicarlo con nadie, hasta tanto que un indio Guanca, natural del valle de Jauja, que es en el término de la ciudad de los Reyes, que era vecino en Porco del dicho Gualpa Chumbibilca, vio que sacaba de las fundiciones que hacía, mayores tejos de los que ordinariamente se fundían de los metales de aquel asiento, y que estaba mejorado en los atavíos de su persona, porque hasta allí había vivido probremente.

Con lo cual, con ver que el metal que aquel su vecino labraba, era diferente de lo de Porco, se movió a inquirir aquel secreto, y, aunque el otro procuró encubrillo, tanto le importunó, que hubo de llevalle al cerro de Potosí, al cabo de otro mes que gozaba de aquel tesoro. Allí el Gualpa dijo al Guanca que tomase para sí una veta, que él también había descubierto, que estaba cerca de la Rica, y es la que hoy día tiene nombre de la veta de Diego Centeno, que no era menos rica, aunque era más dura de labrar, y con esta conformidad partieron entre sí el cerro de la mayor riqueza del mundo.

Sucedió después que, teniendo el Guanca alguna dificultad en labrar su veta por ser dura, y no queriéndole el otro Gualpa dar parte en la suya, se desavinieron; y así, por esto, como por otras diferencias, enojado el Guanca de Jauja, dio parte de este negocio a su amo, que se llamaba Villarroel, que era un español que residía en Porco. El Villarroel, queriendo satisfacerse de la verdad, fue a Potosí y, hallando la riqueza que su yanacona o criado le decía, hizo registrar al Guanca, estacándose con él en la veta que fue dicha Centeno. Llaman estacarse, señalar por suyo el espacio de las varas que concede la ley a los que hallan mina, o la labran, con lo cual, y con manifestallo ante la justicia, quedan por señores de la mina para labrarla por suya, pagando al rey sus quintos.

En fin, el primer registro y manifestación que se hizo de las minas de Potosí fue en veintiún días del mes de abril del año de mil y quinientos y cuarenta y cinco, en el asiento del Porco, por los dichos Villarroel, español, y Guanca, indio. Luego, de allí a pocos días, se descubrió otra veta que llaman del Estaño, que ha sido riquísima, aunque trabajosísima de labrar, por ser su metal tan duro como pedernal. Después, a treinta y uno de agosto del mismo año de cuarenta y cinco, se registró la veta que llaman Mendieta, y estas cuatro son las cuatro vetas principales de Potosí.

De la veta Rica, que fue la primera que se descubrió, se dice que estaba el metal una lanza en alto, a manera de unos riscos, levantado de la superficie de la tierra, como una cresta que tenía trescientos pies de largo y trece de ancho, y quieren decir que quedó descubierta y descarnada del diluvio, resistiendo como parte más dura al ímpetu y fuerza de las aguas. Y era tan rico el metal, que tenía la mitad de plata, y fue perseverando su riqueza hasta los cincuenta y sesenta estados en hondo, que vino a faltar.

En el modo que está dicho, se descubrió Potosí, ordenando la divina Providencia, para felicidad de España, que la mayor riqueza que se sabe que haya habido en el mundo estuviese oculta y se manifestase en tiempo que el emperador Carlos V, de glorioso nombre, tenía el imperio y los reinos de España, y señoríos de Indias. Sabido en el reino del Perú el descubrimiento de Potosí, luego acudieron muchos españoles y casi la mayor parte de los vecinos de la ciudad de la Plata, que está dieciocho leguas de Potosí, para tomar minas en él; acudieron también gran cantidad de indios de diversas provincias, y especialmente los guayradores de Porco; y en breve tiempo fue la mayor población del reino.

Capítulo VII. De la riqueza que se ha sacado y cada día se va sacando del cerro de Potosí

Dudado he muchas veces si se halla en las historias y relaciones de los antiguos tan gran riqueza de minas, como la que en nuestros tiempos hemos visto en el Perú. Si algunas minas hubo en el mundo ricas y afamadas por tales fueron las que en España tuvieron los cartaginenses, y después los romanos. Las cuales, como ya he dicho, no solo las letras profanas, sino las sagradas también, encarecen a maravilla.

Quien más en particular haga memoria de estas minas que yo haya leído es Plinio, el cual escribe en su natural historia así:[157] Hállase plata cuasi en todas provincias, pero la más excelente es la de España. Esta también se da en tierra estéril y en riscos y cerros, y doquiera que se halla una veta de plata es cosa cierta hallar otra no lejos de ella; lo mismo acaece cuasi a los otros metales, y por eso los griegos (según parece) los llamaron metales. Es cosa maravillosa que duran hasta el día de hoy en las Españas los pozos de minas que comenzaron a labrar en tiempo de Aníbal, en tanto que aun los mismos nombres de los que descubrieron aquellas minas les permanecen el día de hoy, entre las cuales fue famosa la que de su descubridor llaman Bebelo también agora. De esta mina se sacó tanta riqueza, que daba a su dueño Aníbal cada día trescientas libras de plata, y hasta el día presente se ha proseguido la labor de esta mina, la cual está ya cavada y profunda en el cerro por espacio de mil quinientos pasos; por todo el cual espacio tan largo sacan el agua los gascones por el tiempo y medida que las candelas les duran; y así vienen a sacar tanta, que parece río.

---

157   Plin., lib. 33, c. 6.

Todas estas son palabras de Plinio, las cuales he querido aquí recitar, porque darán gusto a los que saben de minas, viendo que lo mismo que ellos hoy experimentan, pasó por los antiguos. En especial es notable la riqueza de aquella mina de Aníbal en los Pirineos, que poseyeron los romanos, y continuaron su labor hasta en tiempo de Plinio, que fueron como trescientos años, cuya profundidad era de mil quinientos pasos, que es milla y media.[158] Y a los principios fue tan rica, que le valía a su dueño trescientas libras a doce onzas cada día.

Mas, aunque ésta haya sido extremada riqueza, yo pienso todavía que no llega a la de nuestros tiempos en Potosí, porque, según parece por los libros reales de la Casa de Contratación de aquel asiento, y lo afirman hombres ancianos fidedignos, en tiempo que el licenciado Polo gobernaba, que fue hartos años después del descubrimiento del cerro, se metían a quintar cada sábado de ciento y cincuenta mil pesos a doscientos mil, y valían los quintos treinta y cuarenta mil pesos, y cada año millón y medio, o poco menos. De modo que, conforme a esta cuenta, cada día se sacaban de aquellas minas obra de treinta mil pesos, y le valían al rey los quintos seis mil pesos al día. Hay otra cosa que alegar por la riqueza de Potosí, y es que la cuenta que se ha hecho es solo de la plata que se marcaba y quintaba. Y es cosa muy notoria en el Perú, que largos tiempos se usó en aquellos reinos la plata que llamaban corriente, la cual no era marcada y quintada; y es conclusión de los que bien saben de aquellas minas, que en aquel tiempo grandísima parte de la plata que se sacaba de Potosí se quedaba por quintar, que era toda la que andaba entre indios, y mucha de la de los españoles, como yo lo vi durar hasta mi tiempo. Así que se puede bien creer que el tercio de la riqueza de Potosí, si ya no era la mitad, no se manifestaba, ni quintaba.

Hay aún otra consideración mayor, que Plinio pone, haberse labrado mil y quinientos pasos aquella veta de Bebelo, y que por todo este espacio sacaban agua, que es el mayor impedimento que puede haber para sacar riqueza de minas. Las de Potosí, con pasar muchas de ellas de doscientos estados su profundidad, nunca han dado en agua que es la mayor felicidad de aquel cerro: pues las minas de Porco, cuyo metal es riquísimo, se dejan hoy día de proseguir y beneficiar por el fastidio del agua en que han dado, porque cavar

---

158 Genebrardus in Chronographia.

peñas, y sacar agua, son dos trabajos insufribles para buscar metal: basta el primero, y sobra. Finalmente, el día de hoy tiene la Católica Majestad un año con otro un millón de solos los quintos de plata del cerro de Potosí, sin la otra riqueza de azogues, y otros derechos de la hacienda real, que es otro grande tesoro.

Echándola cuenta los hombres expertos dicen, que lo que se ha metido a quintar en la caja de Potosí, aunque no permanecen los libros de sus primeros quintos con la claridad que hoy hay, porque los primeros años se hacían las cobranzas por romana (tanta era la grosedad que había); pero por la memoria de la averiguación que hizo el visorrey D. Francisco de Toledo el año de setenta y cuatro, se halló, que fueron setenta y seis millones hasta el dicho año, y desde el dicho año hasta el ochenta y cinco inclusive, parece por los libros reales haberse quintado treinta y cinco millones. De manera, que monta lo que se había quintada hasta el año de ochenta y cinco ciento y once millones de pesos ensayados, que cada peso vale trece reales y un cuartillo. Y esto sin la plata que se ha sacado sin quintar, y se ha venido a quintar en otras cajas reales, y sin lo que en plata corriente se ha gastado, y lo hay por quintar, que es cosa sin número. Esta cuenta enviaron de Potosí al Virrey, el año que he dicho, estando yo en el Perú; y después acá aún ha sido mayor la riqueza que ha venido en las flotas del Perú, porque en la que yo vine el año de ochenta y siete, fueron once millones los que vinieron en ambas flotas del Perú y México, y era del Rey cuasi la mitad, y de éstas las dos tercias partes del Perú.

He querido hacer esta relación tan particular, para que se entienda la potencia que la Divina Majestad ha sido servida de dar a los reyes de España, en cuya cabeza se han juntado tantas coronas y reinos, y por especial favor del cielo se han juntado también la India oriental con la occidental, dando cerco al mundo con su poder. Lo cual se debe pensar ha sido por providencia de nuestro Dios, para el bien de aquellas gentes, que viven tan remotas de su cabeza, que es el Pontífice Romano, vicario de Cristo nuestro señor, en cuya fe y obediencia solamente pueden ser salvas. Y también para la defensa de la misma fe católica e Iglesia romana en estas partes, donde tanto es la verdad opugnada y perseguida de los herejes. Y pues el Señor de los cielos, que da y quita los reinos a quien quiere, y como quiere, así ha ordenado, debemos suplicarle con humildad, se digne favorecer el celo tan pío de el Rey Católico dándole próspero suceso, y victoria contra los enemigos de su santa fe, pues en esta causa gasta el tesoro de Indias, que le ha dado, y aun ha menester mucho más. Pero por ocasión de las riquezas de Potosí baste haber hecho esta digresión, y agora volvamos a decir cómo se labran las minas, y cómo se benefician los metales que de ellas se sacan.

Capítulo VIII. Del modo de labrar las minas de Potosí
Bien dijo Boecio[159] cuando se quejó del primer inventor de minas:

> Heu primus quis fuit ille,
> Auri qui pondera tecti,
> Gemmasque latere volentes,
> Pretiosa pericula fodit.

Peligros preciosos los llama con razón, porque es grande el trabajo y peligro con que se sacan estos metales, que tanto aprecian los hombres. Plinio dice,[160] que en Italia hay muchos metales, pero que los antiguos no consintieron beneficiarse por conservar la gente. De España los traían, y como a tributarios hacían los españoles labrar minas. Lo propio hace ahora España con Indias, que habiendo todavía en España sin duda mucha riqueza de metales, no se dan a buscarlos, ni aún se consiente labrar por los inconvenientes que se ven; y de Indias traen tanta riqueza, donde el buscalla y sacalla no cuesta poco trabajo, ni aun es de poco riesgo.

Tiene el cerro de Potosí cuatro vetas principales, como está dicho, que son: la Rica, la de Centeno, la del Estaño, la Mendieta. Todas estas vetas están a la parte oriental del cerro, como mirando al nacimiento del Sol; a la occidental no se halla ninguna. Corren las dichas vetas norte sur, que es de polo a polo. Tienen de ancho por donde más, seis pies; por donde menos, un palmo. Otras diversas hay, que saben de éstas, como de ramos grandes los más pequeños suelen producirse en el árbol. Cada veta tiene diversas minas, que son partes de ella misma, y han tomado posesión, y repartidose entre diversos dueños, cuyos nombres tienen de ordinario. La mina mayor tiene ochenta varas, y no

---
159   Boetius de Consolat.
160   Plin., lib. 33, c. 4.

puede tener más por ley ninguna; la menor tiene cuatro. Todas estas minas hoy día llegan a mucha profundidad. En la veta Rica se cuentan setenta y ocho minas; llegan a ciento y ochenta estados en algunas partes, y aun a doscientos de hondura. En la veta de Centeno se cuentan veinticuatro minas. Llegan algunas a sesenta, y aun a ochenta estados de hondura, y así a este modo es de las otras vetas y minas de aquel cerro.

Para remedio de esta gran profundidad de minas se inventaron los socavones, que llaman, que son unas cuevas que van hechas por bajo desde un lado del cerro, atravesándole hasta llegar a las vetas. Porque se ha de saber, que las vetas, aunque corren norte sur, como está dicho; pero esto es bajando desde la cumbre hasta la falda y asiento del cerro según se cree, que serán según conjetura de algunos, más de mil y doscientos estados. Y a esta cuenta, aunque las minas van tan hondas, les falta otro seis tanto hasta su raíz y fondo, que según quieren decir, ha de ser riquísimo, como tronco y manantial de todas las vetas. Aunque hasta agora antes se ha mostrado lo contrario por la experiencia, que mientras más alta ha estado la veta, ha sido más rica, y como va bajando en hondo, va siendo su metal más pobre; pero en fin, para labrar las minas con menos costa, y trabajo y riesgo, inventaron los socavones, por los cuales se entra y sale a paso llano. Tienen de ancho ocho pies, y de alto más de un estado. Ciérranse con sus puertas, sácanse por ellos los metales con mucha facilidad, y págase al dueño del socavón el quinto de todo el metal que por él se saca.

Hay hechos ya nueve socavones, y otros se están haciendo. Un socavón, que llaman del Venino, que va a la veta Rica, se labró en veintinueve años, comenzándose el año mil quinientos cincuenta y seis, que fueron once después de descubrirse aquellas minas, y acabándose el año de ochenta y cinco en once de abril. Este socavón alcanzó a la veta Rica en treinta y cinco estados de hueco hasta su fondo, y hay desde donde se juntó con la veta hasta lo alto de la mina otros ciento treinta y cinco estados, que por todo este profundo bajaban a labrar aquellas minas. Tiene todo el socavón, desde la boca hasta la veta, que llaman el crucero, doscientas y cincuenta varas, las cuales tardaron en labrarse los veinte y nueve años que está dicho, para que se vea lo que trabajan los hombres por ir a buscar la plata a las entrañas del profundo.

Con todo eso, trabajan allá dentro, donde es perpetua obscuridad, sin saber poco ni mucho cuando es día, ni cuando es noche. Y como son lugares que nunca los visita el Sol, no solo hay perpetuas tinieblas, más también mucho frío, y un aire muy grueso, y ajeno de la naturaleza humana; y así sucede marearse los que allá entran de nuevo, como a mí me acaeció, sintiendo bascas y congoja de estómago. Trabajan con velas siempre los que labran repartiendo el trabajo, de suerte que unos labran de día, y descansan de noche, y otros al revés les suceden. El metal es duro comúnmente, y sácanlo a golpes de barreta quebrantándole, que es quebrar un pedernal. Después lo suben a cuestas por unas escaleras hechizas de tres ramales de cuero de vaca retorcido, como gruesas maromas, y de un ramal a otro puestos palos como escalones, de manera que puede subir un hombre, y bajar otro juntamente.

Tienen estas escalas de largo diez estados, y al fin de ellas está otra escala del mismo largo, que comienza de un relej, o poyo, donde hay hechos de madera unos descansos a manera de andamios, porque son muchas las escalas que se suben. Saca un hombre carga de dos arrobas atada la manta a los pechos, y el metal que va en ellas a la espalda: suben de tres en tres. El delantero lleva una vela atada al dedo pulgar para que vean, porque, como está dicho, ninguna luz hay del cielo, y vanse asiendo con ambas manos; y así suben tan grande espacio, que como ya dije, pasa muchas veces de ciento cincuenta estados; cosa horrible, y que en pensalla aún pone grima; tanto es el amor del dinero, por cuya recuesta se hace y padece tanto.

No sin razón exclama Plinio tratando de esto:[161] Entramos hasta las entrañas de la tierra, y hasta allá en el lugar de los condenados buscamos las riquezas. Y después en el mismo libro:[162] Obras son más que de gigantes las que hacen los que sacan los metales, haciendo agujeros y callejones en lo profundo, por tan grande trecho barrenando los montes a luz de candelas, donde todo el espacio de noche y día es igual, y en muchos meses no se ve el día, donde acaece caerse las paredes de la mina súbitamente y matar de golpe a los mineros. Y poco después añade: Hieren la dura peña con almádanas que tienen ciento cincuenta libras de hierro: sacan los metales a cuestas trabajando de noche y de día, y unos entregan la carga a otros, y todo a oscuras, pues solo los últimos

---

161 Plin. in proem, lib. 33.
162 Cap. 4.

ven la luz. Con cuños de hierro y con almádanas rompen las peñas y pedernales, por recios y duros que sean; porque en fin es más recia y más dura la hambre del dinero.

Esto es de Plinio, que aunque habla como historiador de entonces, más parece profeta de ahora. Y no es menos lo que Focio de Agatárchides refiere, del trabajo inmenso que pasaban los que llamaban crisios en sacar y beneficiar el oro, porque siempre, como el sobredicho autor dice, el oro y plata causan tanto trabajo al haberse, cuanto dan de contento al tenerse.

Capítulo IX. Cómo se beneficia el metal de plata
La veta en que hemos dicho que se halla la plata, va de ordinario entre dos peñas que llaman la caja, y la una de ellas suele ser durísima como pedernal: la otra blanda, y más fácil de romper: el metal va en medio, no todo igual, ni de un valor, porque hay en esto mismo uno muy rico que llaman cacilla, o tacana, de donde se saca mucha plata: hay otro pobre, de donde se saca poca. El metal rico de este cerro es de color de ámbar, y otro toca en más negro: hay otro que es de color como rojo: otro como ceniciento, y en efecto tiene diversos colores, y a quien no sabe lo que es, todo ello le parece piedra de por ahí; mas los mineros en las pintas, y vetillas, y en ciertas señales conocen luego su fineza.

Todo este metal que sacan de las minas se trae en carneros del Perú, que sirven de jumentos, y se lleva a las moliendas. El que es metal rico se beneficia por fundición en aquellos hornillos que llaman guayras: éste es el metal que es más plomoso, y el plomo le hace derretir; y aún para mejor derretirlo, echan los indios el que llaman soroche que es un metal muy plomizo. Con el fuego la escoria corre abajo, el plomo y la plata se derriten, y la plata anda nadando sobre el plomo hasta que se apura: tornan después a refinar más y más la plata. Suelen salir de un quintal de metal treinta, cuarenta y cincuenta pesos de plata por fundición. A mí me dieron para muestra metales de que salían por fundición más de doscientos pesos, y de doscientos y cincuenta por quintal; riqueza rara y cuasi increíble, si no lo testificara el fuego con manifiesta experiencia, pero semejantes metales son muy raros.

El metal pobre es el que de un quintal da dos, o tres pesos, o cinco, o seis, o no mucho más: éste ordinariamente no es plomizo, sino seco; y así por fuego no se puede beneficiar. A cuya causa gran tiempo estuvo en Potosí inmensa suma de estos metales pobres, que eran desechos, y como granzas de los buenos metales, hasta que se introdujo el beneficio de los azogues, con los cuales aquellos desechos, o desmontes que llamaban, fueron de inmensa riqueza, porque el azogue con extraña y maravillosa propiedad apura la plata, y sirve para estos metales secos y pobres, y se gasta y consume menos azogue en ellos lo cual no es en los ricos, que cuanto más lo son, tanto más azogue consumen de ordinario.

Hoy día el mayor beneficio de plata, y cuasi toda la abundancia de ella en Potosí es por el azogue, como también en las minas de las Zacatecas, y otras de la Nueva España. Había antiguamente en las laderas de Potosí, y por las cumbres y collados más de seis mil guayras, que son aquellos hornillos donde se derrite el metal, puestos al modo de luminarias, que verlos arder de noche, y dar lumbre tan lejos, y estar en sí hechos un ascua roja de fuego, era espectáculo agradable. Ahora si llegan a mil o dos mil guayras, será mucho, porque, como he dicho, la fundición es poca, y el beneficio del azogue es toda la riqueza. Y porque las propiedades del azogue con admirables, y el modo de beneficiar con él la plata muy notable, trataré de el azogue, y de sus minas y labor, lo que pareciere conveniente al propósito.

Capítulo X. De las propiedades maravillosas del azogue

El azogue, que por otro nombre se llama argenvivo, como también le nombran los latinos, porque parece plata viva, según bulle y anda a unas partes y otras velozmente, entre todos los metales tiene grandes y maravillosas propiedades. Lo primero, siendo verdadero metal, no es duro, informado y consistente, como los demás, sino líquido y que corre, no como la plata y el oro, que derretidos del fuego, son líquidos y corren, sino de su propia naturaleza, y con ser licor, es más pesado que ningún otro metal; y así los demás nadan en el azogue, y no se hunden como más livianos. Yo he visto en un barreño de azogue echar dos libras de hierro, y andar nadando encima el hierro sin hundirse, como si fuera palo o corcho en el agua. Plinio hace excepción diciendo,[163] que solo el oro se hunde, y no nada sobre el azogue: no he visto la experiencia, y por ventura es, porque el azogue naturalmente rodea luego el oro, y lo esconde en sí.

---

163   Plin., lib. 33, c. 6.

Es esta la más importante propiedad que tiene, que con maravilloso afecto se pega al oro, y le busca, y se va él do quiera que le huele. Y no solo esto, mas así se encarna con él, y lo junta así, que le desnuda y despega de cualesquier otros metales o cuerpos en que está mezclado, por lo cual toman oro los que se quieren preservar del daño del azogue. A hombres que han echado azogue en los oídos para matarlos secretamente, ha sido el remedio meter por el oído una paletilla de oro, con que llaman el azogue, y la sacan blanca, de lo que se ha pegado al oro. En Madrid, yendo a ver las obras notables de Jácomo de Trezo, excelente artífice milanés, labraba para San Lorenzo el Real, sucedió ser en día que doraban unas piezas del retablo, que eran de bronce, lo cual se hace con azogue; y porque el humo del azogue es mortal, me dijeron que se prevenían los oficiales contra este veneno con tomar un doblón de oro desmenuzado, el cual pasado al estómago llamaba allí cualquier azogue que por los oídos, ojos, narices o boca les entrase de aquel humo mortal, y con esto se preservaban del daño del azogue, yéndose todo él al oro que estaba en el estómago, y saliendo después todo por la vía natural: cosa, cierto, digna de admiración, después que el azogue ha limpiado al oro, y purgádole de todos los otros metales y mezclas, también le aparta el fuego a él de su amigo el oro, y así le deja del todo puro sin fuego. Dice Plinio,[164] que con cierta arte apartaban el oro del azogue: no sé yo que ahora se use tal arte.

Paréceme, que los antiguos no alcanzaron, que la plata se beneficiase por azogue, que es hoy día el mayor uso y más principal provecho del azogue, porque expresamente dice, que a ninguno otro metal abraza sino solo al oro, y donde trata del modo de beneficiar la plata, solo hace mención de fundición: por donde se puede colegir, que este secreto no le alcanzaron los antiguos. En efecto, aunque la principal amistad del azogue sea con el oro, todavía donde no hay oro se va a la plata, y la abraza, aunque no tan presto como a el oro: y al cabo también la limpia, y la apura de la tierra y cobre y plomo con que se cría, sin ser necesario el fuego, que por fundición refina los metales; aunque para despegar y desasir del azogue a la plata también interviene el fuego, como adelante se dirá. De esotros metales, fuera de oro y plata, no hace caso el azogue, antes los carcome y gasta, y horada y se va y huye de ellos, que también es cosa admirable. Por donde le echan en vasos de barro, o en pieles

---

164 Plin., lib. 33, c.

de animales, porque vasijas de cobre, hierro u otro metal luego las pasa y barrena, y toda otra materia penetra y corrompe, por donde le llama Plinio veneno de todas las cosas, y dice, que todo lo come y gasta.

En sepulturas de hombres muertos se halla azogue, que después de haberlos gastado, él se sale muy a su salvo entero. Háse hallado también en las médulas y tuétanos de hombres o animales, que recibiendo su humo por la boca o narices, allá dentro se congela, y penetra los mismos huesos. Por eso es tan peligrosa la conversación con criatura tan atrevida y mortal. Pues es otra gracia que tiene, que bulle, y se hace cien mil gotillas, y por menudas que sean, no se pierde una, sino que por acá, o por allá se torna a juntar con su licor, y cuasi es incorruptible, y apenas hay cosa que le pueda gastar: por donde el sobredicho Plinio le llama sudor eterno. Otra propiedad tiene, que siendo el azogue el que aparta el oro del cobre y todos metales, cuando quieren juntar oro con cobre, o bronce, o plata, que es dorando, el medianero de esta junta es el azogue, porque mediante él se doran esos metales.

Entre todas estas maravillas de este licor extraño, la que a mí me ha parecido más digna de ponderar, es, que siendo la cosa más pesada del mundo, inmediatamente se vuelve en la más liviana del mundo, que es humo, con que sube arriba resuelto, y luego el mismo humo, que es cosa tan liviana, inmediatamente se vuelve en cosa tan pesada como es el propio licor de azogue, en que se resuelve. Porque en topando el humo de aquel metal cuerpo duro arriba, o llegando a región fría, luego al punto se cuaja, y torna a caer hecho azogue, y si dan fuego otra vez al azogue, se hace humo, y del humo torna sin dilación a caer el licor del azogue. Cierto, transmutación inmediata de cosa tan pesada en cosa tan liviana, y al revés; por cosa rara se puede tener en naturaleza. Y en todas estas y otras extrañezas que tiene este metal, es digno el Autor de su naturaleza, de ser glorificado, pues a sus leyes ocultas obedece tan prontamente toda naturaleza criada.

Capítulo XI. Dónde se halla el azogue, y cómo se descubrieron sus minas riquísimas en Guancavelica
Hállase el azogue en una manera de piedra, que da juntamente el bermellón, que los antiguos llamaron minio, y hoy día se dicen estar miniadas las imágenes que con azogue pintan en los cristales. El minio o bermellón celebraron los

antiguos en grande manera, teniéndole por color sagrado, como Plinio refiere; y así dice,[165] que solían teñir con él el rostro de Júpiter los romanos, y los cuerpos de los que triunfaban, y que en la Etiopía, así los ídolos, como los gobernadores, se teñían el rostro de minio. Y que era estimado en Roma en tanto grado el bermellón (el cual solamente se llevaba de España, donde hubo muchos pozos y minas de azogue, y hasta el día de hoy las hay), que no consentían los romanos que se beneficiase en España aquel metal, porque no les hurtasen algo, sino así en piedra como lo sacaban de la mina, se llevaba sellado a Roma, y allá lo beneficiaban y llevaban cada año de España, especial del Andalucía, obra de diez mil libras; y esto tenían los romanos por excesiva riqueza.

Todo esto he referido del sobredicho autor, porque a los que ven lo que hoy día pasa en el Perú, les dará gusto saber lo que antiguamente pasó a los más poderosos señores del mundo. Dígolo, porque los Incas, reyes del Perú, y los indios naturales de él labraron gran tiempo las minas del azogue, sin saber del azogue, ni conocelle, ni pretender otra cosa sino este minio, o bermellón que ellos llaman llimpi, el cual preciaban mucho para el mismo efecto que Plinio ha referido de los romanos y etíopes, que es para pintarse o teñirse con él los rostros y cuerpos suyos y de sus ídolos: lo cual usaron mucho los indios, especialmente cuando iban a la guerra, y hoy día lo usan cuando hacen algunas fiestas o danzas, y llámanlo embijarse, porque les parecía que los rostros así embijados ponían terror; y agora les parece que es mucha gala.

Con este fin, en los cerros de Guancavelica, que son en el Perú cerca de la ciudad de Guamanga, hicieron labores extrañas de minas, de donde sacaban este metal, y es de modo, que si hoy día entran por las cuevas o socavones que los indios hicieron, se pierden los hombres, y no atinan a salir. Mas ni se cuidaban del azogue, que está naturalmente en la misma materia o metal de bermellón, ni aun conocían que hubiese tal cosa en el mundo. Y no solo los indios, mas ni aún los españoles conocieron aquella riqueza por muchos años, hasta que gobernando el licenciado Castro el Perú, el año de sesenta y seis y sesenta y siete se descubrieron las minas de azogue en esta forma.

Vino a poder de un hombre inteligente llamado Enrique Garcés, portugués de nación, el metal colorado que he dicho, que llamaban los indios llimpi, con que se tiñen los rostros, y mirándolo conoció ser el que en Castilla llaman

---

165 Lib. 33, cap. 7

bermellón; y como sabía que el bermellón se saca del mismo metal que el azogue, conjeturó, que aquellas minas habían de ser azogue. Fue allá, y hizo la experiencia y ensaye, y halló ser así, y de esta manera descubiertas las minas de Paleas en término de Guamanga, fueron diversos a beneficiar el azogue para llevarle a México, donde la planta se beneficiaba por azogue, con cuya ocasión se hicieron ricos no pocos. Y aquel asiento de minas, que llaman Guancavelica, se pobló de españoles y de indios que acudieron, y hoy día acuden a la labor de las dichas minas de azogue, que son muchas y prósperas.

Entre todas es cosa ilustrísima la mina que llaman de Amador de Cabrera, por otro nombre la de los Santos, la cual es un peñasco de piedra durísima empapada toda en azogue de tanta grandeza, que se extiende por ochenta varas de largo y cuarenta de ancho, y por toda esta cuadra está hecha su labor en hondura de setenta estados, y pueden labrar en ella más de trescientos hombres juntos, por su gran capacidad. Esta mina descubrió un indio de Amador de Cabrera, llamado Navincopa, de el pueblo de Acoria: registróla Amador de Cabrera en su nombre: trajo pleito con el Fisco, y por ejecutoria se le dio el usufructo de ella, por ser descubridora. Después la vendió por doscientos y cincuenta mil ducados, y pareciéndole que había sido engañado en la venta, tornó a poner pleito, porque dicen que vale más de quinientos mil ducados, y aún a muchos les parece que vale un millón; cosa rara haber mina de tanta riqueza.

En tiempo que gobernaba el Perú don Francisco de Toledo, un hombre que había estado en México, y visto cómo se sacaba plata con los azogues, llamado Pero Fernández de Velasco, se ofreció a sacar la plata de Potosí por azogue. Y hecha la prueba, y saliendo muy bien, el año de setenta y uno se comenzó en Potosí a beneficiar la plata con los azogues que se llevaron de Guancavelica, y fue el total remedio de aquellas minas, porque con el azogue se sacó plata infinita de los metales que estaban desechados que llamaban desmontes. Porque como está dicho, el azogue apura la plata, aunque sea pobre, y de poca ley, y seca, lo cual no hace la fundición de fuego.

Tiene el Rey Católico, de la labor de las minas de azogue, sin costa, ni riesgo alguno, cerca de cuatrocientos mil pesos de minas, que son de a catorce reales, o poco menos, sin lo que después de ello procede, por el beneficio que se hace en Potosí, que es otra riqueza grandísima. Sácanse un año con otro de estas minas de Guancavelica, ocho mil quintales de azogue, y aún más.

Capítulo XII. Del arte que se saca el azogue, y beneficia con él la plata

Digamos ahora cómo se saca el azogue, y como se saca con él la plata. La piedra, o metal donde el azogue se halla, se muele y pone en unas ollas al fuego tapadas, y allí fundiéndose o derritiéndose aquel metal, se despide de él el azogue con la fuerza del fuego, y sale en exhalación a vueltas del humo del dicho fuego, y suele ir siempre arriba, hasta tanto que topa algún cuerpo, donde para y se cuaja, o, si pasa arriba sin topar cuerpo duro, llega hasta donde se enfría, y allí se cuaja y vuelve a caer abajo. Cuando está hecha la fundición destapan las ollas y sacan el metal. La cual procuran se haga estando ya frías, porque si da algún humo o vapor de aquél a las personas que destapan las ollas, se azogan y mueren, o quedan muy maltratadas, o pierden los dientes.

Para dar fuego a los metales, porque se gasta infinita leña, halló un minero, por nombre Rodrigo de Torres, una invención utilísima, y fue coger de una paja que nace por todos aquellos cerros del Perú, la cual allá llaman Icho, y es a modo de esparto, y con ella dan fuego. Es cosa maravillosa la fuerza que tiene esta paja para fundir aquellos metales, que es, como lo que dice Plinio,[166] del oro que se funde con llama de paja, no fundiéndose con brasas de leña fortísima. El azogue así fundido lo ponen en badanas, porque en cuero se puede guardar, y así se mete en los almacenes del rey, y de allí se lleva por mar a Arica, y de allí a Potosí en recuas o carneros de la tierra.

Consúmese comúnmente en el beneficio de los metales en Potosí de seis a siete mil quintales por año, sin lo que se saca de las lamas (que son las heces que quedan, y barro de los primeros lavatorios de metales que se hacen en tinas), las cuales lamas se queman y benefician en hornos para sacar el azogue que en ellas queda, y habrá más de cincuenta hornos de éstos en la villa de Potosí y en Tarapaya. Será la cuantidad de los metales que se benefician, según han echado la cuenta hombres pláticos, mas de trescientos mil quinta-

---

166 Lib. 33, c. 4.

les al año, de cuyas lamas beneficiadas se sacarán más de dos mil quintales de azogue.

Y es de saber que la cualidad de los metales es varia, porque acaece que un metal da mucha plata y consume poco azogue; otro, al revés, da poca plata y consume mucho azogue, otro da mucha y consume mucho, otro da poca y consume poco, y conforme a cómo es el acertar en estos metales, así es el enriquecer poco, o mucho, o perder en el trato de metales. Aunque lo más ordinario es que en metal rico, como da mucha plata, así consume mucho azogue, y el pobre, al revés.

El metal se muele muy bien primero con los mazos de ingenios, que golpean la piedra como batanes, y después de bien molido el metal, lo ciernen con unos cedazos de telas de arambre, que hacen la harina tan delgada como los comunes de cerdas; y ciernen estos cedazos, si están bien armados y puestos, treinta quintales entre noche y día. Cernida que está la harina del metal, la pasan a unos cajones de buitrones, donde la mortifican con salmuera, echando a cada cincuenta quintales de harina cinco quintales de sal, y esto se hace para que la sal desengrase la harina de metal del barro o lama que tiene, con lo cual el azogue recibe mejor la plata. Exprimen luego con un lienzo de Holanda cruda el azogue sobre el metal, y sale el azogue como un rocío, y así van revolviendo el metal para que a todo él se comunique este rocío del azogue.

Antes de inventarse los buitrones de fuego se amasaba muchas y diversas veces el metal con el azogue, así echado en unas artesas, y hacían pellas grandes como de barro, y dejábanlo estar algunos días, y tornaban a amasallo otra vez y otra, hasta que se entendía que estaba ya incorporado el azogue en la plata, lo cual tardaba veinte días y más, y cuando menos, nueve. Después, por aviso que hubo, como la gana de adquirir es diligente, hallaron que, para abreviar el tiempo, el fuego ayudaba mucho a que el azogue tomase la plata con presteza, y así trazaron los buitrones, donde ponen unos cajones grandes, en que echan el metal con sal y azogue, y por debajo dan fuego manso en ciertas bóvedas hechas a propósito, y en espacio de cinco días o seis el azogue incorpora en sí la plata.

Cuando se entiende que ya el azogue ha hecho su oficio, que es juntar la plata, mucha o poca, sin dejar nada de ella, y embeberla en sí, como la esponja al agua, incorporándola consigo y apartándola de la tierra, plomo y cobre, con que se cría, entonces tratan de descubrirla, sacarla y apartarla del mismo azogue, lo cual hacen en esta forma: Echan el metal en unas tinas de agua, donde con unos molinetes o ruedas de agua, trayendo al derredor el metal, como quien deslíe o hace mostaza, va saliendo el barro o lama del metal en el agua que corre, y la plata y azogue, como cosa más pesada, hace asiento en el suelo de la tina. El metal que queda está como arena, y de aquí lo sacan y llevan a lavar otra vuelta con bateas en unas balsas o pozas de agua, y allí acaba de caerse el barro, y deja la plata y azogue a solas, aunque a vueltas del barro y lama va siempre algo de plata y azogue, que llaman relaves; y también procuran después sacallo y aprovechallo.

Limpia, pues, que está la plata y el azogue, que ya ello reluce, despedido todo el barro y tierra, toman todo este metal y, echado en un lienzo, exprímenlo fuertemente, y así sale todo el azogue que no está incorporado en la plata y queda lo demás hecho todo una pella de plata y azogue, al modo que queda lo duro y cibera de las almendras cuando exprimen el almendrada; y estando bien exprimida la pella que queda, sola es la sexta parte de plata, y las otras cinco son azogue. De manera que, si queda una pella de sesenta libras, las diez libras son de plata y las cincuenta de azogue. De estas pellas se hacen las piñas a modo de panes de azúcar, huecas por dentro, y hácenlas de cien libras de ordinario. Y para apartar la plata del azogue, pónenlas en fuego fuerte, donde las cubren con un vaso de barro de la hechura de los moldes de panes de azúcar, que son como unos caperuzones, y cúbrenlas de carbón y danles fuego, con el cual el azogue se exhala en humo, y topando en el caperuzón de barro, allí se cuaja y destila, como los vapores de la olla en la cobertera, y por un cañón al modo de alambique, recíbese todo el azogue que se destila, y tórnase a cobrar, quedando la plata sola.

La cual en forma y tamaño, es la misma; en el peso es cinco partes menos que antes; queda toda crespa y esponjada, que es cosa de ver; de dos de estas piñas se hace una barra de plata que pesa sesenta y cinco o sesenta y seis marcos, y así se lleva a ensayar, quintar y marcar. Y es tan fina la plata sacada por azogue, que jamás baja de dos mil y trescientos y ochenta de ley; y es tan excelente, que para labrarse han menester que los plateros la bajen de ley echándole liga o mezcla, y lo mismo hacen en las casas de moneda, donde se labra y acuña. Todos estos tormentos y, por decirlo así, martirios pasa la plata para ser fina, que, si bien se mira, es un amasijo formado, donde se muele y se cierne y se amasa y se leuda y se cuece la plata, y aun fuera de esto se lava y relava, y se cuece y recuece, pasando por mazos y cedazos, y artesas y buitrones y tinas y bateas y exprimideros y hornos, y, finalmente, por agua y fuego.

Digo esto porque, viendo este artificio en Potosí, consideraba lo que dice la Escritura de los justos,[167] que: *Colabit eos, et purgabit cuasi argentum*. Y lo que dice en otra parte:[168] *Sicut argentum probatum terroe, purgatum septuplum*. Que para apurar la plata y afinalla y limpialla de la tierra y barro en que se cría, siete veces la purgan y purifican, porque, en efecto, son siete, esto es, muchas y muchas las veces que la atormentan hasta dejalla pura y fina. Y así es la doctrina del Señor, y lo han de ser las almas que han de participar de su pureza divina.

Capítulo XIII. De los ingenios para moler metales, y del ensaye de la plata

Para concluir con esta materia de plata y metales restan dos cosas por decir: una es de los ingenios y moliendas, otra de los ensayes.

Ya se dijo que el metal se muele para recibir el azogue. Esta molienda se hace con diversos ingenios: unos que traen caballos, como atahonas, y otros que se mueven con el golpe del agua, como aceñas o molinos; y de los unos y los otros hay gran cantidad. Y porque el agua, que comúnmente es la que llueve, no la hay bastante en Potosí, sino en tres o cuatro meses, que son diciembre, enero y febrero, han hecho unas lagunas que tienen de contorno como a mil y setecientas varas, y de hondo tres estados, y son siete, con sus compuertas; y cuando es menester usar de alguna, la alzan y sale un cuerpo de agua, y las fiestas las cierran. Cuando se hinchen las lagunas, y el año es copioso de agua, dura la molienda seis o siete meses, de modo que también para la plata piden los hombres ya buen año de aguas en Potosí, como en otras partes para el pan.

Otros ingenios hay en Tarapaya, que es un valle tres o cuatro leguas de Potosí, donde corre un río, y en otras partes hay otros ingenios. Hay esta diver-

---

167 Mal. 3, v. 3, Eccles. 2, v
168 Psalm. 11, v. 7.

sidad, que unos ingenios tienen a seis mazos, otros a doce y catorce. Muélese el metal en unos morteros, donde día y noche lo están echando, y de allí llevan lo que está molido a cerner. Están en la ribera del arroyo de Potosí cuarenta y ocho ingenios de agua, de a ocho, diez y doce mazos; otros cuatro ingenios están en otro lado, que llaman Tanacoñuño. En el valle de Tarapaya hay veintidós ingenios, todos éstos son de agua; fuera de los cuales hay en Potosí otros treinta ingenios de caballos, y fuera de Potosí otros algunos; tanta ha sido la diligencia e industria de sacar plata. La cual finalmente se ensaya y prueba por los ensayadores y maestros que tiene el rey puestos, para dar su ley a cada pieza.

Llévanse las barras de plata al ensayador, el cual pone a cada una su número porque el ensaye se hace de muchas juntas. Saca de cada una un bocado y pésale fielmente; échale en una copella, que es un vasito hecho de ceniza de huesos molidos y quemados. Pone estos vasitos por su orden en el horno u hornaza, dales fuego fortísimo, derrítese el metal, todo, y lo que es plomo se va en humo, el cobre o estaño se deshace, queda la plata finísima, hecha de color de fuego. Es cosa maravillosa que, cuando está así refinada, aunque esté líquida y derretida no se vierte volviendo la copella o vaso donde está hacia abajo, sino que se queda fija, sin caer gota. En la color y en otras señales conoce el ensayador cuando está afinada; saca del horno las copellas, vuelve a pesar delicadísimamente cada pedacito, mira lo que ha mermado y faltando de su peso, porque la que es de ley subida merma poco, y la que es de ley baja, mucho. Y así, conforme a lo que ha mermado, ve la ley que tiene, y esa asienta, y señala en cada barra puntualmente.

Es el peso tan delicado, y las pesicas o gramos tan menudos, que no se pueden asir con los dedos, sino con unas pinzas, y el peso se hace a luz de candela, porque no dé aire que haga menear las balanzas, porque de aquel poquito depende el precio y valor de toda una barra. Cierto es cosa delicada y que requiere gran destreza, de la cual también se aprovecha la divina Escritura en diversas partes,[169] para declarar de qué modo prueba Dios a los suyos, y para notar las diferencias de méritos y valor de las almas, y especialmente donde a Jeremías, profeta, le da Dios título de ensayador,[170] para que conozca

---

169 Psalm. 65, v. 10. Prov. 17, v. 3; 27,v. 21.
170 Hierem. 6, v. 27.

y declare el valor espiritual de los hombres y sus obras, que es negocio propio del Espíritu de Dios, que es el que pesa los espíritus de los hombres.[171] Y con esto nos podemos contentar cuanto a materia de plata, metales y minas, y pasar adelante a los otros dos propuestos de plantas y animales.

Capítulo XIV. De las esmeraldas
Aunque será bien primero decir algo de las esmeraldas, que así por ser cosa preciada, como el oro y plata de que se ha dicho, como por ser su nacimiento también en minas de metales, según Plinio,[172] no viene fuera de propósito tratar aquí de ellas.

Antiguamente fue la esmeralda estimada en mucho, y, como el dicho autor escribe, tenía el tercer lugar entre las joyas, después del diamante y de la margarita. Hoy día, ni la esmeralda se tiene en tanto, ni la margarita, por la abundancia que las Indias han dado de ambas cosas, solo el diamante se queda con su reinado, que no se lo quitará nadie: tras él, los rubíes finos y otras piedras se precian en más que las esmeraldas Son amigos los hombres de singularidad, y lo que ven ya común no lo precian. De un español cuentan que, en Italia, al principio que se hallaron en Indias, mostró una esmeralda a un lapidario y preguntó el precio; vista por el otro, que era de excelente cualidad y tamaño, respondió que cien escudos; mostróle otra mayor, dijo que trescientos. Engolosinado del negocio, llevóle a su casa y mostróle un cajón lleno de ellas; en viendo tantas, dijo el italiano: Señor, éstas valen a escudo. Así ha pasado en Indias y España, que el haber hallado tanta riqueza de estas piedras les ha quitado el valor.

Plinio dice excelencias de ellas y que no hay cosa más agradable, ni más saludable a la vista, y tiene razón, pero importa poco su autoridad mientras hubiere tantas. La otra Lolia Romana, de quien cuenta[173] que, en un tocado y vestido labrado de perlas y esmeraldas, echó cuatrocientos mil ducados de valor; pudiera hoy día con menos de cuarenta mil hacer dos pares como aquél. En diversas partes de Indias se han hallado. Los reyes mexicanos las preciaban, y aun usaban algunos horadar las narices y poner allí una excelente esmeralda. En los rostros de sus ídolos también las ponían. Mas donde se ha

---
171 Prov. 16, v. 2.
172 Plin., lib. 37, cap. 5.
173

hallado, y hoy día se halla más abundancia, es en el nuevo reino de Granada y en el Perú, cerca de Manta y Puertoviejo.

Hay por allí dentro una tierra que llaman de las Esmeraldas, por la noticia que hay de haber muchas, aunque no ha sido hasta ahora conquistada aquella tierra. Las esmeraldas nacen en piedras a modo de cristales, y yo las he visto en la misma piedra, que van haciendo como veta, y, según parece, poco a poco se van cuajando y afinando, porque vi unas medio blancas, medio verdes, otras cuasi blancas, otras ya verdes y perfectas del todo. Algunas he visto del grandor de una nuez, y mayores las hay. Pero no sé que en nuestros tiempos se hayan descubierto del tamaño del catino o joya que tienen en Génova, que con razón la precian en tanto por joya, y no por reliquia, pues no consta que lo sea, antes lo contrario.

Pero sin comparación excede lo que Teofrasto refiere de la esmeralda que presentó el rey de Babilonia al rey de Egipto, que tenía de largo cuatro codos y tres de ancho, y que en el templo de Júpiter había una aguja hecha de cuatro piedras de esmeraldas, que tenía de largo cuarenta codos y de ancho en partes cuatro y en partes dos, y que en su tiempo en Tiro había en el templo de Hércules un pilar de esmeralda. Por ventura era, como dice Plinio,[174] de piedra verde que tira a esmeralda, y la llaman esmeralda falsa. Como algunos quieren decir, que ciertos pilares que hay en la iglesia catedral de Córdoba, desde el tiempo que fue mezquita de los reyes Miramamolines, moros, que reinaron en Córdoba, que son de piedra de esmeralda.

En la flota del año ochenta y siete, en que yo vine de Indias, trajeron dos cajones de esmeraldas, que tenía cada uno de ellos por lo menos cuatro arrobas, por donde se puede ver la abundancia que hay. Celebra la divina Escritura[175] las esmeraldas como joya muy preciada, y pónelas así entre las piedras preciosas que traía en el pecho el sumo pontífice, como en las que adornan los muros de la celestial Jerusalén.

Capítulo XV. De las perlas

Ya que tratamos la principal riqueza que se trae de Indias, no es justo olvidar las perlas que los antiguos llamaban margaritas, cuya estima en los primeros

---

174 Plin., lib. 37, c. 5.
175 Exod. 29, 39. Apoc. 21, v. 19.

fue tanta, que eran tenidas por cosa que solo a personas reales pertenecían. Hoy día es tanta la copia de ellas, que hasta las negras traen sartas de perlas.

Críanse en los ostiones o conchas del mar, entre la misma carne, y a mí me ha acaecido, comiendo algún ostión, hallar la perla en medio. Las conchas tienen por de dentro unas colores del cielo muy vivas, y en algunas partes hacen cucharas de ellas, que llaman de nácar. Son las perlas de diferentísimos modos en el tamaño, figura, color y lisura, y así su precio es muy diferente. Unas llaman Avemarías, por ser como cuentos pequeños de rosario; otras Paternostres, por ser gruesas. Raras veces se hallan dos que en todo convengan en tamaño, en forma o en color. Por eso los romanos —según escribe Plinio—[176] las llamaron Uniones.

Cuando se aciertan a topar dos que en todo convengan, suben mucho de precio, especialmente para zarcillos; algunos pares he visto que los estimaban en millares de ducados, aunque no llegasen al valor de las dos perlas de Cleopatra, que cuenta Plinio[177] haber valido cada una cien mil ducados, con que ganó aquella reina loca la apuesta que hizo con Marco Antonio, de gastar en una cena más de cien mil ducados, porque, acabadas las viandas, echó en vinagre fuerte una de aquellas perlas, y, deshecha así, se la tragó; la otra dice que, partida en dos, fue puesta en el Panteón de Roma, en los zarcillos de la estatua de Venus. Y del otro Clodio, hijo del farsante, o trágico Esopo, cuenta que, en un banquete, dio a cada uno de los convidados una perla rica deshecha en vinagre, entre los otros platos, para hacer la fiesta magnífica. Fueron locuras de aquellos tiempos éstas, y las de los nuestros no son muy menores, pues hemos visto no solo los sombreros y trenas, más los botines y chapines de mujeres de por ahí cuajados todos de labores de perlas.

Sácanse las perlas en diversas partes de Indias, donde con más abundancia es en el mar del sur, cerca de Panamá, donde están las islas, que por esta cansa llaman de las Perlas. Pero en más cantidad y mejores se sacan en el mar del norte, cerca, del río que llaman de la Hacha. Allí supe cómo se hacía esta granjería, que es con harta costa y trabajo de los pobres buzos, los cuales bajan seis y nueve y aun doce brazas en hondo a buscar los ostiones, que de ordinario están asidos a las peñas y escollos de la mar. De allí los arrancan y se

---
176 Lib. 9, c. 35.
177 Ibidem.

cargan de ellos, y se suben, y los echan en las canoas, donde los abren y sacan aquel tesoro que tienen dentro. El frío del agua allá dentro del mar es grande, y mucho mayor el trabajo de tener el aliento estando un cuarto de hora a veces, y aun media, en hacer su pesca. Para que puedan tener el aliento, hácenles a los pobres buzos que coman poco, y manjar muy seco, y que sean continentes. De manera que también la codicia tiene sus abstinentes y continentes, aunque sea a su pesar.

Lábranse de diversas maneras las perlas, y horadánlas para sartas. Hay ya gran demasía donde quiera. El año de ochenta y siete vi en la memoria de lo que venía de Indias para el rey, dieciocho marcos de perlas y otros tres cajones de ellas, y para particulares, mil y doscientos y sesenta y cuatro marcos de perlas, y sin esto otras siete talegas por pesar, que en otro tiempo se tuviera por fabuloso.

Capítulo XVI. Del pan de Indias y del maíz
Viniendo a las plantas, trataremos de las que son más propias de Indias, y después de las comunes a aquella tierra y a ésta de Europa. Y porque las plantas fueron criadas principalmente para mantenimiento del hombre, y el principal de que se sustenta es el pan, será bien decir qué pan hay en Indias y qué cosa usan en lugar de pan.

El nombre de pan es allá también usado con propiedad de su lengua, que en el Perú llaman tanta, y en otras partes de otras maneras. Mas la cualidad y sustancia del pan que los indios tenían y usaban, es cosa muy diversa del nuestro, porque ningún género de trigo se halla que tuviesen, ni cebada, ni mijo, ni panizo, ni esotros granos usados para pan en Europa. En lugar de esto usaban de otros géneros de granos y de raíces; entre todos, tiene el principal lugar, y con razón, el grano de maíz, que en Castilla llaman trigo de las Indias y en Italia grano de Turquía. Así como en las partes del orbe antiguo, que son Europa, Asia y África, el grano más común a los hombres es el trigo, así en las partes del nuevo orbe ha sido y es el grano de maíz, y cuasi se ha hallado en todos los reinos de Indias occidentales, en Perú, en Nueva España, en Nuevo Reino, en Guatimala, en Chile, en toda Tierra Firme. De las islas de Barlovento, que son Cuba, la Española, Jamaica, San Juan, no sé que se usase antiguamente el maíz; hoy día usan más la yuca y cazavi, de que luego diré.

El grano del maíz, en fuerza y sustento, pienso que no es inferior al trigo; es más grueso y cálido, y engendra sangre; por donde los que de nuevo lo comen, si es con demasía, suelen padecer hinchazones y sarna. Nace en cañas y cada una lleva una o dos mazorcas, donde está pegado el grano; y con ser granos gruesos, tienen muchos, y en algunas contamos setecientos granos. Siémbrase a mano, y no esparcido; quiere tierra caliente y húmeda. Dase en muchas partes de Indias con grande abundancia; coger trescientas hanegas de una sembradura no es cosa muy rara. Hay diferencia en el maíz, como también en los trigos; uno es grueso y sustancioso; otro, chico y sequillo, que llaman moroche; las hojas del maíz y la caña verde es escogida comida para cabalgaduras, y aun seca también sirve como de paja. El mismo grano es de más sustento para los caballos y mulas, que la cebada; y así es ordinario en aquellas partes, teniendo aviso de dar de beber a las bestias primero que coman el maíz, porque bebiendo sobre él se hinchan y les da torzón, como también lo hace el trigo.

El pan de los indios es el maíz; cómenlo comúnmente cocido así en grano y caliente, que llaman ellos mote; como comen los chinos y japoneses el arroz, también cocido con su agua caliente. Algunas veces lo comen tostado; hay maíz redondo y grueso, como lo de los Lucanas, que lo comen españoles por golosina tostado, y tiene mejor sabor que garbanzos tostados. Otro modo de comerlo más regalado es moliendo el maíz y haciendo de su harina masa, y de ella unas tortillas que se ponen al fuego, y así calientes se ponen a la mesa y se comen; en algunas partes las llaman arepas. Hacen también de la propia masa unos bollos redondos, y sazónanlos de cierto modo, que duran, y se comen por regalo. Y porque no falte la curiosidad también en comidas de Indias, han inventado hacer cierto modo de pasteles de esta masa, y de la flor de su harina con azúcar, bicochuelos y melindres que llaman.

No les sirve a los indios el maíz solo de pan, sino también de vino, porque de él hacen sus bebidas, con que se embriagan harto más presto que con vino de uvas. El vino de maíz, que llaman en el Perú azúa, y por vocablo de Indias común chicha, se hace en diversos modos. El más fuerte, al modo de cerveza, humedeciendo primero el grano de maíz, hasta que comienza a brotar, y después cociéndolo con cierto orden, sale tan recio que, a pocos lances derriba; éste llaman en el Perú sora, y es prohibido por ley, por los graves daños que trae emborrachando bravamente; mas la ley sirve de poco, que así como así lo usan, y se están bailando y bebiendo noches y días enteros. Este modo de hacer brebaje con que emborracharse, de granos mojados y después cocidos, refiere Plinio[178] haberse usado antiguamente en España y Francia, y en otras provincias, como hoy día en Flandes, se usa la cerveza hecha de granos de cebada.

Otro modo de hacer azúa o chicha es mascando el maíz y haciendo levadura y de lo que así se masca, y después cocido; y aún es opinión de indios que, para hacer buena levadura, se ha de mascar por viejas podridas, que aun oillo pone asco, y ellos no lo tienen de beber aquel vino. El modo más limpio y más sano y que menos encalabria es de maíz tostado; eso usan los indios más pulidos y algunos españoles por medicina; porque, en efecto, hallan que para riñones y orina es muy saludable bebida, por donde apenas se halla en indios semejante mal, por el uso de beber su chicha.

Cuando el maíz está tierno en su mazorca y como en leche, cocido o tostado lo comen por regalo indios y españoles; también lo echan en la olla y en guisados, y es buena comida. Los cebones de maíz son muy gordos y sirven para manteca en lugar de aceite; de manera que para bestias y para hombres, para pan y para vino y para aceite aprovecha en Indias el maíz. Y así, decía el virrey don Francisco de Toledo, que dos cosas tenía de sustancia y riqueza el Perú, que eran el maíz y el ganado de la tierra. Y cierto tenía mucha razón, porque ambas cosas sirven por mil.

De dónde fue el maíz a Indias, y por qué este grano tan provechoso le llaman en Italia grano de Turquía, mejor sabré preguntarlo, que decirlo. Porque, en efecto, en los antiguos en hallo rastro de este genero, aunque el milio, que Plinio escribe[179] haber venido a Italia de la India diez años había cuando escribió, tiene alguna similitud con el maíz, en lo que dice que es grano y que nace en caña, y se cubre de hoja, y que tiene al remate como cabellos, y el ser fertilísimo, todo lo cual no cuadra con el mijo, que comúnmente entienden por milio. En fin, repartió el Criador a todas partes su gobierno; a este orbe dio el trigo, que es el principal sustento de los hombres; a aquel de Indias dio el maíz, que, tras el trigo, tiene el segundo lugar, para sustento de hombres y animales.

---

178 Plin., lib. 14, c. 22.
179 Plin., lib. 18, c. 7.

Capítulo XVII. De las yucas, y cazavi, y papas y chuño, y arroz
En algunas partes de Indias usan un género de pan que llaman cazavi, el cual se hace de cierta raíz que se llama yuca. Es la yuca raíz grande y gruesa, la cual cortan en partes menudas y la rallan, y como en prensa la exprimen; y lo que queda es una como torta delgada, muy grande y ancha casi como una adarga. Esta así es el pan que comen; es cosa sin gusto y desabrida, pero sana y de sustento; por eso decíamos, estando en la Española, que era propia comida para contra la gula porque se podía comer sin escrúpulo de que el apetito causase exceso.

Es necesario humedecer el cazavi para comello, porque es áspero y raspa; humedécese con agua o caldo fácilmente, y para sopas es bueno, porque empapa mucho, y así hacen capirotadas de ello. En leche y en miel de cañas, ni aun en vino apenas se humedece ni pasa, como hace el pan de trigo. De este cazavi hay uno más delicado, que es hecho de la flor que ellos llaman jaujau, que en aquellas parte se precia, y yo preciaría más un pedazo de pan, por duro y moreno que fuese. Es cosa de maravilla que el zumo o agua que exprimen de aquella raíz de que hacen el cazavi es mortal veneno y, si se bebe, mata, y la sustancia que queda es pan sano, como está dicho.

Hay género de yuca que llaman dulce, que no tiene en su zumo ese veneno, y esta yuca se come así en raíz cocida o asada, y es buena comida. Dura el cazavi mucho tiempo, y así lo llevan en lugar de bizcocho para navegantes. Donde más se usa esta comida es en las islas que llaman de Barlovento, que son, como arriba está dicho, Santo Domingo, Cuba, Puerto Rico, Jamaica y algunas otras de aquel paraje; la causa es no darse trigo, ni aun maíz, sino mal. El trigo en sembrándolo luego nace con grande frescura, pero tan desigualmente, que no se puede coger, porque de una misma sementera al mismo tiempo uno está en berza, otro en espiga, otro brota; uno está alto, otro bajo; uno es todo hierba, otro grana. Y aunque han llevado labradores para ver si podrían hacer agricultura de trigo, no tiene remedio la cualidad de la tierra. Tráese harina de la Nueva España, o llévase de España, o de las Canarias, y está tan húmeda, que el pan apenas es de gusto ni provecho. Las hostias, cuando decíamos Misa, se nos doblaban como si fuera papel mojado, esto causa el extremo de humedad y calor juntamente que hay en aquella tierra.

Otro extremo contrario es el que en otras partes de Indias quita el pan de trigo y de maíz, como es lo alto de la sierra del Perú y las provincias que llaman del Collao, que es la mayor parte de aquel reino; donde el temperamento es tan frío y tan seco, que no da lugar a criarse trigo, ni maíz, en cuyo lugar usan los indios otro género de raíces, que llaman papas, que son a modo de turmas de tierra y echan arriba una poquilla hoja. Estas papas cogen y déjanlas secar bien al Sol y, quebrantándolas, hacen lo que llaman chuño, que se conserva así muchos días y les sirve de pan, y es en aquel reino gran contratación la de este chuño para las minas de Potosí. Cómense también las papas así frescas cocidas o asadas, y de un género de ellas más apacible, que se da también en lugares calientes, hacen cierto guisado o cazuela, que llaman locro. En fin, estas raíces son todo el pan de aquella tierra, y cuando el año es bueno de éstas, están contentos, porque hartos años es les añublan y hielan en la misma tierra: tanto es el frío y destemple de aquella región. Traen el maíz de los valles y de la costa de la mar, y de los españoles regalados, de las mismas partes y de otras harina y trigo, que como la sierra es seca, se conserva bien, y se hace buen pan.

En otras partes de Indias, como son las islas Filipinas, usan por pan el arroz, el cual en toda aquella tierra y en la China se da escogido, y es de mucho y muy buen sustento; cuécenlo, y en unas porcelanas o salserillas, así caliente en su agua, lo van mezclando con la vianda. Hacen también su vino en muchas partes del grano del arroz humedeciéndolo, y después cociéndolo al modo que la cerveza de Flandes o la azúa del Perú. Es el arroz comida poco menos universal en el mundo que el trigo y el maíz, y por ventura lo es más porque ultra de la China, Japones, Filipinas y gran parte de la India oriental es en la África y Etiopía el grano más ordinario. Quiere el arroz mucha humedad, y cuasi la tierra empapada en agua y empantanada. En Europa, en Perú y México, donde hay trigo, cómese el arroz por guisado o vianda, y no por pan, cociéndose en leche, o con el graso de la olla, y en otras maneras. El más escogido grano es el que viene de las Filipinas y China, como está dicho. Y esto baste así en común para entender lo que en Indias se come por pan.

Capítulo XVIII. De diversas raíces que se dan en Indias
Aunque en los frutos que se dan sobre la tierra, es más copiosa y abundante la tierra de acá, por la gran diversidad de árboles, frutales y de hortalizas; pero en raíces y comidas debajo de tierra paréceme que es mayor la abundancia de allá, porque en este género acá hay rábanos y nabos y canarias y chicorias y cebollas y ajos y algunas otras raíces de provecho: allá hay tantas, que no sabré contarlas. Las que agora me ocurren, además de las papas, que son lo principal, son ocas y yanaocas, y camotes y batatas y jíquima, y yuca y cochuchu y cazavi y totora y maní y otros cien géneros que no me acuerdo.

Algunos de éstos se han traído a Europa, como son batatas, y se comen por cosa de buen gusto; como también se han llevado a Indias las raíces de acá; y aún hay esta ventaja, que se dan en Indias mucho mejor las cosas de Europa que en Europa las de Indias: la causa pienso ser que allá hay más diversidad de temples que acá; y así es fácil acomodar allá las plantas al temple que quieran. Y aun algunas cosas de acá parece darse mejor en Indias, porque cebollas y ajos y canarias no se dan mejor en España que en el Perú; y nabos se han dado allá en tanta abundancia, que han cundido en algunas partes, de suerte que me afirman que, para sembrar de trigo unas tierras, no podían valerse con la fuerza de los nabos que allí habían cundido. Rábanos más gruesos que un brazo de hombre, y muy tiernos, y de muy buen sabor, hartas veces los vimos.

De aquellas raíces que dije, algunas son comida ordinaria, como camotes, que asados sirven de fruta o legumbres; otras hay que sirven para regalo, como el cochucho, que es una raicilla pequeña y dulce, que algunos suelen confitarla para más golosina; otras sirven para refrescar, como la jíquima, que es muy fría y húmeda; y en verano, en tiempo de estío refresca y apaga la sed; para sustancia y mantenimiento, las papas y ocas hacen ventaja. De las raíces de Europa el ajo estiman sobre todo los indios, y le tienen por cosa de gran importancia, y no les falta razón porque les abriga y calienta el estómago; según ellos le comen de buena gana y asaz, así crudo como le echa la tierra.

Capítulo XIX. De diversos géneros de verduras y legumbres; y de los que llaman pepinos, y piñas, y frutilla de Chile, y ciruelas

Ya que hemos comenzado por plantas menores, brevemente se podrá decir lo que toca a verduras y hortaliza, y lo que los latinos llaman arbusta, que todo esto no llega a ser árboles. Hay algunos géneros de estos arbustos o verduras en Indias que son de muy buen gusto: a muchas de estas cosas de Indias los primeros españoles les pusieron nombres de España, tomados de otras cosas a que tienen alguna semejanza, como piñas y pepinos y ciruelas, siendo en la verdad, frutas diversísimas; y que es mucho más sin comparación en lo que difieren, de las que en Castilla se llaman por esos nombres.

Las piñas son del tamaño y figura exterior de las piñas de Castilla: en lo de dentro totalmente difieren, porque ni tienen piñones, ni apartamientos de cáscaras, sino todo es carne de comer, quitada la corteza de fuera; y es fruta de excelente olor, y de mucho apetito para comer: el sabor tiene un agrillo dulce y jugoso: cómenlas haciendo tajadas de ellas, y echándolas un rato en agua y sal. Algunos tienen opinión que engendran cólera, y dicen que no es comida muy sana, mas no he visto experiencia que las acredite mal. Nacen en una como caña o verga, que sale de entre muchas hojas, al modo que el azucena o lirio; y en el tamaño será poco mayor, aunque más grueso. El remate de cada caña de éstas es la piña: dáse en tierras cálidas y húmedas; las mejores son de las islas de Barlovento. En el Perú no se dan: tráenlas de los Andes; pero no son buenas ni bien maduras. Al emperador don Carlos le presentaron una de estas piñas, que no debió costar poco cuidado traerla de Indias en su planta, que de otra suerte no podía venir: el olor alabó, el sabor no quiso ver qué tal era. De estas piñas en la Nueva España he visto conserva extremada.

Tampoco los que llaman pepinos son árboles, sino hortaliza, que en un año hace su curso. Pusiéronles este nombre porque algunos de ellos o los más tienen el largo y el redondo semejante a pepino de España, mas en todo lo demás difieren porque el color no es verde, sino morado, o amarillo, o blanco, y no son espinosos ni escabrosos, sino muy lisos, y el gusto tienen diferentísimo y de mucha ventaja, porque tienen también éstos un agrete dulce muy sabroso cuando son de buena sazón, aunque no tan agudo como la piña: son muy jugosos, y frescos, y fáciles de digestión; para refrescar en tiempo de calor son buenos: móndase la cáscara, que es blanda, y todo lo demás es carne; dánse en tierras templadas, y quieren regadío, y aunque por la figura los llaman pepinos, muchos de ellos hay redondos del todo y otros de diferente hechura, de modo que ni aun la figura no tienen de pepinos. Esta planta no me acuerdo haberla visto en Nueva España ni en las islas, sino solo en los llanos del Perú.

La que llaman frutilla de Chile tiene también apetitoso comer, que cuasi tira al sabor de guindas; mas en todo es muy diferente, porque no es árbol, sino yerba que crece poco y se esparce por la tierra, y de aquella frutilla que en el color y granillos tira a moras, cuando están blancas por madurar, aunque es más ahusada y mayor que moras. Dicen que en Chile se halla naturalmente nacida esta frutilla en los campos. Donde yo la he visto siémbrase de rama, y críase como otra hortaliza.

Las que llaman ciruelas son verdaderamente fruta de árboles, y tienen más semejanza con verdaderas ciruelas. Son en diversas maneras: unas llaman de Nicaragua, que son muy coloradas y pequeñas; y fuera del hollejo y hueso apenas tienen carne que comer; pero eso poco que tienen es de escogido gusto y un agrillo tan bueno o mejor que el de guinda; tiénenlas por muy sanas, y así las dan a enfermos, y especialmente para provocar gana de comer. Otras hay grandes, y de color escura y de mucha carne; pero es comida gruesa y de poco gusto, que son como chabacanas. Estas tienen dos o tres hosezuelos pequeños en cada una.

Y por volver a las verduras y hortalizas, aunque las hay diversas, y otras muchas demás de las dichas; pero yo no he hallado que los indios tuviesen huertos diversos de hortaliza, sino que cultivaban la tierra a pedazos para legumbres, que ellos usan, como los que llaman frísoles y pallares, que les sirven como acá garbanzos, habas y lentejas; y no he alcanzado que éstos ni otro género de legumbres de Europa los hubiese antes de entrar los españoles, los cuales han llevado hortalizas y legumbres de España, y se dan allá extremadamente, y aun en partes hay que excede mucho la fertilidad a la de acá, como si dijéramos de los melones, que se dan en el valle de Ica en el Perú, de suerte que se hace cepa la raíz y dura años, y da cada uno melones, y la podan como si fuese árbol, cosa que no sé que en parte ninguna de España acaezca.

Pues las calabazas de Indias es otra monstruosidad de su grandeza y vicio con que se crían, especialmente las que son propias de la tierra, que allá llaman zapallos, cuya carne sirve para comer, especialmente en cuaresma, cocida o guisada. Hay de este género de calabazas mil diferencias, y algunas son tan disformes de grandes, que dejándolas secar, hacen de su corteza, cortada por medio y limpia, como canastos, en que ponen todo el aderezo para una comida; de otros pequeños hacen vasos para comer o beber y lábranlos graciosamente para diversos usos. Y esto dicho de las plantas menores, pasaremos a las mayores con que se diga primero del ají, que es todavía de este distrito.

Capítulo XX. Del ají o pimienta de las Indias
En las Indias occidentales no se ha topado especería propia, como pimienta, clavo, canela, nuez, jengibre. Aunque un hermano nuestro, que peregrinó por diversas y muchas partes, contaba que en unos desiertos de la isla de Jamaica había topado unos árboles que daban pimienta, pero no se sabe que lo sean ni hay contratación de ella. El jengibre se trajo de la India a la Española, y ha multiplicado de suerte que ya no saben qué hacerse de tanto jengibre, porque en la flota del año de ochenta y siete se trajeron veinte y dos mil cincuenta y tres quintales de ello a Sevilla.

Pero la natural especería que dio Dios a las Indias de occidente es la que en Castilla llaman pimienta de las Indias, y en Indias por vocablo general tomado de la primera tierra de islas que conquistaron nombran ají, y en lengua del Cuzco se dice uchu, y en la de México, chili. Esta es cosa ya bien conocida; y así hay poco que tratar de ella; solo es de saber que cerca de los antiguos indios fue muy preciada y la llevaban a las partes donde no se da por mercadería importante. No se da en tierras frías, como la sierra del Perú: dáse en valles calientes y de regadío. Hay ají de diversos colores: verde, colorado y amarillo; hay uno bravo, que llaman caribe, que pica y muerde reciamente; otro hay manso, y alguno dulce que se come a bocados. Alguno menudo hay que huele en la boca como almizcle, y es muy bueno. Lo que pica del ají es las venillas y pepita; lo demás no muerde: cómese verde y seco, y molido y entero, y en la olla y en guisados.

Es la principal salsa, y toda la especería de Indias: comido con moderación ayuda al estómago para la digestión; pero si es demasiado, tiene muy ruines efectos; porque de suyo es muy cálido, humoso y penetrativo. Por donde el mucho uso de él en mozos es perjudicial a la salud, mayormente del alma, porque provoca a sensualidad; y es cosa donosa que con ser esta experiencia tan notoria del fuego que tiene en sí, y que al entrar y al salir dicen todos que quema, con todo eso quieren algunos, y no pocos, defender que el ají no es cálido, sino fresco y bien templado. Yo digo que de la pimienta diré lo mismo, y no me traerán más experiencias de lo uno que de lo otro; así que es cosa de burla decir que no es cálido, y en mucho extremo.

Para templar el ají usan de sal, que le corrige mucho, porque son entre sí muy contrarios, y el uno al otro se enfrenan; usan también tomates, que son frescos y sanos, y es un género de granos gruesos jugosos, y hacen gustosa salsa, y por sí son buenos de comer. Hállase esta pimienta de Indias universalmente en todas ellas, en las islas, en Nueva España, en Perú y en todo lo demás descubierto; de modo que, como el maíz es el grano más general para el pan, así el ají es la especia más común para salsa y guisados.

Capítulo XXI. Del plátano
Pasando a plantas mayores, en el linaje de árboles, el primero de Indias, de quien es razón hablar, es el plátano o plántano, como el vulgo le llama. Algún tiempo dudé si el plátano que los antiguos celebraron, y éste de Indias era de una especie; mas visto lo que es éste, y lo que del otro escriben, no hay duda sino que son diversísimos. La causa de haberle llamado plátano los españoles (porque los naturales no tenían tal vocablo) fue como en otras cosas, alguna similitud que hallaron, como llaman ciruelas y piñas y almendras y pepinos, cosas tan diferentes de las que en Castilla son de esos géneros.

En lo que me parece que debieron de hallar semejanza entre estos plátanos de Indias y los plátanos que celebran los antiguos, es en la grandeza de las hojas, porque las tienen grandísimas y fresquísimas estos plátanos, y de aquéllos se celebra mucho la grandeza y frescor de sus hojas, también ser planta que quiere mucha agua, y cuasi continua. Lo cual viene con aquello de la escritura:[180] Como plátano junto a las aguas. Mas en realidad de verdad no tiene que ver la una planta con la otra, más que el huevo con la castaña, como dicen. Porque lo primero el plátano antiguo no lleva fruta, o a lo menos

---
180 Ecclesiast. 24, v. 19.

no se hacía caso de ella; lo principal porque le estimaban era por la sombra que hacía; de suerte que no había más Sol debajo de un plátano que debajo de un tejado.

El plátano de Indias, por lo que es de tener en algo, y en mucho, es por la fruta, que la tiene muy buena; y para hacer sombra no es ni pueden estar sentados debajo de él. Ultra de eso, el plátano antiguo tenía tronco tan grande y ramos tan esparcidos, que refiere Plinio[181] del otro Licinio, capitán romano, que con diez y ocho compañeros comió dentro de un hueco de un plátano muy a placer. Y del otro emperador Cayo Calígula, que con once convidados se sentó sobre los ramos de otro plátano en alto, y allí les dio un soberbio banquete. Los plátanos de Indias ni tienen hueco, ni tronco ni ramos. Añádese a lo dicho que los plátanos antiguos dábanse en Italia y en España, aunque vinieron de Grecia, y a Grecia de Asia, mas los plátanos de Indias no se dan en Italia y España; digo no se dan porque, aunque se han visto por acá, y yo vi uno en Sevilla en la huerta del Rey, pero no medran ni valen nada.

Finalmente, lo mismo en que hay la semejanza, son muy desemejantes, porque aunque la hoja de aquéllos era grande, no en tanto exceso, pues la junta Plinio[182] con la hoja de la parra y de la higuera. Las hojas del plátano de Indias son de maravillosa grandeza, pues cubrirá una de ellas a un hombre, poco menos que de pies a cabeza. Así que no hay para qué poner esto jamás en duda; mas puesto que sea diverso este plátano de aquel antiguo, no por eso merece manos loor, sino quizá más por las propiedades tan provechosas que tiene. Es planta que en la tierra hace cepa, y de ella saca diversos pimpollos, sin estar asido ni trabado uno de otro.

Cada pimpollo crece, y hace como árbol por sí, engrosando y echando aquellas hojas de un verde muy fino y muy liso, y de la grandeza que he dicho. Cuando ha crecido como estado y medio o dos, echa un racimo solo de plátanos, que unas veces son muchos, otras no tantos; en algunos se han contado trescientos: es cada uno de un palmo de largo, y más y menos, y grueso como de dos dedos o tres, aunque hay en esto mucha diferencia de unos a otros. Quítase fácilmente la cáscara o corteza; y todo lo demás es médula tiesa y tierna y de muy buen comer, porque es sana y sustenta: inclina un poco más a frío

---

181 Plin., lib. 12, cap. 1.
182 Plin., lib. 16, c. 24.

que calor esta fruta. Suélense los racimos que digo coger verdes, y en tinajas, abrigándolos, se maduran y sazonan, especialmente con cierta yerba que es a propósito para eso. Si los dejan madurar en el árbol tienen mejor gusto, y un olor como el de camuesas muy lindo. Duran cuasi todo el año, porque de la cepa del plátano, van siempre brotando pimpollos, y cuando uno acaba, otro comienza a dar fruto, otro está a medio crecer, otro retoña de nuevo; de suerte, que siempre suceden unos pimpollos a otros; y así todo el año hay fruto.

En dando su racimo cortan aquel brazo, porque no da más ninguno de uno, y una vez; pero la cepa, como digo, queda y brota de nuevo hasta que se cansa: dura por algunos años; quiere mucha humedad el plátano y tierra muy caliente; échanle al pie ceniza para más beneficio; hácense bosques espesos de los platanares, y son de mucho provecho, porque es la fruta que más se usa en Indias, y es cuasi en todas ellas universal, aunque dicen que su origen fue de Etiopía y que de allí vino; y en efecto, los negros lo usan mucho, y en algunas partes éste es su pan; también hacen vino de él. Cómese el plátano como fruta así crudo; ásase también y guísase; y hacen de él diversos potajes, y aun conservas; y en todo dice bien.

Hay unos plátanos pequeños y más delicados y blandos, que en la Española llaman dominicos; hay otros más gruesos y recios y colorados. En la tierra del Perú no se dan: tráense de los Andes; como a México, de Cuernavaca y otros valles. En Tierra Firme y en algunas islas hay platanares grandísimos como bosques espesos; si el plátano fuera de provecho para el fuego, fuera la planta más útil que puede ser; pero no lo es porque ni su hoja ni sus ramos sirven de leña, y mucho menos de madera, por ser fofos y sin fuerza. Todavía las hojas secas sirvieron a don Alonso de Ercilla (como él dice) para escribir en Chile algunos pedazos de la Araucana; y a falta de papel no es mal remedio, pues será la hoja del ancho de un pliego de papel, o poco menos, y de largo tiene más de cuatro tanto.

Capítulo XXII. Del cacao y de la coca
Aunque el plátano es más provechoso, es más estimado el cacao en México, y la coca en el Perú; y ambos a dos árboles son de no poca superstición. El cacao es una fruta menor que almendras, y más gruesa, la cual tostada no tiene mal sabor. Esta es tan preciada entre los indios, y aun entre los españo-

les, que es uno de los ricos y gruesos tratos de la Nueva España, porque como es fruta seca, guárdase sin dañarse largo tiempo, y traen navíos cargados de ella de la provincia de Guatimala; y este año pasado un corsario inglés quemó en el puerto de Guatulco de Nueva España más de cien mil cargas de cacao. Sirve también de moneda, porque con cinco cacaos se compra una cosa, y con treinta otra, y con ciento otra, sin que haya contradicción; y usan dar de limosna estos cacaos a pobres que piden.

El principal beneficio de este cacao es un brebaje que hacen, que llaman chocolate, que es cosa loca lo que en aquella tierra le precian, y algunos que no están hechos a él les hace asco, porque tiene una espuma arriba y un borbollón como de heces, que cierto es menester mucho crédito para pasar con ello. Y en fin, es la bebida preciada, y con que convidan a los señores que vienen o pasan por su tierra los indios; y los españoles, y más las españolas hechas a la tierra, se mueren por el negro chocolate. Este sobredicho chocolate dicen que hacen en diversas formas y temples, caliente, y fresco, y templado. Usan echarle especias y mucho chili; también le hacen en pasta, y dicen que es pectoral, y para el estómago y contra el catarro. Sea lo que mandaren, que en efecto los que no se han criado con esta opinión no lo apetecen.

El árbol donde se da esta fruta es mediano y bien hecho, y tiene hermosa copa; es tan delicado, que para guardarle del Sol y que no le queme, ponen junto a él otro árbol grande, que solo sirve de hacelle sombra, y a éste llaman la madre del cacao. Hay beneficio de cacaotales donde se crían, como viñas o olivares en España, por el trato y mercancía; la provincia que más abunda es la de Guatimala. En el Perú no se da; mas dáse la coca, que es otra superstición harto mayor, y parece cosa de fábula. En realidad de verdad, en solo Potosí monta más de medio millón de pesos cada año la contratación de la coca, por gastarse de noventa a noventa y cinco mil cestos de ella, y aun el año de ochenta y tres fueron cien mil. Vale un cesto de coca en el Cuzco de dos pesos y medio a tres, y vale en Potosí de contado a cuatro pesos, y seis tomines, y a cinco pesos ensayados; y es el género sobre que se hacen cuasi todas las baratas o mohatras, porque es mercadería de que hay gran expedición.

Es, pues, la coca tan preciada una hoja verde pequeña que nace en unos arbolillos de obra de un estado de alto; críase en tierras calidísimas y muy húmedas; da este árbol cada cuatro meses esta hoja, que llaman allá tres mitas. Quiere mucho cuidado en cultivarse, porque es muy delicada, y mucho más en conservarse después de cogida. Métenla con mucho orden en unos cestos largos y angostos, y cargan los carneros de la tierra, que van con esta mercadería a manadas, con mil y dos mil y tres mil cestos. El ordinario es traerse de los Andes, de valles de calor insufrible, donde lo más del año llueve; y no cuesta poco trabajo a los indios, ni aun pocas vidas su beneficio, por ir de la sierra y temples fríos a cultivalla y beneficialla y traella. Así hubo grandes disputas y pareceres de letrados y sabios sobre si arrancarían todas las chacaras de coca; en fin, han permanecido.

Los indios la precian sobremanera, y en tiempo de los reyes Incas no era lícito a los plebeyos usar la coca sin licencia del Inga o su gobernador. El uso es traerla en la boca y mascarla chupándola: no la tragan; dicen que les da gran esfuerzo y es singular regalo para ellos. Muchos hombres graves lo tienen por superstición, y cosa de pura imaginación. Yo, por decir verdad, no me persuado que sea pura imaginación; antes entiendo que en efecto obra fuerzas y aliento en los indios, porque se ve en efectos que no se pueden atribuir a imaginación, como es con un puño de coca caminar doblando jornadas, sin comer a veces otra cosa, y otras semejantes obras.

La salsa con que la comen es bien conforme al manjar, porque ella yo la he probado, y sabe a zumaque, y los indios la polvorean con ceniza de huesos quemados y molidos, o con cal, según otros dicen. A ellos les sabe bien, y dicen les hace provecho, y dan su dinero de buena gana por ella, y con ella rescatan, como si fuese moneda, cuanto quieren. Todo podría bien pasar si no fuese el beneficio y trato de ella con riesgo suyo y ocupación de tanta gente. Los señores Incas usaban la coca por cosa real y regalada, y en sus sacrificios era la cosa que más ofrecían, quemándola en honor de sus ídolos.

Capítulo XXIII. Del magüey, del tunal, de la grana, del añil y algodón
El árbol de las maravillas es el magüey, de que los nuevos o chapetones (como en Indias los llaman) suelen escribir milagros, de que da agua y vino y aceite y vinagre y miel y arrope y hilo y aguja y otras cien cosas. El es un árbol que en la Nueva España estiman mucho los indios, y de ordinario tienen en su habitación alguno o algunos de este género para ayuda a su vida; y en los campos se

da y le cultivan. Tiene unas hojas anchas y groseras, y el cabo de ellas es una punta aguda y recia que sirve para prender o asir como alfileres, o para coser, y ésta es el aguja: sacan de la hoja cierta hebra o hilo. El tronco, que es grueso, cuando está tierno, le cortan y queda una concavidad grande, donde sube la sustancia de la raíz, y es un licor que se bebe como agua, y es fresco y dulce; este mismo, cocido, se hace como vino, y dejándolo acedar se vuelve vinagre; y apurándolo el más al fuego es como miel; y a medio cocer sirve de arrope, y es de buen sabor y sano, y a mi parecer es mejor que arrope de uvas. Así van cociendo estas y otras diferencias de aquel jugo o licor, el cual se da en mucha cantidad; porque por algún tiempo cada día sacan algunas azumbres de ello. Hay este árbol también en el Perú, mas no le aprovechan como en la Nueva España. El palo de este árbol es fofo, y sirve para conservar el fuego, porque como mecha de arcabuz tiene el fuego, y le guarda mucho tiempo, y de esto he visto servirse de él los indios en el Perú.

El tunal es otro árbol célebre de la Nueva España, si árbol se debe llamar un montón de hojas o pencas unas sobre otras, y en esto es de la más extraña hechura que hay árbol porque nace una hoja, y de aquélla otra, y de ésta otra, y así va hasta el cabo; salvo que, como van saliendo hojas arriba o a los lados, las de abajo se van engrosando, y llegan cuasi a perder la figura de hoja, y hacer tronco y ramos, y todo él espinoso, áspero y feo, que por eso le llaman en algunas partes cardón. Hay cardones o tunales silvestres, y éstos, o no dan fruta o es muy espinosa y sin provecho. Hay tunales domésticos, y dan una fruta en Indias muy estimada que llaman tunas, y son mayores que ciruelas de fraile buen rato, y así rollizas abren la cáscara, que es gruesa, y dentro hay carne y granillos como de higos, que tienen muy buen gusto, y son muy dulces, especialmente las blancas, y tienen cierto olor suave; las coloradas no son tan buenas de ordinario.

Hay otros tunales que, aunque no dan ese fruto, los estiman mucho más y los cultivan con gran cuidado, porque aunque no dan fruta de tunas, dan empero el beneficio de la grana. Porque en las hojas de este árbol, cuando es bien cultivado, nacen unos gusanillos pegados a ella y cubiertos de cierta telilla delgada, los cuales delicadamente cogen y son la cochinilla tan afamada de Indias, con que tiñen la grana fina; déjanlos secar, y así secos los traen a España, que es una rica y gruesa mercadería; vale la arroba de esta cochinilla o grana muchos ducados. En la flota del año de ochenta y siete vinieron cinco mil seiscientas setenta y siete arrobas de grana, que montaron doscientos ochenta y tres mil setecientos y cincuenta pesos; y de ordinario viene cada año semejante riqueza.

Danse estos tunales en tierras templadas, que declinan a frío; en el Perú no se han dado hasta agora; y en España, aunque he visto alguna planta de éstas; pero no de suerte que haya que hacer caso de ella. Y aunque no es árbol, sino yerba de la que se saca el añil, que es para tinte de paños, por ser mercadería que viene con la grana, diré que también se da en cuantidad en la Nueva España, y vino en la flota que he dicho, obra de veinte y cinco mil y doscientas y sesenta y tres arrobas, que montaron otros tantos pesos.

El algodón también se da en árboles pequeños y en grandes, que tienen unos como capullos, los cuales se abren y dan aquella hilaza o vello, que cogido hilan y tejen, y hacen ropa de ello. Es uno de los mayores beneficios que tienen las Indias, porque les sirve en lugar de lino y de lana para ropa; dáse en tierras calientes en los valles y costa del Perú mucho, y en la Nueva España, y en Filipinas y China, y mucho más que en parte que yo sepa, en la provincia de Tucumán, y en la de Santa Cruz de la Sierra, y en el Paraguay; y en estas partes es el principal caudal. De las islas de Santo Domingo se trae algodón a España; y el año que he dicho se trajeron sesenta y cuatro arrobas. En las partes de Indias donde hay algodón es la tela de que más ordinariamente visten hombres y mujeres, y hacen ropa de mesa, y aun lonas o velas de naos. Hay uno vasto y grosero; otro delicado y sutil, y con diversos colores lo tiñen y hacen las diferencias que en paños de Europa vemos en las lanas.

Capítulo XXIV. De los mameyes y guayabos y paltos
Éstas que hemos dicho son las plantas de más granjería y vivienda en Indias. Hay también otras muchas para comer: entre ellas, los mameyes son preciados, del tamaño de grandes melocotones y mayores; tienen uno o dos huesos dentro; es la carne algo recia. Unos hay dulces y otros un poco agrios. La cáscara también es recia. De la carne de éstos hacen conserva, y parece carne de membrillo; son de buen comer, y su conserva mejor. Danse en las islas; no los he visto en el Perú; es árbol grande, bien hecho y de buena copa.

Los guayabos son otros árboles que comúnmente dan una fruta ruin, llena de pepitas recias, del tamaño de manzanas pequeñas. En Tierra Firme y en las islas es árbol y fruta de mala fama; dicen que huelen a chinches, y su sabor es muy grosero, y el efecto poco sano. En Santo Domingo y en aquellas islas hay montañas espesas de guayabos, y afirman que no había tal árbol cuando españoles arribaron allá, sino que llevado de no sé dónde ha multiplicado infinitamente. Porque las pepitas ningún animal las gasta, y vueltas, como la tierra es húmeda y cálida, dicen que han multiplicado lo que se ve. En el Perú es este árbol diferente, porque la fruta no es colorada, sino blanca, y no tiene ningún mal olor, y el sabor es bueno; y de algunos géneros de guayabos es tan buena la fruta como la muy buena de España, en especial los que llaman guayabos de Matos, y otras guayabillas chicas blancas. Es fruta para estómagos de buena digestión y sanos, porque es recia de digerir y fría, asaz.

Las paltas al revés son calientes y delicadas. Es el palto árbol grande, y bien hecho, y de buena copa, y su fruta de la figura de peras grandes; tiene dentro un hueso grandecillo; lo demás es carne blanda, y cuando están bien maduras es como manteca, y el gusto delicado y mantecoso. En el Perú son grandes las paltas, y tienen cáscara dura, que toda entera se quita. En México por la mayor parte son pequeñas, y la cáscara delgada, que se monda como de manzanas; tiénenla por comida sana, y que algo declina a cálida, como he dicho.

Estos son los melocotones, manzanas y peras de Indias, mameyes, guayabas y paltas, aunque yo antes escogería las de Europa; otros por el uso o afición quizá ternán por buena o mejor aquella fruta de Indias. Una cosa es cierta, que los que no han visto y probado estas frutas les hará poco concepto leer esto, y aun les cansará el oíllo, y a mí también me va cansando; y así abreviaré con referir otras pocas de diferencias de frutas, porque todas es imposible.

Capítulo XXV. Del chicozapote y de las anonas y de los capolíes
Algunos encarecedores de cosas de Indias dijeron que había una fruta que era carne de membrillo, y otra que era manjar blanco, porque les pareció el sabor digno de estos nombres. La carne de membrillo o mermelada, si no estoy mal en el cuento, eran los que llaman zapotes o chicozapotes, que son de comida muy dulce y la color tira a la de conserva de membrillo. Esta fruta

decían algunos criollos (como allá llaman a los nacidos de españoles en Indias) que excedían a todas las frutas de España. A mí no me lo parece: de gustos dicen que no hay que disputar; y aunque lo hubiera, no es digna disputa para escrebir. Danse en partes calientes de la Nueva España estos chicozapotes. Zapotes, que no creo difieren mucho, yo he visto de Tierra Firme; en el Perú no sé que haya tal fruta.

Allá el manjar blanco es la anona o guanábana, que se da en Tierra Firme. Es la anona del tamaño de pera muy grande, y así algo ahusada y abierta: todo lo de dentro es blando, y tierno como manteca, y blanco y dulce y de muy escogido gusto. No es manjar blanco, aunque es blanco manjar; ni aun el encarecimiento deja de ser largo, bien que tiene delicado y sabroso gusto; y a juicio de algunos es la mejor fruta de Indias. Tiene unas pepitas negras en cuantidad. Las mejores de éstas que he visto son en la Nueva España, donde también se dan los capolíes, que son como guindas, y tienen su hueso aunque algo mayor, y la forma y tamaño es de guindas, y el sabor bueno, y un dulce agrete. No he visto capolíes en otra parte.

Capítulo XXVI. De diversos géneros de frutales; y de los cocos y almendras de andes y almendras de chachapoyas
No es posible relatar todas las frutas y árboles de Indias, pues de muchas no tengo memoria, y de muchas más tampoco tengo noticia, y aun de las que me ocurren parece cosa de cansancio discurrir por todas. Pues se hallan otros géneros de frutales y frutas más groseras, como las que llaman lúcumas, de cuya fruta dicen por refrán que es madera disimulada; también los pacayes o guabas y hobos y nueces, que llaman encarceladas, que a muchos les parece ser nogales de la misma especie que son los de España; y aún dicen que si los traspusiesen de unas partes a otras a menudo, que vendrían a dar las nueces al mismo modo que las de España, porque por ser silvestres dan la fruta así, que apenas se puede gozar.

En fin, es bien considerar la providencia y riqueza del Criador, que repartió a tan diversas partes del mundo tanta variedad de árboles y frutales, todo para servicio de los hombres que habitan la tierra; y es cosa admirable ver tantas diferencias de hechuras, gustos y operaciones no conocidas ni oídas en el mundo antes que se descubriesen las Indias, de que Plinio y Dioscórides y Theofrasto y los más curiosos ninguna noticia alcanzaron con toda su diligencia y curiosidad. En nuestro tiempo no han faltado hombres curiosos que han hecho tratados de estas plantas de Indias y de hierbas y raíces, y de sus operaciones y medicinas; a los cuales podrá acudir quien deseare más cumplido conocimiento de estas materias.

Yo solo pretendo decir superficial y sumariamente lo que me ocurre de esta historia, y todavía no me parece pasar en silencio los cocos o palmas de Indias, pero ser notable su propiedad. Palmas digo, no propiamente, ni de dátiles, sino semejantes en ser árboles altos y muy recios, e ir echando mayores ramas cuanto más van subiendo. Estas palmas o cocos dan un fruto que también le llaman coco, de que suelen hacer vasos para beber, y de algunos dicen que tienen virtud contra ponzoña y para mal de hijada. El núcleo o médula de éstos, cuando está cuajada y seca, es de comer y tira algo al sabor de castañas verdes. Cuando está en el árbol tierno el coco, es leche todo lo que está dentro, y bébenlo por regalo y para refrescar en tiempo de calores.

Vi estos árboles en San Juan de Puerto Rico y en otros lugares de Indias, y dijéronme una cosa notable, que cada Luna o mes echaba este árbol un racimo nuevo de estos cocos, de manera que da doce frutos al año, como lo que se escribe en el Apocalipsis. Y a la verdad, así parecía, porque los racimos eran todos de diferentes edades: unos que comenzaban, otros hechos, otros a medio hacer, etc. Estos cocos que digo serán del tamaño de un meloncete pequeño; otros hay que llaman coquillos, y es mejor fruta, y la hay en Chile; son algo menores que nueces, pero más redondos. Hay otro género de cocos, que no dan esta médula así cuajada, sino que tiene cuantidad de unas como almendras, que están dentro, como los granos en la granada; son estas almendras mayores tres tanto que las almendras de Castilla; en el sabor se parecen; aunque son un poco más recias, son también jugosas o aceitosas; son de buen comer y sírvense de ellas, a falta de almendras, para regalos, como mazapanes y otras cosas tales. Llámanlas almendras de los Andes, porque se dan estos cocos copiosamente en los Andes del Perú, y son tan recios, que para abrir uno es menester darle con piedra muy grande y buena fuerza. Cuando se caen del árbol, si aciertan con alguna cabeza, la descalabran muy bien. Parece increíble que en el tamaño que tienen, que no son mayores que esotros cocos, a lo menos no mucho, tengan tanta multitud de aquellas almendras.

Pero en razón de almendras, y aun de fruta cualquiera, todos los árboles pueden callar con las almendras de Chachapoyas, que no les sé otro nombre. Es la fruta más delicada y regalada y más sana de cuantas yo he visto en Indias. Y aun un médico docto afirmaba que, entre cuantas frutas había en Indias y España, ninguna llegaba a la excelencia de estas almendras. Son menores que las de los Andes que dije, y mayores, a lo menos más gruesas, que las de Castilla. Son muy tiernas de comer, de mucho jugo y sustancia, y como mantecosas y muy suaves. Críanse en unos árboles altísimos y de grande copa, y, como a cosa preciada, la naturaleza les dio buena guarda. Están en unos erizos algo mayores y de más puntas que los de castañas. Cuando están estos erizos secos, se abren con facilidad y se saca el grano. Cuentan que los micos, que son muy golosos de esta fruta, y hay copia de ellos en los lugares de Chachapoyas, del Perú (donde solamente sé que haya estos árboles), para no espinarse en el erizo, y sacerle la almendra, arrójanlas desde lo alto del árbol recio en las piedras, y quebrándolas así, las acaban de abrir y comen a placer lo que quieren.

Capítulo XXVII. De diversas flores y de algunos árboles que solamente dan flores, y cómo los indios las usan
Son los indios muy amigos de flores, y en la Nueva España más que en parte del mundo; y así usan hacer varios ramilletes, que allá nombran suchiles, con tanta variedad y policía y gala, que no se puede desear más. A los señores y a los huéspedes por honor es uso ofrecelles los principales sus suchiles o ramilletes. Y eran tantos, cuando andábamos en aquella provincia, que no sabía el hombre qué se hacer de ellos.

Bien que las flores principales de Castilla las han allá acomodado para esto, porque se dan allá no menos que acá, como son claveles y clavellinas y rosas y azucena y jazmines y violetas y azahar y otras suertes de flores, que llevadas de España aprueban maravillosamente. Los rosales en algunas partes de puro vicio crecían mucho y dejaban de dar rosas. Sucedió una vez quemarse un rosal, y dar los pimpollos que brotaron luego rosas en abundancia, y de ahí aprendieron a podallas y quitalles el vicio, y dan rosas asaz.

Pero fuera de estas suertes de flores, que son llevadas de acá, hay allá otras muchas, cuyos nombres no sabré decir, coloradas y amarillas y azules y moradas y blancas, con mil diferencias, las cuales suelen los indios ponerse por gala en las cabezas como plumaje. Verdad es que muchas de estas flores no tienen más que la vista, porque el olor no es bueno, o es grosero, o ninguno, aunque hay algunas de excelente olor, como es las que da un árbol, que algunos llaman floripondio, que no da fruto ninguno, sino solamente flores, y éstas son grandes, mayores que azucenas y a modo de campanillas, todas blancas, y dentro unos hilos como el azucena, y en todo el año no cesa de estar echando estas flores, cuyo olor es a maravilla delicado y suave, especialmente en el frescor de la mañana. Por cosa digna de estar en los jardines reales la envió el virrey don Francisco de Toledo al rey don Felipe nuestro señor.

En la Nueva España estiman mucho los indios una flor que llaman yolosuchil, que quiere decir flor de corazón, porque tiene la misma hechura de un corazón, y aun en el tamaño no es mucho menor. Este género de flores lleva también otro árbol grande, sin dar otra fruta; tiene un olor recio y, a mi parecer, demasiado; a otros les parece muy bueno. La flor que llama del Sol es cosa bien notoria, que tiene la figura del Sol y se vuelve al movimiento del Sol. Hay otras que llaman claveles de Indias y parecen un terciopelo morado y naranjado finísimo; también es cosa notoria. Estas no tienen olor que sea de precio, sino la vista. Otras flores hay que con la vista, ya que no tienen olor, tienen sabor, como las que saben a mastuerzo, y si se comiesen sin verse, por el gusto no juzgarían que eran otra cosa.

La flor de granadilla es tenida por cosa notable; dicen que tiene las insignias de la Pasión, y que se hallan en ella los clavos y la columna y los azotes y la corona de espinas y las llagas, y no les falta alguna razón, aunque para figurar todo lo dicho es menester algo de piedad, que ayude a parecer aquello; pero mucho está muy expreso, y la vista en sí es bella, aunque no tiene olor. La fruta que da llaman granadilla, y se come, o se bebe, o se sorbe, por mejor decir, para refrescar; es dulce, y a algunos les parece demasiado dulce. En sus bailes y fiestas usan los indios llevar en las manos flores, y los señores y reyes tenellas por grandeza. Por eso se ven pinturas de sus antiguos tan ordinariamente con flores en la mano, como acá usan pintallos con guantes. Y para materia de flores, harto está dicho; la albahaca, aunque no es flor, sino hierba, se usa para el mismo efecto de recreación y olor, y tenerla en los jardines y regalalla en sus tiestos. Por allá se da tan común y sin cuidado, y tanta, que no es albahaca, sino hierba tras cada acequia.

Capítulo XXVIII. Del bálsamo

Las plantas formó el soberano Hacedor, no solo para comida, sino también para recreación, para medicina y para operaciones del hombre. De las que sirven de sustento, que es lo principal, se ha dicho, y algo también de las de recreación; de las de medicina y operaciones se dirá otro poco. Y aunque todo es medicinal en las plantas bien sabido y bien aplicado, pero algunas cosas hay que notoriamente muestran haberse ordenado de su Criador para medicina y salud de los hombres, como son licores o aceites o gomas o resinas, que echan diversas plantas, que con fácil experiencia dicen luego para qué son buenas.

Entre éstas, el bálsamo es celebrado con razón por su excelente olor, y mucho más extremado efecto de sanar heridas y otros diversos remedios para enfermedades, que en él se experimentan. No es el bálsamo que va de Indias occidentales, de la misma especie que el verdadero bálsamo que traen de Alejandría o del Cairo, y que antiguamente hubo en Judea, la cual, sola en el mundo, según Plinio escribe, poseyó esta grandeza hasta que los emperadores Vespasianos la trajeron a Roma e Italia. Muéveme a decir que no es de la misma especie el un licor y el otro, ver que los árboles de donde mana son entre sí muy diversos, porque el árbol del bálsamo de Palestina era pequeño y a modo de vid, como refiere Plinio de vista de ojos, y hoy día los que lo han visto en Oriente dicen lo mismo. Y la sagrada Escritura, el lugar donde se daba este bálsamo le llamaba viña de Engadi, por la similitud con las vides.

El árbol de donde se trae el bálsamo de Indias yo le he visto, y es tan grande como el granado, y aun mayor, y tira algo a su hechura, si bien me acuerdo, y no tiene que ver con vid. Aunque Estrabón escribe que el árbol antiguo de bálsamo era del tamaño de granados. Pero en los accidentes y en las operaciones son licores muy semejantes, como es en el olor admirable, en el curar heridas, en la color y modo de sustancia; pues lo que refieren[183] del otro bálsamo, que lo hay blanco y bermejo y verde y negro, lo mismo se halla en el de Indias. Y como aquél se sacaba hiriendo o sajando la corteza y destilando por

---

183 Plin., lib. 12, c. 25.

allí el licor, así se hace en el de Indias, aunque es más la cantidad que destila. Y como en aquél hay uno puro, que se llama opobálsamo, que es la propia lágrima que destila, y hay otro no tan perfecto, que es el licor que se saca del mismo palo o corteza, y hojas exprimidas y cocidas al fuego, que llaman jilobálsamo, así también en el bálsamo de Indias hay uno puro que sale así del árbol, y hay otro que sacan los indios cociendo y exprimiendo las hojas y palos, y también le adulteran y acrecientan con otros licores, para que parezca más.

En efecto, se llama con mucha razón bálsamo, y lo es, aunque no sea de aquella especie, y es estimado en mucho, y lo fuera mucho más si no tuviera la falta que las esmeraldas y perlas han tenido, que es ser muchas. Lo que más importa es que, para la sustancia de hacer crisma, que tan necesario es en la santa Iglesia, y de tanta veneración, ha declarado la Sede Apostólica que con este bálsamo de Indias se haga crisma en Indias y con él se dé el sacramento de confirmación y los demás, donde la Iglesia lo usa.

Tráese a España el bálsamo de la Nueva España; y la provincia de Guatimala y de Chiapa y otras por allí es donde más abunda, aunque el más preciado es el que viene de la isla de Tolú, que es en Tierra Firme, no lejos de Cartagena. Aquel bálsamo es blanco, y tienen comúnmente por más perfecto el blanco que el bermejo, aunque Plinio[184] el primer lugar da al bermejo, el segundo al blanco, el tercero al verde, el último al negro. Pero Estrabón[185] parece preciar más el bálsamo blanco, como los nuestros lo precian. Del bálsamo de Indias trata largamente Monardes en la primera parte, y en la segunda, especialmente del de Cartagena o Tolú, que todo es uno. No he hallado que en tiempos antiguos los indios preciasen en mucho el bálsamo, ni aun tuviesen de él uso de importancia. Aunque Monardes dice que curaban con él los indios de sus heridas, y que de ellos aprendieron los españoles.

Capítulo XXIX. Del liquidámbar y otros aceites y gomas y drogas, que se traen de Indias
Después del bálsamo tiene estima el liquidámbar; es otro licor, también oloroso y medicinal, más espeso en sí y que se viene a cuajar y hacer pasta; de complexión cálida, de buen perfume y que le aplican a heridas y otras nece-

---
184 Plin., lib. 12, c. 25.
185 Etrab., lib. 16. Geograph.

sidades, en que me remito a los médicos, especialmente al doctor Monardes, que en la primera parte escribió de este licor y de otros muchos medicinales que vienen de Indias.

Viene también el liquidámbar de la Nueva España, y es, sin duda, aventajada aquella provincia en estas gomas, o licores, o jugos de árboles, y así tienen copia de diversas materias para perfumes y para medicinas, como es el ánime, que viene en grande cantidad; el copal y el suchicopal, que es otro género, como de estoraque y encienso, que también tiene excelentes operaciones y muy lindo olor para sahumerios. También la tacamahaca y la caraña, que son muy medicinales. El aceite que llaman de abeto, también de allá lo traen, y médicos y pintores se aprovechan asaz de él; los unos para sus emplastos y los otros para barniz de sus imágenes. Para medicina también se trae la cañafístola, la cual se da copiosamente en la Española, y es un árbol grande y echa por fruta aquellas cañas con su pulpa. Trajéronse en la flota en que yo vine, de Santo Domingo, cuarenta y ocho quintales de cañafístola.

La zarzaparrilla no es menos conocida para mil achaques; vinieron cincuenta quintales en la dicha flota de la misma isla. En el Perú hay de esta zarzaparrilla mucha; y muy excelente en tierra de Guayaquil, que está debajo de la línea. Allí se van muchos a curar, y es opinión que las mismas aguas simples que beben les causan salud, por pasar por copia de estas raíces, como está arriba dicho; con lo cual se junta, que para sudar en aquella tierra no son menester muchas frazadas y ropa.

El palo de guayacán, que por otro nombre dicen el palo santo o palo de las Indias, se da en abundancia en las mismas islas, y es tan pesado como hierro, y luego se hunde en el agua; de éste trajo la flota dicha trescientos y cincuenta quintales, y pudiera traer veinte y cien mil, si hubiera salida de tanto palo. Del palo del Brasil, que es tan colorado y encendido, y tan conocido y usado para tintes y para otros provechos, vinieron ciento treinta y cuatro quintales de la misma isla en la misma flota. Otros innumerables palos aromáticos y gomas y aceites y drogas hay en Indias que ni es posible referirlas todas, ni importa al presente; solo diré que, en tiempos de los reyes Incas del Cuzco y de los reyes mexicanos, hubo muchos grandes hombres de curar con simples, y hacían curas aventajadas, por tener conocimiento de diversas virtudes y propiedades de hierbas y raíces y palos y plantas, que allá se dan, de que ninguna noticia tuvieron los antiguos de Europa.

Y para purgar hay mil cosas de estas simples, como raíz de Mechoacán, piñones de la Puna y conserva de Guánuco y aceite de Higuerilla y otras cien cosas que, bien aplicadas y a tiempo, no las tienen por de menor eficacia, que las drogas que vienen de Oriente; como podrá entender el que leyere lo que Monardes ha escrito en la primera y segunda parte, el cual también trata largamente del tabaco, del cual ha hecho notables experiencias contra veneno. Es el tabaco un arbolillo o planta asaz común, pero de raras virtudes; también en la que llaman contrayerba, y en otras diversas plantas, porque el Autor de todo repartió sus virtudes como él fue servido y no quiso que naciese cosa ociosa en el mundo; mas el conocello el hombre y sabor usar de ello como conviene, este es otro don soberano que concede el Criador a quien él es servido.

De esta materia de plantas de Indias, y de licores y otras cosas medicinales, hizo una insigne obra el doctor Francisco Hernández, por especial comisión de su majestad, haciendo pintar al natural todas las plantas de Indias, que, según dicen, pasan de mil y doscientas, y afirman haber costado esta obra más de sesenta mil ducados. De la cual hizo uno como extracto el doctor Nardo Antonio, médico italiano, con gran curiosidad. A los dichos libros y obras remito al que más por menudo y con perfición quisiere saber de plantas de Indias, mayormente para efectos de medicina.

Capítulo XXX. De las grandes arboledas de Indias y de los cedros y ceibas y otros árboles grandes
Como desde el principio del mundo la tierra produjo plantas y árboles por mandado del omnipotente Señor, en ninguna región deja de producir algún fruto; en unas más que en otras. Y fuera de los árboles y plantas que por industria de los hombres se han puesto y llevado de unas tierras a otras, hay gran número de árboles que solo la naturaleza los ha producido. De éstos me doy a entender que en el nuevo orbe (que llamamos Indias) es mucho mayor la copia, así en número como en diferencias, que no en el orbe antiguo y tierras de Europa, Asia y África.

La razón es ser las Indias de temple cálido y húmedo, como está mostrado en el libro segundo contra la opinión con extremo vicio infinidad de estas de los antiguos, y así la tierra produce plantas silvestres y naturales. De donde viene a ser inhabitable y aun impenetrable la mayor parte de Indias, por bosques y montañas y arcabucos cerradísimos, que perpetuamente se han abierto. Para andar algunos caminos de Indias, mayormente en entradas de nuevo, ha sido y es necesario hacer camino a puro cortar con hachas árboles y rozar matorrales, que, como nos escriben padres que lo han probado, acaece en seis días caminar una legua y no más. Y un hermano nuestro, hombre fidedigno, nos contaba que, habiéndose perdido en unos montes, sin saber adonde ni por donde había de ir, vino a hallarse entre matorrales tan cerrados, que le fue forzoso andar por ellos, sin poner pie en tierra por espacio de quince días enteros. En los cuales, también por ver el Sol y tomar algún tino, por ser tan cerrado de infinita arboleda aquel monte, subía algunas veces trepando hasta la cumbre de árboles altísimos, y desde allí descubría camino. Quien leyere la relación de las veces que este hombre se perdió, y los caminos que anduvo, y sucesos extraños que tuvo (la cual yo, por parecerme cosa digna de saber, escrebí sucintamente), y quien hubiere andado algo por montañas de Indias, aunque no sean sino las dieciocho leguas que hay de Nombre de Dios a Panamá, entenderá bien de qué manera es esta inmensidad de arboleda que hay en Indias.

Como allá nunca hay invierno que llegue a frío, y la humedad del cielo y del suelo es tanta, de ahí proviene que las tierras de montaña producen infinita arboleda, y las de campiña, que llaman sabanas, infinita hierba. Así que, para pastos, hierba, y para edificios, madera, y para el fuego, leña, no falta. Contar las diferencias y hechuras de tanto árbol silvestre es cosa imposible, porque de los más de ellos no se saben los nombres. Los cedros, tan encarecidos antiguamente, son por allá muy ordinarios para edificios y para naos, y hay diversidad de ellos: unos blancos y otros rojos y muy olorosos. Danse en los Andes del Perú y en las montañas de Tierra Firme y en las islas y en Nicaragua y en la Nueva España, gran cantidad. Laureles de hermosísima vista y altísimos, palmas infinitas, ceibas de que labran los indios las canoas, que son barcos hechos de una pieza.

De La Habana e isla de Cuba, donde hay inmensidad de semejantes árboles, traen a España palos de madera preciada, como son ébanos, caobana, granadillo, cedro y otras maderas que no conozco. También hay pinos grandes en Nueva España, aunque no tan recios como los de España; no llevan piñones, sino piñas vacías. Los robles que traen de Guayaquil son escogida madera y olorosa, cuando se labran; y de allí mismo cañas altísimas, cuyos cañutos hacen una botija o cántaro de agua, y sirven para edificios, y los palos de mangles, que hacen árboles y mástiles de naos, y los tienen por tan recios como si fuesen de hierro.

El molle es árbol de mucha virtud; da unos racimillos, de que hacen vino los indios. En México le llaman árbol del Perú, porque vino de allá; pero dase también y mejor en la Nueva España, que en el Perú. Otras mil maneras hay de árboles, que es superfluo trabajo decirlas. Algunos de estos árboles son de enorme grandeza; solo diré de uno que está en Tlacochabaya, tres leguas de Guajaca, en la Nueva España. Este, midiéndole aposta, se halló en solo el hueco de dentro tener nueve brazas, y por defuera medido, cerca de la raíz, dieciséis brazas, y por lo más alto, doce. A este árbol hirió un rayo desde lo alto, por el corazón, hasta abajo, y dicen que dejó el hueco que está referido. Antes de herirle el rayo, dicen que hacía sombra bastante para mil hombres, y así se juntaban allí para hacer sus mitotes, bailes y supersticiones; todavía tiene rama y verdor, pero mucho menos. No saben qué especie de árbol sea, mas de que dicen que es género de cedro.

A quien le pareciere cedro fabuloso aqueste, lea lo que Plinio cuenta[186] del plátano de Licia, cuyo hueco tenía ochenta y un pies, que más parecía cueva o casa, que no hueco de árbol; y la copa de él parecía un bosque entero, cuya sombra cubría los campos. Con éste se perderá el espanto y la maravilla del otro tejedor, que dentro del hueco de un castaño tenía casa y telar. Y del otro castaño o que se era, donde entraban a caballo ocho hombres y se tornaban a salir por el hueco de él sin embarazarse. En estos árboles así extraños y diformes ejercitaban sus idolatrías mucho los indios, como también lo usaron los antiguos gentiles, según refieren autores de aquel tiempo.

Capítulo XXXI. De las plantas y frutales que se han llevado de España a las Indias
Mejor han sido pagadas las Indias, en lo que toca a plantas, que en otras mercaderías, porque las que han venido a España son pocas y danse mal, las

---

186 Plin., lib. 12. c. 1.

que han pasado de España son muchas y danse bien. No sé si digamos que lo hace la bondad de las plantas, para dar la gloria a lo de acá; o si digamos que lo hace la tierra, para que sea la gloria de allá. En conclusión, casi cuanto bueno se produce en España hay allá, y en partes aventajado, y en otras no tal, trigo, cebada, hortaliza y verdura y legumbres de todas suertes, como son lechugas, berzas, rábanos, cebollas, ajos, perejil, nabos, canarias, berenjenas, escarolas, acelgas, espinacas, garbanzos, habas, lentejas y, finalmente, cuanto por acá se da de esto casero y de provecho, porque han sido cuidadosos los que han ido, en llevar semillas de todo, y a todo ha respondido bien la tierra, aunque en diversas partes de uno más que de otro, y en algunas poco.

De árboles, los que más generalmente se han dado allá, y con más abundancia, son naranjos y limas y cidras y fruta de este linaje. Hay ya en algunas partes montañas y bosques de naranjales, lo cual, haciéndome maravilla, pregunté en una isla, ¿quién había henchido los campos de tanto naranjo? Respondiéronme que acaso se había hecho porque cayéndose algunas naranjas y pudriéndose la fruta, habían brotado de su simiente, y de la que de éstos y de otros llevaban las aguas a diversas partes, se venían a hacer a aquellos bosques espesos; parecióme buena razón. Dije ser ésta la fruta que generalmente se haya dado en Indias, porque en ninguna parte he estado de ellas donde no haya naranjas, por ser todas las Indias tierra caliente y húmeda, que es lo que quiere aquel árbol; en la sierra no se dan, tráense de los valles o de la costa. La conserva de naranjas cerradas que hacen en las islas es de la mejor que yo he visto allá, ni acá.

También se han dado bien duraznos, y sus consortes melocotones, y priscos, y albarcoques, aunque éstos más en Nueva España; en el Perú, fuera de duraznos, de esotros hay poco, y menos en las islas. Manzanas y peras se dan, pero moderadamente; ciruelas, muy cortamente; higos, en abundancia, mayormente en el Perú; membrillos, en todas partes, y en Nueva España de manera que por medio real nos daban cincuenta, a escoger; granadas también asaz, aunque todas son dulces; agras no se han dado bien. Melones, en partes los hay muy buenos, como en Tierra Firme y algunas partes del Perú. Guindas, ni cerezas, hasta ahora no han tenido dicha de hallar entrada en Indias; no creo es falta del temple, porque le hay en todas maneras, sino falta de cuidado o de acierto. De frutas de regalo apenas siento falte otra por allá. De fruta basta y grosera faltan bellotas y castañas, que no se han dado hasta agora, que yo sepa, en Indias. Almendras se dan, pero escasamente. Almendra y nuez y avellana va de España para gente regalada. Tampoco sé que haya nísperos, ni serbas, ni importan mucho. Y esto baste para entender, que no falta regalo de fruta asaz. Ahora digamos otro poco de plantas de provecho que han ido de España, y acabaremos esta plática de plantas, que ya va larga.

Capítulo XXXII. De uvas viñas y olivas y moreras y cañas de azúcar
Plantas de provecho entiendo las que demás de dar que comer en casa traen a su dueño dinero. La principal de éstas es la vid, que da el vino y el vinagre y la uva y la pasa y el agraz y el arrope; pero el vino es lo que importa.

En las islas y Tierra Firme no se da vino ni uvas; en la Nueva España hay parras y llevan uvas, pero no se hace vino. La causa debe ser no madurar del todo las uvas, por razón de las lluvias, que vienen por julio y agosto, y no las dejan bien sazonar; para comer solamente sirven. El vino llevan de España o de las Canarias; y así es en lo demás de Indias, salvo el Perú y Chile, donde hay viñas y se hace vino, y muy bueno; y de cada día crece así en cuantidad, porque es gran riqueza en aquella tierra, como en bondad, porque se entiende mejor el modo de hacerse. Las viñas del Perú son comúnmente en valles calientes, donde tienen acequias y se riegan a mano, porque la lluvia del cielo en los llanos no la hay y en la sierra no es a tiempo. En partes hay donde ni se riegan las viñas, del cielo ni del suelo, y dan en grande abundancia, como en el valle de Ica, y lo mismo en las hoyas que llaman de Villacuri, donde entre unos arenales muertos se hallan unos hoyos o tierras bajas de increíble frescura todo el año, sin llover jamás, ni haber acequia, ni riego humano. La causa es ser aquel terreno esponjoso y chupar el agua de ríos que bajan de la sierra y se empapan por aquellos arenales; o si es humedad de la mar (como otros piensan), hase de entender que el trascolarse por el arena hace que el agua no sea estéril y inútil, como el filósofo lo significa.

Han crecido tanto las viñas, que por su causa los diezmos de las Iglesias son hoy cinco y seis tanto de lo que eran ahora veinte años. Los valles más fértiles de viñas son Víctor, cerca de Arequipa; Ica, en términos de Lima; Caracato, en términos de Chuquiabo. Llévase este vino a Potosí y al Cuzco y a diversas partes; y es grande granjería, porque vale con toda la abundancia una botija o arroba cinco o seis ducados, y si es de España, que siempre se lleva en las flotas, diez y doce. En el reino de Chile se hace vino como en España, porque es el mismo temple; pero traído al Perú se daña. Uvas se gozan donde no se puede gozar vino, y es cosa de admirar que en la ciudad del Cuzco se hallarán uvas frescas todo el año. La causa de esto me dijeron ser los valles de aquella comarca, que en diversos meses del año dan fruto; y agora sea por el podar las vides a diversos tiempos, ora por cualidad de la tierra, en efecto, todo el año hay diversos valles que dan fruta.

Si alguno se maravilla de esto, más se maravillará de lo que diré, y quizá no lo creerá. Hay árboles en el Perú, que la una parte del árbol da fruta la mitad del año, y la otra parte la otra mitad. En Mala, trece leguas de la ciudad de los Reyes, la mitad de una higuera, que está a la banda del sur, está verde y da fruta un tiempo del año, cuando es verano en la sierra; y la otra mitad, que está hacia los llanos y mar, está verde y da fruta en otro tiempo diferente, cuando es verano en los llanos. Tanto como esto obra la variedad del templo y aire, que viene de una parte o de otra. La granjería del vino no es pequeña, pero no sale de su provincia.

Lo de la seda, que se hace en Nueva España, sale para otros reinos, como el Perú. No la había en tiempo de indios; de España se han llevado moreras, y danse bien, mayormente en la provincia que llaman la Misteca, donde se cría gusano de seda y se labra y hacen tafetanes buenos; damascos, rasos y terciopelos no se labran hasta agora. El azúcar es otra granjería más general, pues no solo se gasta en Indias, sino también se trae a España harta cantidad, porque las cañas se dan escogidamente en diversas partes de Indias; en islas, en México, en Perú y en otras partes han hecho ingenios de grande contratación. Del de la Nasca me afirmaron que solía rentar de treinta mil pesos arriba cada año. El de Chicama, junto a Trujillo, también era hacienda gruesa, y no menos lo son los de la Nueva España, porque es cosa loca lo que se consume de azúcar y conserva en Indias. De la isla de Santo Domingo se trajeron en la flota que vine ochocientas y noventa y ocho cajas y cajones de azúcar, que siendo del modo que yo las vi cargar en Puerto Rico será a mi parecer cada caja de ocho arrobas

Es esta del azúcar la principal granjería de aquellas islas tanto se han dado los hombres al apetito de lo dulce. Olivas y olivares también se han dado en Indias, digo en México y Perú; pero hasta hoy no hay molino de aceite, ni se hace, porque para comer las quieren más y las sazonan bien. Para aceite hallan que es más la costa que el provecho; así que todo el aceite va de España. Con esto quede acabado con la materia de las plantas, y pasemos a la de animales de las Indias.

Capítulo XXXIII. De los ganados ovejuno y vacuno
De tres maneras hallo animales en Indias uno, que han sido llevados de españoles; otros, que aunque no han sido llevados por españoles, los hay en Indias de la misma especie que en Europa; otros, que son animales propios de Indias y no se hallan en España. En el primero modo son ovejas, vacas, cabras, puercos, caballos, asnos, perros, gatos y otros tales, pues estos géneros los hay en Indias.

El ganado menor ha multiplicado mucho; y si se pudieran aprovechar las lanas enviándose a Europa, fuera de las mayores riquezas que tuvieran las Indias. Porque el ganado ovejuno allá tiene grande abundancia de pastos, sin que se agote la yerba en muchas partes; y es de suerte la franqueza de pastos y dehesas, que en el Perú no hay pastos propios: cada uno apacienta do quiere. Por lo cual la carne es comúnmente abundante y barata por allá; y los demás provechos que de la oveja proceden, de quesos, leche, etc. Las lanas dejaron un tiempo perder del todo, hasta que se pusieron obrajes, en los cuales se hacen paños y frazadas, que ha sido gran socorro en aquella tierra para la gente pobre, porque la ropa de Castilla es muy costosa. Hay diversos obrajes en el Perú; mucho mas copia de ellos en Nueva España, aunque agora sea la lana no ser tan fina, agora los obrajes no labralla tan bien, es mucha la ventaja de la ropa que va de España, a la que en Indias se hace. Había hombres de setenta y de cien mil cabezas de ganado menor; y hoy día los hay poco menos, que a ser en Europa, fuera riqueza, grande y allá lo es moderada.

En muchas partes de Indias, y creo son las más, no se cría bien ganado menor, a causa de ser la yerba alta y la tierra tan viciosa, que no pueden apacentarse sino ganados mayores; y así de vacuno hay innumerable multitud. Y de esto en dos maneras: uno ganado manso, y que anda en sus hatos, como en tierra de los en otras provincias del Perú y en toda la Nueva España. De este ganado se aprovechan, como en España, para carne y manteca y terneras, y para bueyes de arado, etc. En otra forma hay de este ganado alzado al monte; y así por la espereza y espesura de los montes, como por su multitud, no se hierra, ni tiene dueño propio, sino como caza de monte, el primero que la montea y mata es el dueño. De este modo han multiplicado las vacas en la isla Española, y en otras de aquel contorno que andan a millares sin dueño por los montes y campos.

Aprovéchanse de este ganado para cueros: salen negros o blancos en sus caballos con desjarretaderas al campo, y corren los toros o vacas, y la res que hieren y cae es suya. Desuéllanla, y llevando el cuero a su casa dejan la carne perdida por ahí, sin haber quien la gaste ni quiera por la sobra que hay de ella. Tanto, que en aquella isla me afirmaron que en algunas partes había infección de la mucha carne que se corrompía. Este corambre que viene a España es una de las mejores granjerías de las islas y de Nueva España. Vinieron de Santo Domingo en la flota de ochenta y siete, treinta y cinco mil cuatrocientos cuarenta y cuatro cueros vacunos. De la Nueva España vinieron sesenta y cuatro mil y trescientos y cincuenta cueros, que los valuaron en noventa y seis mil y quinientos y treinta y dos pesos. Cuando descarga una flota de éstas, ver el río de Sevilla y aquel arenal donde se pone tanto cuero y tanta mercadería es cosa para admirar.

El ganado cabrío también se da; y ultra de los otros provechos de cabritos, de lecho, etc., es uno muy principal el sebo, con el cual comúnmente se alumbran ricos y pobres, porque como hay abundancia, les es más barato que aceite, aunque no es todo el sebo que en esto se gasta de macho. También para el calzado aderezan los cordovanes; mas no pienso que son tan buenos como los que llevan de Castilla.

Caballos se han dado, y se dan escogidamente en muchas partes o las más de Indias, y algunas razas hay de ellos tan buenos como los mejores de Castilla, así para carrera y gala como para camino y trabajo. Por lo cual allá el usar caballos para camino es lo más ordinario, aunque no faltan mulas y muchas, especialmente donde las recuas son de ellas, como en Tierra Firme. De asnos no hay tanta copia, ni tanto uso; y para trabajo es muy poco lo que se sirven de ellos. Camellos algunos, aunque pocos, vi en el Perú llevados de las Canarias, y multiplicados allá, pero cortamente.

Perros en la Española han crecido en número y en grandeza, de suerte que es plaga de aquella isla, porque se comen los ganados y andan a manadas por los campos. Los que los matan tienen premio por ello, como hacen con los lobos en España. Verdaderos perros no los había en Indias, sino unos semejantes a perrillos, que los indios llamaban alco; y por su semejanza a los que han sido llevados de España, también los llaman alco; y son tan amigos de estos perrillos, que se quitarán el comer por dárselo; y cuando van camino los llevan consigo a cuestas o en el seno. Y si están malos, el perrito ha de estar allí con ellos, sin servirse de ellos para cosa, sino solo para buena amistad y compañía.

Capítulo XXXIV. De algunos animales de Europa que hallaron los españoles en Indias, y cómo hayan pasado

Todos estos animales que he dicho es cosa cierta que se llevaron de España, y que no los había en Indias cuando se descubrieron aún no ha cien años; y ultra de ser negocio que aún tiene testigos vivos, es bastante prueba ver que los indios no tienen en su lengua vocablos propios para estos animales, sino que se aprovechan de los mismos vocablos españoles, aunque corruptos, porque de donde les vino la cosa, como no la conocían, tomaron el vocablo de ella. Esta regla he hallado buena para discernir qué cosas tuviesen los indios antes de venir españoles, y qué cosas no. Porque aquellas que ellos ya tenían y conocían también les daban su nombre; las que de nuevo recibieron diéronles también nombres de nuevo, los cuales de ordinario son los mismos nombres españoles, aunque pronunciados a su modo, como al caballo, al vino y al trigo, etc.

Halláronse, pues, animales de la misma especie que en Europa, sin haber sido llevados de españoles. Hay leones, tigres, osos, jabalíes, zorras y otras fieras y animales silvestres, de los cuales hicimos en el primer libro argumento fuerte, que no siendo verosímil que por mar pasasen en Indias, pues pasar a nado el océano es imposible, y embarcarlos consigo hombres es locura, síguese que por alguna parte donde el un orbe se continúa y avecina al otro, hayan penetrado, y poco a poco poblado aquel mundo nuevo. Pues conforme a la divina Escritura,[187] todos estos animales se salvaron en el arca de Noé, y de allí se han propagado en el mundo.

Los leones que por allá yo he visto no son bermejos, ni tienen aquellas vedijas con que los acostumbran pintar: son pardos, y no tan bravos como los pintan. Para cazarlos se juntan los indios en torno, que ellos llaman chaco, y a pedradas, y con palos y otros instrumentos los matan. Usan encaramarse también en árboles estos leones, y allí con lanzas o con ballestas, y mejor con arcabuz, los matan. Los tigres se tienen por más bravos y crueles, y que hacen salto más peligroso, por ser a traición. Son maculosos, y del mismo modo que los historiadores los describen. Algunas veces oí contar que estos tigres están cebados en indios, y que por eso no acometían a españoles, o muy poco, y que de entre ellos sacaban un indio y se le llevaban. Los osos, que en lengua del Cuzco llaman otoroncos, son de la misma especie que acá, y son hormigueros.

De colmeneros poca experiencia hay, porque los panales donde los hay en Indias danse en árboles, o debajo de la tierra, y no en colmenas al modo de Castilla; y los panales que yo he visto en la provincia de los Charcas, que allá nombran lechiguanas, son de color pardo y de muy poco jugo; más parecen paja dulce que panales de miel. Dicen que las abejas son tan chiquitas como moscas, y que enjambran debajo de la tierra: la miel es aceda y negra. En otras partes hay mejor miel, y panales más bien formados, como en la provincia de Tucumán, y en Chile, y en Cartagena. De los jabalíes tengo poca relación, más de haber oído a personas que dicen haberlos visto. Zorros y animales que degüellan el ganado hay más de los que los pastores quisieran.

Fuera de estos animales, que son fieros y perniciosos, hay otros provechosos que no fueron llevado por los españoles, como son los ciervos o venados, de que hay gran suma por todos aquellos montes; pero los más no son venados con cuernos; a lo menos ni yo los he visto, ni oído a quien los haya visto: todos son mochos como corzos. Todos estos animales que hayan pasado por su ligereza, y por ser naturalmente silvestres y de caza, desde el un orbe al otro, por donde se juntan, no se me hace difícil, sino muy probable y cuasi cierto, viendo que en islas grandísimas y muy apartadas de tierra firme no se hallan, cuanto yo he podido por alguna experiencia y relación alcanzar.

---

187 Genes. 6.

Capítulo XXXV. De aves que hay de acá, y cómo pasaron allá en Indias

Menos dificultad tiene creer lo mismo de aves, que hay del género de las de acá, como son perdices y tórtolas y palomas torcaces y codornices y diversas castas de halcones, que por muy preciados se envían a presentar de la Nueva España y del Perú a señores de España. Ítem, garzas y águilas de diversas castas. Estos y otros pájaros semejantes no hay duda que pudieron pasar y muy mejor como pasaron los leones, tigres y ciervos. Los papagayos también son de gran vuelo, y se hallan copiosamente en Indias, especialmente en los Andes del Perú; en las islas de Puerto Rico y Santo Domingo andan bandas de ellos como de palomas.

Finalmente, las aves con sus alas tienen camino a do quieren; y el pasar el golfo no les será a muchas muy difícil; pues es cosa cierta, y la afirma Plinio,[188] que muchas pasan la mar y van a regiones muy extrañas, aunque tan grande golfo, como el mar océano de Indias, no sé yo que escriba nadie que lo pasen aves a vuelo. Mas tampoco lo tengo por del todo imposible, pues de algunas es opinión común de marineros que se ven doscientas, y aun muchas más leguas lejos de tierra; y también, según que Aristóteles enseña,[189] las aves fácilmente sufren estar debajo del agua, porque su respiración es poca, como lo vemos en aves marinas, que se zabullen, y están buen rato; y así se podría pensar que pájaros y aves que se hallan en islas y tierra firme de Indias hayan pasado la mar descansando en islotes y tierras, que con instinto natural conocen, como de algunos lo refiere Plinio;[190] o quizá dejándose caer en el agua cuando están fatigadas de volar, y de allí, después de descansar un rato, tornando a proseguir su vuelo.

Y cuanto a los pájaros que se hallan en islas, donde no se ven animales de tierra, tengo por sin duda que han pasado en una de las dos maneras dichas. Cuanto a las demás que se hallan en tierra firme, máxime las que no son de vuelo muy ligero, es mejor camino decir que fueron por do los animales de tierra que allá hay de los de Europa. Porque hay aves también en Indias muy pesadas, como avestruces, que se hallan en el Perú, y aun a veces suelen

---
188 Plin., lib. 10, c. 23.
189 Arist., lib. 3, de part. animal, c. 6.
190 Plin., lib. 10. c. 25.

espantar a los carneros de la tierra que van cargados. Pero dejando estas aves, que ellas por si se gobiernan, sin que los hombres cuiden de ellas, si no es por vía de caza; de aves domésticas me he maravillado de las gallinas, porque, en efecto, las había antes de ir españoles; y es claro indicio tener nombres de allá, que a la gallina llaman gualpa y al huevo ronto; y el mismo refrán que tenemos de llamar a un hombre gallina, para notalle de cobarde, ese propio usan los indios. Y los que fueron al descubrimiento de las islas de Salomón refieren haber visto allá gallinas de las nuestras.

Puédese entender que, como la gallina es ave tan doméstica y tan provechosa, los mismos hombres las llevaron consigo, cuando pasaron de unas partes a otras, como hoy día vemos que caminan los indios llevando su gallina o pollito sobre la carga que llevan a las espaldas; y también las llevan fácilmente en sus gallineros hechos de paja o de palo. Finalmente, en Indias hay muchas especies de animales y aves de las de Europa que las hallaron allá los españoles, como son las que he referido y otras que otros dirán.

Capítulo XXXVI. Cómo sea posible haber en Indias animales que no hay en otra parte del mundo

Mayor dificultad hace averiguar qué principio tuvieron diversos animales que se hallan en Indias y no se hallan en el mundo de acá. Porque si allá los produjo el Criador, no hay para qué recurrir al arca de Noé, ni aun hubiera para qué salvar entonces todas las especies de aves y animales si habían de criarse después de nuevo; ni tampoco parece que con la creación de los seis días dejara Dios el mundo acabado y perfecto, si restaban nuevas especies de animales por formar, mayormente animales perfectos, y de no menor excelencia que esotros conocidos.

Pues si decimos que todas estas especies de animales se conservaron en el arca de Noé, síguese que, como esotros animales fueron a Indias de este mundo de acá, así también éstos, que no se hallan en otras partes del mundo. Y siendo esto así, pregunto: ¿cómo no quedó su especie de ellos por acá?, ¿cómo solo se halla donde es peregrina y extranjera? Cierto es cuestión que me ha tenido perplejo mucho tiempo. Digo, por ejemplo, si los carneros del Perú y los que llaman pacos y guanacos no se hallan en otra región del mundo, ¿quién los llevó al Perú?, ¿o cómo fueron? Pues no quedó rastro de ellos en todo el mundo; y si no fueron de otra región, ¿cómo se formaron y produjeron allí? ¿Por ventura hizo Dios nueva formación de animales?

Lo que digo de estos guanacos y pacos diré de mil diferencias de pájaros, aves y animales del monte, que jamás han sido conocidas ni de nombre, ni de figura, ni hay memoria de ellos en latinos ni griegos, ni en naciones ningunas de este mundo de acá. Sino es que digamos que aunque todos los animales salieron del arca; pero por instinto natural y providencia del cielo, diversos géneros se fueron a diversas regiones, y en algunas de ellas se hallaron tan bien, que no quisieron salir de ellas, o si salieron no se conservaron, o por tiempo vinieron a fenecer, como sucede en muchas cosas. Y si bien se mira, esto no es caso propio de Indias, sino general de otras muchas regiones y provincias de Asia, Europa y África: de las cuales se lee haber en ellas castas de animales que no se hallan en otras; y si se hallan, se sabe haber sido llevadas de allí. Pues como estos animales salieron del arca: verbi gratia, elefantes, que solo se hallan en la India oriental, y de allá se han comunicado a otras partes, del mismo modo diremos de estos animales del Perú y de los demás de Indias que no se hallan en otra parte del mundo.

También es de considerar si los tales animales difieren específica y esencialmente de todos los otros, o si es su diferencia accidental, que pudo ser causada de diversos accidentes, como en el linaje de los hombres ser unos blancos y otros negros, unos gigantes y otros enanos. Así, verbi gratia, en el linaje de los jimios ser unos sin cola y otros con cola, y en el linaje de los carneros ser unos rasos y otros lanudos: unos grandes y recios, y de cuello muy largo, como los del Perú; otros pequeños y de pocas fuerzas, y de cuellos cortos, como los de Castilla. Mas por decir lo más cierto, quien por esta vía de poner solo diferencias accidentales pretendiere salvar la propagación de los animales de Indias y reducirlos a las de Europa, tomará carga que mal podrá salir con ella. Porque si hemos de juzgar de las especies de los animales por sus propiedades, son tan diversas, que querellas reducir a especies conocidas de Europa será llamar al huevo castaña.

Capítulo XXXVII. De aves propias de Indias

Ora sean de diversa especie, ora de la misma de otras de acá, hay aves en Indias notables. De la China traen unos pájaros, que penitus no tienen pies grandes ni pequeños, y cuasi todo su cuerpo es pluma: nunca bajan a tierra; ásense de unos hilillos que tienen, a ramos, y así descansan: comen mosquitos y cosillas del aire. En el Perú hay los que llaman tominejos, tan pequeñitos, que muchas veces dudé viéndolos volar, sí eran abejas o mariposillas, mas son realmente pájaros.

Al contrario, los que llaman cóndores son de inmensa grandeza, y de tanta fuerza, que no solo abren un carnero y se lo comen, sino a un ternero. Las auras que llaman, y otros las dicen gallinazas, tengo para mí que son de género de cuervos: son de extraña ligereza, y no menos aguda vista; para limpiar las ciudades y calles son propias, porque no dejan cosa muerta; hacen noche en el campo en árboles o peñas; por la mañana vienen a las ciudades, y desde los más altos edificios atalayan para hacer presa. Los pollos de éstas son de pluma blanquizca, como refieren de los cuervos, y mudan el pelo en negro. Las guacamayas son pájaros mayores que papagayos, y tienen algo de ellos: son preciadas por la diversa color de sus plumas, que las tienen muy galanas.

En la Nueva España hay copia de pájaros de excelentes plumas, que de su fineza no se hallan en Europa, como se puede ver por las imágenes de pluma que de allá se traen; las cuales con mucha razón son estimadas y causan admiración, que de plumas de pájaros se pueda labrar obra tan delicada, y tan igual, que no parece sino de colores pintadas; y lo que no puede hacer el pincel y las colores de tinte, tienen unos visos, miradas un poco a soslayo, tan lindos, tan alegres y vivos, que deleitan admirablemente. Algunos indios, buenos maestros, retratan con perfección de pluma lo que ven de pincel, que ninguna ventaja les hacen los pintores de España. Al príncipe de España don Felipe dio su maestro tres estampas pequeñitas, como para registros de diurno, hechas de pluma, y su alteza las mostró al rey don Felipe nuestro Señor, su padre, y mirándolas Su Majestad, dijo que no había visto en figuras tan pequeñas cosa de mayor primor.

Otro cuadro mayor, en que estaba retratado San Francisco recibiéndole alegremente la santidad de Sixto V, y diciéndole que aquello hacían los indios de pluma, quiso probarlo trayendo los dedos un poco por el cuadro para ver si era pluma aquélla, pareciéndole cosa maravillosa estar tan bien asentada que la vista no pudiese juzgar si eran colores naturales de plumas o si eran artificiales de pincel. Los visos que hace lo verde, y un naranjado como dorado, y otras colores finas, son de extraña hermosura; y mirada la imagen a otra luz, parecen colores muertas, que es variedad de notar.

Hácense las mejores imágenes de pluma en la provincia de Mechoacán, en el pueblo de Páscaro. El modo es con unas pinzas tomar las plumas, arrancándolas de los mismos pájaros muertos, y con un engrudillo delicado que tienen irlas pegando con gran presteza y policía. Toman estas plumas tan chiquitas y delicadas de aquellos pajarillos que llaman en el Perú tominejos, o de otros semejantes que tienen perfectísimas colores en su pluma. Fuera de imaginería usaron los indios otras muchas obras de pluma muy preciosas, especialmente para ornato de los reyes y señores, y de los templos y ídolos. Porque hay otros pájaros y aves grandes de excelentes plumas y muy finas, de que hacían bizarros plumajes y penachos, especialmente cuando iban a la guerra; y con oro y plata concertaban estas obras de plumería rica, que era cosa de mucho precio. Hoy día hay las mismas aves y pájaros, pero no tanta curiosidad y gala como solían usar.

A estos pájaros tan galanos y de tan rica pluma hay en Indias otros del todo contrarios, que demás de ser en sí feos, no sirven de otro oficio sino de echar estiércol; y con todo eso no son quizá de menor provecho. He considerado esto admirándome la providencia del Criador, que de tantas maneras ordena que sirvan a los hombres las otras criaturas. En algunas islas o farellones que están junto a la costa del Perú se ven de lejos unos cerros todos blancos: dirá quien les viere que son de nieve, o que toda es tierra blanca, y son montones de estiércol de pájaros marinos, que van allí continuo a estercolar. Y es esta cosa tanta, que sube varas y aun lanzas en alto, que parece cosa fabulosa. A estas islas van barcas a solo cargar de este estiércol, porque otro fruto pequeño ni grande en ellas no se da; y es tan eficaz y tan cómodo, que la tierra estercolada con él da el grano y la fruta con grandes ventajas. Llaman guano el dicho estiércol, de do se tomó el nombre del valle que dicen de Lunaguaná, en los valles del Perú, donde se aprovechan de aquel estiércol, y es el más fértil que hay por allá.

Los membrillos y granadas, y otras frutas en grandeza y bondad exceden mucho, y dicen ser la causa que el agua con que riegan estos árboles pasa por tierra estercolada, y da aquella belleza de fruta. De manera que de los pájaros no solo la carne para comer, y el canto para deleite, y la pluma para ornato y gala, sino el mismo estiércol es también para el beneficio de la tierra, y todo ordenado del sumo Hacedor para servicio del hombre, con que el hombre se acordase de ser grato y leal a quien con todo le hace bien.

Capítulo XXXVIII. De animales de monte
Fuera de los géneros de animales que se han dicho de monte, que son comunes a Indias y a Europa, hay otros que se hallan allá, y no sé que los haya por acá, sino por ventura traídos de aquellas partes.

Saynos llaman unos como porquezuelos, que tienen aquella extrañeza de tener el ombligo sobre el espinazo; éstos andan por los montes a manadas; son crueles y no temen, antes acometen, y tienen unos colmillos como navajas, con que dan muy buenas heridas y navajadas si no se ponen a recaudo los que los cazan. Súbense los que quieren cazarlos a su seguro en árboles, y los saynos o puercos de manada acuden a morder el árbol cuando no pueden al hombre; y de lo alto, con una lancilla hieren y matan los que quieren. Son de muy buena comida; pero es menester quitarles luego aquel redondo que tienen en el ombligo del espinazo, porque de otra suerte dentro de un día se corrompen.

Otra casta de animalejos hay que parecen lechones, que llaman guadatinajas. Puercos de la misma especie de los de Europa, yo dudo si los había en Indias antes de ir españoles, porque en la relación del descubrimiento de las islas de Salomón se dice que hallaron gallinas y puercos de España. Lo que es cierto es haber multiplicado cuasi en todas partes de Indias este ganado en grande abundancia. En muchas partes se come carne fresca de ellos, y la tienen por tan sana y buena como si fuera carnero, como en Cartagena. En partes se han hecho montaraces y crueles; y se va a caza de ellos, como de jabalíes, como en la Española y otras islas, donde se ha alzado al monte este ganado. En partes se ceban con grano de maíz, y engordan excesivamente para que den manteca, que se usa a falta de aceite. En partes se hacen muy escogidos perniles, como en Toluca de la Nueva España y en Paria del Perú.

Volviendo a los animales de allá, como los saynos son semejantes a puercos, aunque más pequeños, así lo son a las vaquillas pequeñas las dantas, aunque en el carecer de cuernos más parecen muletas: el cuero de éstas es tan preciado para cueras y otras cubiertas, por ser tan recias, que resisten cualquier golpe o tiro.

Lo que defiende a las dantas la fuerza del cuero, defiende a los que llaman armadillos la multitud de conchas, que abren y cierran como quieren a modo de corazas. Son unos animalejos pequeños que andan en montes, y por la defensa que tienen metiéndose entre sus conchas, y desplegándolas como quieren, los llaman armadillos. Yo he comido de ellos: no me pareció cosa de precio.

Harto mejor comida es la de iguanas, aunque su vista es bien asquerosa, pues parecen puros lagartos de España, aunque éstos son de género ambiguo, porque andan en agua, y sálense a tierra, y súbense en árboles que están a la orilla del agua, y lanzándose de allí al agua las cogen poniéndoles debajo los barcos.

Chinchillas es otro género de animalejos pequeños como ardillas: tienen un pelo a maravilla blando, y sus pieles se traen por cosa regalada y saludable para abrigar el estómago, y partes que tienen necesidad de calor moderado; también se hacen cubiertas o frazadas del pelo de estas chinchillas.

Hállanse en la sierra del Perú, donde también hay otro animalejo muy común que llaman cuy, que los indios tienen por comida muy buena, y en sus sacrificios usaban frecuentísimamente ofrecer estos cuyes. Son como conejuelos, y tienen sus madrigueras debajo de tierra; y en partes hay donde la tienen toda minada. Son algunos de ellos pardos, otros blancos y diferentes. Otros animalejos llaman vizcachas, que son a manera de liebres, aunque mayores, y también las cazan y comen.

De liebres verdaderas también hay caza en partes bien abundante. Conejos también se hallan en el reino de Quito, pero los buenos han ido de España. Otro animal donoso es el que por su excesiva tardanza en moverse le llaman perico ligero, que tiene tres uñas en cada mano: menea los pies y manos como por compás con grandísima flema; es a la manera de mona, y en la cara se le parece; da grandes gritos, anda en árboles y come hormigas.

Capítulo XXXIX. De los micos o monos de Indias
Micos hay innumerables por todas esas montañas de islas, y Tierra Firme y Andes. Son de la casta de monas, pero diferentes en tener cola, y muy larga, y

haber entre ellos algunos linajes de tres tanto, y cuatro tanto más cuerpo que monas ordinarias. Unos son negros del todo, otros bayos, otros pardos, otros manchados y varios. La ligereza y maña de éstos admira, porque parece que tienen discurso y razón; en el andar por árboles parece que quieren imitar las aves. En Capira, pasando de Nombre de Dios a Panamá, vi saltar un mico de éstos de un árbol a otro, que estaba a la otra banda del río, que me admiró. Ásense con la cola a un ramo, y arrójanse adonde quieren, y cuando el espacio es muy grande, que no puede con un salto alcanzarle, usan una maña graciosa de asirse uno a la cola del otro y hacer de esta suerte una como cadena de muchos; después, ondeándose todos, o columpiándose, el primero, ayudado de la fuerza de los otros, salta y alcanza y se ase al ramo, y sustenta a los demás, hasta que llegan asidos, como dije, uno a la cola del otro.

Las burlas, embustes y travesuras que éstos hacen es negocio de mucho espacio; las habilidades que alcanzan cuando los imponen no parecen de animales brutos, sino de entendimiento humano. Uno vi en Cartagena en casa del gobernador, que las cosas que de él me referían apenas parecían creíbles. Como en envialle a la taberna por vino, y poniendo en la una mano el dinero, y en la otra el pichel, no haber orden de sacalle el dinero hasta que le daban el pichel con vino. Si los muchachos en el camino le daban grita o le tiraban, poner el pichel a un lado, y apañar piedras, y tirallas a los muchachos, hasta que dejaba el camino seguro; y así volvía a llevar su pichel. Y lo que es más, con ser muy buen bebedor de vino (como yo se lo vi deber echándoselo su amo de alto), sin dárselo, o dalle licencia, no había tocar al jarro. Dijéronme también que si vía mujeres afeitadas, iba y les tiraba del tocado, y las descomponía y trataba mal.

Podrá ser algo de esto encarecimiento, que yo no lo vi, mas en efecto no pienso que hay animal que así perciba y se acomode a la conversación humana, como esta casta de micos. Cuentan tantas cosas, que yo, por no parecer que doy crédito a fábulas, o porque otros no las tengan por tales, tengo por mejor dejar esta materia con solo bendecir al autor de toda criatura, pues para sola recreación de los hombres y entretenimiento donoso parece haber hecho un género de animal, que todo es de reír, o para mover a risa. Algunos han escrito que a Salomón se le llevaban estos micos de Indias occidentales: yo tengo para mí que iban de la India oriental.

Capítulo XL. De las vicuñas y tarugas del Perú

Entre las cosas que tienen las Indias del Perú notables, son las vicuñas y carneros que llaman de la tierra, que son animales mansos y de mucho provecho. Las vicuñas son silvestres, y los carneros son ganado doméstico.

Algunos han pensado que las vicuñas sean las que Aristóteles, Plinio y otros autores tratan[191] cuando escriben de las que dicen capreas, que son cabras silvestres; y tienen, sin duda, similitud por la ligereza, por andar en los montes, por parecerse algo a cabras. Mas, en efecto, no son aquéllas, pues las vicuñas no tienen cuernos, y aquéllas los tienen, según Aristóteles refiere. Tampoco son las cabras de la India oriental, de donde traen la piedra bezaar; o si son de aquel género, serán especies diversas, como en el linaje de perros es diversa especie la del mastín y la del lebrel. Tampoco son las vicuñas del Perú los animales que en la provincia de la Nueva España tienen las piedras, que allá llaman bezaares, porque aquéllos son de especie de ciervos o venados. Así que no sé que en otra parte del mundo haya este género de animales, sino en el Perú y Chile, que se continúa con él.

Son las vicuñas mayores que cabras, y menores que becerros; tienen la color que tira a leonado, algo más clara; no tienen cuernos, como los tienen ciervos y capreas; apaciéntanse y viven en sierras altísimas en las partes más frías y despobladas, que allá llaman punas. Las nieves y el hielo no les ofende, antes parece que les recrea; andan a manadas y corren ligerísimamente. Cuando topan caminantes o bestias, luego huyen, como muy tímidas; al huir echan delante de sí sus hijuelos. No se entiende que multipliquen mucho por donde los reyes Incas tenían prohibida la caza de vicuñas, si no era para fiestas con orden suyo. Algunos se quejan que después que entraron españoles se ha concedido demasiada licencia a los chacos o cazas de vicuñas, y que se han diminuido.

La manera de cazar de los indios es chaco, que es juntarse muchos de ellos, que a veces son mil, y tres mil y más, y cercar un gran espacio de monte, y ir ojeando la caza, hasta juntarse por todas partes, donde se toman trescientas y cuatrocientas, y más y menos, como ellos quieren, y dejar ir las demás, especialmente las hembras para el multiplico. Suelen tresquilar estos animales, y de

---

191 Arist., lib. 3, de part. animal, cap. 2. Plin., lib. 10, cap. 72.

la lana de ellos hacen cubiertas o frazadas de mucha estima, porque la lana es como una seda blanda, y duran mucho; y como el color es natural y no de tinte, es perpetuo. Son frescas y muy buenas para en tiempo de calores; para inflamaciones de riñones y otras partes las tienen por muy sanas, y que templan el calor demasiado; y lo mismo hace la lana en colchones, que algunos usan por salud, por la experiencia que de ello tienen. Para otras indisposiciones, como gota, dicen también, que es buena esta lana o frazadas hechas de ella; no sé en esto experiencia cierta.

La carne de las vicuñas no es buena, aunque los indios la comen, y hacen cusharqui o cecina de ella. Para medicina podré yo contar lo que vi: Caminando por la sierra del Perú llegué a un tambo o venta una tarde con tan terrible dolor de ojos, que me parecía se me querían saltar; el cual accidente suele acaecer de pasar por mucha nieve y miralla. Estando echado con tanto dolor, que cuasi perdía la paciencia, llegó una india y me dijo: Ponte, padre, esto en los ojos y estarás bueno. Era una poca de carne de vicuña recién muerta y corriendo sangre. En poniéndome aquella medicina se aplacó el dolor, y dentro de muy breve tiempo se me quitó del todo, que no le sentí más.

Fuera de los chacos que he dicho, que son cazas generales, usan los indios particularmente para coger estas vicuñas, cuando llegan a tiro, arrojarles unos cordelejos con ciertos plomos, que se les traban y envuelven entre los pies, y embarazan para que no puedan correr; y así llegan y toman la vicuña. Lo principal porque este animal es digno de precio son las piedras bezaares que hallan en él, de que diremos luego. Hay otro género que llaman tarugas, que también son silvestres, y son de mayor ligereza que las vicuñas: son también de mayor cuerpo y la color más tostada; tienen las orejas blandas y caídas. Estas no andan a manadas, como las vicuñas; a lo menos yo no las vi sino a solas, y de ordinario por riscos altísimos. De las tarugas sacan también piedras bezaares, y son mayores, y de mayor eficacia y virtud.

Capítulo XLI. De los pacos y guanacos y carneros del Perú
Ninguna cosa tiene el Perú de mayor riqueza y ventaja, que es el ganado de la tierra, que los nuestros llaman carneros de las Indias, y los indios en lengua general los llaman llama, porque bien mirado es el animal de mayores provechos y de menos gasto de cuantos se conocen. De este ganado sacan comida

y vestido, como en Europa del ganado ovejuno, y sacan más el trajín y acarreto de cuanto han menester, pues les sirve de traer y llevar sus cargas. Y, por otra parte, no han menester gastar en herraje, ni en sillas o jalmas, ni tampoco en cebada, sino que de balde sirve a sus amos, contentándose con la hierba que halla en el campo. De manera, que les proveyó Dios de ovejas y de jumentos en un mismo animal, y como a gente pobre quiso que ninguna costa les hiciese, porque los pastos en la sierra son muchos, y otros gastos, ni los pide, ni los ha menester este género de ganado.

Son estos carneros o llamas en dos especies: unos son pacos o carneros lanudos; otros son rasos y de poca lana, y son mejores para carga; son mayores que carneros grandes y menores que becerros; tienen el cuello muy largo, a semejanza de camello, y hanlo menester, porque, como son altos y levantados de cuerpo, para pacer requieren tener cuello luengo. Son de varios colores: unos, blancos del todo; otros, negros del todo; otros, pardos; otros, varios, que llaman moromoro. Para los sacrificios tenían los indios grandes advertencias de qué color habían de ser para diferentes tiempos y efectos. La carne de éstos es buena, aunque recia; la de sus corderos es de las cosas mejores y más regaladas que se comen; pero gástanse poco en esto, porque el principal fruto es la lana para hacer ropa, y el servicio de traer y llevar cargas.

La lana labran los indios, y hacen ropa, de que se visten: una, grosera y común, que llaman havasca; otra, delicada y fina, que llaman cumbi. De este cumbi labran sobremesas y cubiertas y reposteros y otros paños de muy escogida labor, que dura mucho tiempo, y tiene un lustre bueno, cuasi de media seda. y lo que es particular de su modo de tejer lana, labran a dos haces todas las labores que quieren, sin que se vea hilo ni cabo de él en toda una pieza. Tenía el Inga, rey del Perú, grandes maestros de labrar esta ropa de cumbi, y los principales residían en el repartimiento de Capachica, junto a la laguna grande de Titicaca. Dan con hierbas diversas diversos colores y muy finos a esta lana, con que hacen varias labores. Y de labor basta y grosera, o de pulida y sutil, todos los indios e indias son oficiales en la sierra, teniendo sus telares en su casa, sin que hayan de ir a comprar, ni dar a hacer la ropa que han menester para su casa.

De la carne de este ganado hacen cusharqui o cecina, que les dura largo tiempo, y se gasta por mucha cuenta; usan llevar manadas de estos carneros cargados como recua, y van en una recua de éstas trescientos o quinientos, y aun mil carneros, que trajinan vino, coca, maíz, chuño y azogue, y otra cualquier mercadería; y lo mejor de ella, que es la plata, porque las barras de plata las llevan el camino de Potosí a Arica, setenta leguas, y a Arequipa otro tiempo solían ciento y cincuenta. Y es cosa que muchas veces me admiré de ver que iban estas manadas de carneros con mil y dos mil barras, y mucho más, que son más de trescientos mil ducados, sin otra guarda, ni reparo, más que unos pocos de indios para solo guiar los carneros y cargallos, y, cuando mucho, algún español; y todas las noches dormían en medio del campo, sin más recato que el dicho. Y en tan largo camino, y con tan poca guarda, jamás faltaba cosa entre tanta plata; tan grande es la seguridad con que se camina en el Perú.

La carga que lleva de ordinario un carnero de éstos será de cuatro a seis arrobas, y siendo viaje largo no caminan sino dos o tres leguas, o cuatro a lo largo. Tienen sus paradas sabidas los carneros, que llaman (que son los que llevan estas recuas), donde hay pasto y agua; allí descargan y arman sus toldos y hacen fuego y comida, y no lo pasan mal, aunque es modo de caminar harto flemático. Cuando no es más de una jornada, bien lleva un carnero de éstos ocho arrobas y más, y anda con su carga jornada entera de ocho o diez leguas, como lo han usado soldados pobres que caminan por el Perú.

Es todo este ganado amigo de temple frío, y por eso se da en la sierra y muere en los llanos con el calor. Acaece estar todo cubierto de escarcha y hielo este ganado, y con eso muy contento y sano. Los carneros rasos tienen un mirar muy donoso, porque se paran en el camino y alzan el cuello y miran una persona muy atentos, y éstanse así largo rato sin moverse, ni hacer semblante de miedo, ni de contento, que pone gana de reír ver su serenidad, aunque a veces se espantan súbito y corren con la carga hasta los más altos riscos, que acaece, no pudiendo alcanzallos, porque no se pierdan las barras que llevan, tiralles con arcabuz y matallos.

Los pacos a veces se enojan y aburren con la carga, y échanse con ella sin remedio de hacellos levantar; antes se dejarán hacer mil piezas, que moverse, cuando les da este enojo. Por donde vino el refrán que usan en el Perú, de decir de uno que se ha empacado, para significar que ha tomado tirria, o porfía, o despecho, porque los pacos hacen este extremo cuando se enojan. El remedio que tienen los indios entonces es parar y sentarse junto al paco y hacerle muchas caricias y regalalle, hasta que se desenoja y se alza, y acaece esperarle bien dos y tres horas, a que se desempaque y desenoje.

Dales un mal como sarna, que llaman carache, de que suele morir este ganado. El remedio que los antiguos usaban era enterrar viva la res que tenía carache, porque no se pegase a las demás, como mal que es muy pegajoso. Un carnero o dos que tenga un indio, no lo tiene por pequeño caudal. Vale un carnero de éstos de la tierra seis y siete pesos ensayados y más, según que son tiempos y lugares.

Capítulo XLII. De las piedras bezaares
En todos los animales que hemos dicho ser propios del Perú se halla la piedra bezaar, de la cual han escrito libros enteros autores de nuestro tiempo, que podrá ver quien quisiere más cumplida noticia. Para el intento presente bastará decir que esta piedra que llaman bezaar se halla en el buche y vientre de estos animales, unas veces una, y otras dos, tres y cuatro. En la figura, grandeza y color tienen mucha diferencia, porque unas son pequeñas, como avellanas, y aun menores; otras, como nueces; otras, como huevos de paloma; algunas, tan grandes como huevos de gallina, y algunas he visto de la grandeza de una naranja.

En la figura unas son redondas, otras ovadas, otras lenticulares, y así de diferentes formas. En el color hay negras y pardas y blancas y berenjenadas y como doradas; no es regla cierta mirar la color ni tamaño para juzgar que sea más fina. Todas ellas se componen de diversas túnicas o láminas, una sobre otra. En la provincia de Jauja y en otras del Perú se hallan en diferentes animales bravos y domésticos, como son guanacos y pacos y vicuñas y tarugas; otros añaden otro género, que dicen ser cabras silvestres, a las que llaman los indios cipris. Esotros géneros de animales son muy conocidos en el Perú, y se ha ya tratado de ellos. Los guanacos, carneros de la tierra y pacos comúnmente tienen las piedras más pequeñas y negrillas, y no se estiman en tanto, ni se tienen por tan aprobadas para medicina. De las vicuñas se sacan piedras bezaares mayores, y son pardas o blancas o berenjenadas, y se tienen por mejores. Las más excelentes se creen ser las de las tarugas, y algunas son de mucha grandeza; sus piedras son más comúnmente blancas y que tiran a pardas, y sus láminas o túnicas son más gruesas.

Hállase la piedra bezaar en machos y hembras igualmente; todos los animales que la tienen rumian, y ordinariamente pastan entre nieves y punas. Refieren los indios, de tradición y enseñanza de sus mayores y antiguos, que en la provincia de Jauja y en otras del Perú hay muchas hierbas y animales ponzoñosos, los cuales empozoñan el agua y pastos que beben y comen y huellan. Y entre estas hierbas hay una muy conocida por instinto natural de la vicuña y esotros animales que crían la piedra bezaar, los cuales comen esta hierba y con ella se preservan de la ponzoña de las aguas y pastos, y de la dicha hierba crían en su buche la piedra, y de allí le proviene toda su virtud contra ponzoña y esotras operaciones maravillosas. Esta es la opinión y tradición de los indios, según personas muy pláticas en aquel reino del Perú han averiguado. Lo cual viene mucho con la razón y con lo que de las cabras monteses refiere Plinio,[192] que se apacientan de ponzoña y no les empece.

Preguntados los indios que, pastando, como pastan, en las mismas punas carneros y ovejas de Castilla, cabras, venados y vacas, ¿cómo no se halla en ellos la piedra bezaar? Responden que no creen ellos que los dichos animales de Castilla coman aquella hierba, y que en venados y gamos ellos han hallado también la piedra bezaar. Parece venir con esto lo que sabemos, que en la Nueva España se hallan piedras bezaares, donde no hay vicuñas, ni pacos, ni tarugas, ni guanacos, sino solamente ciervos, y en algunos de ellos se halla la dicha piedra.

El efecto principal de la piedra bezaar es contra venenos y enfermedades venenosas, y aunque de ella hay diferentes opiniones, y unos la tienen por cosa de aire, otros hacen milagros de ella, lo cierto es ser de mucha operación, aplicada en el tiempo y modo conveniente, como las demás hierbas y agentes naturales, pues no hay medicina tan eficaz, que siempre sane. En el mal de tabardete, en España e Italia ha probado admirablemente; en el Perú no tanto. Para melancolía y mal de corazón, y para calenturas pestíferas y para otros diversos males se aplica molida y echada en algún licor que sea a propósito del mal que se cura. Unos la toman en vino, otros en vinagre, en agua de azahar, de lengua de buey, de borrajas y de otras maneras, lo cual dirán los médicos y boticarios. No tiene sabor alguno propio la piedra bezaar, como de ella también lo dijo Rasis, árabe.

---

192 Plin., lib. 10, c. 72.

Hanse visto algunas experiencias notables, y no hay duda, sino que el Autor de todo puso virtudes grandes en esta piedra. El primer grado de estima tienen las piedras bezaares, que se traen de la India oriental, que son de color de aceituna; el segundo las del Perú, el tercero las de Nueva España. Después que se comenzaron a preciar estas piedras, dicen que los indios han hecho algunas artificiales y adulteradas. Y muchos, cuando ven piedras de éstas de mayor grandeza que la ordinaria, creen que son falsas, y es engaño, porque las hay grandes y muy finas, y pequeñas y contrahechas; la prueba y experiencia es el mejor maestro de conocellas.

Una cosa es de admirar, que se fundan estas piedras algunas veces en cosas muy extrañas, como en un hierrezuelo, o alfiler o palillo, que se halló en lo íntimo de la piedra, y no por eso se arguye que es falsa, porque acaece tragar aquello el animal y cuajarse sobre ello la piedra, la cual se va criando poco a poco una cáscara sobre otra, y así crece. Yo vi en el Perú dos piedras fundadas sobre dos piñones de Castilla, y a todos los que las vimos nos causó admiración, porque en todo el Perú no habíamos visto piñas ni piñones de Castilla, si no fuesen traídos de España; lo cual parece cosa muy extraordinaria.

Y esto poco baste cuanto a piedras bezaares. Otras piedras medicinales se traen de Indias, como de hijada, de sangre, de leche y de madre, y las que llaman cornerinas, para el corazón, que, por no pertenecer a la materia de animales que se ha tratado, no hay obligación de decir de ellas. Lo que está dicho sirva para entender cómo el universal señor y autor omnipotente a todas las partes del orbe que formó repartió sus dones y secretos y maravillas, por las cuales debe ser adorado y glorificado por todos los siglos de los siglos. Amén.

Libro quinto

Prólogo a los libros siguientes

Habiendo tratado lo que a la historia natural de Indias pertenece, en lo que resta se tratará de la historia moral, esto es, de las costumbres y hechos de los indios. Porque después del cielo y temple y sitio y cualidades del nuevo orbe, y de los elementos y mixtos, quiero decir de sus metales y plantas y animales, de que en los cuatro libros precedentes se ha dicho lo que se ha ofrecido, la razón dicta seguirse el tratar de los hombres que habitan el nuevo orbe.

Así que en los libros siguientes se dirá de ellos lo que pareciere digno de relación, y porque el intento de esta historia no es solo dar noticia de lo que en Indias pasa, sino enderezar esa noticia al fruto que se puede sacar del conocimiento de tales cosas que es ayudar aquellas gentes para su salvación, y glorificar al Criador y Redentor, que los sacó de las tinieblas escurísimas de su infidelidad, y les comunicó la admirable lumbre de su evangelio.

Por tanto, primero se dirá lo que toca a su religión o superstición y ritos y idolatrías y sacrificios, en este libro siguiente, y después, de lo que toca a su policía y gobierno y leyes y costumbres y hechos. Y porque en la nación mexicana se ha conservado memoria de sus principios y sucesión y guerras y otras cosas dignas de referirse, fuera de lo común que se trata en el libro sexto, se hará propia y especial relación en el libro séptimo, hasta mostrar la disposición y prenuncios que estas gentes tuvieron del nuevo reino de Cristo nuestro Dios, que había de extenderse a aquellas tierras, y sojuzgarlas a sí, como lo ha hecho en todo el resto del mundo. Que cierto es cosa digna de gran consideración ver en qué modo ordenó la divina providencia que la luz de su palabra hallase entrada en los últimos términos de la tierra.

No es de mi propósito escribir ahora lo que los españoles hicieron en aquellas partes, que de eso hay hartos libros escritos; ni tampoco lo que los siervos del Señor han trabajado y fructificado, porque eso requiere otra nueva diligencia; solo me contentaré con poner esta historia o relación a las puertas del evangelio, pues toda ella va encaminada a servir de noticia en lo natural y moral de Indias, para que lo espiritual y cristiano se plante y acreciente, como está largamente explicado en los libros que escribimos: *De procuranda Indorum salute*.

Si algunos se maravillare de algunos ritos y costumbres de los indios, y los despreciare por insipientes y necios, o los detestare por inhumanos y diabólicos, mire que en los griegos y romanos que mandaron el mundo se hallan o los mismos, o otros semejantes, y a veces peores, como podrá entender fácilmente no solo de nuestros autores Eusebio Cesariense, Clemente Alejandrino, Teodoreto Cirense y otros, sino también de los mismos suyos, como son Plinio, Dionisio Halicarnaseo y Plutarco. Porque siendo el maestro de toda la infedilidad el príncipe de las tinieblas, no es cosa nueva hallar en los infieles crueldades, inmundicias, disparates y locuras propias de tal enseñanza y escuela. Bien que en el valor y saber natural excedieron mucho los antiguos gentiles a estos del nuevo orbe, aunque también se toparon en éstos cosas dignas de memoria; pero, en fin, lo más es como de gentes bárbaras, que, fuera de la luz sobrenatural, les faltó también la filosofía y doctrina natural.

Capítulo I. Que la causa de la idolatría ha sido la soberbia y envidia del demonio

Es la soberbia del demonio tan grande y tan porfiada, que siempre apetece y procura ser tenido y honrado por Dios, y en todo cuanto puede hurtar y apropiar a sí lo que solo al altísimo Dios es debido, no cesa de hacerlo en las ciegas naciones del mundo, a quien no ha esclarecido aún la luz y resplandor del santo evangelio.

De este tan soberbio tirano leemos en Job,[193] que pone sus ojos en lo más alto, y que entre todos los hijos de soberbia él es el rey. Sus dañados intentos y traición tan atrevida con que pretendió igualar su trono con el de Dios, bien claro nos lo refieren las divinas Escrituras, diciéndole en Isaías:[194] Decía entre ti mismo: Subiré hasta el cielo, pondré mi silla sobre todas las estrellas de Dios, sentarme he en la cumbre del testamento, en las faldas de aquilón, pasaré la alteza de las nubes, seré semejante al Altísimo. Y en Ezequiel:[195] Elevóse tu corazón, y dijiste: Dios soy yo, y en silla de Dios me he sentado en medio del mar.

Este tan malvado apetito de hacerse Dios, todavía le dura a satanás; y aunque el castigo justo y severo del muy Alto le quitó toda la pompa y lozanía,

---
193 Job 41, v. 25.
194 Isaías 14, vv. 13 et 14.
195 Ezequiel 28, v. 2.

por donde se engrió tanto, tratándole como merecía su descortesía y locura, como en los mismos profetas largamente se prosigue; pero no por eso aflojó un punto su perversa intención, la cual muestra por todas las vías que puede, como perro rabioso, mordiendo la misma espada con que le hieren.[196] Porque la soberbia, como está escrito, de los que aborrecen a Dios, porfía siempre.

De aquí procede el perpetuo y extraño cuidado que este enemigo de Dios ha siempre tenido de hacerse adorar de los hombres, inventando tantos géneros de idolatrías, con que tantos tiempos tuvo sujeta la mayor parte del mundo, que apenas le quedó a Dios un rincón de su pueblo Israel.[197] Y con la misma tiranía, después que el fuerte del evangelio le venció, y desarmó y entró por la fuerza de la cruz las más importantes y poderosas plazas de su reino, acometió las gentes más remotas y bárbaras, procurando conservar entre ellas la falsa y mentida divinidad que el Hijo de Dios le había quitado en su Iglesia, encerrándole como a fiera en jaula, para que fuese para escarnio suyo y regocijo de sus siervos, como lo significa por Job.[198] Mas, en fin, ya que la idolatría fue extirpada de la mejor y más noble parte del mundo, retiróse a lo más apartado y reinó en estotra parte del mundo, que, aunque en nobleza muy inferior, en grandeza y anchura no lo es.

Las causas porque el demonio tanto ha esforzado la idolatría en toda infidelidad, que apenas se hallan gentes que no sean idólatras, y los motivos para esto, principalmente, son dos. Uno es el que está tocado de su increíble soberbia, la cual, quien quisiere bien ponderar, considere que al mismo Hijo de Dios y Dios verdadero acometió la misma espada con que le hiere,[199] que se postrase ante él y le adorase; y esto le dijo, aunque no sabiendo de cierto que era el mismo Dios, pero teniendo por lo menos grandes barruntos de que fuese Hijo de Dios. ¿A quién no asombrará tan extraño acometimiento? ¿Una tan excesiva y tan cruel soberbia? ¿Qué mucho que se haga adorar de gentes ignorantes por Dios el que al mismo Dios acometió, con hacérsele Dios, siendo una tan sucia y abominable criatura?

---

196 Psalm. 73, v. 23.
197 Mat. 12.
198 Job 40.
199 Mat. 4, v. 9.

Otra causa y motivo de idolatría es el odio mortal y enemistad que tiene con los hombres. Porque, como dice el Salvador:[200] Desde el principio fue homicida, y eso tiene por condición y propiedad inseparable de su maldad.

Y porque sabe que el mayor daño del hombre es adorar por Dios a la criatura, por eso no cesa de inventar modos de idolatría con que destruir los hombres y hacelles enemigos de Dios. Y son dos los males que hace el demonio al idólatra: uno, que niega a su Dios, según aquello:[201] Al Dios que te crió desamparaste; otro, que se sujeta a cosa más baja que él, porque todas las criaturas son inferiores a la racional; y el demonio, aunque en la naturaleza es superior al hombre, pero en el estado es muy inferior, pues el hombre en esta vida es capaz de la vida divina y eterna. Y así, por todas partes con la idolatría Dios es deshonrado y el hombre destruido, y por ambas vías el demonio soberbio y envidioso, muy contento.

Capítulo II. De los géneros de idolatrías que han usado los indios

La idolatría, dice el Sabio, y por él el Espíritu Santo,[202] que es causa y principio y fin de todos los males, y por eso el enemigo de los hombres ha multiplicado tantos géneros y suertes de idolatría, que pensar de contarlos por menudo es cosa infinita.

Pero, reduciendo la idolatría a cabezas, hay dos linajes de ella: una es cerca de cosas naturales; otra, cerca de cosas imaginables o fabricadas por invención humana. La primera de éstas se parte en dos, porque, o la cosa que se adora es general, como Sol, Luna, fuego, tierra, elementos; o es particular, como tal río, fuente, o árbol, o monte, y cuando no por su especie, sino en particular, son adoradas estas cosas; y este género de idolatría se usó en el Perú en grande exceso, y se llama propiamente guaca.

El segundo género de idolatría, que pertenece a invención o ficción humana, tiene también otras dos diferencias: Una de lo que consiste en pura arte y invención humana, como es adorar ídolos o estatuas de palo, o de piedra o de oro, como de Mercurio o Palas, que, fuera de aquella pintura o escultura, ni es nada, ni fue nada. Otra diferencia es de lo que realmente fue y es algo, pero

---
200 Joan. 8, v. 44.
201 Dent., 32, v. 15.
202 Sap. 14, v. 12.

no lo que finge el idólatra que lo adora, como los muertos o cosas suyas, que por vanidad y lisonja adoran los hombres. De suerte, que por todas contamos cuatro maneras de idolatría que usan los infieles, y de todas converná decir algo.

Capítulo III. Que en los indios hay algún conocimiento de Dios
Primeramente, aunque las tinieblas de la infidelidad tienen escurecido el entendimiento de aquellas naciones, en muchas cosas no deja la luz de la verdad y razón algún tanto de obrar en ellos; y así comúnmente sienten y confiesan un supremo señor y hacedor de todo, al cual los del Perú llamaban Viracocha, y le ponían nombre de gran excelencia, como Pachacamac o Pachayachachic, que es criador del cielo y tierra, y Usapu, que es admirable, y otros semejantes. A éste hacían adoración, y era el principal que veneraban mirando al cielo. Y lo mismo se halla en su modo en los de México, y hoy día en los chinos y en otros infieles.

Que es muy semejante a lo que refiere el libro de los Actos de los Apóstoles,[203] haber hallado San Pablo en Atenas, donde vio un altar intitulado: Ignoto Deo, al Dios no conocido. De donde tomó el apóstol ocasión de su predicación, diciéndoles: Al que vosotros veneráis sin conocerle, ése es el que yo os predico. Y así, al mismo modo, los que hoy día predican el evangelio a los indios, no hallan mucha dificultad en persuadirles que hay un supremo Dios y señor de todo, y que éste es el Dios de los cristianos y el verdadero Dios. Aunque es cosa que mucho me ha maravillado que, con tener esta noticia que digo, no tuviesen vocablo propio para nombrar a Dios. Porque si queremos en lengua de indios hallar vocablo que responda a éste, Dios, como en latín responde Deus, y en griego, Theos, y en hebreo, El, y al arábigo, Alá; no se halla en lengua del Cuzco, ni en lengua de México; por donde los que predican o escriben para indios usan el mismo nuestro español, Dios, acomodándose en la pronunciación y declaración a la propiedad de las lenguas índicas, que son muy diversas.

De donde se ve cuán corta y flaca noticia tenían de Dios, pues aun nombrarle no saben sino por nuestro vocablo. Pero, en efecto, no dejaban de tener alguna tal cual; y así le hicieron un templo riquísimo en el Perú; que llamaban el

---
203 Act. 17, v. 23.

Pachacamac, que era el principal santuario de aquel reino. Y, como está dicho, es lo mismo Pachacamac, que el Criador; aunque también en este templo ejercitaban sus idolatrías adorando al demonio y figuras suyas. Y también hacían al Viracocha sacrificios y ofrendas, y tenía el supremo lugar entre los adoratorios que los reyes Incas tuvieron. Y el llamar a los españoles viracochas fue de aquí, por tenerlos en opinión de hijos del cielo y como divinos, al modo que los otros atribuyeron deidad a Paulo y a Bernabé, llamando al uno Júpiter y al otro Mercurio, e intentando de ofrecerles sacrificio como a dioses. Y al mismo tono los otros bárbaros de Melite, que es Malta, viendo que la víbora no hacía mal al Apóstol, le llamaban Dios.[204] Pues como sea verdad tan conforme a toda buena razón haber un soberano señor y rey del cielo, lo cual los gentiles,[205] con todas sus idolatrías e infidelidad, no negaron, como parece así en la filosofía del *Timeo* de Platón y de la Metafísica de Aristóteles, y Esclepio de Trismegistoo, como también en las poesías de Homero y de Virgilio.

De aquí es que, en asentar y persuadir esta verdad de un supremo Dios, no padecen mucha dificultad los predicadores evangélicos, por bárbaras y bestiales que sean las naciones a quien predican pero les es dificultosísimo desarraigar de sus entendimientos que ningún otro Dios hay, ni otra deidad hay, sino uno; y que todo lo demás no tiene propio poder, ni propio ser, ni propia operación, más de lo que les da y comunica aquel supremo y solo Dios y Señor. Y esto es sumamente necesario persuadilles por todas vías, reprobando sus errores en universal, de adorar más de un Dios. Y mucho más en particular, de tener por dioses y atribuir deidad y pedir favor a otras cosas que no son dioses, ni pueden nada más de lo que el verdadero Dios, señor y hacedor suyo les concede.

Capítulo IV. Del primer género de idolatría de cosas naturales y universales

Después del Viracocha o supremo Dios, fue y es en los infieles el que más comúnmente veneran y adoran, el Sol, y tras él esotras cosas, que en la naturaleza celeste o elemental se señalan, como Luna, lucero, mar, tierra. Los Incas, señores del Perú, después del Viracocha y del Sol, la tercera guaca o adorato-

---

204 Act., cap. 14, v. 11, et cap. 28, v. 3.
205 Plat. in Timeo. Arit., cap. últim., 12 Metaph. Trismeg. in Pimandro et Aselepio.

rio y de más veneración, ponían al trueno, al cual llamaban por tres nombres, Chuquilla, Catuilla e Intiillapa, fingiendo que es un hombre que está en el cielo con una honda y una porra, y que está en su mano el llover, granizar, tronar y todo lo demás que pertenece a la región del aire, donde se hacen los nublados.

Esta era guaca (que así llaman a sus adoratorios), general a todos los indios del Perú, y ofrecíanle diversos sacrificios. Y en el Cuzco, que era la corte y metrópoli, se le sacrificaban también niños, como al Sol. A estos tres que he dicho, Viracocha, Sol y trueno, adoraban en forma diversa de todos los demás, como escribe Polo haberlo él averiguado, que era poniendo una como manopla o guante en las manos cuando las alzaban, para adorarles. También adoraban a la tierra, que llamaban Pachamama, al modo que los antiguos celebraban la diosa Tellus; y al mar, que llamaban Mamacocha, como los antiguos a la Tetis o al Neptuno. También adoraban el arco del cielo, y era armas o insignias del Inga con dos culebras a los lados a la larga. Entre las estrellas, comúnmente todos adoraban a la que ellos llaman Collea, que llamamos nosotros las Cabrillas. Atribuían a diversas estrellas diversos oficios, y adorábanlas los que tenían necesidad de su favor; como los ovejeros hacían veneración y sacrificio a una estrella, que ellos llamaban Urcuchillai, que dicen es un carnero de muchos colores, el cual entiende en la conservación del ganado, y se entiende ser la que los astrólogos llaman Lira. Y los mismos adoran otras dos que andan cerca de ella, que llaman Catuchillay, Urcuchillay, que fingen ser una oveja con un cordero.

Otros adoraban una estrella, que llaman Machacuay, a cuyo cargo están las serpientes y culebras, para que no les hagan mal; como a cargo de otra estrella, que llamaban Chuquichinchay, que es tigre, están los tigres, osos y leones. Y, generalmente, de todos los animales y aves que hay en la tierra, creyeron que hubiese un semejante en el cielo, a cuyo cargo estaba su procreación y aumento; y así tenían cuenta con diversas estrellas, como la que llamaban Chacana, y Topatorca, y Mamana, y Mirco, y Miquiquiray, y así otras, que en alguna manera parecen que tiraban al dogma de las ideas de Platón.

Los mexicanos, cuasi por la misma forma, después del supremo Dios adoraban al Sol; y así a Hernando Cortés, como él refiere en una carta al emperador Carlos V, le llamaban hijo del Sol, por la presteza y vigor con que rodeaba la tierra. Pero la mayor adoración daban al ídolo llamado Vitilipuztli, al cual toda aquella nación llamaba el todopoderoso y señor de lo criado; y como a tal los mexicanos hicieron el más suntuoso templo y de mayor altura, y más hermoso y galán edificio, cuyo sitio y fortaleza se pueden conjeturar por las ruinas que de él han quedado en medio de la ciudad de México. Pero en esta parte la idolatría de los Mexicanos fue más errada y perniciosa que la de los Incas, como adelante se verá mejor. Porque la mayor parte de su adoración e idolatría se ocupaba en ídolos y no en las mismas cosas naturales, aunque a los ídolos se atribuían estos efectos naturales, como del llover y del ganado, de la guerra, de la generación, como los griegos y latinos pusieron también ídolos de Febo, y de Mercurio, y de Júpiter, y de Minerva, y de Marte, etc.

Finalmente, quien con atención lo mirare, hallará que el modo que el demonio ha tenido de engañar a los indios, es el mismo con que engañó a los griegos y romanos, y otros gentiles antiguos, haciéndoles entender, que estas criaturas insignes Sol, Luna, estrellas, elementos, tenían propio poder y autoridad para hacer bien o mal a los hombres, y habiéndolas Dios criado para servicio del hombre, él se supo tan mal regir y gobernar, que por una parte se quiso alzar con ser Dios, y por otra dio en reconocer y sujetarse a las criaturas inferiores a él, adorando e invocando estas obras, y dejando de adorar e invocar al Criador, como lo pondera bien el sabio por estas palabras:[206] Vanos y errados son todos los hombres, en quien no se halla el conocimiento de Dios. Pues de las mismas cosas que tienen buen parecer, no acabaron de entender al que verdaderamente tiene ser. Y con mirar sus obras, no atinaron al Autor y artífice, sino que el fuego, o el viento, o el aire presuroso, o el cerco de las estrellas, o las muchas aguas, o el Sol, o la Luna, creyeron que eran dioses y gobernadores del mundo. Mas si enamorados de la hermosura de las tales cosas les pareció tenerlas por dioses, razón es que miren cuanto es más hermoso que ellas el Hacedor de ellas, pues el dador de hermosura es el que hizo todas aquestas cosas. Y si les admiró la fuerza y maravilloso obrar de estas cosas, por ellas mismas acaben de entender cuánto será más poderoso que todas ellas el que les dio el ser que tienen. Porque por la propia grandeza y hermosura que tienen las criaturas, se puede bien conjeturar qué tal sea el Criador de todas.

---

206 Sap. 13, v. 1, sg.

Hasta aquí son palabras del libro de la Sabiduría. De las cuales se pueden tomar argumentos muy maravillosos y eficaces para convencer el grande engaño de los idólatras infieles, que quieren más servir y reverenciar a la criatura, que al Criador, como justísimamente les arguye el Apóstol.[207] Mas porque esto no es del presente intento, y está hecho bastantemente en los sermones que se escribieron contra los errores de los indios, baste por agora decir, que tenían un mismo modo de hacer adoración al sumo Dios, y a estos vanos y mentirosos dioses.

Porque el modo de hacerle oración al Viracocha, y al Sol y a las estrellas, y a las demás guacas o ídolos, era abrir las manos, y hacer cierto sonido con los labios, como quien besa, y pedir lo que cada uno quería, y ofrecerle sacrificio. Aunque en las palabras había diferencia, cuando hablaban con el gran Ticciviracocha, al cual atribuían principalmente el poder y mando de todo, y a los otros como dioses o señores particulares cada uno en su casa, y que eran intercesores para con el gran Ticciviracocha.

Este modo de adorar abriendo las manos y como besando, en alguna manera es semejante al que el santo Job abomina como propio de idólatras, diciendo:[208] Si besé mis manos con mi boca mirando al Sol, cuando resplandece, o a la Luna, cuando está clara; lo cual es muy grande maldad, y negar al altísimo Dios.

Capítulo V. De la idolatría que usaron los indios con cosas particulares

No se contentó el demonio con hacer a los ciegos indios que adorasen al Sol, y la Luna, y las estrellas, y tierra, y mar y cosas generales de naturaleza; pero pasó adelante a darles por dioses, y sujetallos a cosas menudas, y muchas de ellas muy soeces.

No se espantará de esta ceguera en bárbaros, quien trajere a la memoria que de los sabios y filósofos dice el Apóstol,[209] que habiendo conocido a Dios, no le glorificaron ni dieron gracias como a su Dios; sino que se envanecieron en su pensamiento, y se escureció su corazón necio, y vinieron a trocar la gloria y deidad del eterno Dios, por semejanzas y figuras de cosas caducas y

---

207 Rom. 1, v. 25.
208 Job 31, vv. 26, 27 et 28.
209 Rom. 1.

corruptibles, como de hombres, de aves, de bestias, de serpientes. Bien sabida cosa es el perro Osiris, que adoraban los egipcios, y la vaca Isis, y el carnero Amon; y en Roma la diosa Februa de las calenturas, y el ánser de Tarpeya; y en Atenas la sabia, el cuervo y el gallo. Y de semejantes bajezas y burlerías están llenas las memorias de la gentilidad, viniendo en tan gran oprobio los hombres por no haber querido sujetarse a la ley de su verdadero Dios y Criador, como San Atanasio doctamente lo trata escribiendo contra los idólatras.

Mas en los indios, especialmente del Perú, es cosa que saca de juicio la rotura y perdición que hubo en esto. Porque adoran los ríos, las fuentes, las quebradas, las peñas o piedras grandes, los cerros, las cumbres de los montes que ellos llaman apachitas, y lo tienen por cosa de gran devoción; finalmente, cualquiera cosa de naturaleza que les parezca notable y diferente de las demás, la adoran como reconociendo allí alguna particular deidad. En Cajamalca de la Nasca me mostraron un cerro grande de arena, que fue principal adoratorio o guaca de los antiguos. Preguntando yo qué divinidad hallaban allí, me respondieron, que aquella maravilla de ser un cerro altísimo de arena en medio de otros muchos todos de peña. Y a la verdad era cosa maravillosa pensar como se puso tan gran pico de arena en medio de montes espesísimos de piedra. Para fundir una campana grande tuvimos en la ciudad de los Reyes necesidad de leña recia y mucha, y cortóse un arbolazo disforme, que por su antigüedad y grandeza, había sido largos años adoratorio y guaca de los indios.

A este tono cualquier cosa que tenga extrañeza entre las de su género, les parecía que tenía divinidad, hasta hacer esto con pedrezuelas y metales, y aún raíces y frutas de la tierra, como en las raíces que llaman papas hay unas extrañas a quien ellos ponen nombre llallahuas, y las besan y las adoran. Adoran también osos, leones, tigres y culebras, porque no les hagan mal. Y como son tales sus dioses, así son donosas las cosas que les ofrecen, cuando los adoran. Usan cuando van de camino, echar en los mismos caminos o encrucijadas, en los cerros y, principalmente, en las cumbres que llaman apachitas, calzados viejos y plumas, coca mascada, que es una yerba que mucho usan, y cuando no pueden más, siquiera una piedra; y todo esto es como ofrenda para que les dejen pasar, y les den fuerzas, y dicen que las cobran con esto, como se refiere en un Concilio provincial del Perú.[210] Y así se hallan en esos caminos muy grandes rimeros de estas piedras ofrecidas, y de otras inmundicias dichas.

Semejante disparate al que usaban los antiguos, de quien se dice en los Proverbios:[211] Como quien ofrece piedras al montón de Mercurio, así el que honra a necios, que es decir, que no se saca más fruto, ni utilidad, de lo segundo que de lo primero; porque ni el Mercurio de piedra siente la ofrenda, ni el necio sabe agradecer la honra que le hacen. Otra ofrenda no menos donosa usan, que es tirarse las pestañas o cejas, y ofrecerlas al Sol, o a los cerros y apachitas, a los vientos o a las cosas que temen. Tanta es la desventura en que han vivido, y hoy día viven muchos indios, que como a muchachos les hace el demonio entender cuanto se le antoja, por grandes disparates que sean, como de los gentiles hace semejante comparación San Crisóstomo en una homilía.[212]

Mas los siervos de Dios, que atienden a su enseñanza y salvación, no deben despreciar estas niñerías, pues son tales que bastan a enlazallos en su eterna perdición. Mas con buenas y fáciles razones desengañarlos de tan grandes ignorancias. Porque cierto es cosa de ponderar, cuán sujetos están a quien les pone en razón. No hay cosa entre las criaturas corporales más ilustre que el Sol, y es a quien los gentiles todos comúnmente adoran. Pues con una buena razón me contaba un capitán discreto y buen cristiano, que había persuadido a los indios, que el Sol no era Dios, sino solo criado de Dios; y fue así. Pidió al cacique y señor principal, que le diese un indio ligero para enviar una carta; diósele tal, y preguntóle el capitán al cacique: dime, ¿quién es el señor y el principal, aquel indio que lleva la carta tan ligero, o tú que se la mandas llevar? Respondió el cacique, yo, sin ninguna duda, porque aquél no hace más de lo que yo le mando. Pues eso mismo, replicó el capitán, pasa entre ese Sol que vemos y el Criador de todo. Porque el Sol no es más que un criado de aquel altísimo Señor, que por su mandado anda con tanta ligereza sin cansarse, llevando lumbre a todas las partes. Y así veréis como es sin razón y engaño dar al Sol la honra que se le debe a su Criador y señor de todo.

Cuadróles mucho la razón del capitán a todos, y dijo el cacique y los indios que estaban con él, que era gran verdad, y que se habían holgado mucho de entenderla. Refiérese de uno de los reyes Incas, hombre de muy delicado

---

210 Conc. Liemens. 2, cap. 99.
211 Prov. 26. v. 8.
212 Sup. I, ad Cor.Hom. 4.

ingenio, que viendo cómo todos sus antepasados adoraban al Sol, dijo que no le parecía a él, que el Sol era Dios, ni lo podía ser. Porque Dios es gran señor, y con gran sosiego y señorío hace sus cosas; y que el Sol nunca para de andar, y que cosa tan inquieta no le parecía ser Dios. Dijo bien. Y si con razones suaves, y que se dejen percibir, les declaran a los indios sus engaños y cegueras, admirablemente se convencen y rinden a la verdad.

Capítulo VI. De otro género de idolatría con los difuntos
Otro género de idolatría muy diverso de los referidos, es el que los gentiles han usado por ocasión de sus difuntos, a quien querían bien y estimaban. Y aún parece que el sabio da a entender, que el principio de la idolatría fue esto, diciendo así:[213] El principio de fornicación fue la reputación de los ídolos; y esta invención es total corrupción de la vida. Porque al principio del mundo no hubo ídolos, ni al fin los habrá para siempre jamás. Mas la vanidad y ociosidad de los hombres trajo al mundo esta invención, y aun por eso acabaron sus vidas tan presto. Porque sucedió que sintiendo el padre amargamente la muerte del hijo mal logrado, hizo para su consuelo un retrato del difunto, y comenzó a honrar y adorar como a Dios, al que poco antes como hombre mortal acabó sus días; y para este fin ordenó entre sus criados, que en memoria suya se hiciesen devociones y sacrificios. Después pasando días, y tomando autoridad esta maldita costumbre, quedó este yerro canonizado por ley; y así por mandato de los tiranos eran adorados los retratos y ídolos. De aquí vino que con los ausentes se comenzó a hacer lo mismo, y a los que no podían adorar en presencia por estar lejos, trayendo los retratos de los reyes que querían honrar, por este modo los adoraban, supliendo con su invención y traza la ausencia de los que querían adorar. Acrecentó esta invención de idolatría la curiosidad de excelentes artífices, que con su arte hicieron estas imágenes y estatuas tan elegantes, que los que no sabían lo que era, les provocaban a adorarlas. Porque con el primor de su arte, pretendiendo contentar al que les daba su obra, sacaban retratos y pinturas mucho más excelentes. Y el vulgo de la gente, llevado de la apariencia y gracia de la obra, al otro que poco antes había sido honrado como hombre, vino ya a tenerle y estimarle por su Dios. Y este fue el engaño miserable de los hombres, que acomodándose ora a su afecto y sentimiento,

---

213 Sap. 14, v. 12.

ora a la lisonja de los reyes, el nombre incomunicable de Dios, le vinieron a poner en las piedras, adorándolas por dioses.

Todo esto es del libro de la Sabiduría, que es lugar digno de ser notado. Y a la letra hallarán los que fueren curiosos desenvolvedores de antigüedad, que el origen de la idolatría fueron estos retratos y estatuas de los difuntos. Digo de la idolatría, que propiamente es adorar ídolos e imágenes porque esotra de adorar criaturas como al Sol y a la milicia del cielo, de que se hace mención en los profetas,[214] no es cierto que fuese después; aunque el hacer estatuas e ídolos en honra del Sol y de la Luna y de la tierra, sin duda lo fue.

Viniendo a nuestros indios, por los mismos pasos que pinta la Escritura, vinieron a la cumbre de sus idolatrías. Primeramente los cuerpos de los reyes y señores procuraban conservarlos, y permanecían enteros, sin oler mal, ni corromperse más de doscientos años. De esta manera estaban los reyes Incas en el Cuzco, cada uno en su capilla y adoratorio, de los cuales el virrey Marqués de Cañete (por extirpar la idolatría) hizo sacar y traer a la ciudad de los Reyes tres o cuatro de ellos, que causó admiración ver cuerpos humanos de tantos años con tan linda tez y tan enteros. Cada uno de estos reyes Incas dejaba todos sus tesoros, y hacienda y renta para sustentar su adoratorio, donde se ponía su cuerpo y gran copia de ministros, y toda su familia dedicada a su culto. Porque ningún rey sucesor usurpaba los tesoros y vajilla de su antecesor, sino de nuevo juntaba para sí y para su palacio.

No se contentaron con esta idolatría de los cuerpos de los difuntos, sino que también hacían sus estatuas; y cada rey en vida hacía un ídolo o estatua suya de piedra, la cual llamaba Guaoiquí, que quiere decir hermano, porque a aquella estatua en vida y en muerte se le había de hacer la misma veneración que al propio Inga; las cuales llevaban a la guerra, y sacaban en procesión para alcanzar agua y buenos temporales, y les hacían diversas fiestas y sacrificios. De estos ídolos hubo gran suma en el Cuzco y en su comarca; entiéndese que ha cesado del todo, o en gran parte, la superstición de adorar estas piedras, después que por la diligencia del licenciado Polo se descubrieron: y fue la primera la de Ingaroca, cabeza de la parcialidad principal de Hanan Cuzco. De esta manera se halla en otras naciones gran cuenta con los cuerpos de los antepasados y sus estatuas, que adoran y veneran.

---

214 Hierem. 19. Sophon. 1.

Capítulo VII. De las supersticiones que usaban con los muertos
Comúnmente creyeron los indios del Perú, que las ánimas vivían después de esta vida, y que los buenos tenían gloria, y los malos pena; y así en persuadilles estos artículos hay poca dificultad. Mas de que los cuerpos hubiesen de resucitar con las ánimas, no lo alcanzaron; y así ponían excesiva diligencia, como está dicho, en conservar los cuerpos, y honrarlos después de muertos. Para esto, sus descendientes les ponían ropa, y hacían sacrificios, especialmente los reyes Incas en sus entierros habían de ser acompañados de gran número de criados y mujeres para el servicio de la otra vida; y así el día que morían, mataban las mujeres a quien tenían afición, y criados y oficiales, para que fuesen a servir a la otra vida.

Cuando murió Guainacapa, que fue padre de Atagualpa, en cuyo tiempo entraron los españoles, fueron muertas mil y tantas personas de todas edades y suertes para su servicio y acompañamiento en la otra vida. Matábanlos después de muchos cantares y borracheras, y ellos se tenían por bienaventurados; sacrificábanles muchas cosas, especialmente niños, y de su sangre hacían una raya de oreja a oreja en el rostro del difunto. La misma superstición e inhumanidad de matar hombres y mujeres para acompañamiento y servicio del difunto en la otra vida han usado y usan otras naciones bárbaras. Y aun, según escribe Polo, cuasi ha sido general en Indias; y aun refiere el venerable Beda, que usaban los Anglos antes de convertirse al evangelio la misma costumbre de matar gente, que fuese en compañía y servicio de los difuntos. De un portugués que, siendo cautivo entre bárbaros, le dieron un flechazo con que perdió un ojo, cuentan, que queriéndolo sacrificar para que acompañase un señor difunto, respondió: que los que moraban en la otra vida tendrían en poco al difunto, pues le daban por compañero a un hombre tuerto, y que era mejor dársele con dos ojos, y pareciéndole bien esta razón a los bárbaros, le dejaron.

Fuera de esta superstición de sacrificar hombres al difunto, que no se hace sino con señores muy calificados, hay otra mucho más común y general en todas las Indias, de poner comida y bebida a los difuntos sobre sus sepulturas y cuevas, y creer que con aquello se sustentan, que también fue error de los antiguos, como dice San Agustín.²¹⁵ Y para este efecto de darles de comer y beber, hoy día, muchos indios infieles desentierran secretamente sus difuntos de las iglesias y cementerios, y los entierran en cerros, o quebradas, o en sus propias casas. Usan también ponerles plata en las bocas, en las manos, en los senos, y vestirles ropas nuevas y provechosas dobladas debajo de la mortaja. Creen que las ánimas de los difuntos andan vagueando, y que sienten frío y sed, y hambre y trabajo, y por eso hacen sus aniversarios, llevándoles comida, bebida y ropa.

A esta causa advierten con mucha razón los prelados en sus sínodos. que procuren los sacerdotes dar a entender a los indios, que las ofrendas que en la Iglesia se ponen en las sepulturas, no son comida ni bebida de las ánimas, sino de los pobres, o de los ministros, y solo Dios es el que en la otra vida sustenta las ánimas, pues no comen, ni beben cosa corporal. Y va mucho en que sepan esto bien sabido, porque no conviertan el uso santo en superstición gentílica, como muchos lo hacen.

Capítulo VIII. Del uso de mortuorios que tuvieron los mexicanos y otras naciones

Habiendo referido lo que en el Perú usaron muchas naciones con sus difuntos es bien hacer especial mención de los mexicanos en esta parte, cuyos mortuorios eran solemnísimos, y llenos de grandes disparates. Era oficio de sacerdotes y religiosos en México (que los había con extraña observancia, como se dirá después) enterrar los muertos, y hacerles sus exequias; y los lugares donde los enterraban, eran las sementeras y patios de sus casas propias: a otros llevaban a los sacrificaderos de los montes; otros quemaban, y enterraban las cenizas en los templos, y a todos enterraban con cuanta ropa, joyas y piedras tenían; y a los que quemaban, metían las cenizas en unas ollas, y en ellas las joyas y piedras y atavíos, por ricos que fuesen.

Cantaban los oficios funerales como responsos, y levantaban a los cuerpos de los difuntos muchas veces, haciendo muchas ceremonias. En estos mortuorios comían y bebían; y si eran personas de calidad, daban de vestir a todos los que habían acudido al enterramiento. En muriendo alguno, poníanle tendido en un aposento hasta que acudían de todas partes los amigos y conocidos,

---

215 August. in epist. 64.

los cuales traían presentes al muerto, y le saludaban como si fuera vivo. Y si era rey, o señor de algún pueblo, le ofrecían esclavos para que los matasen con él, y le fuesen a servir al otro mundo. Mataban asimismo al sacerdote o capellán que tenía, porque todos los señores tenían un sacerdote, que dentro de casa les administraban las ceremonias; y así le mataban para que fuese a administrar al muerto: mataban al maestresala, al copero, a los enanos y corcovados, que de éstos se servían mucho, y a los hermanos que más le habían servido; lo cual era grandeza entre los señores servirse de sus hermanos y de los referidos. Finalmente mataban a todos los de su casa para llevar a poner casa al otro mundo.

Y porque no tuviesen allá pobreza, enterraban mucha riqueza de oro, plata y piedras, ricas cortinas de muchas labores, brazaletes de oro, y otras ricas piezas; y si quemaban al difunto, hacían lo mismo con toda la gente y atavíos que le daban para el otro mundo. Tomaban toda aquella ceniza, y enterrábanla con grande solemnidad: duraban las exequias diez días de lamentables y llorosos cantos. Sacaban los sacerdotes a los difuntos con diversas ceremonias, según ellos lo pedían, las cuales eran tantas, que cuasi no se podían numerar. A los capitanes y grandes señores les ponían sus insignias y trofeos, según sus hazañas y valor que habían tenido en las guerras y gobierno, que para esto tenían sus particulares blasones y armas. Llevaban todas estas cosas y señales al lugar donde había de ser enterrado, o quemado, delante del cuerpo, acompañándole con ellas en procesión, donde iban los sacerdotes y dignidades del templo, con diversos aparatos, unos incensando, y otros cantando, y otros tañendo tristes flautas y atambores, lo cual aumentaba mucho el llanto de los vasallos y parientes. El sacerdote que hacía el oficio, iba ataviado con las insignias del ídolo, a quien había representado el muerto, porque todos los señores representaban a los ídolos, y tenían sus renombres, a cuya causa eran tan estimados y honrados.

Estas insignias sobredichas llevaba de ordinario la orden de la caballería. Y al que quemaban, después de haberle llevado al lugar donde habían de hacer las cenizas, rodeándole de tea a él, y a todo lo que pertenecía a su matalotaje, como queda dicho, y pegábanle fuego, aumentándolo siempre con maderos resinosos hasta que todo se hacía ceniza. Salía luego un sacerdote vestido con unos atavíos de demonio, con bocas por todas las coyunturas, y muchos ojos de espejuelos, con un gran palo, y con él revolvía todas aquellas cenizas con gran ánimo y denuedo, el cual hacía una representación tan fiera, que ponía grima a todos los presentes. Y algunas veces este ministro sacaba otros trajes diferentes, según era la cualidad del que moría.

Esta digresión de los muertos y mortuorios se ha hecho por ocasión de la idolatría de los difuntos; ahora será justo volver al intento principal, y acabar con esta materia.

Capítulo IX. Del cuarto y último género de idolatría que usaron los indios con imágenes y estatuas, especialmente los mexicanos

Aunque en los dichos géneros de idolatría en que se adoraban criaturas hay gran ofensa de Dios, el Espíritu Santo condena mucho más y abomina otro linaje de idólatras, que adoran solamente las figuras e imágenes fabricadas por manos de hombres, sin haber en ellas más de ser piedras, o palos, o metal, y la figura que el artífice quiso dalles.

Así dice el Sabio[216] de estos tales: Desventurados, y entre los muertos se puede contar su esperanza, de los que llamaron dioses a las obras de las manos de los hombres, al oro, a la plata con la invención y semejanza de animales, o la piedra inútil, que no tiene más de ser de una antigualla. Y va prosiguiendo divinamente contra este engaño y desatino de los gentiles, como también el profeta Isaías y el profeta Jeremías y el profeta Baruch y el santo rey David copiosa y graciosamente disputan.[217] Y convendrá que el ministro de Cristo, que reprueba los errores de idolatría, tenga bien vistos y digeridos estos lugares, y las razones que en ellos tan galanamente el Espíritu Santo toca, que todas se reduce a una breve sentencia, que pone el profeta Oseas:[218] El oficial fue el que le hizo, y así no es Dios; servirá, pues, para telas de arañas el becerro de Samaria.

Viniendo a nuestro cuento, hubo en las Indias gran curiosidad de hacer ídolos y pinturas de diversas formas y diversas materias, y a éstas adoraban por dioses. Llamábanlas en el Perú guacas, y ordinariamente eran de gestos feos y disformes, a lo menos las que yo he visto todas eran así. Creo, sin duda,

---

216 Sap. 13, v.10
217 Isaías, 44. Hierem. 10. Baruch. 6. Psalm. 113.
218 Oseas 8, v. 6.

que el demonio, en cuya veneración las hacían, gustaba de hacerse adorar en figuras mal agestadas. Y es así, en efecto, de verdad que, en muchas de estas guacas o ídolos, el demonio hablaba y respondía, y los sacerdotes y ministros suyos acudían a estos oráculos del padre de las mentiras; y cual él es, tales eran sus consejos y avisos y profecías.

En donde este género de idolatría prevaleció más que en parte del mundo fue en la provincia de Nueva España, en lo de México y Tezcuco y Tlascala y Cholula y partes convecinas de aquel reino. Y es cosa prodigiosa de contar las supersticiones que en esta parte tuvieron; mas no será sin gusto referir algo de ellas. El principal ídolo de los mexicanos, como está arriba dicho, era Vitzilipuztli; esta era una estatua de madera estrellada, en semejanza de un hombre sentado en un escaño azul fundado en unas andas, y de cada esquina salía un madero con una cabeza de sierpe al cabo; el escaño denotaba que estaba sentado en el cielo. El mismo ídolo tenía toda la frente azul y por encima de la nariz una venda azul que tomaba de una oreja a otra. Tenía sobre la cabeza un rico plumaje de hechura de pico de pájaro; el remate de él, de oro muy bruñido. Tenía en la mano izquierda una rodela blanca con cinco piñas de plumas blancas puestas en cruz; salía por lo alto un gallardete de oro, y por las manijas cuatro saetas, que, según decían los mexicanos, les habían enviado del cielo para hacer las hazañas que en su lugar se dirán. Tenía en la mano derecha un báculo labrado a manera de culebra, todo azul ondeado. Todo este ornato y el demás, que era mucho, tenía sus significaciones, según los mexicanos declaraban. El nombre de Vitzilipuztli quiere decir siniestra de pluma relumbrante.

Del templo superbísimo y sacrificios y fiestas y ceremonias de este gran ídolo se dirá abajo que son cosas muy notables. Solo digo al presente que este ídolo, vestido y aderezado ricamente, estaba puesto en un altar muy alto en una pieza pequeña, muy cubierta de sábanas, de joyas, de plumas y de aderezos de oro, con muchas rodelas de pluma, lo más galana y curiosamente que ellos podían tenelle, y siempre delante de él una cortina para mayor veneración. Junto al aposento de este ídolo había otra pieza menos aderezada, donde había otro ídolo que se decía Tlaloc. Estaban siempre juntos estos dos ídolos, porque los tenían por compañeros y de igual poder.

Otro ídolo había en México muy principal, que era el dios de la penitencia y de los jubileos y perdón de pecados. Este ídolo se llamaba Tezcatlipuca, el cual era de una piedra muy relumbrante y negra como azabache, vestido de algunos atavíos galanos a su modo. Tenía zarcillos de oro y de plata, en el labio bajo un cañutillo cristalino de un geme de largo, y en él metida una pluma verde y otras veces azul, que parecía esmeralda o turquesa. La coleta de los cabellos le ceñía una cinta de oro bruñido, y en ella por remate una oreja de oro con unos humos pintados en ella, que significaban los ruegos de los afligidos y pecadores, que oía cuando se encomendaban a él. Entre esta oreja y la otra salían unas garzotas en grande número; al cuello tenía un joyel de oro colgado, tan grande, que le cubría todo el pecho; en ambos brazos, brazales de oro, en el ombligo, una rica piedra verde; en la mano izquierda, un mosqueador de plumas preciadas verdes, azules, amarillas, que salían de una chapa de oro reluciente muy bruñido, tanto que parecía espejo; en que daba a entender que en aquel espejo vía todo lo que se hacía en el mundo. A este espejo o chapa de oro llamaban Itlacheaya, que quiere decir su mirador. En la mano derecha tenía cuatro saetas, que significaban el castigo que por los pecados daba a los malos.

Y así, al ídolo que más temían, porque no les descubriesen sus delitos, era éste, en cuya fiesta, que era de cuatro a cuatro años, había perdón de pecados, como adelante se relatará. A este mismo ídolo Tezcatlipuca tenían por dios de las sequedades y hambres y esterilidad y pestilencia. Y así le pintaban en otra forma, que era sentado con mucha autoridad en un escaño rodeado de una cortina colorada labrada de calaveras y huesos de muertos. En la mano izquierda, una rodela con cinco piñas de algodón, y en la derecha, una vara arrojadiza, amenazando con ella; el brazo, muy estirado, como que la quería ya tirar. De la rodela salían cuatro saetas; el semblante, airado; el cuerpo, untado todo de negro; la cabeza, llena de plumas de codornices. Eran grandes las supersticiones que usaban con este ídolo, por el mucho miedo que le tenían.

En Cholula, que es cerca de México y era república por sí, adoraban un famoso ídolo, que era el dios de las mercaderías, porque ellos eran grandes mercaderes, y hoy día son muy dados a tratos; llámanle Quetzaalcoatl. Estaba ese ídolo en una gran plaza, en un templo muy alto. Tenía al derredor de sí oro, plata, joyas y plumas ricas, ropas de mucho valor y de diversos colores. Era en figura de hombre, pero la cara de pájaro, con un pico colorado y sobre él una cresta y berrugas, con unas rengleras de dientes y la lengua de fuera.

En la cabeza, una mitra de papel puntiaguda pintada; una hoz en la mano y muchos aderezos de oro en las piernas y otras mil invenciones de disparates, que todo aquello significaba, y, en efecto, le adoraban porque hacía ricos a los que quería, como el otro dios Mamón, o el otro Plutón. Y cierto el nombre que le daban los cholulanos a su dios, era a propósito, aunque ellos no lo entendían. Llamábanle Quetzaalcoatl, que es culebra de pluma rica, que tal es el demonio de la codicia.

No se contentaban estos bárbaros de tener dioses, sino que también tenían sus diosas, como las fábulas de los poetas las introdujeron y la ciega gentilidad de griegos y romanos las veneraron. La principal de las diosas que adoraban llamaban Tozi, que quiere decir nuestra agüela, que, según refieren las historias de los mexicanos, fue hija del rey de Culhuacán, que fue la primera que desollaron por mandado de Vitzilipuztli, consagrándola de esta arte por su hermana, y desde entonces comenzaron a desollar los hombres para los sacrificios y vestirse los vivos de los pellejos de los sacrificados, entendiendo que su dios se agradaba de ello; como también el sacar los corazones a los que sacrificaban, lo aprendieron de su dios, cuando él mismo los sacó a los que castigó en Tula, como se dirá en su lugar.

Una de estas diosas que adoraban tuvo un hijo grandísimo cazador, que después tomaron por dios de Tlascala, que fue el bando opuesto a los mexicanos, con cuya ayuda los españoles ganaron a México. Es la provincia de Tlascala muy aparejada para caza, y la gente muy dada a ella, y así hacían gran fiesta. Pintan al ídolo de cierta forma, que no hay que gastar tiempo en referilla; mas la fiesta que le hacían es muy donosa. Y es así que, al reír del alba, tocaban una bocina, con que se juntaban todos con sus arcos y flechas, redes y otros instrumentos de caza, e iban con su ídolo en procesión, y tras ellos grandísimo número de gente, a una sierra alta, donde en la cumbre de ella tenían puesta una ramada y en medio altar riquísimamente aderezado, donde ponían al ídolo. Yendo caminando con el gran ruido de bocinas, caracoles y flautas y atambores llegados al puesto, cercaban toda la falda de aquella sierra al derredor y, pegándole por todas partes fuego, salían muchos y muy diversos animales, venados, conejos, liebres, zorras, lobos, etc., los cuales iban hacia la cumbre huyendo del fuego; y yendo los cazadores tras ellos con grande grita y vocería, tocando diversos instrumentos, los llevaban hasta la cumbre delante del ídolo, donde venía a haber tanta apretura en la caza, que, dando saltos, unos rodaban, otros daban sobre la gente y otros sobre el altar, con que había grande regocijo y fiesta.

Tomaban entonces grande número de caza, y a los venados y animales grandes sacrificaban delante del ídolo, sacándoles los corazones con la ceremonia que usaban en los sacrificios de los hombres. Lo cual hecho, tomaban toda aquella caza a cuestas y volvíanse con su ídolo por el mismo orden que fueron, y entraban en la ciudad con todas estas cosas muy regocijados, con grande música de bocinas y atabales, hasta llegar al templo, adonde ponían su ídolo con muy gran reverencia y solemnidad. Íbanse luego todos a guisar las carnes de toda aquella caza, de que hacían un convite a todo el pueblo; y después de comer hacían sus representaciones y baile delante del ídolo. Otros muchos dioses y diosas tenían con gran suma de ídolos, mas los principales eran en la nación mexicana y en sus vecinas los que están dichos.

Capítulo X. De un extraño modo de idolatría que usaron los mexicanos

Como dijimos que los reyes Incas del Perú sustituyeron ciertas estatuas de piedra hechas a su semejanza, que les llamaban sus guaoiquíes o hermanos y les hacían dar la misma veneración que a ellos, así los mexicanos lo usaron con sus dioses; pero pasaron éstos mucho más adelante, porque hacían dioses de hombres vivos, y eran en esta manera: Tomaban un cautivo, el que mejor les parecía, y, antes de sacrificarle a sus ídolos, poníanle el nombre del mismo ídolo, a quien había de ser sacrificado, y vestíanle y adornábanle del mismo ornato que a su ídolo, y decían que representaba al mismo ídolo.

Y por todo el tiempo que duraba esta representación, que en unas fiestas era de un año y en otras era de seis meses y en otras de menos, de la misma manera le veneraban y adoraban que al propio ídolo, y comía y bebía y holgaba. Y cuando iba por las calles salía la gente a adorarle y todos le ofrecían mucha limosna, y llevábanle los niños y los enfermos para que los sanase y bendijese, y en todo le dejaban hacer su voluntad, salvo que, porque no huyese, lo acompañaban siempre diez o doce hombres adonde quiera que iba. Y él, para que le hiciesen reverencia por donde pasaba, tocaba de cuando en cuando un cañutillo, con que se apercibía la gente para adorarle. Cuando estaba de sazón y bien gordo, llegaba la fiesta, le abrían, mataban y comían, haciendo solemne sacrificio de él.

Cierto pone lástima ver la manera que Satanás estaba apoderado de esta gente, y lo está hoy día de muchas, haciendo semejantes potajes y embustes a costa de las tristes almas y miserables cuerpos que le ofrecen, quedándose él riendo de la burla tan pesada que les hace a los desventurados, mereciendo sus pecados que le deje el altísimo Dios en poder de su enemigo, a quien escogieron por dios y amparo suyo. Mas, pues se ha dicho lo que hasta de las idolatrías de los indios, síguese que tratamos del modo de religión o superstición, por mejor decir, que usan de sus ritos, de sus sacrificios, de templos y ceremonias y lo demás que a esto toca.

Capítulo XI. De cómo el demonio ha procurado asemejarse a Dios en el modo de sacrificios y religión y sacramentos

Pero, antes de venir a eso, se ha de advertir una cosa, que es muy digna de ponderar, y es que, como el demonio ha tomado por su soberbia bando y competencia con Dios, lo que nuestro Dios con su sabiduría ordena para su culto y honra y para bien y salud del hombre, procura el demonio imitarlo y pervertirlo, para ser él honrado y el hombre más condenado. Y así vemos que, como el sumo Dios tiene sacrificios y sacerdotes y sacramentos y religiosos y profetas y gente dedicada a su divino culto y ceremonias santas, así también el demonio tiene sus sacrificios y sacerdotes y su modo de sacramentos y gente dedicada a recogimiento y santimonia fingida y mil géneros de profetas falsos.

Todo lo cual, declarado en particular, como pasa, es de grande gusto y de no menor consideración para el que se acordare, como el demonio es padre de la mentira, según la suma Verdad lo dice en su evangelio;[219] y así procura usurpar para sí la gloria de Dios y fingir con sus tinieblas la luz. Los encantadores de Egipto, enseñados de su maestro Satanás, procuraban hacer, en competencia de Moisés y Aarón, otras maravillas semejantes.[220] Y en el libro de los Jueces[221] leemos del otro Micas, que era sacerdote del ídolo vano, usando los aderezos que en el tabernáculo del verdadero Dios se usaban, aquel efod y terafim, y lo demás: Séase lo que quisieren los doctos. Apenas hay cosa instituida por

---

219 Joan. 8, v. 44.
220 Exod. 7, vv. 11 et 12.
221 Judic. 18.

Jesucristo, nuestro Dios y señor, en su ley evangélica, que en alguna manera no la haya el demonio sofisticado y pasado a su gentilidad; como echará de ver quien advirtiere en lo que por ciertas relaciones tenemos sabido de los ritos y ceremonias de los indios, de que vamos tratando en este libro.

Capítulo XII. De los templos que se han hallado en las Indias
Comenzando, pues, por los templos, como el sumo Dios quiso que se le dedicase casa en que su santo nombre fuese con particular culto celebrado, así el demonio para sus intentos persuadió a los infieles que le hiciesen soberbios templos y particulares adoratorios y santuarios. En cada provincia del Perú había una principal guaca, o casa de adoración, y ultra de esta algunas universales, que eran para todos las reinos de los Incas.

Entre todas fueron dos señaladas: una que llaman de Pachacama, que está cuatro leguas de Lima y se ven hoy las ruinas de un antiquísimo y grandísimo edificio, de donde Francisco Pizarro y los suyos hubieron aquella inmensa riqueza de vasijas y cántaros de oro y plata, que les trajeron cuando tuvieron preso al Inga Atagualpa. En este templo hay relación cierta, que hablaba visiblemente el demonio y daba respuestas desde su oráculo, y que a tiempos vían una culebra muy pintada; y esto de hablar y responder el demonio en estos falsos santuarios y engañar a los miserables es cosa muy común y muy averiguada en Indias, aunque donde ha entrado el evangelio y levantado la señal de la santa Cruz manifiestamente ha enmudecido el padre de las mentiras, como de su tiempo escribe Plutarco:[222] *Cur cessaverit Pithias fundere oracula*. Y San Justino mártir trata largo[223] de este silencio que Cristo puso a los demonios que hablaban en los ídolos, como estaba mucho antes profetizado en la divina Escritura.

El modo que tenían de consultar a sus dioses los ministros infieles hechiceros era como el demonio les enseñaba; ordinariamente era de noche, y entraban las espaldas vueltas al ídolo, andando hacia atrás, y doblando el cuerpo y inclinando la cabeza, poníanse en una postura fea, y así consultaban. La respuesta de ordinario era en una manera de silvo temeroso, o con un chillido, que les ponía horror, y todo cuanto les avisaba y mandaba era encaminado a

---
222 Plutarc. lib. de Trac. re.
223 Justin. in Apolog. pro cristian.

su engaño y perdición. Ya, por la miseria de Dios y gran poder de Jesucristo, muy poco se halla de esto.

Otro templo y adoratorio aún muy más principal hubo en el Perú, que fue en la ciudad del Cuzco, adonde es agora el monasterio de Santo Domingo, y en los sillares y piedras del edificio, que hoy día permanecen, se echa de ver que fuese cosa muy principal. Era este templo como el Panteón de los romanos, cuanto a ser casa y morada de todos los dioses. Porque en ella pusieron los reyes Incas los dioses de todas las provincias y gentes que conquistaron, estando cada ídolo en su particular asiento y haciéndole culto y veneración los de su provincia con un gasto excesivo de cosas que se traían para su ministerio, y con esto les parecía que tenían seguras las provincias ganadas, con tener como rehenes sus dioses.

En esta misma casa estaba el Punchao, que era un ídolo del Sol, de oro finísimo, con gran riqueza de pedrería y puesto al oriente con tal artificio que, en saliendo el Sol, daba en él, y como era el metal finísimo, volvían los rayos con tanta claridad, que parecía otro Sol. Este adoraban los Incas por su dios, y al Pachayachachic, que es el hacedor del cielo. En los despojos de este templo riquísimo dicen que un soldado hubo aquella hermosísima plancha de oro del Sol, y como andaba largo el juego, la perdió una noche jugando. De donde toma origen el refrán que en el Perú anda de grandes tahures, diciendo: Juega el Sol, antes que nazca.

Capítulo XIII. De los soberbios templos de México
Pero, sin comparación, fue mayor la superstición de los mexicanos, así en sus ceremonias, como en la grandeza de sus templos, que antiguamente llamaban los españoles el Cu, y debió de ser vocablo tomado de los isleños de Santo Domingo o de Cuba, como otros muchos que se usan y no son ni de España ni de otra lengua que hoy día se use en Indias, como son maíz, chicha, baquiano, chapetón y otros tales.

Había, pues, en México el Cu, tan famoso templo de Vitzilipuzli, que tenía una cerca muy grande y formaba dentro de sí un hermosísimo patio; toda ella era labrada de piedras grandes, a manera de culebras asidas las unas a las otras, y por eso se llamaba esta cerca Coatepantli, que quiere decir cerca de culebras. Tenían las cumbres de las cámaras y oratorios donde los ídolos estaban, un pretil muy galano, labrado con piedras menudas, negras como azabache, puestas con mucho orden y concierto, revocado todo el campo de blanco y colorado, que desde abajo lucía mucho. Encima de este pretil había unas almenas muy galanas, labradas como caracoles; tenía por remate de los estribos dos indios de piedra, asentados con unos candeleros en las manos, y de ellos salían unas como mangas de cruz, con remates de ricas plumas amarillas y verdes, y unas rapacejos largos de lo mismo. Por dentro de la cerca de este patio había muchos aposentos de religiosos y otros en lo alto para sacerdotes y papas, que así llamaban a los supremos sacerdotes que servían al ídolo.

Era este patio tan grande y espacioso, que se juntaban a danzar o bailar en él en rueda al derredor, como lo usaban en aquel reino, sin estorbo ninguno, ocho o diez mil hombres, que parece cosa increíble. Tenía cuatro puertas o entradas a oriente y poniente y norte y mediodía; de cada puerta de éstas principiaba una calzada muy hermosa de dos y tres leguas; y así había en medio de la laguna, donde estaba fundada la ciudad de México, cuatro calzadas en cruz muy anchas, que la hermoseaban mucho. Estaban en estas portadas cuatro dioses, o ídolos, los rostros vueltos a las mismas partes de las calzadas. Frontero de la puerta de este templo de Vitzilipuztli había treinta gradas de treinta brazas de largo, que las dividía una calle que estaba entre la cerca del patio y ellas.

En lo alto de las gradas había un paseadero de treinta pies de ancho, todo encalado: en medio de este paseadero, una palizada muy bien labrada de árboles muy altos puestos en hilera, una braza uno de otro; estos maderos eran muy gruesos y estaban todos barrenados con unos agujeros pequeños; desde abajo hasta la cumbre venían por los agujeros de un madero a otro unas varas delgadas, en las cuales estaban ensartadas muchas calaveras de hombres por las sienes; tenía cada una veinte cabezas. Llegaban estas hileras de calaveras desde lo bajo hasta lo alto de los maderos, llena la palizada de cabo a cabo, de tantas y tan espesas calaveras, que ponían admiración y grima. Eran estas calaveras de los que sacrificaban, porque, después de muertos y comida la carne, traían la calavera y entregábanla a los ministros del templo, y ellos la ensartaban allí hasta que se caían a pedazos, y tenían cuidado de renovar con otras las que caían.

En la cumbre del templo estaban dos piezas como capillas, y en ellas los dos ídolos que se han dicho de Vitzilipuztli y su compañero Tlaloc, labradas las capillas dichas de figuras de talla; y estaban tan altas, que para subir a ellas había una escalera de ciento y veinte gradas de piedra. Delante de sus aposentos había un patio de cuarenta pies en cuadro, en medio del cual había una piedra de hechura de pirámide verde y puntiaguda, de altura de cinco palmos, y estaba puesta para los sacrificios de hombres que allí se hacían, porque echado un hombre de espaldas sobre ella, le hacía doblar el cuerpo, y así le abrían y le sacaban el corazón, como adelante se dirá.

Había en la ciudad de México otros ocho o nueve templos como éste que se ha dicho, los cuales estaban pegados unos con otros dentro de un circuito grande, y tenían sus gradas particulares y su patio con aposentos y dormitorios. Estaban las entradas de los unos a poniente; otros, a levante; otros, al sur; otros, al norte; todos muy labrados y torreados con diversas hechuras de almenas y pinturas, con muchas figuras de piedras, fortalecidos con grandes y anchos estribos. Eran éstos dedicados a diversos dioses, pero después del templo de Vitzilipuztli, era el del ídolo Tezcatlipuca, que era dios de la penitencia y de los castigos, muy alto y hermosamente labrado. Tenía para subir a él ochenta gradas, al cabo de las cuales se hacía una mesa de ciento y veinte pies de ancho, y junto a ella una sala toda entapizada de cortinas de diversas colores y labores: la puerta baja y ancha, cubierta siempre con un velo, y solo los sacerdotes podían entrar; y todo el templo labrado de varias efigies y tallas, con gran curiosidad, porque estos dos templos eran como iglesias catedrales, y los demás en su respecto como parroquias y ermitas. Y eran tan espaciosos y de tantos aposentos, que en ellos había los ministerios y colegios y escuelas y casas de sacerdotes, que se dirá después.

Lo dicho puede bastar para entender la soberbia del demonio, y la desventura de la miserable gente, que con tanta costa de sus haciendas y trabajo y vidas servían a su propio enemigo, que no pretendía de ellos más que destruilles las almas, y consumilles los cuerpos; y con esto muy contentos, pareciéndoles por un grave engaño, que tenían grandes y poderosos dioses, a quien tanto servicio se hacía.

Capítulo XIV. De los sacerdotes y oficios que hacían
En todas las naciones del mundo se hallan hombres particularmente diputados al culto de Dios verdadero o falso, los cuales sirven para los sacrificios y para declarar al pueblo lo que sus dioses les mandan.

En México hubo en esto extraña curiosidad; y remedando el demonio el uso de la Iglesia de Dios, puso también su orden de sacerdotes menores, y mayores y supremos, y unos como acólitos y otros como levitas. Y lo que más me ha admirado, hasta en el nombre parece que el diablo quiso usurpar el culto de Cristo para sí, porque a los supremos sacerdotes, y como si dijésemos sumos pontífices, llamaban en su antigua lengua Papas los mexicanos, como hoy día consta por sus historias y relaciones. Los sacerdotes de Vitzilipuztli sucedían por linaje de ciertos barrios diputados a esto. Los sacerdotes de estos ídolos eran por elección u ofrecimiento desde su niñez al templo.

Su perpetuo ejercicio de los sacerdotes era incensar a los ídolos, lo cual se hacía cuatro veces cada día natural: la primera en amaneciendo; la segunda, al mediodía; la tercera, a puesta del Sol; la cuarta, a media noche. A esta hora se levantaban todas las dignidades del templo, y en lugar de campanas tocaban unas bocinas y caracoles grandes, y otros unas flautillas y tañían un gran rato un sonido triste; y después de haber tañido salía el hebdomadario o semanero, vestido de una ropa blanca como dalmática, con su incensario en la mano lleno de brasa, la cual tomaba del brasero o fogón que perpetuamente ardía ante el altar, y en la otra mano una bolsa llena de incienso, del cual echaba en el incensario, y entrando donde estaba el ídolo, incensaba con mucha reverencia. Después tomaba un paño, y con la misma limpiaba el altar y cortinas; y acabado esto, se iban a una pieza juntos, y allí hacían cierto género de penitencia muy rigurosa y cruel, hiriéndose y sacándose sangre en el modo que se dirá, cuando se trate de la penitencia que el diablo enseñó a los suyos estos maitines a media noche jamás faltaban.

En los sacrificios no podían entender otros sino solos los sacerdotes, cada uno conforme a su grado y dignidad. También predicaban a la gente en ciertas fiestas, como cuando de ellas se trate diremos; tenían sus rentas, y también se les hacían copiosas ofrendas. De la unción con que se consagraban sacerdotes se dirá también adelante. En el Perú se sustentaban de las heredades, que allá llaman chácaras de sus dioses, las cuales eran muchas y muy ricas.

Capítulo XV. De los monasterios de doncellas que inventó el demonio para su servicio

Como la vida religiosa (que a imitación de Jesucristo y sus sagrados apóstoles han profesado y profesan en la santa Iglesia tantos siervos y siervas de Dios) es cosa tan acepta en los ojos de la divina Majestad, y con que tanto su santo nombre se honra y su Iglesia se hermosea, así el padre de la mentira ha procurado, no solo remedar esto, pero en cierta forma tener competencia y hacer a sus ministros que se señalen en aspereza y observancia.

En el Perú hubo muchos monasterios de doncellas que de otra suerte no podían ser recibidas, y por lo menos en cada provincia había uno, en el cual estaban dos géneros de mujeres: unas ancianas, que llamaban mamaconas, para enseñanza de las demás; otras eran muchachas, que estaban allí cierto tiempo y después las sacaban para sus dioses o para el Inga. Llamaban a esta casa o monasterio Acllaguaci, que es casa de escogidas, y cada monasterio tenía su vicario o gobernador, llamado Apopanaca, el cual tenía facultad de escoger todas las que quisiese, de cualquier calidad que fuesen, siendo de ocho años abajo, como le pareciesen de buen talle y disposición.

Estas, encerradas allí, eran doctrinadas por las mamaconas en diversas cosas necesarias para la vida humana, y en los ritos y ceremonias de sus dioses; de allí se sacaban de catorce años para arriba, y con grande guardia se enviaban a la corte; parte de ellas se diputaban para servir en las guacas y santuarios, conservando perpetua virginidad; parte para los sacrificios ordinarios que hacían de doncellas, y otros extraordinarios por la salud, o muerte, o guerras del Inga; parte también para mujeres o mancebas del Inga, y de otros parientes o capitanes suyos, a quien él las daba; y era hacelles gran merced; este repartimiento se hacía cada año. Para el sustento de estos monasterios, que era gran cantidad de doncellas las que tenían, había rentas y heredades propias, de cuyos frutos se mantenían.

A ningún padre era lícito negar sus hijas cuando el Apopanaca se las pedía para encerrallas en los dichos monasterios, y aun muchos ofrecían sus hijas de su voluntad, pareciéndoles que ganaban gran mérito en que fuesen sacrificadas por el Inga. Si se hallaba haber alguna de estas mamaconas o acllas delinquido contra su honestidad, era infalible el castigo de enterralla viva o matalla con otro género de muerte cruel.

En México tuvo también el demonio su modo de monjas, aunque no les duraba la profesión y santimonia más de por un año; y era de esta manera: dentro de aquella cerca grandísima, que dijimos arriba, que tenía el templo principal, había dos casas de recogimiento, una frontera de otra; la una de varones, y la otra de mujeres. En la de mujeres solo había doncellas de doce a trece años, a las cuales llamaban las mozas de la penitencia; eran otras tantas como los varones; vivían en castidad y clausura como doncellas diputadas al culto de su Dios. El ejercicio que tenían era regar y barrer el templo y hacer cada mañana de comer al ídolo y a sus ministros de aquello que de limosna recogían los religiosos. La comida que al ídolo hacían eran unos bollos pequeños en figura de manos y pies, y otros retorcidos como melcochas. Con este pan hacían ciertos guisados, y poníanselo al ídolo delante cada día, y comíanlo sus sacerdotes, como los de Bel, que cuenta Daniel.[224]

Estaban estas mozas trasquiladas, y después dejaban crecer el cabello hasta cierto tiempo. Levantábanse a media noche a los maitines de los ídolos, que siempre se hacían, haciendo ellas los mismos ejercicios que los religiosos. Tenían sus abadesas, que las ocupaban en hacer lienzos de muchas labores para ornato de los ídolos y templos. El traje que a la continua traían era todo blanco, sin labor ni color alguna. Hacían también su penitencia a media noche, sacrificándose con herirse en las puntas de las orejas en la parte de arriba: y la sangre que sacaban poníansela en las mejillas; y dentro de su recogimiento tenían una alberca, donde se lavaban aquella sangre. Vivían con honestidad y recato, y si hallaban que hubiese alguna faltado, aunque fuese muy levemente, sin remisión moría luego, diciendo que había violado la casa de su Dios; y tenían por agüero y por indicio de haber sucedido algún mal caso de estos, si vían pasar algún ratón o murciélago en la capilla de su ídolo, o que habían roído algún velo; porque decían que, si no hubiera precedido algún delito, no se atreviera el ratón o murciélago a hacer tal descortesía. Y de aquí procedía a hacer pesquisa; y hallando el delincuente, por principal que fuese, luego le daban la muerte. En este monasterio no eran admitidas doncellas sino de uno

---

224 Dani. 14.

de seis barrios, que estaban nombrados para el efecto; y duraba esta clausura, como está dicho, un año, por el cual ellas o sus padres habían hecho voto de servir al ídolo en aquella forma; y de allí salían para casarse.

Alguna semejanza tiene lo de estas doncellas, y más lo de las del Perú, con las vírgenes vestales de Roma, que refieren los historiadores, para que se entienda cómo el demonio ha tenido codicia de ser servido de gente que guarda limpieza, no porque a él le agrade la limpieza, pues el de suyo espíritu inmundo, sino por quitar al sumo Dios, en el modo que puede, esta gloria de servirse de integridad y limpieza.

Capítulo XVI. De los monasterios de religiosos que tiene el demonio para su superstición

Cosa es muy sabida por las cartas de los Padres de nuestra Compañía, escritas de Japón, la multitud y grandeza que hay en aquellas tierras de religiosos, que llaman bonzos, y sus costumbres y superstición y mentiras; y así de éstos no hay que decir de nuevo. De los bonzos o religiosos de la China refieren Padres que estuvieron allá dentro haber diversas maneras u órdenes, y que vieron unos de hábito blanco y con bonetes; y otros de hábito negro, sin bonete ni cabello; y que de ordinario son poco estimados, y los mandarines o ministros de justicia los azotan como a los demás.

Estos profesan no comer carne, ni pescado, ni cosa viva, sino arroz y yerbas; mas de secreto comen de todo y son peores que la gente común. Los religiosos de la corte, que está en Paquín, dicen que son muy estimados. A las varelas o monasterios de estos monjes van de ordinario los mandarines a recrearse, y cuasi siempre vuelven borrachos. Están estos monasterios de ordinario fuera de las ciudades; dentro de ellos hay templos, pero en esto de ídolos y templos hay poca curiosidad en la China, porque los mandarines hacen poco caso de ídolos y tiénenlos por cosa de burla, ni aun creen que hay otra vida, ni aun otro paraíso, sino tener oficio de mandarín; ni otro infierno sino las cárceles que ellos dan a los delincuentes.

Para el vulgo dicen que es necesario entretenerle con idolatría, como también lo apunta el filósofo[225] de sus gobernadores. Y aun en la Escritura[226]

---

225 Arist. 12. Metaph.
226 Exod. 32.

fue género de excusa, que dio Aarón, del ídolo del becerro que fabricó. Con todo eso usan los chinos en las popas de sus navíos, en unas capilletas, traer allí puesta una doncella de bulto, asentada en su silla, con dos chinos delante de ella arrodillados a manera de ángeles, y tiene lumbre de noche y de día; y cuando han de dar a la vela le hacen muchos sacrificios y ceremonias con gran ruido de atambores y campanas, y echan papeles ardiendo por la popa.

Viniendo a los religiosos, no sé que en el Perú haya habido cosa propia de hombres recogidos, más de sus sacerdotes y hechiceros, que eran infinitos. Pero propia observancia, en donde parece habella el demonio puesto, fue en México, porque había en la cerca del gran templo dos monasterios, como arriba se ha tocado: uno de doncellas, de que se trató; otro de mancebos recogidos de dieciocho a veinte años, los cuales llamaban religiosos. Traían en las cabezas unas coronas como frailes: el cabello, poco más crecido, que les daba a media oreja, excepto que al colodrillo dejaban crecer el cabello cuatro dedos en ancho, que les descendía por las espaldas, y a manera de trenzado los ataban y trenzaban.

Estos mancebos, que servían en el templo de Vitzilipuztli, vivían en pobreza, castidad y obediencia, y hacían el oficio de levitas, administrando a los sacerdotes y dignidades del templo el incensario, la lumbre y los vestimentos; barrían los lugares sagrados; traían leña para que siempre ardiese en el brasero del dios, que era como lámpara, la cual ardía continuo delante altar del ídolo. Sin estos mancebos había otros muchachos, que eran como monacillos, que servían de cosas manuales, como era enramar y componer los templos con rosas y juncos, dar agua a manos a los sacerdotes, administrar navajuelas para sacrificar, ir con los que iban a pedir limosna, para traer la ofrenda.

Todos éstos tenían sus prepósitos, que tenían cargo de ellos, y vivían con tanta honestidad, que cuando salían en público donde había mujeres, iban las cabezas muy bajas, los ojos en el suelo, sin osar alzarlos a mirarlas; traían por vestido unas sábanas de red. Estos mozos recogidos tenían licencia de salir por la ciudad de cuatro en cuatro, y de seis en seis, muy mortificados, a pedir limosna por los barrios; y cuando no se la daban, tenían licencia de llegarse a las sementeras, y coger las espigas de pan o mazorcas, que habían menester, sin que el dueño osase hablarles ni evitárselo. Tenían esta licencia porque vivían en pobreza sin otra renta más de la limosna.

No podía haber más de cincuenta; ejercitándose en penitencia, y levantábanse a media noche a tañer unos caracoles y bocinas, con que despertaban a la gente. Velaban el ídolo por sus cuartos, porque no se apagase la lumbre que estaba delante del altar; administraban el incensario con que los sacerdotes incensaban el ídolo a media noche, a la mañana y al medio día y a la oración. Estos estaban muy sujetos y obedientes a los mayores, y no salían un punto de lo que les mandaban. Y después que a media noche acababan de incensar los sacerdotes, éstos se iban a un lugar particular y sacrificaban, sacándose sangre de los molledos con unas puntas duras y agudas; y la sangre que así sacaban se la ponían por las sienes hasta lo bajo de la oreja. Y hecho este sacrificio se iban luego a lavar a una laguna; no se untaban estos mozos con ningún betún en la cabeza, ni en el cuerpo, como los sacerdotes; y su vestido era una tela que allá se hace muy áspera y blanca. Durábales este ejercicio y aspereza de penitencia un año entero, en el cual vivían con mucho recogimiento y mortificación.

Cierto es de maravillar que la falsa opinión de religión pudiese en estos mozos y mozas de México tanto, que con tan gran aspereza hiciesen en servicio de satanás lo que muchos no hacemos en servicio del altísimo Dios; que es grave confusión para los que con un poquito de penitencia que hacen están muy ufanos y contentos. Aunque el no ser aquel ejercicio perpetuo, sino de un año, lo hacía más tolerable.

Capítulo XVII. De las penitencias y asperezas que han usado los indios por persuasión del demonio
Y pues hemos llegado a este punto, bien será que así para manifestar la maldita soberbia de Satanás, como para confundir y despertar algo nuestra tibieza en el servicio de el sumo Dios, digamos algo de los rigores y penitencias extrañas, que esta miserable gente hacía por persuasión del demonio, como los falsos profetas de Baal,[227] que con lancetas se herían y sacaban sangre; y como los que al sucio Beelfegor sacrificaban sus hijos e hijas;[228] y los pasaban por fuego, según dan testimonio las divinas letras,[229] que siempre satanás fue amigo de ser servido a mucha costa de los hombres.

---

227 3. Reg. 18, v. 28.
228 Psalm. 105, vv. 37 et 38. Núm. 25.
229 4. Reg. 21.

Ya se ha dicho que los sacerdotes y religiosos de México se levantaban a media noche, y habiendo incensado al ídolo los sacerdotes, y como dignidades del templo, se iban a un lugar de una pieza ancha, donde había muchos asientos, y allí se sentaban; y tomando cada uno una puya de manguey, que es como alesno o punzón agudo, o con otro género de lancetas o navajas, pasábanse las pantorrillas junto a la espinilla, sacándose mucha sangre, con la cual se untaban las sienes, bañando con la demás sangre las puyas o lancetas, y poníanlas después entre las almenas del patio hincadas en unos globos o bolas de paja, para que todos las viesen y entendiesen la penitencia que hacían por el pueblo. Lavábanse de esta sangre en una laguna diputada para esto, llamada Ezapán, que es agua de sangre; y había gran número de estas lancetas o puyas en el templo, porque ninguna había de servir dos veces.

Demás de esto tenían grandes ayunos estos sacerdotes y religiosos, como era ayunar cinco y diez días arreo antes de algunas fiestas principales, que eran éstas como cuatro témporas. Guardaban tan estrechamente la continencia, que muchos de ellos, por no venir a caer en alguna flaqueza, se hendían por medio los miembros viriles, y hacían mil cosas para hacerse impotentes, por no ofender a sus dioses; no bebían vino; dormían muy poco, porque los más de sus ejercicios eran de noche, y hacían en sí crueldades, martirizándose por el diablo, y todo a trueco de que les tuviesen por grandes ayunadores y muy penitentes.

Usaban disciplinarse con unas sogas que tenían ñudos; y no solo los sacerdotes, pero todo el pueblo, hacía disciplina en la procesión y fiestas que se hacía al ídolo Tezcatlipuca, que se dijo arriba era el Dios de la penitencia. Por que entonces llevaban todos en las manos unas sogas de hilo de manguey, nuevas, de una braza, con un ñudo al cabo, y con aquellas se disciplinaban dándose grandes golpes en las espaldas. Para esta misma fiesta ayunaban los sacerdotes cinco días arreo, comiendo una sola vez al día, y apartados de sus mujeres, y no salían del templo aquellos cinco días, azotándose reciamente con las sogas dichas. De las penitencias y extremos de rigor que usan los bonzos, hablan largo las cartas de los Padres de la Compañía de Jesús, que escribieron de la India, aunque todo esto siempre ha sido sofisticado, y más por apariencia que verdad.

En el Perú, para la fiesta de el Itu, que era grande, ayunaba toda la gente dos días, en los cuales no llegaban a mujeres, ni comían cosas con sal, ni ají, ni bebían chicha; y este modo de ayunar usaban mucho. En ciertos pecados hacían penitencia de azotarse con unas ortigas muy ásperas; otras veces darse unos a otros con cierta piedra cuantidad de golpes en las espaldas. En algunas partes, esta ciega gente, por persuasión de el demonio, se van a sierras muy agrias, y allí hacen vida asperísima largo tiempo. Otras veces se sacrifican despeñándose de algún alto risco, que todos son embustes del que ninguna cosa ama más que el daño y perdición de los hombres.

Capítulo XVIII. De los sacrificios que al demonio hacían los indios, y de qué cosas
En lo que más el enemigo de Dios y de los hombres ha mostrado siempre su astucia, ha sido en la muchedumbre y variedad de ofrendas y sacrificios, que para sus idolatrías ha enseñado a los infieles. Y como el consumir la sustancia de las criaturas en servicio y culto del Criador, es acto admirable y propio de religión, y eso es sacrificio, así el padre de la mentira ha inventado que, como a autor y señor, le ofrezcan y sacrifiquen las criaturas de Dios.

El primer género de sacrificios que usaron los hombres fue muy sencillo, ofreciendo Caín[230] de los frutos de la tierra y Abel de lo mejor de su ganado; lo cual hicieron después también Noé y Abraham, y los otros patriarcas, hasta que Moysen le dio aquel largo ceremonial del Levítico, en que se ponen tantas suertes y diferencias de sacrificios, y para diversos negocios de diversas cosas, y con diversas ceremonias; así también Satanás en algunas naciones se ha contentado con enseñar que le sacrifique de lo que tienen, como quiera que sea; en otras ha pasado tan adelante en dalles multitudes de ritos y ceremonias en esto, y tantas observancias, que admiro y parece que es querer claramente competir con la ley antigua, y en muchas cosas usupar sus propias ceremonias. A tres géneros de sacrificio podemos reducir todos los que usan estos infieles: unos de cosas insensibles, otros de animales y otros de hombres.

En el Perú usaron sacrificar coca, que es una hierba que mucho estiman, y maíz, que es su trigo, y plumas de colores, y chaquira, que ellos llaman mollo, y conchas de la mar, y a veces oro y plata, figurando de ello animalejos; también

---

230 Gen. 4. Gen. 8. Gen. 15.

ropa fina de cumbi, y madera labrada y olorosa, y muy ordinariamente sebo quemado. Eran estas ofrendas o sacrificios para alcanzar buenos temporales, o salud, o librarse de peligros y males. En el segundo género era su ordinario sacrificio de cuyes, que son unos animalejos como gazapillos, que comen los indios bien. Y en cosas de importancia, o personas caudalosas, ofrecían carneros de la tierra, o pacos rasos, o lanudos; y en el número, y en las colores, y en los tiempos había gran consideración y ceremonia.

El modo de matar cualquier res chica o grande, que usaban los indios, según su ceremonia antigua, es la propia que tienen los moros, que llaman el alquible, que es tomar la res encima del brazo derecho, y volverle los ojos hacia el Sol diciendo diferentes palabras, conforme a la cualidad de la res que se mata. Porque si era pintada, se dirigían las palabras al chuquilla o trueno, para que no faltase el agua; y si era blanco raso, ofrecíanle al Sol con unas palabras; y si era lanudo, con otras, para que alumbrase y criase; y si era guanaco, que es como pardo, dirigían el sacrificio al Viracocha. Y en el Cuzco se mataba con esta ceremonia cada día un carnero raso al Sol, y se quemaba vestido con una camiseta colorada, y cuando se quemaba, echaban ciertos cestillos de coca en el fuego (que llamaban villcaronca); y para este sacrificio tenían gente diputada, y ganado que no servía de otra cosa.

También sacrificaban pájaros, aunque esto no se halla tan frecuente en el Perú como en México, donde era muy ordinario el sacrificio de codornices. Los del Perú sacrificaban pájaros de la puna, que así llaman allá al desierto, cuando habían de ir a la guerra, para hacer disminuir las fuerzas de las guacas de sus contrarios. Este sacrificio se llamaba cuzcovicza, o contevicza, o huallavicza, o sopavicza, y hacíanlo en esta forma: tomaban muchos géneros de pájaros de la puna, y juntaban mucha leña espinosa, llamada yanlli, la cual, encendida, juntaban los pájaros, y esta junta llamaban quizo, y los echaban en el fuego, alrededor de el cual andaban los oficiales del sacrificio con ciertas piedras redondas y esquinadas, a donde estaban pintadas muchas culebras, leones, sapos y tigres, diciendo usachum, que significa: suceda nuestra victoria bien; y otras palabras en que decían: Piérdanse las fuerzas de las guacas de nuestros enemigos. Y sacaban unos carneros prietos, que estaban en prisión algunos días sin comer, que se llamaban urcu, y matándolos decían que así como los corazones de aquellos animales estaban desmayados, así desmayasen sus contrarios.

Y si en estos carneros vían que cierta carne que está detrás de el corazón no se les había consumido con los ayunos y prisión pasada, teníanlo por mal agüero. Y traían ciertos perros negros llamados apurucos, y matábanlos, y echábanlos en un llano, y con ciertas ceremonias hacían comer aquella carne a cierto género de gente. También hacían este sacrificio para que el Inga no fuese ofendido con ponzoña, y para esto ayunaban desde la mañana hasta que salía la estrella, y entonces se hartaban y zahoraban a usanza de moros. Este sacrificio era el más acepto para contra los dioses de los contrarios. Y aunque el día de hoy ha cesado cuasi todo esto, por haber cesado las guerras, con todo han quedado rastros, y no pocos, para pendencias particulares de indios comunes, o de caciques, o de unos pueblos con otros.

Ítem, también sacrificaban u ofrecían conchas de la mar, que llaman mollo. y ofrecíanlas a las fuentes y manantiales, diciendo que las conchas eran hijas de la mar, madre de todas las aguas. Tienen diferentes nombres según la color, y así sirven a diferentes efectos. Usan de estas conchas cuasi en todas las maneras de sacrificios; y aun en el día de hoy echan algunos el mollo molido en la chicha por superstición. Finalmente, de todo cuanto sembraban y criaban, si les parecía conveniente, ofrecían sacrificio.

También había indios señalados para hacer sacrificios a las fuentes, manantiales o arroyos que pasaban por el pueblo, y chacras, o heredades, y hacíanlos en acabando de sembrar, para que no dejasen de correr, y regasen sus heredades. Estos sacrificios elegían los sortílegos por sus suertes, las cuales acabadas, de la contribución del pueblo se juntaba lo que se había de sacrificar, y lo entregaban a los que tenían el cargo de hacer los dichos sacrificios. Y hacíanlos al principio del invierno, que es cuando las fuentes y manantiales y ríos crecen por la humedad del tiempo, y ellos atribuíanlo a sus sacrificios, y no sacrificaban a las fuentes y manantiales de los despoblados.

El día de hoy aún queda todavía esta veneración de las fuentes, manantiales, acequias, arroyos o ríos que pasan por lo poblado y chacras; y también tienen reverencia a las fuentes y ríos de los despoblados. Al encuentro de dos ríos hacen particular reverencia y veneración, y allí se lavan para sanar untándose primero con harina de maíz, o con otras cosas, y añadiendo diferentes ceremonias; y lo mismo hacen también en los baños.

Capítulo XIX. De los sacrificios de hombres que hacían
Pero lo que más es de doler de la desventura de esta triste gente es el vasallaje que pagaban al demonio sacrificándole hombres, que son a imagen de Dios, y fueron criados para gozar de Dios. En muchas naciones usaron matar, para acompañamiento de sus difuntos, como se ha dicho arriba, las personas que les eran más agradables, y de quien imaginaban que podrían mejor servirse en la otra vida.

Fuera de esta ocasión usaron en el Perú sacrificar niños de cuatro o de seis años hasta diez; y lo más de esto era en negocios que importaban al Inga, como en enfermedades suyas para alcanzalle salud; también cuando iba a la guerra por la victoria. Y cuando le daban la borla al nuevo Inga, que era la insignia del rey, como acá el cetro o corona, en la solemnidad sacrificaban cuantidad de doscientos niños de cuatro a diez años: duro y inhumano espectáculo. El modo de sacrificarlos era ahogarlos y enterrarlos con ciertos visajes y ceremonias; otra veces los degollaban, y con su sangre se untaban de oreja a oreja. También sacrificaban doncellas de aquellas que traían al Inga de los monasterios, que ya arriba tratamos.

Una abusión había en este mismo género muy grande y muy general, y era que cuando estaba enfermo algún indio principal o común, y el agorero le decía que de cierto había de morir, sacrificaban al Sol o al Viracocha, su hijo, diciéndole que se contentase con él, y que no quisiese quitar la vida a su padre. Semejante crueldad a la que refiere la Escritura[231] haber usado el rey de Moab en sacrificar su hijo primogénito sobre el muro a vista de los de Israel, a los cuales pareció este hecho tan triste, que no quisieron apretarle más, y así se volvieron a sus casas.

Este mismo género de cruel sacrificio refiere la divina Escritura haberse usado entre aquellas naciones bárbaras de cananeos y jebuseos, y los demás de quien escribe el libro de la Sabiduría:[232] llaman paz vivir en tantos y tan graves males, como es sacrificar sus propios hijos, o hacer otros sacrificios

---

231 4. Reg. 3. v. 27.
232 Sap. 12, et cap. 14, v. 22. pc.

ocultos, o velar toda la noche haciendo cosas de locos; y así ni guardan limpieza en su vida, ni en sus matrimonios, sino que éste de envidia quita al otro la vida, estotro le quita la mujer, y el contento, y todo anda revuelto, sangre, muertes, hurtos, engaños, corrupción, infidelidad, alboroto, perjuicios, motines, olvido de Dios, contaminar las almas, trocar el sexo y nacimiento, mudar los matrimonios, desorden de adulterios y suciedades, porque la idolatría es un abismo de todos males.

Esto dice el Sabio de aquellas gentes, de quien se queja David,[233] que aprendieron tales costumbres los de Israel, hasta llegar a sacrificar sus hijos y hijas a los demonios, lo cual nunca jamás quiso Dios, ni le fue agradable, porque como es autor de la vida, y todo lo demás hizo para el hombre, no le agrada que le quiten hombres la vida a otros hombres; y aunque la voluntad del fiel patriarca Abraham la probó y aceptó el Señor, el hecho de degollar a su hijo, de ninguna suerte lo consintió. De donde se ve la malicia y tiranía del demonio, que en esto ha querido exceder a Dios, gustando ser adorado con derramamiento de sangre humana, y por este camino procurando la perdición de los hombres en almas y cuerpos, por el rabioso odio que les tiene, como su tan cruel adversario.

Capítulo XX. De los sacrificios horribles de hombres que usaron los mexicanos
Aunque en el matar niños y sacrificar sus hijos los del Perú se aventajaron a los de México, porque no he leído ni entendido que usasen esto los mexicanos; pero en el número de los hombres que sacrificaban, y en el modo horrible con que lo hacían, excedieron éstos a los del Perú, y aun a cuantas naciones hay en el mundo; y para que se vea la gran desventura en que tenía ciega esta gente el demonio, referiré por extenso el uso inhumano que tenía en esta parte.

Primeramente, los hombres que se sacrificaban eran habidos en guerra; y si no era de cautivos, no hacían estos solemnes sacrificios. Que parece siguieron en esto el estilo de los antiguos, que según quieren decir autores, por eso llamaban víctima al sacrificio, porque era de cosa vencida; como también la llamaban hostia, quasi ab hoste, porque era ofrenda hecha de sus enemigos,

---
233 Psalm. 105, v. 37.

aunque el uso fue extendiendo el un vocablo y el otro a todo género de sacrificio.

En efecto, los mexicanos no sacrificaban a sus ídolos, sino sus cautivos; y por tener cautivos para sus sacrificios, eran sus ordinarias guerras; y así cuando peleaban unos y otros, procuraban haber vivos a sus contrarios, y prenderlos, y no matallos, por gozar de sus sacrificios; y esta razón dio Motezuma al Marqués del Valle cuando le preguntó: ¿Cómo siendo tan poderoso, y habiendo conquistado tantos reinos, no había sojuzgado la provincia de Tlascala, que tan cerca estaba? Respondió a esto Motezuma que por dos causas no habían allanado aquella provincia, siéndoles cosa fácil de hacer, si lo quisieran. La una era, por tener en que ejercitar la juventud mexicana, para que no se criase en ocio y regalo. La otra, y principal, que había reservado aquella provincia para tener de donde sacar cautivos que sacrificar a sus dioses.

El modo que tenían en estos sacrificios era que en aquella palizada de calaveras, que se dijo arriba, juntaban los que habían de ser sacrificados; y hacíase al pie de esta palizada una ceremonia con ellos, y era que a todos los ponían en hilera al pie de ella con mucha gente de guardia, que los cercaba. Salía luego un sacerdote vestido con una alba corta llena de flecos por la orla, y descendía de lo alto del templo con un ídolo hecho de masa de bledos y maíz amasado con miel, que tenía los ojos de unas cuentas verdes, y los dientes de granos de maíz, y venía con toda la priesa que podían por las gradas del templo abajo, y subía por encima de una gran piedra que estaba fijada en un muy alto humilladero en medio del patio: llamábase la piedra Quauxicalli, que quiere decir la piedra del águila.

Subiendo el sacerdote por una escalerilla, que estaba enfrente del humilladero, y bajando por otra, que estaba de la otra parte, siempre abrazado con su ídolo, subía adonde estaban los que se habían de sacrificar; y desde un lado hasta otro iba mostrando aquel ídolo a cada uno en particular; y diciéndoles: éste es vuestro Dios; y en acabando de mostrárselo descendía por el otro lado de las gradas, y todos los que habían de morir se iban en procesión hasta el lugar donde habían de ser sacrificados, y allí hallaban aparejados los ministros que los habían de sacrificar.

El modo ordinario del sacrificio era abrir el pecho al que sacrificaban, y sacándole el corazón medio vivo, al hombre lo echaban a rodar por las gradas del templo, las cuales se bañaban en sangre; lo cual para que se entienda mejor es de saber que al lugar del sacrificio salían seis sacrificadores constituídos en aquella dignidad; los cuatro para tener los pies y manos del que había de ser sacrificado, y otro para la garganta, y otro para cortar el pecho, y sacar el corazón del sacrificado, llamaban a estos chachalmúa, que en nuestra lengua es lo mismo que ministro de cosa sagrada: era ésta una dignidad suprema, y entre ellos tenida en mucho, la cual se heredaba como cosa de mayorazgo.

El ministro que tenía oficio de matar, que era el sexto de éstos, era tenido y reverenciado como supremo sacerdote o pontífice, el nombre del cual era diferente según la diferencia de los tiempos y solemnidades en que sacrificaba; asimismo eran diferentes las vestiduras cuando salían a ejercitar su oficio en diferentes tiempos. El nombre de su dignidad era papa y topilzín; el traje y ropa era una cortina colorada a manera de dalmática, con unas flocaduras por orla, una corona de plumas ricas verdes y amarillas en la cabeza, y en las orejas unos como sarcillos de oro, engastadas en ellos unas piedras verdes, y debajo del labio, junto al medio de la barba, una pieza como cañutillo de una piedra azul.

Venían estos seis sacrificadores el rostro y las manos untados de negro muy atezado; los cinco traían unas cabelleras muy encrespadas y revueltas, con unas vendas de cuero ceñidas por medio de las cabezas; y en la frente traían unas rodelas de papel pequeñas pintadas de diversas colores, vestidos con unas dalmáticas blancas labradas de negro. Con este atavío se revestía en la misma figura del demonio, que verlos salir con tan mala catadura, ponía grandísimo miedo a todo el pueblo. El supremo sacerdote traía en la mano un gran cuchillo de pedernal muy agudo y ancho; otro sacerdote traía un collar de palo labrado a manera de una culebra. Puestos todos seis ante el ídolo hacían su humillación, y poníanse en orden junto a la piedra piramidal, que arriba se dijo que estaba frontero de la puerta de la cámara del ídolo. Era tan puntiaguda esta piedra, que echado de espaldas sobre ella el que había de ser sacrificado, se doblaba de tal suerte, que dejando caer el cuchillo sobre el pecho, con mucha facilidad se abría un hombre por medio.

Después de puestos en orden estos sacrificadores, sacaban todos los que habían preso en las guerras, que en esta fiesta habían de ser sacrificados, y muy acompañados de gente de guardia, subíanlos en aquellas largas escaleras, todos en ringlera, y desnudos en carnes, al lugar donde estaban apercibidos los ministros; y en llegando cada uno por su orden, los seis sacrificadores lo tomaban, uno de un pie, y otro del otro; uno de una mano, y otro de otra, y lo echaban de espaldas encima de aquella piedra puntiaguda, donde el quinto de estos ministros le echaba el collar a la garganta, y el sumo sacerdote le abría el pecho con aquel cuchillo con una presteza extraña, arrancándole el corazón con las manos; y así vaheando, se lo mostraba al Sol, a quien ofrecía aquel calor y vaho del corazón; y luego volvía al ídolo y arrojábaselo al rostro; y luego el cuerpo del sacrificado le echaban rodando por las gradas del templo con mucha facilidad, porque estaba la piedra puesta tan junto a las gradas, que no había dos pies de espacio entre la piedra y el primer escalón, y así, con un puntapié, echaban los cuerpos por las gradas abajo. Y de esta suerte sacrificaban todos los que había, uno por uno, y, después de muertos, y echados abajo los cuerpos, los alzaban los dueños, por cuyas manos habían sido presos, y se los llevaban, y repartíanlos entre sí, y se los comían, celebrando con ellos solemnidad; los cuales, por pocos que fuesen, siempre pasaban de cuarenta y cincuenta, porque había hombres muy diestros en cautivar. Lo mismo hacían todas las demás naciones comarcanas, imitando a los mexicanos en sus ritos y ceremonias en servicio de sus dioses.

Capítulo XXI. De otro género de sacrificios de hombres que usaban los mexicanos
Había otro género de sacrificio en diversas fiestas, al cual llamaban Racaxipe Valiztli, que quiere decir desollamiento de personas. Llamóse así, porque en ciertas fiestas tomaban un esclavo o esclavos, según el número que querían, y desollándoles el cuero, se lo vestía una persona diputada para esto: éste andaba por todas las casas y mercados de las ciudades cantando y bailando, y habíanle de ofrecer todos, y al que no le ofrecía, le daba con un canto del pellejo en el rostro, untándole con aquella sangre que tenía cuajada; duraba esta invención hasta que el cuero se corrompía. En este tiempo juntaban estos que así andaban, mucha limosna, la cual se gastaba en cosas necesarias al culto de sus dioses.

En muchas de estas fiestas hacían un desafío entre el que había de sacrificar y el sacrificado, en esta forma: Ataban al esclavo por un pie en una rueda grande de piedra, y dábanle una espada y rodela en las manos para que se defendiese, y salía luego el que le había de sacrificar, armado con otra espada y rodela; y si el que había de ser sacrificado prevalecía contra el otro, quedaba libre del sacrificio, y con nombre de capitán famoso; y como tal era después tratado; pero si era vencido, allí en la misma piedra en que estaba atado le sacrificaban.

Otro género de sacrificio era cuando dedicaban algún cautivo que representase al ídolo, cuya semejanza decían que era. Cada año daban un esclavo a los sacerdotes para que nunca faltase la semejanza viva del ídolo, el cual luego que entraba en el oficio, después de muy bien lavado, le vestían todas las ropas e insignias del ídolo, y poníanle su mismo nombre, y andaba todo el año tan honrado y reverenciado como el mismo ídolo; traía consigo siempre doce hombres de guerra porque no se huyese, y con esta guarda le dejaban andar libremente por donde quería, y si acaso se huía, el principal de la guardia entraba en su lugar para representar al ídolo, y después ser sacrificado. Tenía aqueste indio el más honrado aposento del templo, donde comía y bebía, y a donde todos los principales le venían a servir y reverenciar, trayéndole de comer con el aparato y orden que a los grandes; y cuando salía por la ciudad, iba muy acompañado de señores y principales, y llevaba una flautilla en la mano, que de cuando en cuando tocaba, dando a entender que pasaba, y luego las mujeres salían con sus niños en los brazos, y se los ponían delante, saludándole como a Dios; lo mismo hacía la demás gente. De noche le metían en una jaula de recias vergetas porque no se fuese, hasta que llegando la fiesta le sacrificaban, como queda arriba referido.

En las formas dichas, y en otras muchas traía el demonio engañados y escarnecidos a los miserables; y era tanta la multitud de los que eran sacrificados con esta infernal crueldad, que parece cosa increíble. Porque afirman, que había vez que pasaban de cinco mil, y día hubo que en diversas partes fueron así sacrificados más de veinte mil.

Para esta horrible matanza usaba el diablo, por sus ministros, una donosa invención, y era, que cuando les parecía, iban los sacerdotes de satanás a los reyes, y manifestábalanles cómo los dioses se morían de hambre, que se acordasen de ellos. Luego los reyes se apercibían, y avisaban unos a otros, cómo los dioses pedían de comer, por tanto que apercibiesen su gente para un día señalado, enviando sus mensajeros a las provincias contrarias para que se apercibiesen a venir a la guerra. Y así congregadas sus gentes, y ordenadas sus compañías y escuadrones, salían al campo situado, donde se juntaban los ejércitos; y toda su contienda y batalla era prenderse unos a otros para el efecto de sacrificar, procurando señalarse así una parte, como otra en traer más cautivos para el sacrificio, de suerte, que en estas batallas más pretendían prenderse, que matarse; porque todo su fin era traer hombres vivos para dar de comer a los ídolos; y este era el modo con que traían las víctimas a sus dioses. Y es de advertir, que ningún rey era coronado, si no vencía primero alguna provincia, de suerte que trajese gran número de cautivos para sacrificios de sus dioses. Y así, por todas vías era infinita cosa la sangre humana que se vertía en honra de satanás.

Capítulo XXII. Como ya los mismos indios estaban cansados, y no podían sufrir las crueldades de sus dioses
Esta tan excesiva crueldad en derramar tanta sangre de hombres, y el tributo tan pesado de haber de ganar siempre cautivos para el sustento de sus dioses, tenía ya cansados a muchos de aquellos bárbaros, pareciéndoles cosa insufrible; y con todo eso, por el gran miedo que los ministros de los ídolos les ponían de su parte, y por los embustes con que traían engañado al pueblo, no dejaban de ejecutar sus rigurosas leyes, mas en lo interior deseaban verse libres de tan pesada carga. Y fue providencia del Señor que en esta disposición hallasen a este gente los primeros que les dieron noticia de la ley de Cristo, porque sin duda ninguna les pareció buena ley y buen Dios, el que así se quería servir.

A este propósito me contaba un Padre grave en la Nueva España, que cuando fue a aquel reino había preguntado a un indio viejo y principal, ¿cómo los indios habían recibido tan presto la ley de Jesucristo, y dejado la suya, sin hacer más prueba, ni averiguación, ni disputa sobre ello? que parecía se habían mudado, sin moverse por razón bastante. Respondió el indio: no creas, padre, que tomamos la ley de Cristo tan inconsideradamente como dices, porque te hago saber, que estábamos ya tan cansados y descontentos con las cosas que los ídolos nos mandaban, que habíamos tratado de dejarlos y tomar otra ley. Y como la que vosotros nos predicásteis nos pareció que no tenía crueldades, y que era muy a nuestro propósito, y tan justa y buena, entendimos que era la verdadera ley, y así la recibimos con gran voluntad.

Lo que este indio dijo, se confirma bien con lo que se lee en las primeras relaciones que Hernando Cortés envió al emperador Carlos V, donde refiere, que después de tener conquistada la ciudad de México, estando en Cuyoacán, le vinieron embajadores de la república y provincia de Mechoacán, pidiéndole que les enviasen su ley, y quien se la declarase, porque ellos pretendían dejar la suya porque no les parecía bien; y así lo hizo Cortés, y hoy día son los mejores indios y más buenos cristianos que hay en la Nueva España.

Los españoles que vieron aquellos crueles sacrificios de hombres, quedaron con determinación de hacer todo su poder para destruir tan maldita carnecería de hombres; y más cuando vieron que una tarde ante sus ojos sacrificaron sesenta o setenta soldados españoles, que habían prendido en una batalla que tuvieron durante la conquista de México. Y otra vez hallaron en Tezcuco, en un aposento, escrito de carbón: Aquí estuvo preso el desventurado de fulano con sus compañeros, que sacrificaron los de Tezcuco. Acaeció también un caso extraño, pero verdadero, pues lo refieren personas muy fidedignas, y fue que estando mirando los españoles un espectáculo de aquellos sacrificios, habiendo abierto y sacado el corazón a un mancebo muy bien dispuesto, echándole rodando por la escalera abajo, como era su costumbre, cuando llegó abajo, dijo el mancebo a los españoles en su lengua: Caballeros, muerto me han; lo cual causó grandísima lástima y horror a los nuestros.

Y no es cosa increíble, que aquél hablase, habiéndole arrancado el corazón, pues refiere Galeno[234] haber sucedido algunas veces en sacrificios de animales, después de haberles sacado el corazón y echándole en el altar, respirar los tales animales, y aún bramar reciamente, y huir por un rato. Dejando por agora la disputa de cómo se compadezca esto con la naturaleza, lo que hace al intento es ver, cuán insufrible servidumbre tenían aquellos bárbaros al homicida infernal, y cuán grande misericordia les ha hecho el Señor en comunicalles su ley mansa, justa y toda agradable.

---

234 Galen. lib. 2, de Hyppocratis et Platonic placitis. cap. 4.

Capítulo XXIII. Cómo el demonio ha procurado remedar los sacramentos de la santa Iglesia

Lo que más admira de la invidia y competencia de satanás es, que no solo en idolatrías y sacrificios, sino también en cierto modo de ceremonias, haya remedado nuestros sacramentos, que Jesucristo nuestro Señor instituyó y usa su santa Iglesia. Especialmente el sacramento de Comunión, que es el más alto y divino, pretendió en cierta forma imitar para gran engaño de los fieles; lo cual pasa de esta manera: En el mes primero, que en el Perú se llama Rayme, y responde a nuestro diciembre, se hacía una solemnísima fiesta llamada Capacrayme, y en ella grandes sacrificios y ceremonias por muchos días, en los cuales ningún forastero podía hallarse en la corte, que era el Cuzco.

Al cabo de estos días se daba licencia para que entrasen todos los forasteros, y los hacían participantes de la fiesta y sacrificios, comulgándolos en esta forma: Las mamaconas del Sol, que eran como monjas del Sol, hacían unos bollos pequeños de harina de maíz, teñida y amasada en sangre sacada de carneros blancos, los cuales aquel día sacrificaban. Luego mandaban entrar los forasteros de todas las provincias, y poníanse en orden, y los sacerdotes, que eran de cierto linaje descendientes de Lluquiyupangui, daban a cada uno un bocado de aquellos bollos, diciéndoles que aquellos bocados les daban, para que estuviesen confederados y unidos con el Inga, y que les avisaban, que no dijesen, ni pensasen mal contra el Inga, sino que tuviesen siempre buena intención con él, porque aquel bocado sería testigo de su intención, y si no hiciesen lo que debían, los había de descubrir y ser contra ellos.

Estos bollos se sacaban en platos de oro y plata, que estaban diputados para esto, y todos recibían y comían los bocados, agradeciendo mucho al Sol tan grande merced, diciendo palabras, y haciendo ademanes de mucho contento y devoción. Y protestaban que en su vida no harían, ni pensarían contra el Sol, ni contra el Inga, y que con aquella condición recibían aquel manjar del Sol, y que aquel manjar estaría en sus cuerpos para testimonio de su fidelidad que guardaban al Sol y al Inga su rey.

Esta manera de comunión diabólica se daba también en el décimo mes llamado Coyaraime, que era septiembre, en la fiesta solemne que llaman Citua, haciendo la misma ceremonia; y demás de comulgar (si se sufre usar de este vocablo en cosa tan diabólica) a todos los que habían venido de fuera, enviaban también de los dichos bollos a todas las guacas o santuarios, o ídolos forasteros de todo el reino, y estaban al mismo tiempo personas de todas partes para recebillos; y les decían que el Sol les inviaba aquello en señal que quería que todos lo venerase y honrasen; y también se enviaba algo a los caciques por favor.

Alguno, por ventura, tendrá esto por fábula e invención, mas en efecto, es cosa muy cierta, que desde Inga Yupangui, que fue el que más leyes hizo de ritos y ceremonias, como otro Numa en Roma, duró esta manera de comunión hasta que el evangelio de nuestro señor Jesucristo echó todas estas supersticiones, dando el verdadero manjar de vida, y que confedera las almas y las une con Dios. Y quien quisiere satisfacerse enteramente, lea la relación que el licenciado Polo escribió al arzobispo de los Reyes D. Jerónimo de Loaysa, y hallará esto y otras muchas cosas, que con grande diligencia y certidumbre averiguó.

Capítulo XXIV. De la manera con que el demonio procuró remedar la fiesta de Corpus Christi, y comunión que usa la santa Iglesia

Mayor admiración pondrá la fiesta y semejanza de comunión que el mismo demonio, príncipe de los hijos de soberbia ordenó en México, la cual, aunque sea un poco larga, es bien referilla como está escrita por personas fidedignas.

En el mes de mayo hacían los mexicanos su principal fiesta de su dios Vitzilipuztli, y dos días antes de la fiesta, aquellas mozas, que dijimos arriba, que guardaban recogimiento en el mismo templo, y eran como monjas, molían cuantidad de semilla de bledos juntamente con maíz tostado, después de molido amasábanlo con miel, y hacían de aquella masa un ídolo tan grande como era el de madera, y poníanle por ojos unas cuentas verdes, o azules, o blancas, y por dientes unos granos de maíz, sentado con todo el aparato que arriba queda dicho. El cual, después de perficionado, venían todos los señores, y traían un vestido curioso y rico, conforme al traje del ídolo, con el cual le vestían, y después de muy bien vestido y aderezado, sentábanlo en un escaño azul en sus andas, para llevarle en hombros.

Llegada la mañana de la fiesta, una hora antes de amanecer, salían todas estas doncellas vestidas de blanco con atavíos nuevos, y aquel día las llamaban hermanas del dios Vitzilipuztli. Venían coronadas con guirnaldas de maíz tostado y reventado, que parece azahar, y a los cuellos gruesos sartales de lo mismo, que les venían por debajo del brazo izquierdo, puesta su color en los carrillos, y los brazos desde los codos hasta las muñecas emplumados con plumas coloradas de papagayos; y así aderezadas tomaban las andas del ídolo en los hombros, y sacábanlas al patio, donde estaban ya todos los mancebos vestidos con unos paños de red galanos, coronados de la misma manera que las mujeres. En saliendo las mozas con el ídolo, llegaban los mancebos con mucha reverencia, y tomaban las andas en los hombros, trayéndolas al pie de las gradas del templo, donde se humillaba todo el pueblo; y tomando tierra del suelo se la ponían en la cabeza, que era ceremonia ordinaria entre ellos en las principales fiestas de sus dioses.

Hecha esta ceremonia, salía todo el pueblo en procesión con toda la priesa posible, e iban a un cerro que está a una legua de la ciudad de México, llamado Chapultepec, y allí hacían estación y sacrificios. Luego partían con la misma priesa a un lugar cerca de allí, que se dice Atlacuyavaya, donde hacían la segunda estación, y de allí iban a otro pueblo una legua adelante, que se dice Cuyoacán, de donde partían, volviéndose a la ciudad de México sin hacer pausa. Hacíase este camino de más de cuatro leguas en tres o cuatro horas; llamaban a esta procesión Ipayna Vitzilipuztli, que quiere decir el veloz y apresurado camino de Vitzilipuztli.

Acabados de llegar al pie de las gradas, ponían allí las andas, y tomaban unas sogas gruesas, atábanlas a los asideros de las andas, y con mucho tiempo y reverencia, unos tiraban de arriba, y otros ayudando de abajo, subían las andas con el ídolo a la cumbre del templo, con mucho ruido de flautas, y clamor de bocinas y caracoles y atambores. Subíanlo de esta manera, por ser las gradas del templo muy empinadas y angostas, y la escalera bien larga, y así no se podían subir con las andas en los hombros. Y al tiempo que subían al ídolo, estaba todo el pueblo en el patio con mucha reverencia y temor.

Acabado de subirle a lo alto, y metido en una casilla de rosas que le tenían hecha, venían luego los mancebos, y derramaban muchas flores de diversas colores, hinchiendo todo el templo dentro y fuera de ellas. Hecho esto, salían todas las doncellas con el aderezo referido, y sacaban de su recogimiento unos trozos de masa de maíz tostado y bledos, que era la misma de que el ídolo era hecho, hechos a manera de huesos grandes, y entregábanlos a los mancebos, y ellos subíanlos arriba, y poníanlos a los pies del ídolo por todo aquel lugar, hasta que no cabían más. A estos trozos de masa llamaban los huesos y carne de Vitzilipuztli. Puestos allí los huesos, salían todos los ancianos, del templo, sacerdotes y levitas, y todos los demás ministros, según sus dignidades y antigüedades, porque las había con mucho concierto y orden, con sus nombres y dictados: salían unos tras otros con sus velos de red de diferentes colores y labores, según la dignidad y oficio de cada uno, con guirnaldas en las cabezas y sartales de flores en los cuellos. Tras éstos salían los dioses y diosas, que adoraban en diversas figuras, vestidos de la misma librea, y poniéndose en orden al derredor de aquellos trozos de masa, hacían cierta ceremonia de canto y baile sobre ellos, con lo cual quedaban benditos y consagrados por carne y huesos de aquel ídolo.

Acabada la bendición y ceremonia de aquellos trozos de masa, con que quedaban tenidos por huesos y carne del ídolo, de la misma manera los veneraban que a su dios. Salían luego los sacrificadores y hacían el sacrificio de hombres en la forma que está referida arriba, y eran en éste sacrificados más número que en otro día, por ser la fiesta tan principal. Acabados, pues, los sacrificios, salían luego todos los mancebos y mozas del templo, aderezados como está dicho: puestos en orden y en hileras, los unos en frente de los otros, bailaban y cantaban al son de un atambor que les tañían en loor de la solemnidad, y del ídolo que celebraban, a cuyo canto todos los señores y viejos y gente principal respondían bailando en el circuito de ellos, haciendo un hermoso corro, como lo tienen de costumbre, estando siempre los mozos y las mozas en medio, a cuyo espectáculo venía toda la ciudad.

En este día del ídolo Vitzilipuztli era precepto muy guardado en toda la tierra, que no se había de comer otra comida, sino de aquella masa con miel de que el ídolo era hecho; y este manjar se había de comer luego en amaneciendo, y que no se había de beber agua, ni otra cosa alguna sobre ello, hasta pasado medio día, y lo contrario tenían por gran agüero y sacrilegio; pasadas las ceremonias podían comer otras cosas. En este ínterin, escondían el agua de los niños, y avisaban a todos los que tenían uso de razón, que no bebiesen agua, porque vendría la ira de Dios sobre ellos, y morirían, y guardaban esto con gran cuidado y rigor. Concluidas las ceremonias, bailes y sacrificios, íbanse a desnudar; y los sacerdotes y dignidades del templo tomaban el ídolo de masa, y desnudábanle de aquellos aderezos que tenía, y así a él, como a los trozos que estaban consagrados, los hacían muchos pedazos, y comenzando desde los mayores, repartíanlos, y dábanlos a modo de comunión a todo el pueblo, chicos y grandes, hombres y mujeres; y recibíanlo con tanta reverencia, temor y lágrimas, que ponía admiración, diciendo que comían la carne y huesos de Dios, teniéndose por indignos de ello, los que tenían enfermedades pedían para ellos, y llevábanselo con mucha reverencia y veneración; todos los que comulgaban quedaban obligados a dar diezmo de aquella semilla de que se hacía el ídolo.

Acabada la solemnidad de la comunión, se subía un viejo de mucha autoridad, y en voz alta predicaba su ley y ceremonias. ¿A quién no pondrá admiración, que tuviese el demonio tanto cuidado de hacerse adorar, y recibir, al modo que Jesucristo, nuestro Dios, ordenó y enseñó, y como la santa Iglesia lo acostumbra? Verdaderamente se echa de ver bien lo que al principio se dijo, que, en cuanto puede, procura satanás usurpar y hurtar para sí la honra y culto debido a Dios, aunque siempre mezcla sus crueldades y suciedades porque es espíritu homicida e inmundo y padre de mentira.

Capítulo XXV. De la confesión y confesores que usaban los indios

También el sacramento de la confesión quiso el mismo padre de mentira remedar, y de sus idólatras hacerse honrar con ceremonia muy semejante al uso de los fieles. En el Perú tenían por opinión, que todas las adversidades y enfermedades venían por pecados que habían hecho, y para remedio usaban de sacrificios, y ultra de eso, también se confesaban vocalmente cuasi en todas las provincias, y tenían confesores diputados para esto mayores y menores, y pecados reservados al mayor, y recibían penitencias, y algunas veces, ásperas, especialmente si era hombre pobre el que hacía el pecado, y no tenía qué dar al confesor; y este oficio de confesar, también lo tenían las mujeres.

En las provincias de Collasuyo, fue y es más universal este uso de confesores hechiceros, que llaman ellos Ichúri o Ichúiri. Tienen por opinión que es pecado notable encubrir algún pecado en la confesión, y los Ichúris o confesores averiguan, o por suertes, mirando la asadura de algún animal, si les encubren algún pecado, y castíganlo con darle en las espaldas cuantidad de golpes con una piedra hasta que lo dice todo, y le dan la penitencia, y hacen el sacrificio. Esta confesión usan también cuando están enfermos sus hijos, o mujeres, o maridos, o sus caciques, o cuando están en algunos grandes trabajos; y cuando el Inga estaba enfermo se confesaban todas las provincias, especialmente los Collas. Los confesores tenían obligación al secreto, pero con ciertas limitaciones.

Los pecados de que principalmente se acusaban, eran: lo primero, matar uno a otro fuera de la guerra; ítem, hurtar; ítem, tomar la mujer ajena; ítem, dar yerbas o hechizos para hacer mal; y por muy notable pecado tenían el descuido en la reverencia de sus guácas, y el quebrantar sus fiestas, y el decir mal del Inga, y el no obedecerle. No se acusaban de pecados y actos interiores, y según relación de algunos sacerdotes, después que los cristianos vinieron a la tierra, se acusaban a sus Ichúris o confesores, aun de los pensamientos. El Inga no confesaba sus pecados a ningún hombre, sino solo al Sol para que él los dijese al Viracocha, y le perdonase. Después de confesado, el Inga hacía cierto lavatorio, para acabar de limpiarse de sus culpas; y era en esta forma, que poniéndose en un río corriente, decía estas palabras: Yo he dicho mis pecados al Sol, tú, río, los recibe, llévalos a la mar, donde nunca más parezcan.

Estos lavatorios usaban también los demás que se confesaban, con ceremonia muy semejante a la que los moros usan, que ellos llaman el guadoi, y los indios los llaman opacúna; y cuando acaecía morírsele a algún hombre sus hijos, le tenían por gran pecador, diciéndole: que por sus pecados sucedía que muriese primero el hijo que el padre; y a éstos tales, cuando después de haberse confesado, hacían los lavatorios llamados opacúna, según está dicho, los había de azotar con ciertas ortigas algún indio monstruoso, como corcovado o contrahecho de su nacimiento. Si los hechiceros o sortílegos por sus suertes o agüeros, afirmaban que había de morir algún enfermo, no dudaban de matar su propio hijo, aunque no tuviese otro, y con esto entendía que adquiría salud, diciendo que ofrecía a su hijo en su lugar en sacrificio; y después de haber cristianos en aquella tierra, se ha hallado en algunas partes esta crueldad.

Notable cosa es cierto que haya prevalecido esta costumbre de confesar pecados secretos, y hacer tan rigurosas penitencias, como era: ayunar, dar ropa, oro, plata, estar en las sierras, recibir recios golpes en las espaldas; y hoy día dicen los nuestros, que en la provincia de Chicuito topan esta pestilencia de confesores o ichúris, y que muchos enfermos acuden a ellos. Mas ya, por la gracia del Señor, se van desengañando del todo, y conocen el beneficio grande de nuestra confesión sacramental, y con gran devoción y fe acuden a ella. Y en parte ha sido providencia del Señor permitir el uso pasado para que la confesión no se les haga dificultosa; y así en todo, el Señor es glorificado, y el demonio burlador queda burlado.

Por venir a este propósito referiré aquí el uso de confesión extraño, que el demonio introdujo en el Japón, según por una carta de allá consta, la cual dice así: En Ozaca hay unas peñas grandísimas, y tan altas, que hay en ellas riscos de más de doscientas brazas de altura, y entre estas peñas sale hacia fuera una punta tan terrible, que de solo llegar los Xamabúxis (que son los romeros) a ella, les tiemblan las carnes, y se les despeluzan los cabellos, según es el lugar terrible y espantoso. Aquí en esta punta está puesto con extraño artificio un grande bastón de hierro, de tres brazas de largo, o más, y en la punta de este bastón esta asido uno como peso, cuyas balanzas son tan grandes, que en una de ellas puede sentarse un hombre, y en una de ellas hacen los Goquís (que son los demonios en figura de hombre) que entren estos peregrinos, uno por uno, sin que quede ninguno, y por un ingenio que se menea mediante una rueda, hacen que vaya el bastón saliendo hacia fuera, y en él la balanza va saliendo, de manera, que finalmente queda toda en el aire, y asentado en ella uno de los Xamabúxis. Y como la balanza en que está asentado el hombre, no tiene contrapeso ninguno en la otra, baja luego hacia abajo, y levántase la otra hasta que topa en el bastón, y entonces le dicen los goquís desde las peñas, que se confiese y diga todos sus pecados, cuantos hubiere hecho y se acordare. Y esto es en voz tan alta, que lo oigan todos los demás que allí están.

Y comienza luego a confesarse, y unos de los circunstantes se ríen de los pecados que oyen, y otros gimen. Y a cada pecado que dicen, baja la otra balanza un poco, hasta que, finalmente, habiendo dicho todos sus pecados, queda la balanza vacía igual con la otra en que está el triste penitente. Y llegada la balanza al fin con la otra, vuelven los goquís a hacer andar la rueda, y traen para dentro el bastón, y ponen a otro de los peregrinos en la balanza, hasta que pasan todos. Contaba esto, uno de los japones después de hecho cristiano, el cual había andado esta peregrinación siete veces, y entrado en la balanza otras tantas, donde públicamente se había confesado. Y decía, que si acaso alguno de éstos, puesto en aquel lugar, deja de confesar el pecado como pasó, o lo encubre, la balanza vacía no baja, y si después de haberle hecho instancia que confiese, él confía en no querer confesar sus pecados, échanlo los goquís de la balanza abajo, donde al momento se hace pedazos. Pero decíanos este cristiano, llamado Juan, que ordinariamente es tan grande el temor y temblor de aquel lugar en todos los que a él llegan, y el peligro que cada uno ve al ojo, de caer de aquella balanza y ser despeñado de allí abajo, que casi nunca por maravilla acontece haber alguno que no descubra todos sus pecados; llámase aquel lugar por otro nombre: Sangenotocóro, que quiere decir lugar de confesión.

Vése por esta relación bien claro, cómo el demonio ha pretendido usurpar el culto divino para sí, haciendo la confesión de los pecados que el Salvador instituyó para remedio de los hombres, superstición diabólica para mayor daño de ellos, no menor en la gentilidad del Japón, que en la de las provincias del Collao en el Perú.

Capítulo XXVI. De la unción abominable que usaban los sacerdotes mexicanos y otras naciones, y de sus hechiceros
En la ley antigua ordenó Dios el modo con que se había de consagrar Aarón, y los otros sacerdotes; y en la ley evangélica también tenemos el santo crisma y unción, de que usamos cuando nos consagran sacerdotes de Cristo. También había en la ley antigua cierta composición olorosa, que mandaba Dios que no se usase, sino solo para el culto divino. Todo esto ha querido el demonio en su modo remedar, pero como él suele, inventando rosas tan asquerosas y sucias, que ellas mismas dicen cuál sea su autor.

Los sacerdotes de los ídolos en México se ungían en esta forma: Untábanse de pies a cabeza, y el cabello todo; y de esta unción que ellos se ponían mojada, venían a criarse en el cabello unas como trenzas, que parecían crines de caballo encrisnejadas; y con el largo tiempo crecíales tanto el cabello, que les venía a dar a las corvas, y era tanto el peso que en la cabeza traían, que pasaban grandísima trabajo, porque no lo cortaban o cercenaban hasta que morían, o hasta que ya de muy de viejos los jubilaban, y ponían en cargos de regimientos u otros oficios honrosos en la república. Traían éstos las cabelleras trenzadas en unas trenzas de algodón de seis dedos en ancho. El humo con que se tiznaban era ordinario, de tea, porque desde sus antigüedades fue siempre ofrenda particular de sus dioses, y por esto muy tenido y reverenciado. Estaban con esta tinta siempre untados de los pies a la cabeza, que parecían negros muy atezados, y ésta era su ordinaria unción, excepto que cuando iban a sacrificar y a encender incienso a las espesuras y cumbres de los montes y a las cuevas escuras y temerosas, donde tenían sus ídolos, usaban de otra unción diferente, haciendo ciertas ceremonias para perder el temor y cobrar grande ánimo. Esta unción era hecha de diversas sabandijas ponzoñosas como de arañas, alacranes, cientopiés, salamanquesas, víboras, etc. Las cuales recogían los muchachos de los colegios, y eran tan diestros, que tenían muchas juntas en cuantidad, para cuando los sacerdotes las pedían. Su particular cuidado era andar a caza de estas sabandijas, y, si yendo a otra cosa acaso topaban alguna, allí ponían el cuidado en cazarla, como si en ello les fuese la vida. Por cuya causa de ordinario no tenían temor estos indios de estas sabandijas ponzoñosas, tratándolas como si no lo fueran, por haberse criado todos en este ejercicio.

Para hacer el ungüento de éstas tomábanlas todas juntas y quemábanlas en el brasero del templo que estaba delante del altar, hasta que quedaban hechas ceniza. La cual echaban en unos morteros con mucho tabaco (que es una yerba de que esta gente usa para amortiguar la carne y no sentir el trabajo); con esto revolvían aquellas cenizas, que les hacía perder la fuerza, echaban juntamente con esta yerba y ceniza algunos alacranes y arañas vivas y cientopiés, y allí lo revolvían y amasaban, y después de todo esto le echaban una semilla molida que llaman ololuchqui, que toman los indios bebida para ver visiones, cuyo efecto es privar de juicio. Molían asimismo con estas cenizas gusanos negros y peludos, que solo el pelo tiene ponzoña. Todo esto junto amasaban con tizne y, echándolo en unas ollitas, poníanlo delante de sus dioses, diciendo que aquélla era su comida, y así la llamaban comida divina.

Con esta unción se volvían brujos y vían y hablaban al demonio. Embijados los sacerdotes con aquesta masa, perdían todo temor, cobrando un espíritu de crueldad, y así mataban los hombres en los sacrificios con grande osadía, y iban de noche solos a montes y cuevas escuras y temerosas, menospreciando las fieras, teniendo por muy averiguado que los leones, tigres, lobos, serpientes y otras fieras que en los montes se crían, huirían de ellos por virtud de aquel betún de Dios; y aunque no huyesen del betún, huirían de ver un retrato del demonio, en que iban transformados. También servía este betún para curar los enfermos y niños, por lo cual le llamaban todos medicina divina, y así acudían de todas partes a las dignidades y sacerdotes como a saludadores, para que les aplicasen la medicina divina, y ellos les untaban con ellas las partes enfermas.

Y afirman que sentían con ella notable alivio, y debía esto de ser porque el tabaco y el ololuchqui tienen gran virtud de amortiguar y, aplicado por vía de emplasto, amortigua las carnes; esto solo por sí, cuanto más con tanto género de ponzoñas, y como les amortiguaba el dolor, parecíales efecto de sanidad y de virtud divina, acudiendo a estos sacerdotes como a hombres santos, los cuales traían engañados y embaucados los ignorantes, persuadiéndoles cuanto querían, haciéndoles acudir a sus medicinas y ceremonias diabólicas, porque tenían tanta autoridad que bastaba decirles ellos cualquiera cosa, para tenerla por artículo de fe. Y así hacían en el vulgo mil supersticiones, en el modo de ofrecer incienso y en la manera de cortarles el cabello y en atarles palillos a los cuellos y hilos con huesezuelos de culebras, que se bañasen a tal y tal hora, que velasen de noche a un fogón y que no comiesen otra cosa de pan sino lo que había sido ofrecido a sus dioses, y luego acudiesen a los sortílegos, que con ciertos granos echaban suertes y adivinaban mirando en lebrillos y cercos de agua.

En el Perú usaron también embadurnarse mucho los hechiceros y ministros del demonio. Y es cosa infinita la gran multitud que hubo de estos adivinos, sortílegos, hechiceros, agoreros y otros mil géneros de falsos profetas, y hoy día dura mucha parte de esta pestilencia, aunque de secreto, porque no se atreven descubiertamente a usar sus endiabladas y sacrílegas ceremonias y supersticiones. Para lo cual se advierte más a la larga, en particular de sus abusos y maleficios en el confesonario hechos por los perlados del Perú. Señaladamente hubo un género de hechiceros entre aquellos indios, permitidos por los reyes Incas, que son como brujos y toman la figura que quieren, y van por el aire en breve tiempo largo camino, y ven lo que pasa; hablan con el demonio, el cual les responde en ciertas piedras o en otras cosas que ellos veneran mucho.

Estos sirven de adivinos y de decir lo que pasa en lugares muy remotos antes que venga o pueda venir la nueva; como, aun después que los españoles vinieron, ha sucedido que en distancia de más de doscientas o trescientas leguas se ha sabido de los motines, de las batallas y de los alzamientos y muertes, así de los tiranos, como de los que eran de la parte del rey y de personas particulares el mismo día y tiempo que las tales cosas sucedieron, o el día siguiente, que por curso natural era imposible saberlas tan presto. Para hacer esta abusión de adivinaciones se meten en una casa cerrada por de dentro y se emborrachan hasta perder el juicio, y después, a cabo de un día, dicen lo que se les pregunta.

Algunos dicen y afirman que éstos usan de ciertas unturas: los indios dicen que las viejas usan de ordinario este oficio, y viejas de una provincia llamada Coaíllo y de otro pueblo llamado Manchay y en la provincia de Guarochirí y en otras partes que ellos no señalan. También sirven de declarar dónde están las cosas perdidas y hurtadas; y de este género de hechiceros hay en todas partes, a los cuales acuden muy de ordinario los anaconas y chinos, que sirven a los españoles cuando pierden alguna cosa de su amo o desean saber algún suceso de cosas pasadas o que están por venir, como cuando bajan a las ciudades de los españoles a negocios particulares o públicos, preguntan si les irá bien, o si enfermarán, o morirán, o volverán sanos, o si alcanzarán lo que pretenden, y los hechiceros responden sí o no, habiendo hablado con el demonio en lugar escuro, de manera que se oye su voz, mas no se ve con quién hablan, ni lo que dicen; y hacen mil ceremonias y sacrificios para este efecto, con que invocan al demonio, y emborráchanse bravamente, y para este oficio particular usan de una yerba llamada villca, echando el zumo de ella en la chicha, o tomándola por otra vía.

Por todo lo dicho consta cuán grande sea la desventura de los que tienen por maestros a tales ministros, del que tiene por oficio engañar, y es averiguado que ninguna dificultad hay mayor para recebir la verdad del santo evangelio y perseverar en ella los indios, que la comunión de estos hechiceros, que han sido y son innumerables, aunque, por la gracia del señor y diligencia de los perlados y sacerdotes, van siendo menos y no tan perjudiciales. Algunos de éstos se han convertido y públicamente han predicado al pueblo, retratando sus errores y engaños y declarando sus embustes y mentiras, de que se ha seguido gran fruto; como también por letras del Japón sabemos haber sucedido en aquellas partes a grande gloria de nuestro Dios y Señor.

Capítulo XXVII. De otras ceremonias y ritos de los indios, a semejanza de los nuestros

Otras innumerables ceremonias y ritos tuvieron los indios, y en muchas de ellas hay semejanza de las de la ley antigua de Moysén; en otras se parecen a las que usan los moros, y algunas tiran algo a las de la ley evangélica, como los lavatorios o opacuna, que llaman, que era bañarse en agua, para quedar limpios de sus pecados.

Los mexicanos tenían también sus bautismos con esta ceremonia, y es que a los niños recién nacidos les sacrificaban las orejas y el miembro viril, que en alguna manera remedaban la circuncisión de los judíos. Esta ceremonia se hacía principalmente con los hijos de los reyes y señores; en naciendo, los lavaban los sacerdotes, y, después de lavados, les ponían en la mano derecha una espada pequeña y en la izquierda una rodelilla. A los hijos de la gente vulgar les ponían las insignias de sus oficios, y a las niñas, aparejos de hilar, tejer y labrar; y esto usaban por cuatro días, y todo esto delante de algún ídolo.

En los matrimonios había su modo de contraerlos, de que escribió un tratado entero el licenciado Polo y adelante se dirá algo; y en otras cosas también llevaban alguna manera de razón sus ceremonias y ritos. Casábanse los mexicanos por mano de sus sacerdotes en esta forma: Poníanse el novio y la novia juntos delante del sacerdote, el cual tomaba por las manos a los novios y les preguntaba si se querían casar, y, sabida la voluntad de ambos, tomaba un canto del velo con que ella traía cubierta la cabeza y otro de la ropa de él, y atábalos, haciendo un ñudo, y, así atados, llevábalos a la casa de ella, adonde tenían un fogón encendido, y a ella hacíale dar siete vueltas al derredor, donde se asentaban juntos los novios, y allí quedaba hecho el matrimonio.

Eran los mexicanos celosísimos en la integridad de sus esposas, tanto que, si no las hallaban tales, con señales y palabras afrentosas lo daban a entender con muy grande confusión y vergüenza de los padres y parientes, porque no miraron bien por ella; y a la que conservaba su honestidad, hallándola tal, hacían muy grandes fiestas, dando muchas dádivas a ella y a sus padres, haciendo grandes ofrendas a sus dioses, y gran banquete, uno en casa de ella y otro en casa de él; y cuando los llevaban a su casa ponían por memoria todo lo que él y ella traían de provisión de casas, tierras, joyas, atavíos, y guardaban esta memoria los padres de ellos, por si acaso se viniesen a descansar, como era costumbre entre ellos, y, no llevándose bien, hacían partición de los bienes, conforme a lo que cada uno de ellos trajo, dándoles libertad que cada uno se casase con quien quisiese, y a ella le daban las hijas y a él los hijos. Mandábanles estrechamente que no se tornasen a juntar, so pena de muerte, y así se guardaba con mucho rigor; y aunque en muchas ceremonias parece que concurren con las nuestras pero es muy diferente, por la gran mezcla que siempre tienen de abominaciones.

Lo común y general de ellas es tener una de tres cosas, que son o crueldad, o suciedad, o ociosidad, porque todas ellas o eran crueles y perjudiciales, como el matar hombres v derramar sangre; o eran sucias y asquerosas, como el comer y beber en nombre de sus ídolos, y con ellos a cuestas orinar en nombre del ídolo, y el untarse y embijarse tan feamente, y otras cien mil bajezas: o por lo menos eran vanas y ridículas y puramente ociosas, y más cosas de niños, que hechos de hombres. La razón de esto es la propia condición del espíritu maligno, cuyo intento es hacer mal, provocando a homicidios o a suciedades, o por lo menos a vanidades y ocupaciones impertinentes, lo cual echará de ver cualquiera que con atención mirare el trato del demonio con los hombres que engaña, pues en todos los ilusos se halla o todo o parte de lo dicho.

Los mismos indios, después que tienen la luz de nuestra fe, se ríen y hacen burla de las niñerías en que sus dioses falsos los traían ocupados, a los cuales servían mucho más por el temor que tenían de que les habían de hacer mal si no les obedecían en todo, que no por el amor que les tenían, aunque también vivían muchos de ellos engañados con falsas esperanzas de bienes temporales, que los eternos no llegaban a su pensamiento; y es de advertir que, donde la potencia temporal estuvo más engrandecida, allí se acrecentó la superstición, como se ve en los reinos de México y del Cuzco, donde es cosa increíble los adoratorios que había, pues dentro de la misma ciudad del Cuzco, pasaban de trescientos. De los reyes del Cuzco fue Mangoinga Yupangui el que más acrecentó el culto de sus ídolos, inventando mil diferencias de sacrificios y fiestas y ceremonias; y lo mismo fue en México por el rey Izcoalt, que fue el cuarto de aquel reino.

En esotras naciones de indios, como en la provincia de Guatimala, y en las islas y Nuevo Reino, y provincias de Chile, y otras que eran como behetrías, aunque había gran multitud de supersticiones y sacrificios; pero no tenían que ver con lo del Cuzco y México, donde satanás estaba como en su Roma o Jerusalén, hasta que fue echado a su pesar, y en su lugar se colocó la santa Cruz, y el reino de Cristo, nuestro Dios, ocupó lo que el tirano tenía usurpado.

Capítulo XXVIII. De algunas fiestas que usaron los del Cuzco, y cómo el demonio quiso también imitar el misterio de la Santísima Trinidad

Para concluir este libro, que es de lo que toca a la religión, resta decir algo de las fiestas y solemnidades que usaban los indios, las cuales, porque eran muchas y varias, no se podrán tratar todas. Los Incas, señores del Perú, tenían dos géneros de fiestas: unas eran ordinarias, que venían a tiempos determinados por sus meses, y otras extraordinarias, que eran por causas ocurrentes de importancia, como cuando se coronaba algún nuevo rey y cuando se comenzaba alguna guerra de importancia y cuando había alguna muy grande necesidad de temporales.

De las fiestas ordinarias se ha de entender que en cada uno de los doce meses del año hacían fiesta y sacrificio diferente, porque, aunque cada mes y fiesta de él se ofrecían cien carneros, pero las colores o facciones habían de ser diferentes. En el primero, que llaman rayme, y es de diciembre, hacían la primera fiesta y más principal de todas, y por eso la llamaban Capacrayme, que es decir fiesta rica o principal. En esta fiesta se ofrecían grande suma de carneros y corderos en sacrificio y se quemaban con leña labrada y olorosa; y traían carneros, oro y plata, y se ponían las tres estatuas del Sol y las tres del trueno, padre, hijo y hermano, que decían que tenía el Sol y el trueno.

En estas fiestas se dedicaban los muchachos Incas, y les ponían las guaras o pañetes y les horadaban las orejas y les azotaban con hondas los viejos y untaban con sangre el rostro, todo en señal que habían de ser caballeros leales del Inga. Ningún extranjero podía estar este mes y fiesta en el Cuzco, y al cabo de las fiestas entraban todos los de fuera y les daban aquellos bollos de maíz con sangre del sacrificio, que comían en señal de confederación con el Inga, como se dijo arriba. Y cierto es de notar que en su modo el demonio haya también en la idolatría introducido trinidad, porque las tres estatuas del Sol se intitulaban Apointi, Churiinti y Inticuaoquí, que quiere decir el padre y señor Sol, el hijo Sol, el hermano Sol, y de la misma manera nombraban las tres estatuas del Chuquiilla, que es el dios que preside en la región del aire donde truena y llueve y nieva.

Acúerdome que, estando en Chuquisaca, me mostró un sacerdote honrado una información, que yo la tuve harto tiempo en mi poder, en que había averiguado de cierta guaca o adoratorio, donde los indios profesaban adorar a Tangatanga, que era un ídolo, que decían que en uno eran tres, y en tres uno; y admirándole aquel sacerdote de esto, creo, le dije, que el demonio todo cuanto podía hurtar de la verdad para sus mentiras y engaños, lo hacía con aquella infernal y porfiada soberbia con que siempre apetece ser como Dios.

Volviendo a las fiestas, en el segundo mes, que se llama Camay, demás de los sacrificios echaban las cenizas por un arroyo abajo, yendo con bordones tras ellas cinco leguas por el arroyo, rogándole las llevase hasta la mar, porque allí había de recibir el Viracocha aquel presente. En el tercero y cuarto y quinto mes también ofrecían en cada uno de sus cien carneros negros y pintados y pardos, con otras muchas cosas, que por no cansar se dejan. El sexto mes se llama Hatuncuzqui Aymoray, que responde a mayo; también se sacrificaban otros cien carneros de todos colores.

En esta Luna y mes, que es cuando se trae el maíz de la era a casa, se hacía la fiesta, que hoy día es muy usada entre los indios que llaman Aymoray; esta fiesta se hace viniendo desde la chacra o heredad a su casa, diciendo ciertos cantares, en que ruegan que dure mucho el maíz; la cual llaman Mamacora, tomando de su chacra cierta parte de maíz más señalado en cuantidad, y poniéndola en una troje pequeña, que llaman pirua, con ciertas ceremonias, velando en tres noches, y este maíz meten en las mantas más ricas que tienen y, después que está tapado y aderezado, adoran esta pirua y la tienen en gran veneración y dicen que es madre del maíz de su chacra, y que con esto se da y se conserva el maíz; y por este mes hacen un sacrificio particular, y los hechiceros preguntan a la pirua si tiene fuerza para el año que viene, y si responde que no, lo llevan a quemar a la misma chacra con la solemnidad que cada uno puede, y hacen otra pirua con las mismas ceremonias, diciendo que la renuevan para que no perezca la simiente del maíz, y si responde que tiene fuerza para durar más, la dejan hasta otro año; esta impertinencia dura hasta hoy día, y es muy común entre indios tener estas piruas y hacer la fiesta del Aymoray.

El séptimo mes, que responde a junio, se llama Aucaycuzqui Intiraymi, y en él se hacía la fiesta llamada Intiraymi, en que se sacrificaban cien carneros guanacos, que decían que ésta era la fiesta del Sol; en este mes se hacían gran suma de estatuas de leña labrada de quinua, todas vestidas de ropas ricas, y se hacía el baile, que llamaban Cayo, y en esta fiesta se derramaban muchas flores por el camino y venían los indios muy embijados y los señores con unas patenillas de oro puestas en las barbas, y cantando todos. Hase de advertir que esta fiesta cae cuasi al mismo tiempo que los cristianos hacemos la solemnidad del Corpus Christi, y que en algunas cosas tiene alguna apariencia de semejanza, como en las danzas, o representaciones, o cantares, y por esta causa ha habido, y hay hoy día entre los indios, que parecen celebrar nuestra solemne fiesta de Corpus Christi, mucha superstición de celebrar la suya antigua del Intiraymi.

El octavo mes se llama chachua Huarqui, en el cual se quemaban otros cien carneros por el orden dicho, todos pardos, de color de vizcacha, y este mes responde al nuestro de julio. El noveno mes se llamaba Yápaquis, en el cual se quemaban otros cien carneros castaños y se degollaban y quemaban mil cuyes, para que el hielo, el aire, el agua y el Sol no dañasen a las chácaras; este parece que responde a agosto. El décimo mes se llama Coyaraymi, en el cual se quemaban otros cien carneros blancos lanudos; en este mes, que responde a septiembre, se hacía la fiesta llamada Citua, en esta forma: que se juntaban todos antes que saliese la Luna el primer día, y, viéndola, daban grandes voces con hachos de fuego en las manos, diciendo: Vaya el mal fuera, dándose unos a otros con ellos; éstos se llamaban panconcos, y aquesto hecho se hacía el lavatorio general en los arroyos y fuentes, cada uno en su acequia o pertenencia, y bebían cuatro días arreo.

Este mes sacaban las mamaconas del Sol gran cantidad de bollos hechos con sangre de sacrificios, y a cada uno de los forasteros daban un bocado, y también enviaban a las guacas forasteras de todo el reino y a diversos curacas, en señal de confederación y lealtad al Sol y al Inga, como está ya dicho. Los lavatorios y borracheras y algún rastro de esta fiesta llamada Citua aun duran todavía en algunas partes, con ceremonias algo diferenciadas y con mucho secreto, aunque lo principal y público haya cesado. El undécimo mes se llamaba Homaraimi Punchaiquís, en el cual sacrificaban otros cien carneros; y si faltaba agua, para que lloviese ponían un carnero todo negro atado en un llano, derramando mucha chicha al derredor, y no le daban de comer hasta que lloviese; esto se usa también ahora en muchas partes por este mismo tiempo, que es por octubre.

El último se llama Ayamara, en el cual se sacrificaban otros cien carneros y se hacía la fiesta llamada Raymicantará Rayquis; en este mes, que responde a noviembre, se aparejaba lo necesario para los muchachos que se habían de hacer orejones el mes siguiente, y los muchachos con los viejos hacían cierto alarde, dando algunas vueltas; y esta fiesta se llamaba Ituraymi, la cual se hace de ordinario cuando llueve mucho o poco, o hay pestilencia.

Fiestas extraordinarias, aunque había muchas, la más famosa era la que llamaban Itu. La fiesta del Itu no tenía tiempo señalado, más de que en tiempo de necesidad se hacía. Para ella ayunaba toda la gente dos días, en los cuales no llegaban a mujeres, ni comían cosa con sal, ni ají, ni bebían chicha, y todos se juntaban en una plaza donde no hubiese forastero ni animales, y para esta fiesta tenían ciertas mantas y vestidos y aderezos, que solo servían para ella, y andaban en procesión cubiertas las cabezas con sus mantas, muy despacio, tocando sus atambores y sin hablar uno con otro. Duraba esto un día y una noche, y el día siguiente comían y bebían, y bailaban dos días con sus noches, diciendo que su oración había sido acepta; y aunque no se haga hoy día con toda aquella ceremonia, pero es muy general hacer otra fiesta muy semejante, que llaman Ayma, con vestiduras que tienen depositadas para ello; y como está dicho, esta manera de procesión a vueltas con atambores, y el ayuno que precede y borrachera que se sigue, usan por urgentes necesidades.

Y aunque el sacrificar reses y otras cosas, que no pueden esconder de los españoles, las han dejado, a lo menos en lo público; pero conservan todavía muchas ceremonias que tienen origen de estas fiestas y superstición antigua. Por eso es necesario advertir en ellas, especialmente, que esta fiesta del Itu la hacen disimuladamente hoy día en las danzas del Corpus Christi, haciendo las danzas del Llamallama y de Guacon y otras, conformes a su ceremonia antigua, en lo cual se debe mirar mucho.

En donde ha sido necesario advertir de estas abusiones y supersticiones, que tuvieron en el tiempo de su gentilidad los indios, para que no se consientan por los curas y sacerdotes, allá se ha dado más larga relación de lo que toca a esta materia; al presente hasta haber tocado el ejercicio en que el demonio ocupaba a sus devotos, para que, a pesar suyo, se vea la diferencia que hay de la luz a las tinieblas, y de la verdad cristiana a la mentira gentílica, por más que haya con artificio procurado remedar las cosas de Dios el enemigo de los hombres y de su Dios.

Capítulo XXIX. De la fiesta del jubileo que usaron los mexicanos

Los mexicanos no fueron menos curiosos en sus solemnidades y fiestas, las cuales de hacienda eran más baratas; pero de sangre humana, sin comparación, más costosas. De la fiesta principal de Vitzilipuztli ya queda arriba referido. Tras ella la fiesta del ídolo Tezcatlipuca era muy solemnizada. Venía esta fiesta por mayo y en su calendario tenía nombre Toxcoalt, pero la misma cada cuatro años concurría con la fiesta de la penitencia, en que había indulgencia plenaria y perdón de pecados. Sacrificaban este día un cautivo, que tenía la semejanza del ídolo Tezcatlipuca, que era a los diez y nueve de mayo.

En la víspera de esta fiesta venían los señores al templo y traían un vestido nuevo, conforme al del ídolo, el cual le ponían los sacerdotes, quitándole las otras ropas y guardándolas con tanta reverencia, como nosotros tratamos los ornamentos, y aún más. Había en las arcas del ídolo muchos aderezos y atavíos, joyas y otras preseas, y brazaletes de plumas ricas, que no servían de nada sino de estarse allí, todo lo cual adoraban como al mismo Dios. Demás del vestido con que le adoraban este día, le ponían particulares insignias de plumas, brazaletes, quitasoles y otras cosas. Compuesto de esta suerte, quitaban la cortina de la puerta, para que fuesen vistos de todos, y, en abriendo, salía una dignidad de las de aquel templo, vestido de la misma manera que el ídolo, con unas flores en la mano y una flauta pequeña de barro, de un sonido muy agudo, y, vuelto a la parte de oriente, la tocaba, y volviendo al occidente y al norte y sur, hacía lo mismo. Y habiendo tañido hacia las cuatro partes del mundo, denotando que los presentes y ausentes le oían, ponía el dedo en el suelo y, cogiendo tierra con él, la metía en la boca y la comía en señal de adoración, y lo mismo hacían todos los presentes, y llorando, postrábanse, invocando a la escuridad de la noche y al viento, y rogándoles que no los desamparasen, ni los olvidasen, o que les acabasen la vida y diesen fin a tantos trabajos como en ella se padecían.

En tocando esta flautilla, los ladrones, fornicarios, homicidas, o cualquier género de delincuentes sentían grandísimo temor y tristeza, y algunos se cortaban de tal manera, que no podían disimular haber delinquido. Y así todos aquellos no pedían otra cosa a su Dios sino que no fuesen sus delitos manifiestos, derramando muchas lágrimas con grande compunción y arrepentimiento, ofreciendo cuantidad de incienso para aplacar a Dios. Los valientes y valerosos hombres, y todos los soldados viejos que seguían la milicia, en oyendo la flautilla con muy grande agonía y devoción pedían al Dios de lo criado, y al señor por quien vivimos, y al Sol, con otros principales dioses suyos, que les diesen victoria contra sus enemigos y fuerzas para prender muchos cautivos, para honrar sus sacrificios.

Hacíase la ceremonia sobredicha diez días antes de la fiesta, en los cuales tañía aquel sacerdote la flautilla, para que todos hiciesen aquella adoración de comer tierra y pedir a los ídolos lo que querían, haciendo cada día oración, alzados los ojos al cielo, con suspiros y gemidos, como gente que se dolía sus culpas y pecados. Aunque este dolor de ellos no era sino por temor de la pena corporal que les daban, y no por la eterna, porque certifican que no sabían que en la otra vida hubiese pena tan estrecha, y así se ofrecían a la muerte tan sin pena, entendiendo que todos descansaban en ella. Llegado el propio día de la fiesta de este ídolo Tezcatlipuca, juntábase toda la ciudad en el patio para celebrar asimismo la fiesta del calendario, que ya dijimos se llamaba Toxcoatl, que quiere decir cosa seca, la cual fiesta toda se endereza a pedir agua del cielo, al modo que nosotros hacemos las rogaciones, y así tenían aquesta fiesta siempre por mayo, que es el tiempo en que en aquella tierra hay más necesidad de agua. Comenzábase su celebración a nueve de mayo y acabábase a diecinueve.

En la mañana del último día sacaban sus sacerdotes unas andas muy aderezadas, con cortinas y cendales de diversas maneras. Tenían estas andas tantos asideros cuantos eran los ministros que las habían de llevar, todos los cuales salían embijados de negro, con unas cabelleras largas trenzadas por la mitad de ellas, con unas cintas blancas, y con unas vestiduras de librea del ídolo. Encima de aquellas andas ponían el personaje del ídolo señalado para este oficio, que ellos llamaban semejanza del dios Tezcatlipuca, y, tomándolo en los hombros, lo sacaban en público al pie de las gradas. Salían luego los mozos y mozas recogidas de aquel templo con una soga gruesa, torcida de sartales de maíz tostado, y rodeando todas las andas con ella, ponían luego una sarta de lo mismo al cuello del ídolo, y en la cabeza una guirnalda; llamábase la soga toxcatl, denotando la sequedad y esterilidad del tiempo. Salían los mozos rodeados con unas cortinas de red y con guirnaldas y sartales de maíz tostado; las mozas salían vestidas de nuevos atavíos y aderezos con sartales de lo mismo a los cuellos, y en las cabezas llevaban unas tiaras hechas de varillas todas cubiertas de aquel maíz, emplumados los pies y los brazos, y las mejillas llenas de color. Sacaban asimismo muchos sartales de este maíz tostado y poníanselos los principales en las cabezas y cuellos, y en las manos unas flores.

Después de puesto el ídolo en sus andas, tenían por todo aquel lugar gran cantidad de pencas de manguey, cuyas hojas son anchas y espinosas. Puestas las andas en los hombros de los sobredichos, llevábanlas en procesión por dentro del circuito del patio, llevando delante de sí dos sacerdotes con dos braseros o incensarios incensando muy a menudo el ídolo, y cada vez que echaban el incienso, alzaban el brazo, cuan alto podían, hacia el ídolo y hacia el Sol, diciéndoles subiesen sus oraciones al cielo, como subían aquel humo a lo alto. Toda la demás gente que estaba en el patio, volviéndose en rueda hacia la parte donde iba el ídolo llevaban todos en las manos unos sogas de hilo de manguey nuevas de una braza con un ñudo al cabo, y con aquéllas se disciplinaban dándose grandes golpes en las espaldas de la manera que acá se disciplinan el Jueves Santo. Toda la cerca del patio y las almenas estaban llenas de ramos y flores, tan bien adornadas y con tanta frescura, que causaban gran contento.

Acabada esta procesión, tornaban a subir el ídolo a su lugar, a donde lo ponían; salía luego gran cantidad de gente con flores aderezadas de diversas maneras y henchían el altar y la pieza y todo el patio de ellas, que parecía aderezo de monumento. Estas rosas ponían por sus manos los sacerdotes, administrándoselas los mancebos del templo desde acá fuera, y quedábase aquel día descubierto y el aposento sin echar el velo. Esto hecho, salían todos a ofrecer cortinas, cendales, joyas y piedras ricas, incienso, maderos resinosos, mazorcas de maíz y codornices y, finalmente, todo lo que en semejantes solemnidades acostumbraban ofrecer. En la ofrenda de las codornices, que era de los pobres, usaban esta ceremonia, que las daban al sacerdote y, tomándolas, les arrancaban las cabezas y echábalas luego al pie del altar, adonde se desangrasen; y así hacían de todas las que ofrecían. Otras comidas y frutas ofrecía cada uno según su posibilidad, las cuales eran el pie de altar de los ministros del templo; y así ellos eran los que las alzaban, y llevaban a los aposentos que allí tenían.

Hecha esta solemne ofrenda, íbase la gente a comer a sus lugares y casas, quedando la fiesta así suspensa hasta haber comido. Y a este tiempo los mozos y mozas del templo, con los atavíos referidos, se ocupaban en servir al ídolo de todo lo que estaba dedicado a él para su comida, la cual guisaban otras mujeres, que habían hecho voto de ocuparse aquel día en hacer la comida del ídolo, sirviendo allí todo el día. Y así se venían todas las que habían hecho voto, en amaneciendo, y ofrecíanse a los propósitos del templo, para que les mandasen lo que habían de hacer, y hacíanlo con mucha diligencia y cuidado. Sacaban después tantas diferencias e invenciones de manjares, que era cosa de admiración. Hecha esta comida, y llegada la hora de comer, salían todas aquellas doncellas del templo en procesión, cada una con una cestica de pan en la una mano, y en la otra una escudilla de aquellos guisados: traían delante de sí un viejo, que servía de maestresala, con un hábito harto donoso.

Venía vestido con una sobrepelliz blanca, que llegaba a las pantorrillas, sobre un jubón sin mangas a manera de sambenito, de cuero colorado; traía en lugar de mangas una alas, y de ellas salían unas cintas anchas, de las cuales pendía en medio de las espaldas una calabaza mediana, que por unos agujerillos que tenía estaba toda llena de flores, y dentro de ella diversas cosas de superstición. Iba este viejo así ataviado, delante de todo el aparato, muy humilde, triste y cabizbajo, y en llegando al puesto, que era al pie de las gradas, hacía una grande humillación, y haciéndose a un lado, llegaban las mozas en las comidas e íbanla poniendo en hilera, llegando una a una con mucha reverencia. En habiéndola puesto, tornaba el viejo a guiarlas, y volvíanse a sus recogimientos. Acabadas ellas de entrar, salían los mozos y ministros de aquel templo, y alzaban de allí aquella comida, y metíanla en los aposentos de las dignidades y de los sacerdotes, los cuales habían ayunado cinco días arreo, comiendo sola una vez al día, apartados de sus mujeres, y no salían del templo aquellos cinco días, azotándose reciamente con sogas, y comían de aquella comida divina (que así la llamaban) todo cuanto podían, de la cual a ninguno era lícito comer sino a ellos.

En acabando todo el pueblo de comer, tornaban a recogerse en el patio a celebrar y ver el fin de la fiesta, donde sacaban un esclavo, que había representado el ídolo un año, vestido y aderezado y honrado como el mismo ídolo, y haciéndole todos reverencia le entregaban a los sacrificadores, que al mismo tiempo salían, y tomándole de pies y manos, el papa le cortaba el pecho, y le sacaba el corazón, alzándolo en la mano todo lo que podía, y mostrándolo al Sol, y al ídolo, como ya queda referido. Muerto éste, que representaba al ídolo, llegábanse a un lugar consagrado y diputado para el efecto, y salían los mozos y mozas con el aderezo sobredicho, donde tañéndoles las dignidades del templo, bailaban y cantaban puestos en orden junto al atambor; y todos los señores ataviados con las insignias que los mozos traían, bailaban en cerco alrededor de ellos.

En este día no moría ordinariamente más que este sacrificado, porque solamente de cuatro a cuatro años morían otros con él, y cuando éstos morían era el año del jubileo e indulgencia plenaria. Hartos ya de tañer, comer y beber, a puesta del Sol íbanse aquellas mozas a sus retraimientos, y tomaban unos grandes platos de barro, y llenos de pan amasado con miel, cubiertos con unos fruteros labrados de calaveras y huesos de muertos cruzados, llevaban colación al ídolo, y subían hasta el patio, que estaba antes de la puerta del oratorio, y poniéndolo allí, yendo su maestresala delante, se bajaban por el mismo orden que lo habían llevado. Salían luego todos los mancebos puestos en orden, y con unas cañas en las manos arremetían a las gradas del templo, procurando llegar más presto unos que otros a los platos de la colación. Y las dignidades del templo tenían cuenta de mirar, al primero, segundo, tercero y cuarto, que llegaban, no haciendo caso de los demás, hasta que todos arrebataban aquella colación, la cual llevaban como grandes reliquias.

Hecho esto, los cuatro que primero llegaron, tomaban en medio las dignidades y ancianos del templo, y con mucha honra los metían en los aposentos, premiándoles y dándoles muy buenos aderezos, y de allí adelante los respetaban y honraban como a hombres señalados. Acabada la presa de la colación, y celebrada con mucho regocijo y gritería, a todas aquellas mozas que habían servido al ídolo y a los mozos, les daban licencia para que se fuesen, y así se iban unas tras de otras. Al tiempo que ellas salían, estaban los muchachos de los colegios y escuelas a la puerta del patio, todos con pelotas de juncia, y de hierbas en las manos, y con ellas las apedreaban, burlando y escarneciendo de ellas, como a gente que se iba del servicio del ídolo. Iban con libertad de disponer de sí a su voluntad, y con esto se daba fin a esta solemnidad.

Capítulo XXX. De la fiesta de los mercaderes que usaron los Cholutecas
Aunque se ha dicho harto del culto que los mexicanos daban a sus dioses; pero porque el que se llamaba Quetzaalcoatl, y era dios de gente rica, tenía particular veneración y solemnidad, se dirá aquí lo que de sus fiestas refieren.

Solemnizábase la fiesta de este ídolo en esta forma: Cuarenta días antes compraban los mercaderes un esclavo bien hecho, sin mácula ni señal alguna, así de enfermedad como de herida o golpe; a éste le vestían con los atavíos del mismo ídolo, para que le representase estos cuarenta días; y antes que le vistiesen, le purificaban, lavándole dos veces en un lago, que llamaban de los dioses; y después de purificado le vestían en la forma que el ídolo estaba vestido. Estaba muy reverenciado en estos cuarenta días, por lo que representaba; enjaulábanle de noche, como queda dicho, porque no se fuese, y luego de mañana lo sacaban de la jaula y le ponían en lugar preeminente, y allí le servían, dándole a comer preciosas viandas.

Después de haber comido, poníanle sartales de flores al cuello y muchos ramilletes en las manos; traía su guardia muy cumplida, con otra mucha gente que lo acompañaba, y salían con él por la ciudad, el cual iba cantando y bailando por toda ella, para ser conocido por semejanza de su Dios; y en comenzando a cantar, salían de sus casas las mujeres y niños a saludarle y ofrecerle ofrenda como a Dios. Nueve días antes de la fiesta venían ante él dos viejos muy venerables de las dignidades del templo; y humillándose ante él, le decían con una voz muy humilde y baja: Señor, sabrás que de aquí a nueve días se te acaba el trabajo de bailar y cantar, porque entonces has de morir; y él había de responder que fuese mucho de norabuena.

Llamaban a esta ceremonia Neyólo Maxilt Iléztli, que quiere decir el apercibimiento; y cuando le apercibían mirábanle con mucha atención, si se entristecía o si bailaba con el contento que solía; y si no lo hacía con el alegría que ellos deseaban, hacían una superstición asquerosa, y era que iban luego y tomaban las navajas del sacrificio, y lavábanles la sangre humana que estaba en ellas pegada de los sacrificios pasados, y con aquellas lavazas hacíanle una bebida mezclada con otra de caco, y dábansela a beber, porque decían que hacía tal operación en él, que quedaba sin alguna memoria de lo que le habían dicho, y cuasi insensible, volviendo luego al ordinario canto; y aun dicen que con este medio él mismo con mucha alegría se ofrecía a morir, siendo enhechizado con aquel brebaje. La causa porque procuraban quitar a éste la tristeza era porque lo tenían por muy mal agüero y pronóstico de algún gran mal.

Llegado el día de la fiesta, a media noche, después de haberle hecho mucha honra de música e incienso, tomábanle los sacrificadores, y sacrificaban al modo arriba dicho, haciendo ofrenda de su corazón a la Luna; y después arrojándolo al ídolo, dejando caer el cuerpo por las gradas del templo abajo, de donde lo alzaban los que le habían ofrecido, que eran los mercaderes, cuya fiesta era ésta; y llevándolo a la casa del más principal, lo hacían aderezar en diferentes manjares, para celebrar en amaneciendo el banquete y comida de la fiesta, dando primero los buenos días al ídolo, con un pequeño baile que hacían mientras amanecía, y se guisaba el sacrificio. Juntábanse después todos los mercaderes a este banquete, especialmente los que tenían trato de vender y comprar esclavos, a cuyo cargo era ofrecer cada año un esclavo para la semejanza de su Dios.

Era este ídolo de los más principales de aquella tierra, como queda referido; y así el templo en que estaba era de mucha autoridad, el cual tenía sesenta gradas para subir a él, y en la cumbre de ellas se formaba un patio de mediana anchura, muy curiosamente encalado; en medio de él había una pieza grande y redonda a manera de horno, y la entrada, estrecha y baja, que para entrar era menester inclinarse mucho. Tenía este templo los aposentos que los demás, donde había recogimiento de sacerdotes, mozos y mozas, y de muchachos, como queda dicho, a los cuales asistía solo un sacerdote, que continuamente residía allí, el cual era como semanero, porque puesto caso que había de ordinario tres o cuatro curas o dignidades en cualquiera templo, servía cada uno una semana sin salir de allí.

El oficio del semanero de este templo, después de la doctrina de los mozos, era que todos los días, a la hora que se pone el Sol, tañía un grande atambor, haciendo señal con él, como nosotros usamos tañer a la oración. Era tan grande este atambor, que su sonido ronco se oía por toda la ciudad; y en oyéndolo, se ponían todos en tanto silencio, que parecía no haber hombre, desbaratándose los mercados, y recogiéndose la gente, con que quedaba todo en grande quietud y sosiego. Al alba, cuando ya amanecía, le tornaba a tocar, con que se daba señal de que ya amanecía; y así los caminantes y forasteros se aprestaban con aquella señal, para hacer sus viajes, estando hasta entonces impedidos para poder salir de la ciudad.

Este templo tenía un patio mediano, donde el día de su fiesta se hacían grandes bailes y regocijos, y muy graciosos entremeses, para lo cual había en medio de este patio un pequeño teatro de a treinta pies en cuadro, curiosamente encalado, el cual enramaban y aderezaban para aquel día, con toda la policía posible, cercándolo todo de arcos hechos de diversidad de flores y plumería, colgando a trechos muchos pájaros, conejos y otras cosas apacibles, donde, después de haber comido, se juntaban toda la gente. Salían los representantes, y hacían entremeses, haciéndose sordos, arromadizados, cojos, ciegos y mancos, viniendo a pedir sanidad al ídolo; los sordos respondiendo adefesios; y los arromadizados tosiendo; los cojos, cojeando, decían sus miserias y quejas, con que hacían reír grandemente al pueblo.

Otros salían en nombre de las sabandijas: unos vestidos como escarabajos, y otros como sapos, y otros como lagartijas, etc.; y encontrándose allí, referían sus oficios; y volviendo cada uno por sí, tocaban algunas flautillas, de que gustaban sumamente los oyentes, porque eran muy ingeniosas; fingían asimismo muchas mariposas y pájaros de muy diversos colores, sacando vestidos a los muchachos del templo en aquestas formas, los cuales, subiéndose en una arboleda, que allí plantaban, los sacerdotes del templo les tiraban con cebratanas, donde había en defensa de los unos y ofensa de los otros, graciosos dichos, con que entretenían los circunstantes; lo cual concluido, hacían un mitote o baile con todos estos personajes, y se concluía la fiesta; y esto acostumbraban hacer en las más principales fiestas.

Capítulo XXXI. Qué provecho se ha de sacar de la relación de las supersticiones de los indios

Baste lo referido para entender el cuidado que los indios ponían en servir y honrar a sus ídolos, y al demonio, que es lo mismo; porque contar por entero lo que en esto hay es cosa infinita y de poco provecho; y aun de lo referido podrá parecer a algunos que lo hay muy poco o ninguno, y que es como gastar tiempo en leer las patrañas que fingen los libros de Caballería; pero éstos, si lo consideran bien, hallarán ser muy diferente negocio, y que puede ser útil para muchas cosas tener noticia de los ritos y ceremonias que usaron los indios.

Primeramente, en las tierras donde ello se usó no solo es útil, sino del todo necesario, que los cristianos y maestros de la ley de Cristo sepan los errores y supersticiones de los antiguos, para ver si clara o disimuladamente las usan también agora los indios; y para este efecto hombres graves y diligentes escribieron relaciones largas de lo que averiguaron, y aun los Concilios Provinciales han mandado que se escriban y estampen, como se hizo en Lima; y esto muy más cumplidamente de lo que aquí va tratado. Así que en tierras de indios cualquier noticia que de aquesto se da a los españoles es importante para el bien de los indios.

Para los mismos españoles allá y donde quiera puede servir esta narración, de ser agradecidos a Dios, nuestro Señor, dándole infinitas gracias por tan gran bien, como es habernos dado su santa ley, la cual toda es justa, toda limpia, toda provechosa; lo cual se conoce bien, cotejándola con las leyes de satanás, en que han vivido tantos desdichados. También puede servir para conocer la soberbia e invidia y engaños y mañas del demonio con los que tiene cautivos, pues por una parte quiere imitar a Dios y tener competencia con él y con su santa ley; y por otra mezcla tantas vanidades y suciedades, y aun crueldades, como quien tiene por oficio estragar todo lo bueno y corrompello.

Finalmente, quien viere la ceguedad y tinieblas en que tantos tiempos han vivido provincias y reinos grandes, y que todavía viven en semejantes engaños muchas gentes, y grande parte del mundo, no podrá, si tiene pecho cristiano, dejar de dar gracias al altísimo Dios por los que ha llamado de tales tinieblas a la admirable lumbre de su evangelio, suplicando a la inmensa caridad del Criador las conserve y acreciente en su conocimiento y obediencia; y juntamente doliéndose de los que todavía siguen el camino de su perdición, instar al Padre de misericordia que les descubra los tesoros y riquezas de Jesucristo, el cual con el Padre y con el Espíritu Santo, reina por todos los siglos. Amén.

Libro sexto

Capítulo I. Que es falsa la opinión de los que tienen a los indios por hombres faltos de entendimiento

Habiendo tratado lo que toca a la religión que usaban los indios, pretendo en este libro escribir de sus costumbres y policía y gobierno, para dos fines: el uno, deshacer la falsa opinión que comúnmente se tiene de ellos, como de gente bruta y bestial y sin entendimiento, o tan corto, que apenas merece ese nombre; del cual engaño se sigue hacerles muchos y muy notables agravios, sirviéndose de ellos poco menos que de animales y despreciando cualquier género de respeto que se les tenga. Que es tan vulgar y tan pernicioso engaño, como saben bien los que con algún celo y consideración han andado entre ellos, y visto y sabido sus secretos y avisos, y juntamente el poco caso que de todos ellos hacen los que piensan que saben mucho, que son de ordinario los más necios y más confiados de sí.

Esta tan perjudicial opinión no veo medio con que pueda mejor deshacerse que con dar a entender el orden y modo de proceder que éstos tenían cuando vivían en su ley, en la cual, aunque tenían muchas cosas de bárbaros y sin fundamento, pero había también otras muchas dignas de admiración, por las cuales se deja bien comprehender que tienen natural capacidad para ser bien enseñados, y aun en gran parte hacen ventaja a muchas de nuestras repúblicas. Y no es de maravillar que se mezclasen yerros graves, pues en los más estirados de los legisladores y filósofos se hallan, aunque entren Licurgo y Platón en ellos. Y en las más sabias repúblicas, como fueron la romana y la ateniense, vemos ignorancias dignas de risa, que cierto si las repúblicas de los mexicanos y de los Incas se refirieran en tiempos de romanos o griegos, fueran sus leyes y gobierno estimado.

Mas como sin saber nada de esto entramos por la espalda sin oírles ni entenderles, no nos parece que merecen reputación las cosas de los indios sino como de caza habida en el monte y traída para nuestro servicio y antojo. Los hombres más curiosos y sabios que han penetrado y alcanzado sus secretos, su estilo y gobierno antiguo, muy de otra suerte lo juzgan, maravillándose que hubiese tanto orden y razón entre ellos. De estos autores es uno, Polo Ondegardo, a quien comúnmente sigo en las cosas del Perú; y en las materias de México, Juan de Tovar, prebendado que fue de la Iglesia de México y ahora es religioso de nuestra Compañía de Jesús, el cual, por orden del virrey don Martín Enríquez, hizo diligente y copiosa averiguación de las historias antiguas de aquella nación, sin otros autores graves, que por escrito o de palabra me han bastantemente informado de todo lo que voy refiriendo.

El otro fin que puede conseguirse con la noticia de las leyes y costumbres y policía de los indios es ayudarlos y regirlos por ellas mismas, pues en lo que no contradicen a la ley de Cristo y de su santa Iglesia, deben ser gobernados conforme a sus fueros, que son como sus leyes municipales. Por cuya ignorancia se han cometido yerros de no poca importancia, no sabiendo los que juzgan, ni los que rigen, por dónde han de juzgar y regir sus súbditos. Que demás de ser agravio y sinrazón que se les hace, es en gran daño por tenernos aborrecidos como a hombres que en todo, así en lo bueno como en lo malo, les somos y hemos siempre sido contrarios.

Capítulo II. Del modo de cómputo y calendario que usaban los mexicanos

Comenzando, pues, por el repartimiento de los tiempos y cómputo que los indios usaban, que es una de las más notorias muestras de su ingenio y habilidad, diré primero de qué manera contaban y repartían su año los mexicanos, y de sus meses y calendario, y de su cuenta de siglos o edades.

El año dividían en dieciocho meses; a cada mes daban veinte días, con que se hacen trescientos y sesenta días, y los otros cinco que restan para cumplimiento del año entero, no los daban a mes ninguno, sino contábanlos por sí y llamábanlos días valdíos, en los cuales no hacía la gente cosa alguna, ni acudían al templo, solo se ocupaban en visitarse unos a otros perdiendo tiempo y los sacerdotes del templo cesaban de sacrificar. Los cuales días cumplidos, tornaban a comenzar la cuenta de su año, cuyo primer mes y principio era por marzo cuando comienza a reverdecer la hoja, aunque tomaban tres días de febrero, porque su primer día del año era a veintiséis de febrero, como constaba por el calendario suyo; en el cual está incorporado el nuestro con notable cuenta y artificio, hecho por los indios antiguos, que conocieron a los primeros españoles, el cual calendario yo vi y aun le tengo en mi poder, que es digno de considerar para entender el discurso y habilidad que tenían estos indios mexicanos.

Cada uno de los dieciocho meses que digo tiene su nombre especial y su pintura y señal propia, y comúnmente se tomaba de la fiesta principal que en aquel mes se hacía, o de la diferencia que el año va entonces causando. Y para todas sus fiestas tenían ciertos días señalados en su calendario. Las semanas contaba de trece en trece días y a cada día señalaban con un cero o redondo pequeño, multiplicando los ceros hasta trece y luego volvían a contar uno, dos, etc. Partían también los años de cuatro en cuatro signos, atribuyendo a cada año un signo. Estas eran cuatro figuras: la una de casa, la otra de conejo, la tercera de caña, la cuarta de pedernal, y así las pintaban, y por ellas nombraban el año que corría, diciendo: A tantas casas, o a tantos pedernales de tal rueda, sucedió tal y tal cosa.

Porque es de saber que su rueda, que es como siglo, contenía cuatro semanas de años, siendo cada una de trece, de suerte que eran por todos cincuenta y dos años. Pintaban en medio un Sol, y luego salían de él en cruz cuatro brazos o líneas hasta la circunferencia de la rueda, y daban vueltas, de modo que se dividía en cuatro partes la circunferencia, y cada una de ellas iba con su brazo de la misma color, que era cuatro diferentes, de verde, de azul, de colorado, de amarillo, y cada parte de éstas tenía sus trece apartamientos, con su signo de casa, o conejo, o caña, o pedernal, significado en cada uno su año, y al lado pintaban lo sucedido en aquel año. Y así vi yo en el calendario que he dicho señalado el año que entraron los españoles en México, con una pintura de un hombre vestido a nuestro tallo de colorado, que tal fue el hábito del primer español que envío Hernando Cortés.

Al cabo de los cincuenta y dos años que se cerraba la rueda, usaban una ceremonia donosa, y era, que la última noche quebraban cuantas vasijas tenían, y apagaban cuantas lumbres había, diciendo que en una de las ruedas había de fenecer el mundo, y que por ventura sería aquella en que se hallaban, y que, pues se había de acabar el mundo, no habían de guisar, ni comer, que para qué eran vasijas, ni lumbre, y así se estaban toda la noche, diciendo que quizá no amanecería más, velando con gran atención todos para ver si amanecía. En viendo que venía el día, tocaban muchos atambores, y bocinas, y flautas y otros instrumentos de regocijo y alegría; diciendo, que ya Dios les alargaba otro siglo, que eran cincuenta y dos años, y comenzaban otra rueda.

Sacaban, el día que amanecía para principio de otro siglo, lumbre nueva, y compraban vasos de nuevo, ollas y todo lo necesario para guisar de comer, e iban todos por lumbre nueva donde la sacaba el sumo sacerdote, precediendo una solemnísima procesión en hacimiento de gracias, porque les había amanecido, y prorrogádoles otro siglo. Este era su modo de contar años, y meses, y semanas y siglos.

Capítulo III. Del modo de contar los años y meses que usaron los Incas

En este cómputo de los mexicanos, aunque hay mucha cuenta e ingenio para hombres sin letras; pero paréceme falta de consideración no tener cuenta con las lunas, ni hacer distribución de meses conforme a ellas; en lo cual, sin duda, les hicieron ventaja los del Perú, porque contaban cabalmente su año de tantos días como nosotros, y partíanle en doce meses o lunas, consumiendo los once días que sobran de Luna, según escribe Polo, en los mismos meses.

Para tener cierta y cabal la cuenta del año, usaban esta habilidad, que en los cerros que están alrededor de la ciudad del Cuzco (que era la corte de los reyes Incas, y juntamente el mayor santuario de sus reinos, y como si dijésemos otra Roma) tenían puestos por su orden doce pilarejos, en tal distancia y postura, que en cada mes señalaba cada uno, donde salía el Sol, y donde se ponía. Estos llamaban Succanga; y por allí anunciaban las fiestas, y los tiempos de sembrar y coger, y lo demás. A estos pilares del Sol hacían ciertos sacrificios conforme a su superstición. Cada mes tenía su nombre propio y distinto, y sus fiestas especiales. Comenzaban el año por enero como nosotros; pero después un rey Inga, que llamaron Pachacúto, que quiere decir reformador del tiempo, dio principio al año por diciembre, mirando (a lo que se puede pensar) cuando el Sol comienza a volver del último punto de Capricornio, que es el trópico a ellos más propinco. Cuenta cierta de bisiesto no se sabe que la tuviesen unos ni otros, aunque algunos dicen que sí tenían.

Las semanas que contaban los mexicanos, no eran propiamente semanas, pues no eran de siete días, ni los Incas hicieron esta división; y no es maravilla, pues la cuenta de la semana no es como la del año por curso del Sol, ni como la del mes por el curso de la Luna, sino en los hebreos por el orden de la creación del mundo, que refiere Moysén,[235] y en los griegos y latinos por el número de los siete planetas, de cuyos nombres se nombran también los días de la semana; pero para hombres sin libros ni letras, harto es, y aun demasiado, que tuviesen el año, las fiestas y tiempos con tanto concierto y orden, como está dicho.

Capítulo IV. Que ninguna nación de indios se ha descubierto que use de letras

Las letras se inventaron para referir y significar inmediatamente las palabras que pronunciamos, así como las mismas palabras y vocablos, según el filósofo,[236] son señales inmediatamente de los conceptos y pensamientos de los hombres; y lo uno y lo otro (digo las letras y las voces) se ordenaron para dar a entender las cosas; las voces a los presentes: las letras a los ausentes y futuros. Las señales que no se ordenan de próximo a significar palabras, sino cosas, no se llaman, ni son en realidad de verdad letras, aunque estén escritas; así como una imagen del Sol pintada no se puede decir que es escritura o letras del Sol, sino pintura.

Ni más ni menos otras señales que no tienen semejanza con la cosa, sino solamente sirven para memoria, porque el que las inventó, no las ordenó para significar palabras, sino para denotar aquella cosa: estas señales no se dicen, ni son propiamente letras ni escritura, sino cifras o memoriales, como las que usan los esferistas o astrólogos, para denotar diversos signos o planetas de Marte, de Venus, de Júpiter, etc., son cifra, y no letras, porque por cualquier nombre que se llame Marte, igualmente lo denota al italiano y al francés y al español; lo cual no hacen las letras, que aunque denoten las cosas, es mediante las palabras, y así no las entienden, sino los que saben aquella lengua, *verbi gratia*: está escrita esta palabra Sol, no percibe el griego ni el hebreo qué significa, porque ignora el mismo vocablo latino. De manera, que escritura y letras solamente las usan los que con ellas significan vocablos; y si inmediatamente significan las mismas cosas, no son ya letras, ni escrituras, sino pintura y cifras.

---

235 Gen. 1.
236 Arist. 1. Perihar., cap. 1.

De aquí se sacan dos cosas bien notables, la una es, que la memoria de historias y antigüedad puede permanecer en los hombres por una de tres maneras; o por letras y escritura, como lo usan los latinos, y griegos y hebreos, y otras muchas naciones; o por pintura, como cuasi en todo el mundo se ha usado, pues como se dice en el Concilio Niceno segundo, la pintura es libro para los idiotas que no saben leer; o por cifras o caracteres, como el guarismo significa los números de ciento, de mil, y los demás, sin significar esta palabra ciento, ni la otra mil. El otro notable que se infiere es el que en este capítulo se ha propuesto; es a saber: que ninguna nación de indios, que se ha descubierto en nuestros tiempos, usa de letras, ni escritura, sino de las otras dos maneras, que son imágenes o figuras; y entiendo esto, no solo de los indios del Perú y de los de Nueva España, sino, en parte también, de los japones y chinas. Y aunque parecerá a algunos muy falso lo que digo, por haber tanta relación de las grandes librerías y estudios de la China y del Japón, y de sus chapas, y provisiones y cartas; pero es muy llana verdad, como se entenderá en el discurso siguiente.

Capítulo V. Del género de letras y libros que usan los chinos
Las escrituras que usan los chinos, piensan muchos, y aún es común opinión, que son letras como las que usamos en Europa, quiero decir, que con ellas se puedan escribir palabras o razones, y que solo difieren de nuestras letras y escritura en ser sus caracteres de otra forma, como difieren los griegos de los latinos, y los hebreos y caldeos. Y por la mayor parte no es así, porque ni tienen alfabeto, ni escriben letras, ni es la diferencia de caracteres, sino en que principalmente su escribir es pintar o cifrar, y, sus letras no significan partes de dicciones como las nuestras, sino son figuras de cosas, como de Sol, de fuego, de hombre, de mar, y así de lo demás.

Pruébase esto evidentemente, porque siendo las lenguas que hablan los chinos, innumerables, y muy diferentes entre sí, sus escrituras y chapas igualmente se leen y entienden en todas lenguas, como nuestros números de guarismo igualmente se entienden en francés y español, y en arábigo; porque esta figura 8, donde quiera dice ocho, aunque ese número el francés le llama de una suerte, y el español de otra. De aquí es, que como las cosas son en sí innumerables, las letras o figuras que usan los chinos, para denotarlas, son cuasi infinitas, porque el que ha de leer o escribir en la China, como los mandarines hacen, ha de saber, por lo menos, ochenta y cinco mil figuras o letras; y los que han de ser perfectos en esta lectura, ciento y veinte y tantas mil. Cosa prodigiosa, y que no fuera creíble, si no lo dijeran personas tan dignas de fe, como lo son padres de nuestra Compañía, que están allá actualmente aprendiendo su lengua y escritura; y ha más de diez años que de noche y de día estudian en esto con inmortal trabajo, que todo lo vence la caridad de Cristo y deseo de la salvación de las almas.

Esta misma es la causa porque en la China son tan estimados los letrados, como de cosa tan difícil; y solos ellos tienen oficios de mandarines, y gobernadores, y jueces, y capitanes; y así es grande el cuidado de los padres en que sus hijos aprendan a leer y escribir. Las escuelas donde esto aprenden los niños o mozos, son muchas y ciertas y el maestro de día en ellas, y sus padres de noche en casa, les hacen estudiar tanto, que traen los ojos gastados, y les azotan muy a menudo con cañas, aunque no de aquellas rigurosas con que azotan los malhechores. Esta llaman la lengua mandarina, que ha menester la edad de un hombre para aprenderse; y es de advertir, que aunque la lengua en que hablan los mandarines, es una, y diferente de las vulgares, que son muchas, y allá se estudia como acá la latina o griega, y solo la saben los letrados que están por toda la China; pero lo que se escribe en ella, en todas las lenguas se entiende, porque aunque las provincias no se entienden de palabra unas a otras, mas por escrito sí, porque las letras o figuras son unas mismas para todos, y significan lo mismo; mas no tienen el mismo nombre, ni prolación, porque, como he dicho, son para denotar cosas, y no palabras, así como en el ejemplo de los números de guarismo que puse, se puede fácilmente entender.

De aquí también procede, que siendo los japones y chinas naciones y lenguas tan diferentes, leen y entienden los unos las escrituras de los otros; y si hablasen lo que leen o escriben, poco ni mucho no se entenderían. Estas, pues, son las letras y libros que usan los chinos tan afamados en el mundo; y sus impresiones son grabando una tabla de las figuras que quieren imprimir, y estampando tantos pliegos como quieren, en la misma forma que acá estampamos imágenes, grabando el cobre o madera. Mas preguntará cualquier hombre inteligente, cómo pueden significar sus conceptos por unas mismas figuras, porque no se puede con una misma figura significar la diversidad que cerca de la cosa se concibe, como es decir, que el Sol calienta, o que miró al Sol, o que el día es del Sol: finalmente, los casos, conjunciones, artículos que tienen muchas lenguas y escrituras ¿cómo es posible denotarlos por unas mismas figuras? a esto se responde, que con diversos puntos, rasgos y postura hacen toda esa variedad de significación.

Más dificultad tiene entender, cómo pueden escribir en su lengua nombres propios, especialmente de extranjeros, pues son cosas que nunca vieron, ni pudieron inventar figura para ellos; yo quise hacer experiencia de esto hallándome en México con unos chinos, y pedí que escribiesen en su lengua esta proposición: Josef de Acosta ha venido del Perú, u otra semejante; y el china estuvo gran rato pensando, y al cabo escribió, y después él y otro leyeron en efecto la misma razón, aunque en el nombre propio algún tanto variaban. Porque usan de este artificio, tomando el nombre propio, y buscan alguna cosa en su lengua con que tenga semejanza aquel nombre, y ponen la figura de aquella cosa; y como es difícil en tantos nombres hallar semejanza de cosas, y sonido de su lengua, así les es muy trabajoso escribir los tales nombres. Tanto, que nos decía el padre Alonso Sánchez, que el tiempo que anduvo en la China, trayéndole en tantos tribunales, de mandarín en mandarín para escribirle su nombre en aquellas chapas, que ellos usan, estaban gran rato, y al cabo salían con nombralle a su modo, en un modo ridículo que apenas acertaban con él.

Este es el modo de letras y escritura que usan los chinos. El de los japones es muy semejante a éste, aunque de los señores japones que estuvieron en Europa afirman que escribían fácilmente en su lengua cualquiera cosa, aunque fuesen de nombres propios de acá, y me mostraron algunas escrituras suyas, por donde parece que deben de tener algún género de letras, aunque lo más de su escritura debe de ser por caracteres y figuras, como está dicho de los chinos.

Capítulo VI. De las universidades y estudios de la China
De escuelas mayores y universidades de filosofía y otras ciencias naturales, los padres de la Compañía que han estado allá, dicen, que no las vieron, ni pueden creer que las haya, y que todo su estudio es de la lengua mandarín, que es dificilísima y amplísima, como está referido. Lo que también estudian son cosas que hay en esta lengua, que son historias, sectas, leyes civiles y moralidad de

proverbios y fábulas y otras muchas composiciones, y los grados que hay son en estos estudios de sus lenguas y leyes.

De las ciencias divinas ningún rastro tienen; de las naturales, no más que algún rastro, con muy poco, o ningún método, ni arte, sino proposiciones sueltas, según es mayor o menor el ingenio o estudio de cada uno; en las matemáticas por experiencia de los movimientos de las estrellas, y en la medicina por conocimiento de yerbas, de que usan mucho, y hay muchos que curan. Escriben con pinceles: tienen muchos libros de mano, y muchos impresos, todos mal aliñados. Son grandes representantes, y hácenlo con grande aparato de tablado, vestidos, campanas y atambores, y voces a sus tiempos. Refieren padres haber visto comedia de diez o doce días con sus noches, sin faltar gente en el tablado, ni quien mire: van saliendo personajes y escenas diferentes, y mientras unos representan, otros duermen o comen. Tratan en estas comedias cosas morales, y de buen ejemplo; pero envueltas en otras notables de gentilidad.

Esto es en suma lo que los nuestros refieren de las letras y ejercicios de ellas en la China, que no se puede negar sea de mucho ingenio y habilidad. Pero todo ello es de muy poca substancia, porque, en efecto, toda la ciencia de los chinos viene a parar en saber escribir y leer no más, porque ciencias más altas no las alcanzan; y el mismo escribir y leer no es verdadero escribir y leer, pues no son letras las suyas, que sirvan para palabras, sino figurillas de innumerables cosas, que con infinito trabajo y tiempo prolijo se alcanzan; y al cabo de toda su ciencia, sabe más un indio del Perú o de México, que ha aprendido a leer y escribir, que el más sabio mandarín de ellos, pues el indio con veinticuatro letras que sabe escribir y juntar, escribirá y leerá todos cuantos vocablos hay en el mundo, y el mandarín con sus cien mil letras, estará muy dudoso para escribir cualquier nombre propio de Martín o Alonso, y mucho menos podrá escribir los nombres de cosas que no conoce, porque en resolución el escribir de la China es un género de pintar o cifrar.

Capítulo VII. Del modo de letras y escritura que usaron los mexicanos
Hállase en las naciones de la Nueva España gran noticia y memoria de sus antiguallas. Y queriendo yo averiguar en qué manera podían los indios conser-

var sus historias y tantas particularidades, entendí, que aunque no tenían tanta curiosidad y delicadeza como los chinos y japones, todavía no les faltaba algún género de letras y libros, con que a su modo conservaban las cosas de sus mayores.

En la provincia de Yucatán, donde es el obispado que llaman de Honduras, había unos libros de hojas a su modo encuadernados o plegados, en que tenían los indios sabios la distribución de sus tiempos, y conocimiento de planetas y animales, y otras cosas naturales, y sus antiguallas; cosa de grande curiosidad y diligencia. Parecióle a un doctrinero que todo aquello debía de ser hechizos y arte mágica, y porfió que se habían de quemar, y quemáronse aquellos libros, lo cual sintieron después no solo los indios, sino españoles curiosos que deseaban saber secretos de aquella tierra.

Lo mismo ha acaecido en otras cosas, que pensando los nuestros que todo es superstición, ha perdido muchas memorias de cosas antiguas y ocultas, que pudieran no poco aprovechar. Esto sucede de un celo necio, que sin saber, ni aun querer saber las cosas de los indios, a carga cerrada dicen, que todas son hechicerías, y que estos son todos unos borrachos, que ¿qué pueden saber, ni entender? Los que han querido con buen modo informarse de ellos, han hallado muchas cosas dignas de consideración.

Uno de los de nuestra Compañía de Jesús, hombre muy plático y diestro, juntó en la provincia de México a los ancianos de Tuscuco y de Tula y de México, y confirió mucho con ellos, y le mostraron sus librerías y sus historias y calendarios; cosa mucho de ver. Porque tenían sus figuras y jeroglíficas con que pintaban las cosas de esta forma, que las cosas que tenían figuras las ponían con sus propias imágenes, y para las cosas que no había imagen propia tenían otros caracteres significativos de aquello, y con este modo figuraban cuanto querían y para memoria del tiempo en que acaecía cada cosa tenían aquellas ruedas pintadas, que cada una de ellas tenía un siglo, que eran cincuenta y dos años, como se dijo arriba; y al lado de estas ruedas, conforme al año en que sucedían cosas memorables, las iban pintando con las figuras y caracteres que he dicho, como con poner un hombre pintado con un sombrero y sayo colorado en el signo de caña, que corría entonces, señalaron el año que entraron los españoles en su tierra, y así de los demás sucesos; pero porque sus figuras y caracteres no eran tan suficientes como nuestra escritura y letras, por eso no podían concordar tan puntualmente en las palabras, sino solamente en lo sustancial de los conceptos.

Mas porque también usan referir de coro, arengas y parlamentos que hacían los oradores y retóricos antiguos, y muchos cantares que componían sus poetas, lo cual era imposible aprenderse por aquellas hieroglíficas y caracteres: es de saber que tenían los mexicanos grande curiosidad en que los muchachos tomasen de memoria los dichos parlamentos y composiciones, y para esto tenían escuelas y como colegios o seminarios, adonde los ancianos enseñaban a los mozos estas y otras muchas cosas, que por tradición se conservan tan enteras, como si hubiera escritura de ellas. Especialmente las naciones famosas hacían a los muchachos que se imponían para ser retóricos, y usar oficio de oradores, que las tomasen palabra por palabra; y muchas de éstas, cuando vinieron los españoles, y les enseñaron a escribir y leer nuestra lengua, los mismos indios las escribieron, como lo testifican hombres graves, que las leyeron. Y esto se dice porque quien en la historia mexicana leyere semejantes razonamientos largos y elegantes, creerá fácilmente que son inventados de los españoles, y no realmente referidos de los indios; mas entendida la verdad, no dejará de dar el crédito que es razón a sus historias.

También escribieron a su modo por imágenes y caracteres los mismos razonamientos; e yo he visto, para satisfacerme en esta parte, las oraciones del Pater noster y Ave María y símbolo y la confesión general en el modo dicho de indios, y cierto se admirará cualquiera que lo viere, porque para significar aquella palabra: yo pecador me confieso, pintan un indio hincado de rodillas a los pies de un religioso, como que se confiesa; y luego para aquélla: a Dios todopoderoso, pintan tres caras con sus coronas al modo de la Trinidad; y a la gloriosa Virgen María, pintan un rostro de nuestra Señora, y medio cuerpo de un niño; y a San Pedro y a San Pablo, dos cabezas con coronas, y unas llaves, y una espada, y a este modo va toda la confesión escrita por imágenes; y donde faltan imágenes ponen caracteres, como: en que pequé, etc. De donde se podrá colegir la viveza de los ingenios de estos indios, pues este modo de escribir nuestras oraciones y cosas de la fe, ni se lo enseñaron los españoles, ni ellos pudieran salir con él, si no hicieran muy particular concepto de lo que les enseñaban.

Por la misma forma de pinturas y caracteres vi en el Perú escrita la confesión que de todos sus pecados un indio traía para confesarse, pintando cada uno de los diez mandamientos por cierto modo; y luego allí haciendo ciertas señales como cifras, que eran los pecados que había hecho contra aquel mandamiento. No tengo duda, que si muchos de los muy estirados españoles les dieran a cargo de hacer memoria de cosas semejantes, por vía de imágenes y señales, que en un año no acertara, ni aun quizá en diez.

Capítulo VIII. De los memoriales y cuentas que usaron los indios del Perú

Los indios del Perú, antes de venir españoles, ningún género de escritura tuvieron, ni por letras, ni por caracteres o cifras, o figurillas, como los de la China y los de México; mas no por eso conservaron menos la memoria de sus antiguallas, ni tuvieron menos su cuenta para todos los negocios de paz, y guerra y gobierno, porque en la tradición de unos a otros fueron muy diligentes, y como cosa sagrada recibían y guardaban los mozos lo que sus mayores les referían, y con el mismo cuidado lo enseñaban a sus sucesores.

Fuera de esta diligencia, suplían la falta de escritura y letras, parte con pinturas, como los de México, aunque las del Perú eran muy groseras y toscas; parte, y lo más, con quipos. Son quipos unos memoriales o registros hechos de ramales, en que diversos ñudos y diversas colores significan diversas cosas. Es increíble lo que en este modo alcanzaron, porque cuanto los libros pueden decir de historias, y leyes, y ceremonias y cuentas de negocios, todo eso suplen los quipos tan puntualmente, que admiran. Había para tener estos quipos o memoriales oficiales diputados, que se llaman hoy día Quipocamayo, los cuales eran obligados a dar cuenta de cada cosa, como los escribanos públicos acá, y así se les había de dar entero crédito; porque para diversos géneros, como de guerra, de gobierno, de tributos, de ceremonias, de tierras, había diversos quipos o ramales; y en cada manojo de estos ñudos y ñudicos y hilillos atados, unos colorados, otros verdes, otros azules, otros blancos, y finalmente tantas diferencias, que así como nosotros de veinte y cuatro letras, guisándolas en diferentes maneras, sacamos tanta infinidad de vocablos, así éstos de sus ñudos y colores sacaban innumerables significaciones de cosas.

Estos de manera, que hoy día acaece en el Perú a cabo de dos y tres años, cuando van a tomar residencia a un corregidor, salir los indios con sus cuentas menudas y averiguadas, pidiendo, que en tal pueblo, le dieron seis huevos, y no los pagó, y en tal casa una gallina, y acullá dos haces de yerba para sus caballos, y no pagó sino tantos tomines y queda debiendo tantos; y para todo esto hecha la averiguación allí al pie de la obra con cuantidad de ñudos y manojos de cuerdas, que dan por testigos y escritura cierta. Yo vi un manojo de estos hilos, en que una india traía escrita una confesión general de toda su vida, y por ellos se confesaba, como yo lo hiciera por papel escrito; y aun pregunté de algunos hilillos que me parecieron algo diferentes, y eran ciertas circunstancias que requería el pecado para confesarle enteramente.

Fuera de estos quipos de hilo tienen otros de pedrezuelas, por donde puntualmente aprenden las palabras que quieren tomar de memoria, y es cosa de ver a viejos ya caducos con una rueda hecha de pedrezuelas aprender el Padrenuestro, y con otra el Avemaría, y con otra el Credo, y saber cuál piedra es: que fue concebido de Espíritu Santo, y cuál; que padeció debajo del poder de Poncio Pilato, y no hay más que verlos enmendar cuando yerran, y toda la enmienda consiste en mirar sus pedrezuelas, que a mí, para hacerme olvidar cuanto sé de coro, me bastará una rueda de aquellas.

De éstas suele haber no pocas en los cimenterios de las iglesias, para este efecto; pues verles otra suerte de quipos, que usan de granos de maíz, es cosa que encanta; porque una cuenta muy embarazosa, en que tendrá un muy buen contador que hacer por pluma y tinta, para ver a como les cabe entre tantos, tanto de contribución, sacando tanto de acullá y añadiendo tanto de acá, con otras cien retartalillas, tomarán estos indios sus granos y pondrán uno aquí, tres acullá, ocho no sé dónde; pasarán un grano de aquí, trocarán tres de acullá, y, en efecto, ellos salen con su cuenta hecha puntualísimamente sin errar un tilde, y mucho mejor se saben ellos poner en cuenta y razón de lo que cabe a cada uno de pagar o dar, que sabremos nosotros dárselo por pluma y tinta averiguado. Si esto no es ingenio y si estos hombres son bestias, júzguelo quien quisiere, que lo que yo juzgo de cierto es que, en aquello que se aplican, nos hacen grandes ventajas.

Capítulo IX. Del orden que guardan en sus escrituras los indios
Bien es añadir a lo que hemos notado de escrituras de indios, que su modo no era escribir reglón seguido, sino de alto abajo, o a la redonda. Los latinos y griegos escribieron de la parte izquierda a la derecha, que es el común y vulgar modo que usamos. Los hebreos, al contrario, de la derecha comienzan hacia la izquierda, y así sus libros tienen el principio donde los nuestros acaban. Los chinos no escriben ni como los griegos ni como los hebreos, sino de alto abajo; porque, como no son letras, sino dicciones enteras, que cada una figura o carácter significa una cosa, no tienen necesidad de trabar unas partes con otras, y así pueden escribir de arriba abajo.

Los de México, por la misma razón no escribían en renglón de un lado a otro, sino al revés de los chinos, comenzando de abajo, iban subiendo, y de esta suerte iban en la cuenta de los días y de lo demás que notaban, aunque cuando escribían en sus ruedas o signos comenzaban de en medio, donde pintaban al Sol, y de allí iban subiendo por sus años hasta la vuelta de la rueda. Finalmente, todas cuatro diferencias se hallan en escrituras: unos escriben de la derecha a la izquierda; otros, de la izquierda a la derecha; otros, de arriba abajo; otros, de abajo arriba, que tal es la diversidad de los ingenios de los hombres.

Capítulo X. Cómo enviaban los indios sus mensajeros
Por acabar lo que toca a esto de escribir, podrá con razón dudar alguno cómo tenían noticia de todos sus reinos, que eran tan grandes, los reyes de México y del Perú; o qué modo de despacho daban a negocios que ocurrían a su corte, pues no tenían letras, ni escribían cartas; a esta duda se satisface con saber que de palabra y por pintura o memoriales se les daba muy a menudo razón de todo cuanto se ofrecía.

Para este efecto había hombres de grandísima ligereza, que servían de correos, que iban y venían, y desde muchachos los criaban en ejercicio de correr y procuraban fuesen muy alentados, de suerte que pudiesen subir una cuesta muy grande corriendo sin cansarse; y así, daban premio en México a los tres o cuatro primeros que subían aquella larga escalera del templo, como se ha dicho en el libro precedente; y en el Cuzco los muchachos orejones, en la solemne fiesta del Capacrayme, subían a porfía el cerro de Yanacauri; y generalmente ha sido y es entre indios muy usado ejercitarse en correr.

Cuando era caso de importancia llevaban a los señores de México pintado el negocio de que les querían informar, como lo hicieron cuando aparecieron los primeros navíos de españoles y cuando fueron a tomar a Toponchan. En el Perú hubo una curiosidad en los correos extraña, porque tenía el Inga en todo su reino puestas postas o correos, que llaman allá chasquis, de los cuales se dirá en su lugar.

Capítulo XI. Del gobierno y reyes que tuvieron
Cosa es averiguada que en lo que muestran más los bárbaros su barbarismo es en el gobierno y modo de mandar, porque cuanto los hombres son más llegados a razón, tanto es más humano y menos soberbio el gobierno, y los que son reyes y señores se allanan y acomodan más a sus vasallos, conociéndolos por iguales en naturaleza, e inferiores en tener menor obligación de mirar por el bien público; mas entre los bárbaros todo es al revés, porque es tiránico su gobierno, y tratan a sus súbditos como a bestias y quieren ser ellos tratados como dioses. Por esto muchas naciones y gentes de indios no sufren reyes ni señores absolutos, sino viven en behetría, y solamente para ciertas cosas, mayormente de guerra, crían capitanes y príncipes, a los cuales durante aquel ministerio obedecen, y después se vuelven a sus primeros oficios.

De esta suerte se gobierna la mayor parte de este nuevo orbe, donde no hay reinos fundados, ni repúblicas establecidas, ni príncipes o reyes perpetuos y conocidos, aunque hay algunos señores y principales que son como caballeros aventajados al vulgo de los demás. De esta suerte pasa en toda la tierra de Chile, donde tantos años se han sustentado contra españoles los araucanos y los de Tucapel y otros. Así fue todo lo del nuevo reino de Granada y lo de Guatimala, y las islas y toda la Florida y el Brasil y Luzón y otras tierras grandísimas, excepto que en muchas de ellas es aún mayor el barbarismo, porque apenas conocen cabeza, sino todos de común mandan y gobiernan, donde todo es antojo y violencia y sinrazón y desorden, y el que más puede, ése prevalece y manda.

En la India oriental hay reinos amplios y muy fundados, como el de Siam, el de Bisnaga y otros, que juntan ciento y doscientos mil hombres en campo cuando quieren; y, sobre todo, es la grandeza y poder del reino de la China, cuyos reyes, según ellos refieren, han durado más de dos mil años, por el gran gobierno que tienen. En la India occidental solamente se han descubierto dos reinos o imperios fundados, que es el de los mexicanos en la Nueva España y el de los Incas en el Perú; y no sabría yo decir fácilmente cuál de éstos haya sido más poderoso reino, porque en edificios y grandeza de corte, excedía el Motezuma a los del Perú: en tesoros, riqueza y grandeza de provincias excedían los Incas a los de México: en antigüedad era más antiguo el reino de los Incas, aunque no mucho; en hechos de armas y victorias paréceme haber sido iguales.

Una cosa es cierta, que en buen orden y policía hicieron estos dos reinos gran ventaja a todos los demás señoríos de indios que se han descubierto en aquel nuevo mundo, como en poder y riqueza, y mucho más en superstición y culto de sus ídolos la hicieron, siendo muy semejantes en muchas cosas; en una eran bien diferentes, que en los mexicanos la sucesión del reino era por elección, como el Imperio Romano, y en los del Perú era por herencia y sangre, como en los reinos de España y Francia. De estos dos gobiernos (como de lo más principal y más conocido de los indios) se tratará lo que pareciere hacer al propósito, dejando muchas menudencias y prolijidades, que no importan.

Capítulo XII. Del gobierno de los reyes Incas del Perú
Muerto el Inga que reinaba en el Perú, sucedía su hijo legítimo, y tenían por tal el que había nacido de la mujer principal del Inga, a la cual llamaban Coya, y ésta, desde uno que se llamó Inga Yupangui, era hermana suya, porque los reyes tenían por punto casarse con sus hermanas, y aunque tenían otras mujeres o mancebas, la sucesión en el reino era del hijo de la Coya. Verdad es que, cuando el rey tenía hermano legítimo, antes de suceder el hijo sucedía el hermano, y tras éste, el sobrino de éste e hijo del primero; y la misma orden de sucesión guardaban los curacas y señores en las haciendas y cargos.

Hacíanse con el difunto infinitas ceremonias y exequias a su modo excesivas. Guardaban una grandeza, que lo es grande, y es que ningún rey que entraba a reinar de nuevo, heredaba cosa alguna de la vajilla y tesoros y haciendas del antecesor, sino que había de poner casa de nuevo y juntar plata y oro y todo lo demás de por sí, sin llegar a lo del difunto, lo cual todo se dedicaba para su adoratorio o guaca y para gastos y renta de la familia que dejaba, la cual con su sucesión toda se ocupaba perpetuamente en los sacrificios, ceremonias y culto del rey muerto, porque luego lo tenían por Dios, y había sus sacrificios y estatuas y lo demás. Por este orden era inmenso el tesoro que en el Perú había, procurando cada uno de los Incas aventajar su casa y tesoro al de sus antecesores.

La insignia con que tomaba la posesión del reino era una borla colorada de lana finísima, más que de seda, la cual le colgaba en medio de la frente, y solo el Inga la podía traer, porque era como la corona o diadema real. Al lado, colgada hacia la oreja, sí podían traer borla, y la traían otros señores; pero en medio de la frente, solo el Inga, como está dicho. En tomando la borla, luego se hacían fiestas muy solemnes y gran multitud de sacrificios, con gran cuantidad de vasos de oro y plata y muchas ovejuelas pequeñas hechas de lo mismo y gran suma de ropa de cumbí muy bien obrada, grande y pequeña, y muchas conchas de la mar de todas maneras, y muchas plumas ricas, y mil carneros, que habían de ser de diferentes colores, y de todo esto se hacía sacrificio. Y el sumo sacerdote tomaba un niño de hasta seis u ocho años en las manos, y a la estatua del Viracocha decía juntamente con los demás ministros: Señor, esto te ofrecemos, porque nos tengas en quietud, y nos ayudes en nuestras guerras, y conserves a nuestro señor el Inga en su grandeza y estado, y que vaya siempre en aumento, y le des mucho saber para que nos gobierne.

A esta ceremonia o jura se hallaban de todo el reino y de parte de todas las guacas y santuarios que tenían; y, sin duda, era grande la reverencia y afición que esta gente tenía a sus Incas, sin que se halle jamás haberles hecho ninguno de los suyos traición, porque en su gobierno procedían no solo con gran poder, sino también con mucha rectitud y justicia, no consintiendo que nadie fuese agraviado. Ponía el Inga sus gobernadores por diversas provincias, y había unos supremos y inmediatos a él: otros más moderados, y otros particulares con extraña subordinación en tanto grado, que ni emborracharse ni tomar una mazorca de maíz de su vecino se atrevían.

Tenían por máxima estos Incas, que convenía traer siempre ocupados a los indios, y así vemos hoy día calzadas y caminos y obras de inmenso trabajo, que dicen era por ejercitar a los indios, procurando no estuviesen ociosos. Cuando conquistaba de nuevo una provincia, era su aviso luego pasar lo principal de los naturales a otras provincias, o a su corte; y éstos hoy día los llaman en el Perú mitimás, y en lugar de éstos plantaba de los de su nación del Cuzco, especialmente los orejones, que eran como caballeros de linaje antiguo. El castigo por los delitos era riguroso. Así concuerdan los que alcanzaron algo de esto, que mejor gobierno para los indios no le puede haber, ni más acertado.

Capítulo XIII. De la distribución que hacían los Incas de sus vasallos

Especificando más lo que está dicho, es de saber que, la distribución que hacían los Incas de sus vasallos era tan particular, que con facilidad los podían gobernar a todos, siendo un reino de mil leguas de distrito, porque en conquistando cada provincia, luego reducían los indios a pueblos y comunidad, y contábanlos por parcialidades, y a cada diez indios ponían uno que tuviese cuenta con ellos, y a cada ciento, otro, y a cada mil, otro, y a cada diez mil, otro, y a éste llamaban Huno, que era cargo principal; y sobre todos éstos en cada provincia un gobernador del linaje de los Incas, al cual obedecían todos, y daba cuenta cada un año de todo lo sucedido por menudo; es, a saber, de los que habían nacido, de los que habían muerto, de los ganados, de las sementeras.

Estos gobernadores salían cada año del Cuzco, que era la corte, y volvían para la gran fiesta del Rayme, y entonces traían todo el tributo del reino a la corte, y no podían entrar de otra suerte. Todo el reino estaba dividido en cuatro partes, que llamaban Tahuantinsuyo, que eran Chinchasuyo, Collasuyo, Andesuyo, Condesuyo, conforme a cuatro caminos que salen del Cuzco, donde era la corte, y se juntaban en juntas generales. Estos caminos y provincias que les corresponden están a las cuatro esquinas del mundo: Collasuyo, al sur; Chinchasuyo, al norte; Condesuyo, al poniente; Andesuyo, al levante. En todos sus pueblos usaban dos parcialidades, que eran de Hanansaya y Urinsaya, que es como decir los de arriba y los de abajo.

Cuando se mandaba hacer algo, o traer al Inga, ya estaba declarado cuánta parte de aquello cabía a cada provincia y pueblo y parcialidad, lo cual no era por partes iguales, sino por cuotas, conforme a la cualidad y posibilidad de la tierra, de suerte que ya se sabía para cumplir cien mil hanegas de maíz: verbi gratia, ya se sabía que a tal provincia le cabía la décima parte, y a tal la séptima, y a tal la quinta, etcétera, y lo mismo entre los pueblos y parcialidades y ayllos o linajes. Para la razón y cuenta del todo había los quipocamayos, que eran los oficiales contadores, que con sus hilos y ñudos sin faltar decían lo que se había dado, hasta una gallina y una carga de leña; y por los registros de éstos en un momento se contaba entre los indios lo que a cada uno le cabía.

Capítulo XIV. De los edificios y orden de fábricas de los Incas
Los edificios y fábricas que los Incas hicieron en fortalezas, en templos, en caminos, en casas de campo y otras, fueron muchos y de excesivo trabajo, como lo manifiestan el día de hoy las ruinas y pedazos que han quedado, como se ven en el Cuzco, en Tiaguanaco y en Tambo y en otras partes, donde hay piedras de inmensa grandeza que no se puede pensar cómo se cortaron, trajeron y asentaron donde están.

Para todos estos edificios y fortalezas, que el Inga mandaba hacer en el Cuzco y en diversas partes de su reino, acudía grandísimo número de todas las provincias, porque la labor es extraña y para espantar; y no usaban de mezcla, ni tenían hierro, ni acero para cortar y labrar las piedras, ni máquinas, ni instrumentos para traellas, y con todo eso están tan pulidamente labradas, que en muchas partes apenas se ve la juntura de unas con otras, y son tan grandes muchas piedras de éstas, como está dicho, que sería cosa increíble si no se viese. En Tiaguanaco medí yo una de treinta y ocho pies de largo y de diez y ocho en ancho, y el grueso sería de seis pies; y en la muralla de la fortaleza del Cuzco, que está de mampostería, hay muchas piedras de mucho mayor grandeza, y lo que más admira es que, no siendo cortadas éstas que digo de la muralla por regla, sino entre sí muy desiguales en el tamaño y en la facción, encajan unas con otras con increíble juntura sin mezcla.

Todo esto se hacía a poder de mucha gente y con gran sufrimiento en el labrar, porque para encajar una piedra con otra, según están ajustadas, era forzoso proballa muchas veces, no estando las más de ellas iguales, ni llenas. El número que había de acudir de gente para labrar piedras y edificios, el Inga lo señalaba cada año; la distribución, como en las demás cosas, hacían los indios entre sí, sin que nadie se agraviase; pero aunque eran grandes estos edificios, comúnmente estaban mal repartidos y aprovechados, y propiamente como mezquitas o edificios de bárbaros. Arco en sus edificios no le supieron hacer, ni alcanzaron mezcla para ello. Cuando en el río de Jauja vieron formar los arcas de cimbrias, y después de hecha la puente vieron derribar las cimbrias, echaron a huir, entendiendo que se había de caer luego toda la puente, que es de cantería; como la vieron quedar firme y a los españoles andar por cima, dijo el cacique a sus compañeros: Razón es servir a éstos, que bien parecen hijos del Sol.

Las puentes que usaban eran de bejucos, o juncos tejidos y con recias maromas asidos a las riberas, porque de piedra, ni de madera no hacían puentes. La que hoy día hay en el Desaguadero de la gran laguna de Chicuito, en el Collao, pone admiración, porque es hondísimo aquel brazo, sin que se pueda echar en él cimiento alguno, y es tan ancho, que no es posible haber arco que le tome, ni pasarse por un ojo, y, así, del todo era imposible hacer puente de piedra, ni de madera. El ingenio e industria de los indios halló cómo hacer puente muy firme y muy segura, siendo solo de paja, que parece fábula, y es verdad; porque, como se dijo en otro libro, de unos juncos o espadañas que cría la laguna, que ellos llaman totora, hacen unos como manojos atados y, como es materia muy liviana, no se hunden; encima de éstos echan mucha juncia, y teniendo aquellos manojos o balsas muy bien amarrados de una parte y de otra del río, pasan hombres y bestias cargadas muy a placer.

Pasando algunas veces esta puente, me maravillé del artificio de los indios, pues con cosa tan fácil hacen mejor y más segura puente, que es la de barcos de Sevilla a Triana. Medí también el largo de la puente y, si bien me acuerdo, serán trescientos y tantos pies. La profundidad de aquel Desaguadero dicen que es inmensa; por encima no parece que se mueve el agua, por abajo dicen que lleva furiosísima corriente. Esto baste de edificios.

Capítulo XV. De la hacienda del Inga, y orden de tributos que impuso a los indios

Era incomparable la riqueza de los Incas, porque con no heredar ningún rey de las haciendas y tesoro de sus antecesores, tenía a su voluntad cuanta riqueza tenían sus reinos, que así de plata y oro, como de ropa y ganados, eran abundantísimos, y la mayor riqueza de todas era la innumerable multitud de vasallos, todos ocupados y atentos a lo que le daba gusto a su rey.

De cada provincia le traían lo que en ella había escogido: de los Chichas le servían con madera olorosa y rica; de los Lucanas, con anderos para llevar su litera; de los Chumbibilcas, con bailadores, y así en lo demás que cada provincia se aventajaba, y esto fuera del tributo general que todos contribuían. Las minas de plata y oro (de que hay en el Perú maravillosa abundancia) labraban indios, que se señalaban para aquello, a los cuales el Inga proveía lo que había manester para su gasto, y todo cuanto sacaban era para el Inga. Con esto hubo en aquel reino tan grandes tesoros, que es opinión de muchos que, lo que vino a las manos de los españoles, con ser tanto como sabemos, no llegaba a la décima parte de lo que los indios hundieron y escondieron, sin que se haya podido descubrir, por grandes diligencias que la codicia ha puesto para sabello.

Pero la mayor riqueza de aquellos bárbaros reyes era ser sus esclavos todos sus vasallos, de cuyo trabajo gozaban a su contento. Y lo que pone admiración, servíase de ellos por tal orden y por tal gobierno, que no se les hacía servidumbre, sino vida muy dichosa. Para entender el orden de tributos que los indios daban a sus señores, es de saber que, en asentado el Inga en los pueblos que conquistaba, dividía todas sus tierras en tres partes. La primera parte de ellas era para la religión y ritos, de suerte que el Pachayachacic, que es el criador, y el Sol, y el Chuquilla, que es el trueno, y la Pachamama, y los muertos, y otras guacas y santuarios tuviesen cada uno sus tierras propias; el fruto se gastaba en sacrificios y sustento de los ministros y sacerdotes, porque para cada guaca o adoratorio había sus indios diputados.

La mayor parte de esto se gastaba en el Cuzco, donde era el universal santuario; otra parte en el mismo pueblo donde se cogía, porque, a imitación del Cuzco, había en cada pueblo guacas y adoratorios por la misma orden y por las mismas vocaciones, y así se servían con los mismos ritos y ceremonias que en el Cuzco, que es cosa de admiración y muy averiguada, porque se verificó con más de cien pueblos, y algunos distaban cuasi doscientas leguas del Cuzco. Lo que en estas tierras se sembraba y cogía se ponía en depósitos de casas hechas para solo este efecto, y ésta era una gran parte del tributo que daban los indios. No consta qué tanto fuese, porque en unas tierras era más y en otras menos, y en algunas era cuasi todo, y esta parte era la que primero se beneficiaba.

La segunda parte de las tierras y heredades era para el Inga; de ésta se sustentaba él y su servicio y parientes, y los señores y las guarniciones y soldados; y así era la mayor parte de los tributos, como lo muestran los depósitos o casas de pósito, que son más largas y anchas que las de los depósitos de las guacas. Este tributo se llevaba al Cuzco, o a las partes donde había necesidad para los soldados, con extraña presteza y cuidado, y, cuando no era menester, estaba guardado diez y doce años, hasta tiempo de necesidad. Beneficiábanse estas tierras del Inga después de las de los dioses, e iban todos, sin excepción, a trabajar, vestidos de fiesta y diciendo cantares en loor del Inga y de las guacas; y todo el tiempo que duraba el beneficio o trabajo, comían a costa del Inga, o del Sol o de las guacas, cuyas tierras labraban. Pero viejos, enfermos y mujeres viudas eran reservadas de este tributo. Y aunque lo que se cogía era del Inga, o del Sol, o guacas; pero las tierras eran propias de los indios y de sus antepasados.

La tercera parte de tierra daba el Inga para la comunidad. No se ha averiguado qué tanto fuese esta parte, si mayor o menor que la del Inga y guacas; pero es cierto que se tenía atención a que bastase a sustentar el pueblo. De esta tercera parte ningún particular poseía cosa propia, ni jamás poseyeron los indios cosa propia, si no era por merced especial del Inga, y aquello no se podía enajenar, ni aun dividir entre dos herederos. Estas tierras de comunidad se repartían cada año, y a cada uno se le señalaba el pedazo que había menester para sustentar su persona y la de su mujer y sus hijos, y así era unos años más, otro menos, según era la familia, para lo cual había ya sus medidas determinadas. De esto que a cada uno se le repartía no daban jamás tributo, porque todo su tributo era labrar y beneficiar las tierras del Inga y de las guacas y ponerles en sus depósitos los frutos. Cuando el año salía muy estéril, de estos mismos depósitos se les daba a los necesitados, porque siempre había allí grande abundancia sobrada.

De el ganado hizo el Inga la misma distribución que de las tierras, que fue contallo, y señalar pastos y términos del ganado de las guacas, y del Inga y de cada pueblo, y así de lo que se criaba era una parte para su religión, otra para el rey y otra para los mismos indios, y aun de los cazadores había la misma división y orden: no consentía que se llevasen ni matasen hembras. Los hatos del Inga y guacas eran muchos y grandes, y llamábanlos Capacllamas.

Los hatos concejiles o de comunidad son pocos y pobres, y así los llamaban Guacchallama.

En la conservación del ganado puso el Inga gran diligencia, porque era y es toda la riqueza de aquel reino: hembras, como está dicho, por ninguna vía se sacrificaban, ni mataban, ni en la caza se tomaban. Si a alguna res le daba sarna o roña, que allá dicen carache, luego había de ser enterrada viva, porque no se pegase a otras su mal. Tresquilábase a su tiempo el ganado, y daban a cada uno a hilar y tejer su ropa para hijos y mujer, y había visita si lo cumplían y castigo al negligente. Del ganado del Inga se tejía ropa para él y su corte: una rica de cumbí a dos haces; otra vil y grosera, que llaman de abasca. No había número determinado de aquestos vestidos, sino los que cada uno señalaba. La lana que sobraba poníase en sus depósitos, y así los hallaron muy llenos de esto y de todas las otras cosas necesarias a la vida humana, los españoles cuando en ella entraron.

Ningún hombre de consideración habrá que no se admire de tan notable y próvido gobierno, pues sin ser religiosos, ni cristianos los indios, en su manera guardaban aquella tan alta perfección de no tener cosa propia y proveer a todos lo necesario y sustentar tan copiosamente las cosas de la religión y las de su rey y señor.

Capítulo XVI. De los oficios que aprendían los indios
Otro primor tuvieron también los indios del Perú, que es enseñarse cada uno desde muchacho en todos los oficios que ha menester un hombre para la vida humana. Porque entre ellos no había oficiales señalados, como entre nosotros, de sastres y zapateros y tejedores, sino que todo cuanto en sus personas y casa había menester lo aprendían todos, y se proveían a sí mismos. Todos sabían tejer y hacer sus ropas; y así el Inga con proveerles de lana, los daba por vestidos. Todos sabían labrar la tierra y beneficiarla, sin alquilar otros obreros. Todos se hacían sus casas; y las mujeres eran las que más sabían de todo, sin criarse en regalo, sino con mucho cuidado, sirviendo a sus maridos.

Otros oficios, que no son para cosas comunes y ordinarias de la vida humana, tenían sus propios y especiales oficiales, como eran plateros, y pintores, y olleros, y barqueros, y contadores, y tañedores; y en los mismos oficios de tejer y labrar, o edificar, había maestros para obra prima, de quien se servían los señores. Pero el vulgo común, como está dicho, cada una acudía a lo que había menester en su casa, sin que uno pagase a otro para esto; y hoy día es así, de manera que ninguno ha menester a otro para las cosas de su casa y persona, como es calzar y vestir y hacer una casa y sembrar y coger, y hacer los aparejos y herramientas necesarias para ello. Y cuasi en esto imitan los indios a los institutos de los monjes antiguos, que refieren las Vidas de los Padres.

A la verdad, ellos son gente poco codiciosa, ni regalada, y así se contentan con pasar bien moderadamente, que cierto si su linaje de vida se tomara por elección, y no por costumbre y naturaleza, dijéramos que era vida de gran perfección; y no deja de tener harto aparejo para recibir la doctrina del santo evangelio, que tan enemiga es de la soberbia y codicia y regalo; pero los predicadores no todas veces se conforman con el ejemplo que dan, con la doctrina que predican a los indios.

Una cosa es mucho de advertir, que con ser tan sencillo el traje y vestido de los indios, con todo eso se diferenciaban todas las provincias, especialmente en lo que ponen sobre la cabeza, que en unas es una trenza tejida, y dada muchas vueltas; en otras ancha, y de una vuelta; en otra unos como morteretes o sombreruelos; en otras unos como bonetes altos redondos; en otras unos como aros de cedazo, y así otras mil diferencias. Y era ley inviolable no mudar cada uno el traje y hábito de su provincia, aunque se mudase a otra, y para el buen gobierno lo tenía el Inga por muy importante, y lo es hoy día, aunque no hay tanto cuidado como solía.

Capítulo XVII. De las postas y chasquis que usaba el Inga
De correos y postas tenía gran servicio el Inga en todo su reino; llamábanles chasquis, que eran los que llevaban sus mandatos a los gobernadores, y traían avisos de ellos a la corte. Estaban estos chasquis puestos en cada topo, que es legua y media, en dos casillas, donde estaban cuatro indios. Estos se proveían y mudaban por meses de cada comarca, y corrían con el recaudo que se les daba, a toda furia, hasta dallo al otro chasqui, que siempre estaban apercibidos y en vela los que habían de correr. Corrían entre día y noche a cincuenta leguas, con ser tierra la más de ella asperísima. Servían también de traer cosas

que el Inga quería con gran brevedad, y así tenía en el Cuzco pescado fresco de la mar (con ser cien leguas) en dos días o poco más.

Después de entrados los españoles, se han usado estos chasquis en tiempos de alteraciones, y con gran necesidad. El virrey don Martín los puso ordinarios a cuatro leguas, para llevar y traer despachos, que es cosa de grandísima importancia en aquel reino, aunque no corren con la velocidad que los antiguos, ni son tantos, y son bien pagados, y sirven como los ordinarios de España, dando los pliegos que llevan a cada cuatro o cinco leguas.

Capítulo XVIII. De las leyes y justicia y castigo que los Incas pusieron y de sus matrimonios

Como a los que servían bien en guerras u otros ministerios se les daban preeminencias y ventajas, como tierras propias, insignias, casamientos con mujeres del linaje del Inga, así a los desobedientes y culpados se les daban también severos castigos: los homicidios y hurtos castigaban con muerte; y los adulterios y incestos con ascendientes y descendientes en recta línea también eran castigados con muerte del delincuente.

Pero es bien saber que no tenían por adulterio tener muchas mujeres o mancebas, ni ellas tenían pena de muerte si las hallaban con otros, sino solamente la que era verdadera mujer, con quien contraían propiamente matrimonio, porque ésta no era más de una, y recibíase con especial solemnidad y ceremonia, que era ir el desposado a su casa, o llevalla consigo, y ponelle él una ojota en el pie. Ojota llaman el calzado que allá usan, que es como alpargate, o zapato de frailes Franciscos abierto. Si era la novia doncella, la ojota era de lana; si no lo era, era de esparto. A ésta servían y reconocían todas las otras; y ésta traía luto de negro un año por el marido difunto, y no se casaba dentro de un año: comúnmente era de menos edad que el marido.

Esta daba el Inga de su mano a sus gobernadores o capitanes; y los gobernadores y caciques en sus pueblos juntaban los mozos y mozas en una plaza, y daban a cada uno su mujer; y con la ceremonia dicha de calzarle la ojota, se contraía el matrimonio. Esta tenía pena de muerte si la hallaban con otro, y el delincuente lo mismo; y aunque el marido perdonase, no dejaban de darles castigo, pero no de muerte. La misma pena tenía incesto con madre, o agüela, o hija, o nieta; con otras parientas no era prohibido el casarse o amancebarse; solo el primer grado lo era.

Hermano con hermana tampoco se consentía tener acceso, ni había casamiento, en lo cual están muchos engañados en el Perú, creyendo que los Incas y señores se casaban legítimamente con sus hermanas, aunque fuesen de padre y madre; pero la verdad es que siempre se tuvo esto por ilícito y prohibido contraer en primer grado; y esto duró hasta el tiempo de Topa Inga Yupangui, padre de Guaynacapa y abuelo de Atahualpa, en cuyo tiempo entraron los españoles en el Perú; porque el dicho Topa Inga Yupangui fue el primero que quebrantó esta costumbre y se casó con Mamaocllo, su hermana de parte de padre; y éste mandó que solo los señores Incas se pudiesen casar con hermana de padre, y no otros ningunos. Así lo hizo él, y tuvo por hijo a Guaynacaba, y una hija llamada Coya Cusilimay; y al tiempo de su muerte mandó que estos hijos suyos, hermanos de padre y madre, se casasen, y que la demás gente principal pudiesen tomar por mujeres sus hermanas de padre. Y como aquel matrimonio fue ilícito, y contra ley natural, así ordenó Dios que en el fruto que de él procedió, que fue Guáscar Inga y Atahualpa Inga, se acabase el reino de los Incas.

Quien quisiere más de raíz entender el uso de los matrimonios entre los indios del Perú, lea el tratado que a instancia de don Jerónimo de Loaysa, arzobispo de los Reyes, escribió Polo, el cual hizo diligente averiguación de esto, como de otras muchas cosas de los indios; y es importante esto, para evitar el error de muchos, que no sabiendo cuál sea entre los indios mujer legítima, y cuál manceba, hacen casar al indio bautizado con la manceba, dejando la verdadera mujer; y también se ve el poco fundamento que han tenido algunos, que han pretendido decir que, bautizándose marido y mujer, aunque fuesen hermanos, se habían de ratificar su matrimonio. Lo contrario está determinado por el Sínodo Provincial de Lima;[237] y con mucha razón, pues aun entre los mismos indios no era legítimo aquel matrimonio.

---

237 Conc. lim. Actio. 2, c.

Capítulo XIX. Del origen de los Incas, señores del Perú, y de sus conquistas y victorias

Por mandado de la majestad católica del rey don Felipe, nuestro Señor, se hizo averiguación, con la diligencia que fue posible, del origen y ritos y fueros de los Incas, y por no tener aquellos indios escrituras, no se pudo apurar tanto como se deseaba; mas por sus equipos y registros que, como está dicho, les sirven de libros, se averiguó lo que aquí diré.

Primeramente, en el tiempo antiguo en el Perú no había reino, ni señor a quien todos obedeciesen; mas eran behetrías y comunidades, como lo es hoy día el reino de Chile, y ha sido cuasi todo lo que han conquistado españoles en aquellas Indias Occidentales, excepto el reino de México; para lo cual es de saber que se han hallado tres géneros de gobierno y vida en los indios. El primero y principal y mejor ha sido de reino o monarquía, como fue el de los Incas y el de Motezuma, aunque éstos eran en mucha parte tiránicos. El segundo es de behetrías o comunidades, donde se gobierna por consejo de muchos, y son como concejos. Estos en tiempo de guerra eligen un capitán, a quien toda una nación o provincia obedecen. En tiempo de paz cada pueblo o congregación se rige por sí, y tiene algunos principalejos, a quien respeta el vulgo; y cuando mucho, júntanse algunos de éstos en negocios que les parecen de importancia, a ver lo que les conviene.

El tercer género de gobierno es totalmente bárbaro, y son indios sin ley, ni rey, ni asiento, sino que andan a manadas como fieras y salvajes. Cuanto yo he podido comprender, los primeros moradores de estas Indias fueron de este género, como lo son hoy día gran parte de los Brasiles y los Chiriguanás, y Chunchos, y Iscaycingas, y Pilcozones, y la mayor parte de los Floridos, y en la Nueva España todos los Chichimecos. De este género, por industria y saber de algunos principales de ellos, se hizo el otro gobierno de comunidades y behetrías, donde hay alguna más orden y asiento, como son hoy día los de Arauco y Tucapel en Chile, y lo eran en el nuevo reino de Granada los Moscas, y en la Nueva España algunos Otomites; y en todos los tales se halla menos fiereza y más razón.

De este género, por la valentía y saber de algunos excelentes hombres, resultó el otro gobierno más poderoso y próvido de reino y monarquía, que hallamos en México y en el Perú, porque los Incas sujetaron toda aquella tierra, y pusieron sus leyes y gobierno. El tiempo que se halla por sus memorias haber gobernado, no llega a cuatrocientos años, y pasa de trescientos; aunque su señorío por gran tiempo no se extendió más de cinco o seis leguas al derredor del Cuzco.

Su principio y origen fue el valle del Cuzco, y poco a poco fueron conquistando la tierra que llamamos Perú, pasado Quito hasta el río de Pasto hacia al norte, y llegaron a Chile hacia el sur, que serán cuasi mil leguas en largo; por lo ancho hasta la mar del sur al poniente, y hasta los grandes campos de la otra parte de la cordillera de los Andes, donde se ve hoy día, y se nombra el Pucará del Inga, que es una fuerza que edificó para defensa hacia el oriente. No pasaron de allí los Incas por la inmensidad de aguas, de pantanos, y lagunas y ríos que de allí corren: lo ancho de su reino no llegará a cien leguas.

Hicieron estos Incas ventajas a todas las otras naciones de la América en policía y gobierno, y mucho más en armas y valentía, aunque los Cañaris, que fueron sus mortales enemigos, y favorecieron a los españoles, jamás quisieron conocerles ventaja; y hoy día, moviéndose esta plática, si les soplan un poco, se matarán millares sobre quién es más valiente, como ha acaecido en el Cuzco. El título con que conquistaron y se hicieron señores de toda aquella tierra, fue fingir, que después del diluvio universal, de que todos estos indios tenían noticia, en estos Incas se había recuperado el mundo, saliendo siete de ellos de la cueva de Pacaritambo; y que por eso les debían tributo y vasallaje todos los demás hombres, como a sus progenitores. Demás de esto, decían y afirmaban, que ellos solos tenían la verdadera religión, y sabían cómo había de ser Dios servido y honrado, y así habían de enseñar a todos los demás; en esto es cosa infinita el fundamento que hacían de sus ritos y ceremonias.

Había en Cuzco más de cuatrocientos adoratorios, como tierra santa, y todos los lugares estaban llenos de misterios; y cómo iban conquistando, así iban introduciendo sus mismas guácas y ritos en todo aquel reino. El principal a quien adoraban, era el Viracocha Pachayachachic, que es el Criador del mundo, y después de él al Sol; y así el Sol, como todas las demás guácas decían, que recibían virtud y ser del Criador, y que eran intercesores con él.

Capítulo XX. Del primer Inga y de sus sucesores

El primer hombre que nombran los indios, por principio de los Incas, fue Mangocapa; y de éste fingen, que después del diluvio salió de la cueva o ventana de Tambo, que dista del Cuzco cinco o seis leguas. Este dicen, que dio principio a dos linajes principales de Incas: unos se llamaron Hanancuzco, y otros Urincuzco, y del primer linaje vinieron los señores que conquistaron y gobernaron la tierra.

El primero que hacen cabeza de linaje de estos señores que digo, se llamó Ingaroca, el cual fundo una familia o ayllo, que ellos llaman por el nombre Vizaquiráo. Este, aunque no era gran señor, todavía se servía con vajilla de oro y plata; y ordenó que todo su tesoro se dedicase para el culto de su cuerpo, y sustento de su familia; y así el sucesor hizo otro tanto, y fue general costumbre, como está dicho, que ningún Inga heredase la hacienda y casa del predecesor, sino que él fundase casa de nuevo: en tiempo de este Ingaroca usaron ídolos de oro.

A Ingaroca sucedió Yaguarguaque, ya viejo; dicen haberse llamado por este nombre, que quiere decir lloro de sangre, porque habiendo una vez sido vencido, y preso por sus enemigos, de puro dolor lloró sangre: éste se enterró en un pueblo llamado Paulo, que está en el camino de Omasuyo; éste fundó la familia llamada Aocailli Panaca.

A este sucedió un hijo suyo, Viracocha Inga: éste fue muy rico, e hizo grandes vajillas de oro y plata, y fundó el linaje o familia Coccopanaca. El cuerpo de éste, por la fama del gran tesoro que estaba enterrado con él, buscó Gonzalo Pizarro; y después de crueles tormentos que dio a muchos indios, le halló en Jaquijaguana, donde él fue después vencido y preso, y justiciado por el Presidente Gasca: mandó quemar el dicho Gonzalo Pizarro el cuerpo del dicho Viracocha Inga, y los indios tomaron después sus cenizas, y puestas en una tinajuela, le conservaron, haciendo grandísimos sacrificios, hasta que Polo lo remedió con los demás cuerpos de Incas, que con admirable diligencia y maña saco de poder de los indios, hallándolos muy embalsamados y enteros, con que quitó gran suma de idolatrías que les hacían. A este Inga le tuvieron a mal que se intitulase Viracocha, que es el nombre de Dios; y para excusarse dijo, que el mismo Viracocha, en sueños le había aparecido y mandado que tomase su nombre.

A éste sucedió Pachacuti Inga Yupangui, que fue muy valeroso conquistador, y gran republicano, y inventor de la mayor parte de los ritos y supersticiones de su idolatría, como luego diré.

Capítulo XXI. De Pachacuti Inga Yupangui, y lo que sucedió hasta Guaynacapa

Pachacuti Inga Yupangui reinó sesenta años, y conquistó mucho. El principio de sus victorias fue que un hermano mayor suyo, que tenía el señorío en vida de su padre y con su voluntad administraba la guerra, fue desbaratado en una batalla que tuvo con los Changas, que es la nación que poseía el valle de Andaguaylas, que está obra de treinta o cuarenta leguas del Cuzco, camino de Lima, y así desbaratado, se retiró con poca gente.

Visto esto el hermano menor Inga Yupangui, para hacerse señor, inventó y dijo que, estando él solo y muy congojado, le había hablado el Viracocha, criador, y, quejándosele que, siendo él señor universal y criador de todo, y habiendo él hecho el cielo y el Sol y el mundo y los hombres, y estando todo debajo de su poder, no le daban la obediencia debida, antes hacían veneración igual al Sol y al trueno y a la tierra y a otras cosas, no teniendo ellas ninguna virtud más de la que les daba; y que le hacía saber que en el cielo, donde estaba, le llamaban Viracocha Pachayachachic, que significa criador universal. Y que para que creyesen que esto era verdad, que aunque estaba solo no dudase de hacer gente con este título, que, aunque los Changas eran tantos y estaban victoriosos, que él le daría victoria contra ellos y le haría señor, porque le enviaría gente que, sin que fuese vista, le ayudase. Y fue así que con este apellido comenzó a hacer gente y juntó mucha cuantidad, y alcanzó la victoria, y se hizo señor, y quitó a su padre y a su hermano el señorío, venciéndolos en guerra; después conquistó los Changas. Y desde aquella victoria estatuyó que el Viracocha fuese tenido por señor universal, y que las estatuas del Sol y del trueno le hiciesen reverencia y acatamiento, y desde aquel tiempo se puso la estatua del Viracocha más alta que la del Sol y del trueno y de las demás guacas; y aunque este Inga Yupangui señaló chacras, tierras y ganados al Sol y al trueno y a otras guacas, no señaló cosa ninguna al Viracocha, dando por razón que, siendo señor universal y criador, no lo había menester.

Habida, pues, la victoria de los Changas, declaró a sus soldados que no habían sido ellos los que habían vencido, sino ciertos hombres barbudos que el Viracocha le había enviado, y que nadie pudo verlos, sino él, y que éstos se habían después convertido en piedras, y convenía buscarlos, que él los conocería; y así juntó de los montes gran suma de piedras, que él escogió, y las puso por guacas, y las adoraban y hacían sacrificios, y éstas llamaban los Pururaucas, las cuales llevaban a la guerra con grande devoción, teniendo por cierta la victoria con su ayuda; y pudo esta imaginación y ficción de aquel Inga tanto, que con ella alcanzó victorias muy notables.

Este fundó la familia llamada Inacapanaca, y hizo una estatua de oro grande, que llamó Indiillapa, y púsola en unas andas todas de oro de gran valor, del cual oro llevaron mucho a Cajamalca, para la libertad de Atahualpa, cuando le tuvo preso el marqués Francisco Pizarro. La casa de éste y criados y mamaconas que servían su memoria, halló el licenciado Polo en el Cuzco, y el cuerpo halló trasladado de Patallacta a Totocache, donde se fundó la parroquia de San Blas. Estaba el cuerpo tan entero y bien aderezado con cierto betún, que parecía vivo. Los ojos tenía hechos de una telilla de oro tan bien puestos, que no le hacían falta los naturales, y tenía en la cabeza una pedrada, que le dieron en cierta guerra. Estaba cano y no le faltaba cabello, como si muriera aquel mismo día, habiendo más de sesenta o ochenta años que había muerto.

Este cuerpo, con otros de Incas, envió el dicho Polo a la ciudad de Lima por mandado del virrey marqués de Cañete, que para desarraigar la idolatría del Cuzco fue muy necesario, y en el hospital de San Andrés, que fundó el dicho marqués, han visto muchos españoles este cuerpo con los demás, aunque ya están maltratados y gastados. Don Felipe Caritopa, que fue bisnieto o rebisnieto de este Inga, afirmó que la hacienda que éste dejó a su familia era inmensa, y que había de estar en poder de los yanáconas Amaro y Tito y otros.

A éste sucedió Topa Inga Yupangui, y a éste otro hijo suyo llamado del mismo nombre, que fundó la familia que se llamó Capac Ayllo.

Capítulo XXII. Del principal Inga llamado Guaynacapa

Al dicho señor sucedió Guaynacapa, que quiere decir mancebo rico o valeroso, y fue lo uno y lo otro más que ninguno de sus antepasados ni sucesores. Fue muy prudente y puso gran orden en la tierra en todas partes; fue determinado y valiente, y muy dichoso en la guerra, y alcanzó grandes victorias. Este extendió su reino mucho más que todos sus antepasados juntos. Tomóle la muerte en el reino de Quito, que había ganado, que dista de su corte cuatrocientas leguas; abriéronle, y las tripas y el corazón quedaron en Quito, por haberlo él así mandado, y su cuerpo se trajo al Cuzco y se puso en el famoso templo del Sol.

Hoy día se muestran muchos edificios y calzadas y fuertes y obras notables de este rey; fundó la familia de Temebamba. Este Guaynacapa fue adorado de los suyos por dios en vida, cosa que afirman los viejos, que con ninguno de sus antecesores se hizo. Cuando murió, mataron mil personas de su casa, que le fuesen a servir en la otra vida, y ellos morían con gran voluntad por ir a servirle, tanto, que muchos, fuera de los señalados, se ofrecían a la muerte para el mismo efecto. La riqueza y tesoro de éste fue cosa no vista, y como poco después de su muerte entraron los españoles, tuvieron gran cuidado los indios de desaparecerlo todo, aunque mucha parte se llevó a Cajamalca para el rescate de Atahualpa, su hijo. Afirman hombres dignos de crédito, que entre hijos y nietos tenía en el Cuzco más de trescientos. La madre de éste fue de gran estima; llamóse Mamaocllo. Los cuerpos de ésta y del Guaynacapa, muy embalsamados y curados, envió a Lima Polo, y quitó infinidad de idolatrías que con ellos se hacían.

A Guaynacapa sucedió en el Cuzco un hijo suyo, que se llamó Tito Cusi Gualpa, y después se llamó Guáscar Inga, y su cuerpo fue quemado por los capitanes de Atahualpa, que también fue hijo de Guaynacapa, y se alzó contra su hermano en Quito, y vino contra él con poderoso ejército. Entonces sucedió que los capitanes de Atahualpa, Quizquiz y Chilicuchima, prendieron a Guáscar Inga en la ciudad del Cuzco, después de admitido por señor y rey, porque, en efecto, era legítimo sucesor. Fue grande el sentimiento que por ello se hizo en todo su reino, especial en su corte; y como siempre en sus necesidades ocurrían a sacrificios, no hallándose poderosos para poner en libertad a su señor, así por estar muy apoderados de él los capitanes que le prendieron, como por el grueso ejército con que Atahualpa venía, acordaron, y aun dicen que por orden suya, hacer un gran sacrificio al Viracocha Pachayachachic, que es el criador universal, pidiéndolo que, pues no podían librar a su señor, él enviase del cielo gente que le sacase de prisión.

Estando en gran confianza de éste su sacrificio, vino nueva, como cierta gente que vino por la mar había desembarcado y preso a Atahualpa. Y así, por ser tan poca la gente española que prendió a Atahualpa en Cajamalca, como por haber esto sucedido luego que los indios habían hecho el sacrificio referido al Viracocha, los llamaron Viracochas, creyendo que era gente enviada de Dios, y así se introdujo este nombre hasta el día de hoy, que llaman a los españoles Viracochas. Y cierto, si hubiéramos dado el ejemplo que era razón, aquellos indios habían acertado en decir que era gente enviada de Dios.

Y es mucho de considerar la alteza de la providencia divina, cómo dispuso la entrada de los nuestros en el Perú, la cual fuera imposible a no haber la división de los dos hermanos y sus gentes; y la estima tan grande, que tuvieron de los cristianos como de gente del cielo, obliga, cierto, a que, ganándose la tierra de los indios, se ganaran mucho más sus almas para el cielo.

Capítulo XXIII. De los últimos sucesores de los Incas

Lo demás que a lo dicho se sigue está largamente tratado en las Historias de las Indias por españoles; y por ser ajeno del presente intento, solo diré la sucesión que hubo de los Incas.

Muerto Atahualpa en Cajamalca, y Guáscar en el Cuzco, habiéndose apoderado del reino Francisco Pizarro y los suyos, Mangocapa, hijo de Guaynacapa, les cercó en el Cuzco y les tuvo muy apretados, y al fin, desamparando del todo la tierra, se retiró a Vilcabamba, allá en las montañas, que por la aspereza de las sierras pudo sustentarse allí, donde estuvieron los sucesores Incas hasta Amaro, a quien prendieron y dieron muerte en la plaza del Cuzco, con increíble dolor de los indios, viendo hacer públicamente justicia del que tenían por su señor.

Tras esto sucedieron las prisiones de otros de aquel linaje de los Incas. Conocí yo a don Carlos, nieto del Guaynacapa, hijo de Paulo, que se bautizó y favoreció siempre la parte de los españoles contra Mangocapa, su hermano.

En tiempo del marqués de Cañete salió de Vilcabamba Sayritopa Inga, y vino a la ciudad de los reyes de paz, y diósele el valle de Yucay, con otras cosas en que sucedió una hija suya. Esta es la sucesión que se conoce hoy día de aquella tan copiosa y riquísima familia de los Incas, cuyo mando duró trescientos y tantos años, contándose once sucesores en aquel reino, hasta que del todo cesó.

En la otra parcialidad de Urincuzco, que, como arriba se dijo, se derivó también del primer Mangocapa, se cuentan ocho sucesores, en esta forma: A Mangocapa sucedió Chinchiroca; a éste, Capac Yupangui; a éste, Lluqui Yupangui; a éste, Maytacapa; a éste, Tarco Guamán; a éste, un hijo suyo, no le nombran, y a éste, don Juan Tambo Maytapanaca. Y esto baste para la materia del origen y sucesión de los Incas, que señorearon la tierra del Perú, con lo demás que se ha dicho de sus leyes, gobierno y modo de proceder.

Capítulo XXIV. Del modo de república que tuvieron los mexicanos

Aunque constará por la historia que del reino, sucesión y origen de los mexicanos se escribirá, su modo de república y gobierno, todavía diré en suma lo que pareciere más notable aquí en común, cuya mayor declaración será la historia después.

Lo primero en que parece haber sido muy político el gobierno de los mexicanos es en el orden que tenían y guardaban inviolablemente de elegir rey. Porque desde el primero que tuvieron, llamado Acamapich, hasta el último, que fue Motezuma, el segundo de este nombre, ninguno tuvo por herencia y sucesión el reino, sino por legítimo nombramiento y elección. Esta a los principios fue del común, aunque los principales eran los que guiaban el negocio. Después, en tiempo de Izcoatl, cuarto rey, por consejo y orden de un sabio y valeroso hombre que tuvieron, llamado Tlacaellel, se señalaron cuatro electores, y a éstos, juntamente con dos señores o reyes sujetos al mexicano, que eran el de Tezcuco y el de Tacuba, tocaba hacer la elección.

Ordinariamente elegían mancebos para reyes, porque iban los reyes siempre a la guerra, y cuasi era lo principal aquello para lo que los querían, y así miraban que fuesen aptos para la milicia y que gustasen y se preciasen de ella. Después de la elección se hacían dos maneras de fiestas: unas al tomar posesión del estado real, para lo cual iban al templo y hacían grandes ceremonias y sacrificios sobre el brasero que llamaban divino, donde siempre había fuego ante el altar de su ídolo, y después había muchas oraciones y arengas de retóricos, que tenían grande curiosidad en esto.

Otra fiesta, y más solemne, era la de su coronación, para la cual había de vencer primero en batalla y traer cierto número de cautivos que se habían de sacrificar a sus dioses, y entraban en triunfo con gran pompa, y hacíanles solemnísimo recibimiento, así de los del templo (que todos iban en procesión, tañendo diversos instrumentos e incesando y cantando), como de los seglares y de corte, que salían con sus invenciones a recibir al rey victorioso. La corona e insignia real era a modo de mitra por delante, y por detrás derribada, de suerte que no era del todo redonda, porque la delantera era más alta y subía en punta hacia arriba. Era preeminencia del rey de Tezcuco haber de coronar él por su mano al rey de México.

Fueron los mexicanos muy leales y obedientes a sus reyes, y no se halla que les hayan hecho traición. Solo al quinto rey, llamado Tizocic, por haber sido cobarde y para poco, refieren las historias que con ponzoña le procuraron la muerte; mas por competencias y ambición no se halla haber entre ellos habido disensión ni bandos, que son ordinarios en comunidades. Antes, como se verá en su lugar, se refiere haber rehusado el reino el mejor de los mexicanos, pareciéndole que le estaba a la república mejor tener otro rey.

A los principios, como eran pobres los mexicanos y estaban estrechos, los reyes eran muy moderados en su trato y corte; como fueron creciendo en poder, crecieron en aparato y grandeza, hasta llegar a la braveza de Motezuma, que, cuando no tuviera más de la casa de animales que tenía, era casa soberbia y no vista otra tal como la suya. Porque de todos pescados y aves y alimañas y bestias había en su casa, como otra arca de Noé; y para los pescados de mar tenía estanques de agua salada, y para los de río, estanques de agua dulce; para las aves de caza y de rapiña, su comida; para las fieras, ni más ni menos en gran abundancia, y grande suma de indios ocupados en mantener y criar estos animales.

Cuando ya vía que no era posible sustentarse algún género de pescado, o de ave, o de fiera, había de tener su semejanza labrada ricamente en piedras preciosas, o plata, u oro, o esculpida en mármol o piedra. Y para diversos géneros de vida tenía casas y palacios diversos; unos de placer, otros de luto y tristeza, y otros de gobierno; y en sus palacios, diversos aposentos, conforme a la cualidad de los señores que le servían, con extraño orden y distinción.

Capítulo XXV. De los diversos dictados y órdenes de los mexicanos

Tuvieron gran primor en poner sus grados a los señores y gente noble, para que entre ellos se reconociese a quién se debía más honor. Después del rey era el grado de los cuatro como príncipes electores, los cuales, después de elegido el rey, también ellos eran elegidos, y de ordinario eran hermanos o parientes muy cercaros del rey.

Llamaban a éstos Tlacohecalcatl, que significa el príncipe de las lanzas arrojadizas, que era un género de armas que ellos mucho usaban. Tras éstos eran los que llamaban Tlacatecatl, que quiere decir cercenador o cortador de hombres. El tercer dictado era de los que llamaban Ezuahuacatl, que es derramador de sangre, no como quiera, sino arañando; todos estos títulos eran de guerreros. Había otro cuarto, intitulado Tlillancalquí, que es señor de la casa negra o de negregura, por un cierto tizno con que se untaban los sacerdotes y servía para sus idolatrías. Todos estos cuatro dictados eran del consejo supremo, sin cuyo parecer el rey no hacía ni podía hacer cosa de importancia; y muerto el rey, había de ser elegido por rey hombre que tuviese algún dictado de estos cuatro.

Fuera de los dichos, había otros consejos y audiencias, y dicen hombres expertos de aquella tierra, que eran tantos como los de España, y que había diversos consistorios, con sus oidores y alcaldes de corte, y que había otros subordinados, como corregidores, alcaldes mayores, tenientes, alguaciles mayores, y otros inferiores, también subordinados a éstos con grande orden, y todos ellos a los cuatro supremos príncipes, que asistían con el rey; y solos estos cuatro podían dar sentencia de muerte, y los demás habían de dar memorial a éstos de lo que sentenciaban y determinaban, y al rey se daba a ciertos tiempos noticia de todo lo que en su reino se hacía.

En la hacienda también tenía su policía y buena administración, teniendo por todo el reino repartidos sus oficiales y contadores y tesoreros, que cobraban el tributo y rentas reales. El tributo se llevaba a la corte cada mes por lo menos una vez. Era el tributo de todo cuanto en tierra y mar se cría, así de atavíos, como de comidas. En lo que toca a su religión o superstición e idolatría, tenían mucho mayor cuidado y distinción, con gran número de ministros, que tenían por oficio enseñar al pueblo los ritos y ceremonias de su ley.

Por donde dijo bien y sabiamente un indio viejo a un sacerdote cristiano, que se quejaba de los indios, que no eran buenos cristianos, ni aprendían la ley de Dios. Pongan —dijo él— tanto cuidado los padres en hacer los indios cristianos, como ponían los ministros de los ídolos en enseñarles sus ceremonias, que con la mitad de aquel cuidado seremos los indios muy buenos cristianos, porque la ley de Jesucristo es mucho mejor, y por falta de quien la enseñe, no la toman los indios. Cierto dijo verdad, y es harta confusión y vergüenza nuestra.

Capítulo XXVI. Del modo de pelear de los mexicanos y de las órdenes militares que tenían
El principal punto de honra ponían los mexicanos en la guerra, y así los nobles eran los principales soldados, y otros que no lo eran, por la gloria de la milicia subían a dignidades y cargos, y ser contados entre nobles. Daban notables premios a los que lo habían hecho valerosamente; gozaban de preeminencias, que ninguno otro las podía tener; con esto se animaban bravamente.

Sus armas eran unas navajas agudas de pedernales puestas de una parte y de otra de un bastón, y era esta arma tan furiosa, que afirman, que de un golpe echaban con ella la cabeza de un caballo abajo, cortando toda la cerviz; usaban porras pesadas y recias, lanzas también a modo de picas y otras arrojadizas, en que eran muy diestros; con piedras hacían gran parte de su negocio. Para defenderse usaban rodelas pequeñas y escudos, algunas como celadas o morriones, y grandísima plumería en rodelas y morriones, y vestíanse de pieles de tigres o leones, u otros animales fieros. Venían presto a manos con el enemigo, y eran ejercitados mucho a correr y luchar, porque su modo principal de vencer no era tanto matando, como cautivando; y de los cautivos, como está dicho, se servían para sus sacrificios.

Motezuma puso en más punto la caballería, instituyendo ciertas órdenes militares, como de comendadores, con diversas insignias. Los más preeminentes de éstos eran los que tenían atada la corona del cabello con una cinta colorada y un plumaje rico, del cual colgaban unos ramales hacia las espaldas, con unas borlas de lo mismo al cabo; estas borlas eran tantas en número, cuantas hazanas habían hecho. De esta orden de caballeros era el mismo rey, también, y así se halla pintado con este género de plumajes; y en Chapultepec, donde están Motezuma y su hijo esculpidos en unas peñas, que son de ver, está con el dicho traje de grandísima plumajería.

Había otra orden, que decían los águilas; otra, que llamaban los leones y tigres. De ordinario eran éstos los esforzados, que se señalaban en las guerras, los cuales salían siempre en ellas con sus insignias. Había otros, como caballeros pardos, que no eran de tanta cuenta como éstos, los cuales tenían unas coletas cortadas por encima de la oreja en redondo; éstos salían a la guerra con las insignias que esotros caballeros, pero armados solamente de la cinta arriba; los más ilustres se armaban enteramente. Todos los susodichos podían traer oro y plata, y vestirse de algodón rico, y tener vasos dorados y pintados, y andar calzados. Los plebeyos no podían usar vaso sino de barro, ni podían calzarse, ni vestir sino nequén, que es ropa basta.

Cada un género de los cuatro dichos tenía en palacio sus aposentos propios con sus títulos: al primero llamaban aposento de los Príncipes; al segundo, de los Águilas; al tercero, de Leones y Tigres; al cuarto, de los Pardos, etcétera. La demás gente común estaba abajo, en sus aposentos más comunes, y, si alguno se alojaba fuera de su lugar, tenía pena de muerte.

Capítulo XXVII. Del cuidado grande y policía que tenían los mexicanos en criar la juventud

Ninguna cosa más me ha admirado, ni parecido más digna de alabanza y memoria, que el cuidado y orden que en criar sus hijos tenían los mexicanos; porque, entendiendo bien que en la crianza e institución de la niñez y juventud consiste toda la buena esperanza de una república (lo cual trata Platón largamente en sus libros de Legibus), dieron en apartar sus hijos de regalo y libertad, que son las dos pestes de aquella edad, y en ocupallos en ejercicios provechosos y honestos.

Para este efecto había en los templos casa particular de niños, como escuela o pupilaje distinto del de los mozos y mozas del templo, de que se trató largamente en su lugar. Había en los dichos pupilajes o escuelas gran número de muchachos, que sus padres voluntariamente llevaban allí, los cuales tenían ayos y maestros que les enseñaban e industriaban en loables ejercicios, a ser bien criados, a tener respeto a los mayores, a servir y obedecer, dándoles documentos para ello. Para que fuesen agradables a los señores, enseñábanles a cantar y danzar; industriábanlos en ejercicios de guerra, como tirar una flecha, fisga o vara tostada a puntería, a mandar bien una rodela y jugar la espada. Hacíanles dormir mal y comer peor, porque desde niños se hiciesen al trabajo y no fuesen gente regalada.

Fuera del común número de estos muchachos, había en los mismos recogimientos otros hijos de señores y gente noble, y éstos tenían más particular tratamiento: traíanles de sus casas la comida; estaban encomendados a viejos y ancianos que mirasen por ellos, de quien continuamente eran avisados y amonestados a ser virtuosos y vivir castamente, a ser templados en el comer y a ayunar, a moderar el paso y andar con reposo y mesura; usaban probarlos en algunos trabajos y ejercicios pesados.

Cuando estaban ya criados, consideraban mucho la inclinación que en ellos había; al que vían inclinado a la guerra, en teniendo edad le procuraban ocasión en que proballe, a los tales, so color de que llevasen comida y bastimentos a los soldados, los enviaban a la guerra, para que allá viesen lo que pasaba, y el trabajo que se padecía, y para que así perdiesen el miedo; muchas veces les echaban unas cargas muy pesadas, para que, mostrando ánimo en aquello, con más facilidad fuesen admitidos a la compañía de los soldados. Así acontecía ir con carga al campo y volver capitán con insignia de honra: otros se querían señalar tanto, que quedaban presos o muertos, y por peor tenían quedar presos; y así se hacían pedazos por no ir cautivos en poder de sus enemigos.

Así que los que a estos se aplicaban, que de ordinario eran los hijos de gente noble y valerosa, conseguían su deseo; otros, que se inclinaban a cosas del templo, y por decirlo a nuestro modo, a ser eclesiásticos, en siendo de edad los sacaban de la escuela y los ponían en los aposentos del templo que estaban para religiosos, poniéndoles también sus insignias de eclesiásticos, y allí tenían sus perlados y maestros, que le enseñaban todo lo tocante a aquel ministerio; y en el ministerio que se dedicaban, en él había de permanecer.

Gran orden y concierto era éste de los mexicanos en criar sus hijos, y si agora se tuviese el mismo orden en hacer casas y seminarios, donde se criasen estos muchachos, sin duda florecería mucho la cristiandad de los indios. Algunas personas celosas lo han comenzado, y el rey y su consejo han mostrado favorecerlo; pero, como no es negocio de interés, va muy poco a poco y hácese fríamente. Dios nos encamine para que siquiera nos sea confusión lo que en su perdición hacían los hijos de tinieblas, y los hijos de luz no se queden tanto atrás en el bien.

Capítulo XXVIII. De los bailes y fiestas de los indios
Porque es parte de buen gobierno tener la república sus recreaciones y pasatiempos cuando conviene, es bien digamos algo de lo que cuanto a esto usaron los indios, mayormente los mexicanos. Ningún linaje de hombres que vivan en común se ha descubierto, que no tenga su modo de entretenimiento y recreación, con juegos o bailes, o ejercicios de gusto.

En el Perú vi un género de pelea hecha en juego, que se encendía con tanta porfía de los bandos, que venía a ser bien peligrosa su puclla, que así la llamaban. Vi también mil diferencias de danzas, en que imitan diversos oficios, como de ovejeros, labradores, de pescadores, de monteros; ordinariamente eran todas con sonido y paso y compás muy espacioso y flemático. Otras danzas había de enmascarados, que llaman guacones, y las máscaras y su gesto eran del puro demonio. También danzaban unos hombres sobre los hombros de los otros, al modo que en Portugal llevan las pelas, que ellos llaman.

De estas danzas la mayor parte era superstición y género de idolatría, porque así veneraban sus ídolos y guacas; por lo cual han procurado los perlados evitarles lo más que pueden semejantes danzas, aunque por ser mucha parte de ella pura recreación, les dejan que todavía dancen y bailen a su modo. Tañen diversos instrumentos para estas danzas: unas como flautillas o cañutillos; otros, como atambores; otros, como caracoles; lo más ordinario es en vez cantar todos, yendo uno o dos diciendo sus poesías y acudiendo los demás a responder con el pie de la copla. Algunos de estos romances eran muy artificiosos y contenían historia; otros eran llenos de superstición; otros eran puros disparates.

Los nuestros que andan entre ellos han probado ponelles las cosas de nuestra santa fe en su modo de canto, y es cosa grande el provecho que se halla, porque con el gusto del canto y tonada están días enteros oyendo y repitiendo sin cansarse. También han puesto en su lengua composiciones y tonadas nuestras, como de octavas y canciones, de romances, de redondillas, y es maravilla cuán bien las toman los indios y cuánto gustan; es cierto gran medio éste y muy necesario para esta gente. En el Perú llamaban estos bailes comúnmente Taquí, en otras provincias de Indias se llamaban Areytos, en México se dicen Mitotes.

En ninguna parte hubo tanta curiosidad de juegos y bailes, como en la Nueva España, donde hoy día se ven indios volteadores que admiran sobre una cuerda; otros, sobre un palo alto derecho, puestos de pies danzan y hacen mil mudanzas; otros, con las plantas de los pies y con las corvas menean y echan en alto, y revuelven un tronco pesadísimo, que no parece cosa creíble, sino es viéndolo; hacen otras mil pruebas de gran sutileza en trepar, saltar, voltear, llevar grandísimo peso, sufrir golpes, que bastan a quebrantar hierro, de todo lo cual se ven pruebas harto donosas.

Mas el ejercicio de recreación más tenido de los mexicanos es el solemne Mitote, que es un baile que tenían por tan autorizado, que entraban a veces en él los reyes, y no por fuerza, como el rey don Pedro de Aragón con el barbero de Valencia. Hacíase este baile o mitote de ordinario en los patios de los templos y de las casas reales, que eran los más espaciosos. Ponían en medio del patio dos instrumentos: uno de hechura de atambor y otro de forma de barril hecho de una pieza, hueco por de dentro y puesto como sobre una figura de hombre o de animal, o de una columna. Estaban ambos templados de suerte que hacían entre sí buena consonancia. Hacían con ellos diversos sones, y eran muchos y varios los cantares; todos iban cantando y bailando al son, con tanto concierto, que no discrepaba el uno del otro, yendo todos a una, así en las voces, como en el mover los pies, con tal destreza, que era de ver.

En estos bailes se hacían dos ruedas de gente; en medio, donde estaban los instrumentos, se ponían los ancianos, señores y gente más grave, y allí cuasi a pie quedo bailaban y cantaban. Alrededor de éstos, bien desviados, salían de dos en dos los demás, bailando en corro con más ligereza y haciendo diversas mudanzas y ciertos saltos a propósito, y entre sí venían a hacer una rueda muy ancha y espaciosa. Sacaban en estos bailes las ropas más preciosas que tenían, y diversas joyas, según que cada uno podía. Tenían en esto gran punto, y así desde niños se enseñaban a este género de danzas. Aunque muchas de estas danzas se hacían en honra de sus ídolos; pero no era eso de su institución, sino, como está dicho, un género de recreación y regocijo para el pueblo, y así no es bien quitárselas a los indios, sino procurar no se mezcle superstición alguna.

En Tepotzotlán, que es un pueblo siete leguas de México, vi hacer el baile o mitote, que he dicho, en el patio de la iglesia, y me pareció bien ocupar y entretener los indios días de fiestas, pues tienen necesidad de alguna recreación; y en aquella que es pública y sin perjuicio de nadie hay menos inconvenientes que en otras, que podrían hacer a sus solas, si les quitasen éstas. Y generalmente es digno de admitir que, lo que se pudiere dejar a los indios de sus costumbres y usos (no habiendo mezcla de sus errores antiguos), es bien dejallo; y conforme al consejo de San Gregorio, Papa, procurar que sus fiestas y regocijos se encaminen al honor de Dios y de los Santos, cuyas fiestas celebran. Esto podrá bastar así en común de los usos y costumbres políticas de los mexicanos; de su origen y acrecentamiento e imperio, porque es negocio más largo, y que será de gusto entenderse de raíz, quedará el tratarse para otro libro.

Libro séptimo

Capítulo I. Que importa tener noticias de los hechos de los indios, mayormente de los mexicanos

Cualquiera historia, siendo verdadera y bien escrita, trae no pequeño provecho al lector, porque, según dice el sabio,[238] lo que fue, eso es, y lo que será, es lo que fue. Son las cosas humanas entre sí muy semejantes, y de los sucesos de unos aprenden otros. No hay gente tan bárbara, que no tenga algo bueno que alabar; ni la hay tan política y humana, que no tenga algo que enmendar.

Pues cuando la relación o la historia do los hechos de los indios no tuviese otro fruto más de este común de ser historia y relación de cosas, que en efecto de verdad pasaron, merece ser recibida por cosa útil, y no por ser indios es de desechar la noticia de sus cosas, como en las cosas naturales vemos, que no solo de los animales generosos y de las plantas insignes y piedras preciosas escriben los autores, sino también de animales bajos y de yerbas comunes y de piedras y de cosas muy ordinarias, porque allí también hay propiedades dignas de consideración. Así que cuando esto no tuviese más que ser historia, siendo como lo es, y no fábulas y ficciones, no es sujeto indigno de escribirse y leerse.

Mas hay otra muy particular razón, que por ser de gentes poco estimadas se estima en más lo que de ellas es digno de memoria, y por ser en materias diferentes de nuestra Europa, como lo son aquellas naciones, da mayor gusto entender de raíz su origen, su modo de proceder, sus sucesos prósperos y adversos. Y no es solo gusto, sino provecho también, mayormente para los que los han de tratar, pues la noticia de sus cosas convida a que nos den crédito en las nuestras y enseñan en gran parte cómo se deban tratar, y aun quitan mucho del común y necio desprecio en que los de Europa los tienen, no juzgando de estas gentes tengan cosas de hombres de razón y prudencia. El desengaño de esta su vulgar opinión en ninguna parte le pueden mejor hallar que en la verdadera narración de los hechos de esta gente.

Trataré, pues, con ayuda del Señor, del origen y sucesiones y hechos notables de los mexicanos con la brevedad que pudiere; y últimamente se podrá entender la disposición que el altísimo Dios quiso escoger para enviar a estas

---

238 Eccles. 1, v. 9.

naciones la luz del evangelio de su unigénito hijo Jesucristo, nuestro señor, al cual suplico enderece este nuestro pequeño trabajo, de suerte que salga a gloria de su divina grandeza y alguna utilidad de estas gentes, a quien comunicó su santa ley evangélica.

Capítulo II. De los antiguos moradores de la Nueva España, y cómo vinieron a ella los Navatlacas

Los antiguos y primeros moradores de las provincias que llamamos Nueva España fueron hombres muy bárbaros y silvestres, que solo se mantenían de caza, y por eso les pusieron nombre de Chichimecas. No sembraban ni cultivaban la tierra, ni vivían juntos, porque todo su ejercicio y vida era cazar, y en esto eran diestrísimos. Habitaban en los riscos y más ásperos lugares de las montañas, viviendo bestialmente sin ninguna policía, desnudos totalmente. Cazaban venados, liebres, conejos, comadrejas, topos, gatos monteses, pájaros y aun inmundicias, como culebras, lagartos, ratones, langostas y gusanos, y de esto y de yerbas y raíces se sustentaban. Dormían por los montes en las cuevas y entre las matas; las mujeres iban con los maridos a los mismos ejercicios de caza, dejando a los hijuelos colgados de una rama de un árbol, metidos en una cestilla de juncos, bien hartos de leche, hasta que volvían con la caza. No tenían superior, ni le reconocían, ni adoraban dioses, ni tenían ritos, ni religión alguna.

Hoy día hay en la Nueva España de este género de gente, que viven de su arco y flechas, y son muy perjudiciales, porque para hacer mal y saltear se acaudillan y juntan, y no han podido los españoles, por bien ni mal, por maña ni fuerza, reducirlos a policía y obediencia, porque, como no tienen pueblos, ni asiento, el pelear con éstos es puramente montear fieras, que se esparcen y esconden por lo más áspero y encubierto de la sierra; tal es el modo de vivir de muchas provincias hoy día en diversas partes de Indias. Y de este género de indios bárbaros principalmente se trata en los libros de Procuranda Indorum salute, cuando se dice que tienen necesidad de ser compelidos y sujetados con alguna honesta fuerza, y que es necesario enseñallos primero a ser hombres, y después a ser cristianos.

Quieren decir que de estos mismos eran los que en la Nueva España llaman Otomíes, que comúnmente son indios pobres y poblados en tierra áspera; pero están poblados y viven juntos y tienen alguna policía, y aun para las cosas de cristiandad, los que bien se entienden con ellos nos los hallan menos idóneos y hábiles que a los otros que son más ricos y tenidos por más políticos.

Viniendo al propósito, estos Chichimecas y Otomíes, de quien se ha dicho que eran los primeros moradores de la Nueva España, como no cogían, ni sembraban, dejaron la mejor tierra y más fértil sin poblarla, y ésa ocuparon las naciones que vinieron de fuera, que por ser gente política, la llaman Navatlaca, que quiere decir gente que se explica y habla claro, a diferencia de esotra bárbara y sin razón. Vinieron estos segundos pobladores Navatlacas de otra tierra remota hacia el norte, donde agora se ha descubierto un reino que llaman el Nuevo México. Hay en aquella tierra dos provincias: la una llaman Aztlán, que quiere decir lugar de garzas; la otra, llamada Teuculhuacán, que quiere decir tierra de los que tienen abuelos divinos.

En estas provincias tienen sus casas y sus sementeras y sus dioses, ritos y ceremonias, con orden y policía, los Navatlacas, los cuales se dividen en siete linajes o naciones; y porque en aquella tierra se usa, que cada linaje tiene su sitio y lugar conocido, pintan los Navatlacas su origen y descendencia en figura de cueva, y dicen que de siete cuevas vinieron a poblar la tierra de México, y en sus librerías hacen historia de esto, pintando siete cuevas con sus descendientes. El tiempo que ha que salieron los Navatlacas de su tierra, conforme a la computación de sus libros, pasa ya de ochocientos años, y reducido a nuestra cuenta, fue el año del Señor de ochocientos y veinte, cuando comenzaron a salir de su tierra. Tardaron en llegar a la que ahora tienen poblada de México, enteros ochenta años.

Fue la causa de tan espacioso viaje haberles persuadido sus dioses (que sin duda eran demonios que hablaban visiblemente con ellos) que fuesen inquiriendo nuevas tierras de tales y tales señas, y así venían explorando la tierra y mirando las señas que sus ídolos les habían dado, y donde hallaban buenos sitios, los iban poblando, y sembraban y cogían; y como descubrían mejores lugares, desamparaban los ya poblados, dejando todavía alguna gente, mayormente viejos y enfermos y gente cansada; dejando también buenos edificios, de que hoy día se halla rastro por el camino que trajeron. Con este modo de caminar tan despacio gastaron ochenta años en camino que se puede andar en un mes, y así entraron en la tierra de México el año de novecientos y dos, a nuestra cuenta.

Capítulo III. Cómo los seis linajes Navatlacas poblaron la tierra de México

Estos siete linajes que he dicho, no salieron todos juntos. Los primeros fueron los Suchimilcos, que quiere decir gente de sementeras de flores. Estos poblaron a la orilla de la gran laguna de México, hacia el mediodía, y fundaron una ciudad de su nombre y otros muchos lugares. Mucho después llegaron los del segundo linaje, llamados Chalcas, que significa gente de las bocas, y también fundaron otra ciudad de su nombre, partiendo términos con los Suchimilcos. Los terceros fueron los Tepanecas, que quiere decir gente de la puente, y también poblaron en la orilla de la laguna al occidente. Estos crecieron tanto, que a la cabeza de su provincia la llamaron Azcapuzalco, que quiere decir hormiguero, y fueron gran tiempo muy poderosos.

Tras éstos vinieron los que poblaron a Tezcuco, que son los de Culhua, que quiere decir gente corva, porque en su tierra había un cerro muy encorvado. Y así quedó la laguna cercada de estas cuatro naciones, poblando éstos al oriente y los Tepanecas al norte. Estos de Tezcuco fueron tenidos por muy cortesanos y bien hablados, y su lengua es muy galana. Después llegaron los Tlatluícas, que significa gente de la sierra; éstos eran los más toscos de todos, y como hallaron ocupados todos los llanos en contorno de la laguna hasta las sierras, pasaron de la otra parte de la sierra, donde hallaron una tierra muy fértil, espaciosa y caliente, donde poblaron grandes pueblos y muchos; y a la cabeza de su provincia llamaron Quahunahuac, que quiere decir lugar donde suena la voz del águila, que corrompidamente nuestro vulgo llama Quernavaca; y aquella provincia es la que hoy se dice el Marquesado.

Los de la sexta generación, que son los Tlascaltecas, que quiere decir gente de pan, pasaron la serranía hacia el oriente, atravesando la sierra nevada, donde está el famoso volcán entre México y la ciudad de los Ángeles. Hallaron grandísimos sitios, extendiéronse mucho, fabricaron bravos edificios, fundaron diversos pueblos y ciudades; la cabeza de su provincia llamaron de su nombre, Tlascala. Esta es la nación que favoreció a los españoles, y con su ayuda ganaron la tierra, y por eso, hasta el día de hoy, no pagan tributo y gozan de exención general.

Al tiempo que todas estas naciones poblaban, los Chichimecas, antiguos pobladores, no mostraron contradicción, ni hicieron resistencia; solamente se extrañaban y, como admirados, se escondían en lo más oculto de las peñas. Pero los que habitaban de la otra parte de la sierra nevada, donde poblaron los Tlascaltecas, no consintieron lo que los demás Chichimecas, antes se pusieron a defenderles la tierra, y, como eran gigantes, según la relación de sus historias, quisieron echar por fuerza a los advenedizos; mas fue vencida su mucha fuerza con la maña de los Tlascaltecas. Los cuales los aseguraron y, fingiendo paz con ellos, los convidaron a una gran comida, y teniendo gente puesta en celada, cuando más metidos estaban en su borrachera hurtáronles las armas con mucha disimulación, que eran unas grandes porras y rodelas y espadas de palo y otros géneros. Hecho esto, dieron de improviso en ellos; queriéndose poner en defensa y echando menos sus armas, acudieron a los árboles cercanos y, echando mano de sus ramas, así las desgajaban, como otros deshojaron lechugas. Pero, al fin, como los Tlascaltecas venían armados y en orden, desbarataron a los gigantes, y hirieron en ellos sin dejar hombre a vida.

Nadie se maraville, ni tenga por fábula lo de estos gigantes, porque hoy día se hallan huesos de hombres de increíble grandeza. Estando yo en México año de ochenta y seis, toparon un gigante de éstos enterrado en una heredad nuestra que llamamos Jesús del Monte, y nos trajeron a mostrar una muela, que, sin encarecimiento, sería bien tan grande como un puño de un hombre, y a esta proporción lo demás, lo cual yo vi, y me maravillé de su deforme grandeza. Quedaron, pues, con esta victoria los Tlacaltecas pacíficos, y todos los otros linajes sosegados, y siempre conservaron entre sí amistad las seis generaciones forasteras, que he dicho, casando sus hijos e hijas unos con otros, y partiendo términos pacíficamente, y atendiendo con una honesta competencia a ampliar e ilustrar su república cada cual, hasta llegar a gran crecimiento y pujanza.

Los bárbaros Chichimecos, viendo lo que pasaba, comenzaron a tener alguna policía, y cubrir sus carnes, y hacérseles vergonzoso lo que hasta entonces no la era, y tratando ya con esotra gente, y con la comunicación perdiéndoles el miedo, fueron aprendiendo de ellos, y ya hacían sus chozas y buhíos, y tenían algún orden de república, eligiendo sus señores y reconociéndoles superioridad. Y así salieron en gran parte de aquella vida bestial que tenían; pero siempre en los montes y llegados a las sierras y apartados de los demás.

Por este mismo tenor tengo por cierto que han procedido las más naciones y provincias de Indias, que los primeros fueron hombres salvajes, y por meterse de caza fueron penetrando tierras asperísimas y descubriendo nuevo mundo y habitando en él cuasi como fieras, sin casa, ni techo, ni sementera, ni ganado, ni rey, ni ley, ni Dios, ni razón. Después, otros, buscando nuevas y mejores tierras, poblaron lo bueno e introdujeron orden y policía y modo de república, aunque es muy bárbara. Después, o de estos mismos, o de otras naciones, hombres que tuvieron más brío y maña que otros, se dieron a sujetar y oprimir a los menos poderosos, hasta hacer reinos e imperios grandes.

Así fue en México, así fue en el Perú y así es, sin duda, donde quiera que se hallan ciudades y repúblicas fundadas entre estos bárbaros. Por donde vengo a confirmarme en mi parecer, que largamente traté en el primer libro, que los primeros pobladores de las Indias occidentales vinieron por tierra, y, por el consiguiente, toda la tierra de Indias está continuada con la de Asia, Europa y África, y el mundo nuevo con el viejo, aunque hasta el día presente no está descubierta la tierra, que añuda y junta estos dos mundos, o si hay mar en medio, es tan corto, que le pueden pasar a nado fieras y hombres en pobres barcos. Mas dejando esta filosofía, volvamos a nuestra historia.

Capítulo IV. De la salida de los mexicanos, y camino y población de Mechoacán

Habiendo, pues, pasado trescientos y dos años que los seis linajes referidos salieron de su tierra y poblaron la de Nueva España, estando ya la tierra muy poblada y reducida a orden y policía, aportaron a ella los de la séptima cueva o linaje, que es la nación mexicana, la cual, como las otras, salió de las provincias de Aztlán y Teuculhuacan, gente política y cortesana y muy belicosa. Adoraban éstos el ídolo llamado Vitzilipuztli, de quien se ha hecho larga mención arriba, y el demonio que estaba en aquel ídolo hablaba y regía muy fácilmente esta nación.

Éste, pues, les mandó salir de su tierra, prometiéndoles que los haría príncipes y señores de todas las provincias que habían poblado las otras seis naciones; que les daría tierra muy abundante, mucho oro, plata, piedras preciosas, plumas y mantas ricas. Con esto salieron llevando a su ídolo metido en una arca de juncos, la cual llevaban cuatro sacerdotes principales, con quien él se comunicaba y decía en secreto los sucesos de su camino, avisándoles lo que les había de suceder, dándoles leyes y enseñándoles los ritos y ceremonias y sacrificios. No se movían un punto sin parecer y mandato de este ídolo. Cuándo habían de caminar y cuándo parar y dónde, él lo decía y ellos puntualmente obedecían.

Lo primero que hacían dondequiera que paraban era edificar casa o tabernáculo para su falso dios, y poníanle siempre en medio del real que asentaban, puesta el arca siempre sobre un altar hecho al mismo modo que le usa la Iglesia cristiana. Hecho esto, hacían sus sementeras de pan y de las demás legumbres que usaban; pero estaban tan puestos en obedecer a su Dios, que si él tenía por bien que se cogiese, lo cogían, y si no, en mandándoles alzar su real, allí se quedaba todo para semilla y sustento de los viejos y enfermos y gente cansada que iban dejando de propósito donde quiera que poblaban, pretendiendo que toda la tierra quedase poblada de su nación.

Parecerá, por ventura, esta salida y peregrinación de los mexicanos, semejante a la salida de Egipto y camino que hicieron los hijos de Israel, pues aquéllos, como éstos, fueron amonestados a salir y buscar tierra de promisión, y los unos y los otros llevaban por guía su dios, y consultaban el arca, y le hacían tabernáculo, y allí les avisaba y daba leyes y ceremonias, y así los unos, como los otros, gastaron gran número de años en llegar a la tierra prometida. Que en todo esto y en otras muchas cosas hay semejanza de lo que las historias de los mexicanos refieren, a lo que la divina Escritura cuenta de los israelitas. Y, sin duda, es ello así: que el demonio, príncipe de soberbia, procuró en el trato y sujeción de esta gente remedar lo que el altísimo y verdadero Dios obró con su pueblo, porque, como está tratado arriba, es extraño el hipo que satanás tiene de asemejarse a Dios, cuya familiaridad y trato con los hombres pretendió este enemigo mortal falsamente usurpar.

Jamás se ha visto demonio que así conversase o con las gentes, como este demonio Vitzilipuztli. Y bien se parece quién él era, pues no se ha visto ni oído ritos más supersticiosos, ni sacrificios más crueles y inhumanos, que los que éste enseñó a los suyos; en fin, como dictados del mismo enemigo del género humano. El caudillo y capitán que éstos seguían tenía por nombre Meji; y de ahí se derivó después el nombre de México y el de su nación mexicana.

Caminando, pues, con la misma prolijidad que las otras seis naciones, poblando, sembrando y cogiendo en diversas partes, de que hay hasta hoy señales y ruinas, pasando muchos trabajos y peligros, vinieron a cabo de largo tiempo a aportar a la provincia que se llama de Mechoacán, que quiere decir tierra de pescado, porque hay en ella mucho en grandes y hermosas lagunas que tiene, donde, contentándose del sitio y frescura de la tierra, quisieran descansar y parar. Pero, consultando su ídolo y no siendo de ello contento, pidiéronle que, a lo menos, les permitiese dejar de su gente allí, que poblasen tan buena tierra, y de esto fue contento, dándoles industrias como lo hiciesen, que fue que, en entrando a bañarse en una laguna hermosa que se dice Pázcuaro, así hombres como mujeres, les hurtasen la ropa los que quedasen, y luego, sin ruido, alzasen su real y se fuesen; y así se hizo.

Los otros, que no advirtieron el engaño, con el gusto de bañarse, cuando salieron y se hallaron despojados de sus ropas, y así burlados y desamparados de los compañeros, quedaron muy sentidos y quejosos, y, por declarar el odio que les cobraron, dicen que mudaron traje y aun lenguaje. A lo menos es cosa cierta que siempre fueron estos Mechoacanes enemigos de los mexicanos, y así vinieron a dar el parabién al marqués del Valle de la victoria que había alcanzado cuando ganó a México.

Capítulo V. De lo que les sucedió en Malinalco y en Tula y en Chapultepec

Hay de Mechoacán a México más de cincuenta leguas. En este camino está Malinalco, donde les sucedió que, quejándose a su ídolo de una mujer que venía en su compañía, grandísima hechicera, cuyo nombre era Hermana de su Dios, porque con sus malos artes les hacía grandísimos daños, pretendiendo por cierta vía hacerse adorar de ellos por diosa, el ídolo habló en sueños a uno de aquellos viejos que llevaban el arca, y mandó que, de su parte, consolase al pueblo, haciéndoles de nuevo grandes promesas, y que a aquella su Hermana, como cruel y mala, la dejasen con toda su familia, alzando el real de noche y con gran silencio y sin dejar rastro por donde iban.

Ellos lo hicieron así; y la hechicera, hallándose sola con su familia y burlada, pobló allí un pueblo, que se llama Malinalco; y tienen por grandes hechiceros a los naturales de Malinalco, como a hijos de tal madre. Los mexicanos, por haberse diminuido mucho por estas divisiones y por los muchos enfermos y gente cansada que iban dejando, quisieron rehacerse y pararon en un asiento que se dice Tula, que quiere decir lugar de justicia. Allí el ídolo les mandó que atajasen un río muy grande, de suerte que se derramase por un gran llano, y con la industria que les dio cercaron de agua un hermoso cerro llamado Coatepec y hicieron una laguna grande, la cual cercaron de sauces, álamos, sabinas y otros árboles. Comenzóse a criar mucho pescado y a acudir allí muchos pájaros, con que se hizo un deleitoso lugar. Pareciéndoles bien el sitio, y estando hartos de tanto caminar trataron muchos de poblar allí y no pasar adelante.

De esto el demonio se enojó reciamente y, amenazando de muerte a sus sacerdotes, mandóles que quitasen la represa al río y le dejasen ir por donde antes corría, y a los que habían sido desobedientes dijo que aquella noche él les daría el castigo que merecían; y como el hacer mal es tan propio del demonio, y permite la justicia divina muchas veces que sean entregados a tal verdugo los que le escogen por su dios, acaeció que a la media noche oyeron en cierta parte del real un gran ruido, y a la mañana, yendo allá, hallaron muertos los que habían tratado de quedarse allí; y el modo de matarlos fue abrirles los pechos y sacarles los corazones, que de este modo los hallaron. Y de aquí les enseñó a los desventurados su bonito dios el modo de sacrificios que a él lo agradaban, que era abrir los pechos y sacar los corazones a los hombres, como lo usaron siempre de allí en adelante en sus horrendos sacrificios.

Con este castigo, y con habérseles secado el campo por haberse desaguado la laguna, consultando a su dios de su voluntad y mandato, pasaron poco a poco hasta ponerse una legua de México, en Chapultepec, lugar célebre por su recreación y frescura. En este cerro se hicieron fuertes, temiéndose de las naciones que tenían poblada aquella tierra, que todas les eran contrarias, mayormente por haber infamado a los mexicanos un Copil, hijo de aquella hechicera que dejaron en Malinalco; el cual, por mandado de su madre, a cabo de mucho tiempo, vino en seguimiento de los mexicanos, y procuró incitar contra ellos a los Tepanecas y a los otros circunvecinos y hasta los Chalcas, de suerte que con mano armada vinieron a destruir a los mexicanos.

El Copil se puso en un cerro, que está en medio de la laguna, que se llama Acopilco, esperando la destrucción de sus enemigos; mas ellos por aviso de su ídolo, fueron a él, y tomándole descuidado, le mataron y trajeron el corazón a su dios, el cual mandó echar en la laguna, de donde fingen haber nacido un tunal, donde se fundó México. Vinieron a las manos los Chalcas y las otras naciones con los mexicanos, los cuales habían elegido por su capitán a un valiente hombre llamado Vitzlovitli; y en la refriega éste fue preso y muerto por los contrarios; mas no perdieron por eso el ánimo los mexicanos y, peleando valerosamente, a pesar de los enemigos, abrieron camino por sus escuadrones y, llevando en medio a los viejos y niños y mujeres, pasaron hasta Atlacuyavaya, pueblo de los Culhuas, a los cuales hallaron de fiesta, y allí se hicieron fuertes. No les siguieron los Chalcas, ni los otros; antes, de puro corridos de verse desbaratados de tan pocos, siendo tanto, se retiraron a sus pueblos.

Capítulo VI. De la guerra que tuvieron con los de Culhuacán
Por consejo del ídolo enviaron sus mensajeros al señor de Culhuacán, pidiéndole sitio donde poblar; y, después de haberlo consultado con los suyos, les señaló a Tizaapán, que quiere decir aguas blancas, con intento de que se perdiesen y muriesen, porque en aquel sitio había grande suma de víboras y culebras y otros animales ponzoñosos, que se criaban en un cerro cercano. Mas ellos, persuadidos y enseñados de su demonio, admitieron de buena gana lo que les ofrecieron, y por arte diabólica amansaron todas aquellas animalias, sin que les hiciesen daño alguno, y aun las convirtieron en mantenimiento, comiendo muy a su salvo y placer de ellas.

Visto esto por el señor de Culhuacán, y que habían hecho sementeras y cultivaban la tierra, tuvo por bien admitirlos a su ciudad y contratar con ellos muy de amistad; mas el Dios que los mexicanos adoraban (como suele) no hacía bien sino para hacer más mal. Dijo, pues, a sus sacerdotes que no era aquél el sitio adonde él quería que permaneciesen, y que el salir de allí había de ser trabando guerra; y para esto se había de buscar una mujer, que se había de llamar la diosa de la discordia, y fue la traza enviar a pedir al rey de Culhuacán su hija para reina de los mexicanos y madre de su dios; a él le pareció bien la embajada, y luego la dio con mucho aderezo y acompañamiento.

Aquella misma noche que llegó, por orden del homicida a quien adoraban, mataron cruelmente la moza y, desollándole el cuero, como lo hacen delicadamente, vistiéronle a un mancebo y encima sus ropas de ella, y de esta suerte le pusieron junto al ídolo, dedicándola por diosa y madre de su dios; y siempre de allí adelante la adoraban, haciéndole después ídolo, que llamaron Tocci, que es nuestra abuela. No contentos con esta crueldad, convidaron con engaño al rey de Culhuacún, padre de la moza, que viniese a adorar a su hija, que estaba ya consagrada diosa; y viniendo él con grandes presentes y mucho acompañamiento de los suyos, metiéronle a la capilla donde estaba su ídolo, que era muy oscura, para que ofreciese sacrificio a su hija, que estaba allí; mas acaeció encenderse el incienso que ofrecían en un brasero a su usanza, y con la llama reconoció el pellejo de su hija, y entendida la crueldad y engaño, salió dando voces, y con toda su gente dio en los mexicanos con rabia y furia, hasta hacerles retirar a la laguna tanto, que cuasi se hundían en ella.

Los mexicanos, defendiéndose y arrojando ciertas varas que usaban, con que herían reciamente a sus contrarios, en fin cobraron la tierra y, desamparando aquel sitio, se fueron bogando la laguna, muy destrozados y mojados, llorando y dando alaridos los niños y mujeres contra ellos y contra su dios, que en tales pasos los traía. Hubieron de pasar un río, que no se pudo vadear, y de sus rodelas, fisgas y juncias hicieron unas balsillas, en que pasaron; en fin, rodeando de Culhuacán vinieron a Iztapalapa, y de allí a Acatzintitlán, y después a Iztacalco, y finalmente al lugar donde está hoy la ermita de San Antón, a la entrada de México, y el barrio que se llama al presente de San Pablo, consolándoles su ídolo en los trabajos y animándoles con promesas de cosas grandes.

Capítulo VII. De la fundación de México
Siendo ya llegado el tiempo que el padre de las mentiras cumpliese con su pueblo, que ya no podía soportar tantos rodeos y trabajos y peligros, acaeció que unos viejos hechiceros o sacerdotes, entrando por un carrizal espeso, toparon un golpe de agua muy clara y muy hermosa y que parecía plateada, y, mirando alrededor, vieron los árboles todos blancos, y el prado, blanco, y los peces, blancos, y todo cuanto miraban, muy blanco. Y admirados de esto, acordáronse de una profecía de su dios, que les había dado aquello por señal

del lugar adonde habían de descansar y hacerse señores de las otras gentes, y llorando de gozo volvieron con las buenas nuevas al pueblo.

La noche siguiente apareció en sueño Vitzilipuztli a un sacerdote anciano, y díjole que buscasen en aquella laguna un tunal, que nacía de una piedra, que, según dijo, era donde por su mandado habían echado el corazón de Copil, su enemigo, hijo de la hechicera, y que sobre aquel tunal verían un águila muy bella, que se apacentaba allí de pájaros muy galanos, y que cuando esto viesen, supiesen que era el lugar donde se había de fundar su ciudad, la cual había de prevalecer a todas las otras y ser señalada en el mundo.

El anciano, por la mañana, juntando todo el pueblo, desde el mayor hasta el menor, les hizo una larga plática en razón de lo mucho que debían a su dios, y de la revelación, que, aunque indigno, había tenido aquella noche, concluyendo que debían todos ir en demanda de aquel bienaventurado lugar, que les era prometido; lo cual causó tanta devoción y alegría en todos, que sin dilación se pusieron luego a la empresa. Y dividiéndose a una parte y a otra por toda aquella espesura de espadañas y carrizales y juncias de la laguna, comenzaron a buscar por las señas de la revelación el lugar tan deseado. Toparon aquel día el golpe de agua del día antes, pero muy diferente, porque no venía blanca, sino bermeja, como de sangre; y partiéndose en dos arroyos, era el uno azul espesísimo, cosa que les maravilló y denotó gran misterio, según ellos lo ponderaban.

Al fin, después de mucho buscar acá y allá, apareció el tunal nacido de una piedra, y en él estaba un águila real, abiertas las alas y tendidas, y ella vuelta al Sol, recibiendo su calor; alrededor había gran variedad de pluma rica de pájaros, blanca, colorada, amarilla, azul y verde, de aquella fineza que labran imágenes. Tenía el águila en las uñas un pájaro muy galano. Como la vieron y reconocieron ser el lugar del oráculo, todos se arrodillaron, haciendo gran veneración al águila, y ella también les inclinó la cabeza, mirándolos a todas partes. Aquí hubo grandes alaridos y muestras de devoción y hacimiento de gracias al criador y a su gran dios Vitzilipuztli, que en todo les era padre y siempre les había dicho verdad. Llamaron por eso la ciudad que allí fundaron Tenoktitlán, que significa tunal en piedra; y sus armas y insignias son, hasta el día de hoy, un águila sobre un tunal, con un pájaro en la una mano, y con la otra asentada en el tunal.

El día siguiente, de común parecer, fueron a hacer una ermita junto al tunal del águila, para que reposase allí el arca de su dios, hasta que tuviesen posibilidad de hacerle suntuoso templo; y así la hicieron de céspedes y tapias y cubriéronla de paja. Luego, habida su consulta, determinaron comprar de los comarcanos piedra y madera y cal a trueque de peces, ranas y camarones, y asimismo de patos, gallaretas, corvejones y otros diversos géneros de aves marinas; todo lo cual pescaban y cazaban con suma diligencia en aquella laguna, que de esto es muy abundante. Iban con estas cosas a los mercados de las ciudades y pueblos de los Tepanecas y de los de Tezcuco, circunvecinos, y con mucha disimulación e industria juntaban poco a poco lo que habían menester para el edificio de su ciudad, y haciendo de piedra y cal otra capilla mejor para su ídolo, dieron en cegar con planchas y cimientos gran parte de la laguna.

Hecho esto, habló el ídolo a uno de sus sacerdotes, una noche, en esta forma: Di a la congregación mexicana que se dividan los señores, cada uno con sus parientes y amigos y allegados, en cuatro barrios principales, tomando en medio la casa que para mi descanso habéis hecho, y cada parcialidad edifique en su barrio a voluntad. Así se puso en ejecución, y estos son los cuatro barrios principales de México, que hoy día se llaman San Juan, Santa María la Redonda, San Pablo, San Sebastián.

Después de divididos los mexicanos en estos cuatro barrios, mandóles su dios que repartiesen entre sí los dioses que él les señalase, y cada principal barrio de los cuatro nombrase y señalase otros barrios particulares, donde aquellos dioses fuesen reverenciados, y así a cada barrio de éstos eran subordinados otros muchos pequeños, según el número de los ídolos que su dios les mandó adorar, los cuales llamaron Capultetco, que quiere decir dios de los barrios. De esta manera se fundó, y de pequeños principios vino a grande crecimiento la ciudad de México Tenoxtitlán.

Capítulo VIII. Del motín de los de Tlatellulco, y del primer rey que eligieron los mexicanos
Hecha la división de barrios y colaciones con el concierto dicho, a algunos de los viejos y ancianos, pareciéndoles que en la partición de los sitios no se les daba la ventaja que merecían, como gente agraviada, ellos, sus parientes y amigos se amotinaron y se fueron a buscar nuevo asiento; y discurriendo por la

laguna, vinieron a hallar una pequeña albarrada o terrapleno, que ellos llaman Tlatelollí, adonde poblaron, dándole el nombre de Tlatellulco, que es lugar de terrapleno. Esta fue la tercera división, división de los mexicanos después que salieron de su tierra, siendo la primera la de Mechoacán y la segunda la de Malinalco.

Eran estos que se apartaron a Tlatellulco, de cuyo inquietos y mal intencionados, y así hacían a sus vecinos los mexicanos la peor vecindad que podían; siempre tuvieron revueltas con ellos y les fueron molestos, y aun hasta hoy duran la enemistad y bandos antiguos. Viendo, pues, los de Tenoxtitlán que les eran muy contrarios estos de Tlatellulco, y que iban multiplicando, con recelo y temor de que por tiempo viniesen a sobrepujarles, tuvieron sobre el caso larga consulta, y salió de acuerdo que era bien eligir rey a quien ellos obedeciesen y los contrarios temiesen, porque con esto estarían entre sí más unidos y fuertes, y los enemigos no se les atreverían tanto.

Puestos en eligir rey, tomaron otro acuerdo muy importante y acertado, de no elegirle de entre sí mismos, por evitar disenciones, y por ganar con el nuevo rey alguna de las naciones cercanas, de que se vían rodeados y destituídos de todo socorro. Y mirado todo, así para aplacar al rey de Culhuacán, a quien tenían gravemente ofendido por haberle muerto y desollado la hija de su antecesor, y hecho tan pesada burla, como también por tener rey que fuese de su sangre mexicana, de cuya generación había muchos en Culhuacán, del tiempo que vivieron en paz con ellos, determinaron eligir por rey un mancebo llamado Acamapixli, hijo de un gran príncipe mexicano y de una señora, hija del rey de Culhuacán.

Enviáronle luego embajadores a pedírselo con un gran presente, los cuales dieron su embajada en esta forma: Gran señor, nosotros, tus vasallos y siervos mexicanos, metidos y encerrados entre las espadañas y carrizales de la laguna, solos y desamparados de todas las naciones del mundo, encaminados solamente por nuestro dios al sitio donde agora estamos, que cae en la jurisdicción de tu término y del de Azcapuzalco y del de Tezcuco, ya que nos habéis permitido estar en él, no queremos, ni es razón, estar sin cabeza y señor que nos mande, corrija, guíe y enseñe en nuestro modo de vivir, y nos defienda y ampare de nuestros enemigos. Por tanto, acudimos a ti sabiendo que en tu casa y corte hay hijos de nuestra generación emparentada con la vuestra, salidos de nuestras entrañas y de las vuestras, sangre nuestra y vuestra. Entre éstos tenemos noticia de un nieto tuyo y nuestro, llamado Acamapixtli; suplicámoste nos lo des por señor, al cual estimaremos como merece, pues es de la línea de los señores mexicanos y de los reyes de Culhuacán.

El rey, visto el negocio y que no le estaba mal aliarse con los mexicanos, que eran valientes, les respondió que llevasen su nieto mucho en hora buena; aunque añadió que, si fuera mujer, no se la diera, significando el hecho tan feo que arriba se ha referido. Y acabó su plática con decir: Vaya mi nieto, y sirva a vuestro dios, y sea su lugarteniente y rija y gobierne las criaturas de aquel por quien vivimos, señor de la noche y día, y de los vientos. Vaya y sea señor del agua y de la tierra que posee la nación mexicana; llevalde en buena hora, y mirá que le tratéis como a hijo y nieto mío.

Los mexicanos le rindieron las gracias, y juntamente le pidieron le casase de su mano, y así le dio por mujer una señora muy principal entre ellos. Trajeron al nuevo rey y reina con la honra posible, y hiciéronles su recibimiento, saliendo cuantos había, hasta los muy chiquitos, a ver su rey, y llevándolos a unos palacios, que entonces eran harto pobres, y sentándolos en sus asientos de reyes, luego se levantó uno de aquellos ancianos y retóricos, de que tuvieron gran cuenta, y habló en esta manera: Hijo mío, señor y rey nuestro, seas muy bien venido a esta pobre casa y ciudad, entre estos carrizales y espadañas, adonde los pobres de tus padres, abuelos y parientes padecen lo que el señor de lo criado se sabe. Mira, señor, que vienes a ser amparo, sombra y abrigo de esta nación Mexicana, por ser la semejanza de nuestro dios Vitzilipuztli, por cuya causa se te da el mando y la jurisdicción. Bien sabes que no estamos en nuestra tierra, pues la que poseemos agora es ajena, y no sabemos lo que será de nosotros mañana o esotro día. Y así considera, que no vienes a descansar, ni a recrearte, sino a tomar nuevo trabajo con carga tan pesada, que siempre te ha de hacer trabajar, siendo esclavo de toda esta multitud, que te cupo en suerte, y de toda esotra gente comarcana, a quien has de procurar de tener muy gratos y contentos, pues sabes vivimos en sus tierras y término. Y así cesó, con repetir seáis muy bien venido tú y la reina nuestra señora a este vuestro reino.

Esta fue la plática del viejo, la cual, con las demás que celebran las historias mexicanas, tenían por uso aprender de coro los mozos, y por tradición se conservaron estos razonamientos, que algunos de ellos son dignos de referir por sus propias palabras. El rey respondió dando las gracias, y ofreciendo su diligencia y cuidado en defendelles y ayudarles cuanto él pudiese. Con esto le juraron, y conforme a su modo le pusieron la corona de rey, que tiene semejanza a la corona de la señoría de Venecia. El nombre de este rey primero Acamapixtli, quiere decir, cañas en puño; y así su insignia es una mano, que tiene muchas sacias de caña.

Capítulo IX. Del extraño tributo que pagaban los mexicanos a los de Azcapuzalco
Fue la elección del nuevo rey tan acertada, que en poco tiempo comenzaron los mexicanos a tener forma de república y cobrar nombre y opinión con los extraños. Por donde sus circunvecinos, movidos de envidia y de temor, trataron de sojuzgarlos, especialmente los Topanecas, cuya cabeza era la ciudad de Azcapulco, a los cuales pagaban tributo, como gente que había venido de fuera y moraba en su tierra.

Pero el rey de Azcapuzalco, con recelo del poder que iba creciendo, quiso oprimir a los mexicanos, y habida su consulta con los suyos, envió a decir al rey Acamapixtli que el tributo que le pagaban era poco, y que de ahí adelante le habían también de traer sabinas y sauces para el edificio de su ciudad, y ultra de eso le habían de hacer una sementera en el agua de varias legumbres, y así nacida y criada se la habían de traer por la misma agua cada año sin faltar, donde no que los declararía por enemigos y los asolaría.

De este mandato recibieron los mexicanos terrible pena, pareciéndoles cosa imposible lo que les demandaba, y que no era otra cosa sino buscar ocasión para destruillos. Pero su dios Vitzilipuztli les consoló apareciendo aquella noche a un viejo y mandándole que dijese a su hijo el rey, de su parte, que no dudase de aceptar el tributo, que él le ayudaría y todo sería fácil. Fue así que, llegado el tiempo del tributo, llevaron los mexicanos los árboles que les habían mandado, y más la sementera hecha en el agua, y llevada por el agua, en la cual había mucho maíz (que es su trigo) granado ya con sus mazorcas, había chili, o ají, había bledos, tomates, frísoles, chía, calabazas y otras muchas cosas, todo crecido y de sazón.

Los que no han visto las sementeras que se hacen en la laguna de México en medio de la misma agua, ternán por patraña lo que aquí se cuenta, o, cuando mucho, creerán que era encantamento del demonio, a quien esta gente adoraba. Mas, en realidad de verdad es cosa muy hacedera, y se ha hecho muchas veces hacer sementera movediza en el agua, porque sobre juncia y espadaña se echa tierra en tal forma, que no la deshaga el agua, y allí se siembra y cultiva y crece y madura y se lleva de una parte a otra. Pero el hacerse con facilidad y en mucha cuantidad y muy de sazón, todo bien arguye que el Vitzilipuztli, que por otro nombre se dice Patillas, anduviese por allí, mayormente cuando no habían hecho ni visto tal cosa.

Así, se maravilló mucho el rey de Azcapuzalco cuando vio cumplido lo que él había tenido por imposible, y dijo a los suyos que aquella gente tenía gran dios, que todo les era fácil. Y a ellos les dijo que, pues su dios se lo daba todo hecho, que quería que otro año, al tiempo del tributo, le trajesen también en la sementera un pato y una garza, con sus huevos empollados, y que había de ser de suerte que, cuando llegasen, habían de sacar sus pollos, y que no había de ser de otra suerte, so pena de incurrir en su enemistad.

Siguióse la congoja en los mexicanos que mandato tan soberbio y difícil requería; mas su dios, de noche (como él solía), los conhortó por uno de los suyos y dijo que todo aquello tomaba él a su cargo, que no tuviesen pena que estuviesen ciertos que venía tiempo en que pagasen con las vidas los de Azcapuzalco aquellos antojos de nuevos tributos; pero que al presente era bien callar y obedecer. Al tiempo del tributo, llevando los mexicanos cuanto se les había pedido de su sementera, remaneció en la balsa (sin saber ellos cómo) un pato y una garza empollando sus huevos, y caminando llegaron a Azcapuzalco, donde luego sacaron sus pollos. Por donde admirado sobre manera el rey de Azcapuzalco, tornó a decir a los suyos que aquellas cosas eran más que humanas, y que los mexicanos llevaban manera de ser señores de todo. Pero, en fin, el orden de tributar no se aflojó un punto, y por no hallarse poderoso, tuvieron sufrimiento, y permanecieron en esta sujeción y servidumbre cincuenta años.

En este tiempo acabó el rey Acamapixtli, habiendo acrecentado su ciudad de México de muchos edificios, calles y acequias, y mucha abundancia de mantenimientos. Reinó con mucha paz y quietud cuarenta años, celando siempre el bien y aumento de su república; estando para morir hizo una cosa memorable, y fue que, teniendo hijos legítimos a quien pudiera dejar la sucesión del reino, no lo quiso hacer; antes dejó en su libertad a la república que, como a él le habían libremente elegido, así eligiesen a quien les estuviese mejor para su buen gobierno, y amonestándoles que mirasen el bien de su república. Y mostrando dolor de no dejarles libres del tributo y sujeción, con encomendarles sus hijos y mujer hizo fin, dejando todo su pueblo desconsolado por su muerte.

Capítulo X. Del segundo rey y de lo que sucedió en su reinado
Hechas las exequias del rey difunto, los ancianos y gente principal, y alguna parte del común, hicieron su junta para elegir rey, donde el más anciano propuso la necesidad en que estaban y que convenía elegir por cabeza de su ciudad persona que tuviese piedad de los viejos y de las viudas y huérfanos, y fuese padre de la república, porque ellos habían de ser las plumas de sus alas y las pestañas de sus ojos y las barbas de su rostro; y que era necesario fuese valeroso, pues habían de tener necesidad de valerse presto de sus brazos, según se lo había profetizado su dios.

Fue la resolución elegir por rey un hijo del antecesor, usando en esto de tan noble término, de dalle por sucesor a su hijo, como él lo tuvo en hacer más confianza de su república. Llamábase este mozo Vitzlovitli, que significa pluma rica; pusiéronle corona real y ungiéronle, como fue costumbre hacerlo con todos sus reyes, con una unción que llamaban divina, porque era la misma con que ungían su ídolo. Hízolo luego un retórico una elegante plática, exhortándole a tener ánimo para sacallos de los trabajos, servidumbre y miseria en que vivían oprimidos de los Azcapuzalcos, y, acabada, todos le saludaron y le hicieron su reconocimiento.

Era soltero este rey, y pareció a su consejo que era bien casarle con hija del rey de Azcapuzalco, para tenerle por amigo y disminuir algo con esta ocasión de la pesada carga de los tributos que le daban; aunque temieron que no se dignase darles su hija, por tenerles por vasallos. Mas, pidiéndosela con grande humildad y palabras muy comedidas, el rey de Azcapuzalco vino en ello y les dio una hija suya llamada Ayauchigual, a la cual llevaron con gran fiesta y regocijo a México, e hicieron la ceremonia y solemnidad del casamiento, que era atar un canto de la capa del hombre con otro del manto de la mujer, en señal de vínculo de matrimonio.

Nacióle a esta reina un hijo, cuyo nombre pidieron a su abuelo el rey de Azcapuzalco, y echando sus suertes, como ellos usan (porque eran en extremo grandes agoreros en dar nombres a sus hijos), mandó que llamasen a su nieto Chimalpopoca, que quiere decir rodela que echa humo. Con el contento que el rey de Azcapuzalco mostró del nieto, tomó la reina, su hija, de pedirle por bien, pues tenía ya nieto mexicano, de relevar a los mexicanos de la carga tan grave de sus tributos; lo cual el rey hizo de buena gana con parecer de los suyos, dejándoles en lugar del tributo que daban, obligación de que cada año llevasen un par de patos o unos peces en reconocimiento de ser sus súbditos y estar en su tierra. Quedaron con esto muy aliviados y contentos los de México; mas el contento duró poco, porque la reina, su protectora, murió dentro de pocos años, y otro año después el rey de México, Vitzilovitli, dejando de diez años a su hijo Chimalpopoca. Reinó trece años; murió de poca más edad de treinta.

Fue tenido por buen rey, diligente en el culto de sus dioses, de los cuales tenían por opinión que eran semejanza los reyes, y que la honra que se hacía a su dios, se hacía al rey, que era su semejanza, y por eso fueron tan curiosos los reyes en el culto y veneración de sus dioses. También fue sagaz en ganar las voluntades de los comarcanos y trabar mucha contratación con ello, con que acrecentó su ciudad, haciendo se ejercitasen los suyos en cosas de la guerra por la laguna, apercibiendo la gente para lo que andaban tramando de alcanzar, como presto parecerá.

Capítulo XI. Del tercero rey Chimalpopoca y de su cruel muerte, y ocasión de la guerra que hicieron los mexicanos
Por sucesor del rey muerto eligieron los mexicanos, sobre mucho acuerdo, a su hijo Chimalpopoca, aunque era muchacho de diez años, pareciéndoles que todavía les era necesario conservar la gracia del rey de Azcapuzalco con hacer rey a su nieto, y así le pusieron en su trono, dándole insignias de guerra, con un arco y flechas en la una mano, y una espada de navajas, que ellos usan, en la derecha, significando en esto, según ellos dicen, que por armas pretendían libertarse.

Pasaban los de México gran penuria de agua, porque la de la laguna era cenagosa y mala de beber, y para remedio de esto hicieron que el rey muchacho enviase a pedir a su abuelo el de Azcapuzalco el agua del cerro de Chapultepec, que está una legua de México, como arriba se dijo; lo cual alcanzaron liberalmente, y poniendo en ello diligencia, hicieron un acueducto de céspedes y estacas y carrizos, con que el agua llegó a su ciudad; pero, por estar fundada sobre la laguna y venir sobre ella el caño, en muchas partes se derrumbaba y quebraba y no podían gozar su agua como deseaban y habían menester. Con esta ocasión, ora sea que ellos de propósito la buscasen, para romper con los Tepanecas, ora que con poca consideración se moviesen, en efecto, enviaron una embajada al rey de Azcapuzalco muy resoluta, diciendo que del agua que les había hecho merced no podían aprovecharse, por habérseles desbaratado el caño por muchas partes; por tanto, le pedían les proveyese de madera y cal y piedra, y enviase sus oficiales, para que con ellos hiciesen un caño de cal y canto que no se desbaratase.

No lo supo bien al rey este recado, y mucho menos a los suyos, pareciéndoles mensaje muy atrevido y mal término de vasallos con sus señores. Indignados, pues, los principales del consejo, y diciendo que ya aquélla era mucha desvergüenza, pues no se contentando de que les permitiesen morar en tierra ajena y que les diesen su agua, querían que los fuesen a servir; que ¿qué cosa era aquélla, o de qué presumían gente fugitiva y metida entre espadañas? Que les habían de hacer entender si eran buenos para oficiales, y que su orgullo se abajaría con quitalles la tierra y las vidas.

Con esta plática y cólera se salieron, dejando al rey, que lo tenían por algo sospechoso por causa del nieto; y ellos aparte hicieron nueva consulta, de la cual salió mandar pregonar públicamente que ningún Tepaneca tuviese comercio con mexicano, ni fuesen a su ciudad, ni los admitiesen en la suya, so pena de la vida. De donde se puede entender que entre éstos el rey no tenía absoluto mando e imperio, y que más gobernaba a modo de cónsul o dux, que de rey, aunque después, con el poder, creció también el mando de los reyes, hasta ser puro tiránico, como se verá en los últimos reyes, porque entre bárbaros fue siempre así, que cuanto ha sido el poder, tanto ha sido el mandar. Y aun en nuestras Historias de España en algunos reyes antiguos se halla el modo de reinar que estos Tepanecas usaron. Y aun los primeros reyes de los romanos fueron así, salvo que Roma de reyes declinó a cónsules y senado, hasta que después volvió a emperadores; mas los bárbaros, de reyes moderados declinaron a tiranos, siendo el un gobierno y el otro como extremos y el medio más seguro el de reino moderado.

Mas, volviendo a nuestra historia, viendo el rey de Azcapuzalco la determinación de los suyos, que era matar a los mexicanos, rogóles que primero hurtasen a su nieto el rey muchacho, y después diesen en hora buena en los de México. Cuasi todos venían en esto, por dar contento al rey y por tener lástima del muchacho; pero dos principales contradijeron reciamente, afirmando que era mal consejo, porque Chimalpopoca, aunque era de su sangre, era por vía de madre, y que la parte del padre había de tirar de él más. Y con esto concluyeron que el primero a quien convenía quitar la vida era a Chimalpopoca, rey de México, y que así prometían de hacerlo.

De esta resistencia que le hicieron, y de la determinación con que quedaron, tuvo tanto sentimiento el rey de Azcapuzalco, que de pena y de mohína adoleció luego y murió poco después. Con cuya muerte, acabando los Tepanecas de resolver, acometieron una gran traición, y una noche, estando el muchacho rey de México durmiendo sin guardia, muy descuidado, entraron en su palacio los de Azcapuzalco y con presteza mataron a Chimalpopoca, tornándose sin ser sentidos. Cuando, a la mañana, los nobles mexicanos, según su costumbre, fueron a saludar su rey y le hallaron muerto, y con crueles heridas, alzaron un alarido y llanto que cubrió toda la ciudad, y todos, ciegos de ira, se pusieron luego en armas para vengar la muerte de su rey.

Ya que ellos iban furiosos y sin orden, salióles al encuentro un caballero principal de los suyos, y procuró sosegarlos y reportarlos con un prudente razonamiento. ¿Dónde vais, les dijo, oh, mexicanos? Sosegaos y cuietad vuestros corazones; mirad que las cosas sin consideración no van bien guiadas, ni tienen buenos sucesos; reprimid la pena cosiderando que, aunque vuestro rey es muerto, no se acabó en él la ilustre sangre de los mexicanos. Hijos tenemos de los reyes pasados, con cuyo amparo, sucediendo en el reino, haréis mejor lo que pretendéis. Agora, ¿qué caudillo o cabeza tenéis, para que en vuestra determinación os guíe? No vais tan ciegos, reportad vuestros ánimos, elegid primero rey y señor, que os guíe, esfuerce y anime contra vuestros enemigos. Entre tanto, disimulad con cordura, haciendo las exequias a vuestro rey muerto, que presente tenéis; que después habrá mejor coyuntura para la venganza.

Con esto se reportaron, y para hacer las exequias de su rey convidaron a los señores de Tezcuco y a los de Culhuacán, a los cuales contaron el hecho tan feo y tan cruel que los Tepanecas habían cometido, con los que los movieron a lástima de ellos y a indignación contra sus enemigos. Añadieron que su intento era o morir o vengar tan grande maldad; que les pedían no favoreciesen la parte tan injusta de sus contrarios, porque tampoco querían les valiesen a ellos con sus armas y gente, sino que estuviesen de por medio a la mira de lo que pasaba; solo, para su sustento, deseaban no les cerrasen el comercio, como habían hecho los Tepanecas.

A estas razones los de Tezcuco y los de Culhuacán mostraron mucha voluntad y satisfacción, ofreciendo sus ciudades y todo el trato y rescate que quisiesen, para que, a su gusto, se proveyesen de bastimentos por tierra y agua. Tras esto les rogaron los de México se quedasen con ellos y asistiesen a la elección del rey, que querían hacer, lo cual también aceptaron por dalles contento.

Capítulo XII. Del cuarto rey Izcoalt, y de la guerra contra los Tepanecas

Cuando estuvieron juntos todos los que se habían de hallar a la elección, levantóse un viejo, tenido por gran orador, y, según refieren las historias, habló en esta manera: Fáltaos ¡oh mexicanos! la lumbre de vuestros ojos, mas no la del corazón, porque dado que habéis perdido al que era la luz y guía en esta república Mexicana, quedó la del corazón para considerar, que si mataron a uno, quedaron otros que podrán suplir muy ventajadamente la falta que aquél nos hace. No feneció aquí la nobleza de México, ni se acabó la sangre real. Volved los ojos, y mirad alrededor, y veréis en torno de vosotros la nobleza mexicana puesta en orden, no uno, ni dos, sino muchos y muy excelentes príncipes, hijos del rey Acamapichtli, nuestro verdadero y legítimo señor. Aquí podréis escoger a vuestra voluntad, diciendo: este quiero, y estotro no quiero, que si perdísteis padre, aquí hallaréis padre y madre. Haced cuenta, ¡oh mexicanos!, que por breve tiempo se eclipsó el Sol, y se escureció la tierra, y que luego volvió la luz a ella. Si se oscureció México con la muerte de vuestro rey, salga luego el Sol, elegid otro rey, mirad a quién, adonde echáis los ojos, y a quien se inclina vuestro corazón, que ese es el que elige vuestro dios Vitzilipuztli; y dilatando más esta plática, concluyó el orador con mucho gusto de todos.

Salió de la consulta elegido por rey Izcoalt, que quiere decir, culebra de navajas, el cual era hijo del primer rey Acamapíchtli, habido en una esclava suya; y aunque no era legítimo, le escogieron, porque en costumbres, en valor y esfuerzo era el más aventajado de todos. Mostraron gran contento todos, y más los de Tezcuco, porque su rey estaba casado con una hermana de Izcoalt. Coronado, y puesto en su asiento real, salió otro orador, que trató copiosamente de la obligación que tenía el rey a su república, y del ánimo que había de mostrar en los trabajos, diciendo, entre otras razones, así: Mira que agora estamos pendientes de ti, ¿has por ventura de dejar caer la carga que está sobre tus hombros? ¿Has de dejar perecer al viejo y a la vieja? ¿Al huérfano y a la viuda? Ten lástima de los niños que andan gateando por el suelo, los cuales perecerán, si nuestros enemigos prevalecen contra nosotros. Ea, señor, comienza a descoger y tender tu manto, para tomar a cuestas a tus hijos, que son los pobres y gente popular, que están confiados en la sombra de tu manto, y en el frescor de tu benignidad. Y a este tono otras muchas palabras, las cuales, como en su lugar se dijo, tomaban de coro para ejercicio suyo los mozos, y después las enseñaban como lección a los que de nuevo aprendían aquella facultad de oradores.

Ya entonces los Tepanecas estaban resueltos de destruir toda la nación mexicana, y para el efecto tenían mucho aparato: por lo cual el nuevo rey trató de romper la guerra, y venir a las manos con los que tanto les habían agraviado. Mas el común del pueblo, viendo que los contrarios les sobrepujaban en mucho número, y en todos los pertrechos de guerra, llenos de miedo, fuéronse al rey y con gran ahínco le pidieron no emprendiese guerra tan peligrosa, que sería destruir su pobre ciudad y gente. Preguntados, pues, qué medio querían que se tocase, respondieron que el nuevo rey de Azcapuzalco era piadoso, que le pidiesen paz, y se ofreciesen a serville, y que los sacase de aquellos carrizales, y les diese casas y tierras entre los suyos, y fuesen todos de un señor; y que para recabar esto, llevasen a su dios en sus andas por intercesor.

Pudo tanto este clamor del pueblo, mayormente habiendo algunos de los nobles aprobado su parecer, que se mandaron llamar los sacerdotes y aprestar las andas con su dios, para hacer la jornada. Ya que esto se ponía a punto, y todos pasaban por este acuerdo de paces y sujetarse a los Tepanecas, descubrió de entre la gente un mozo de gentil brío, y gallardo, que con mucha osadía les dijo: ¿Qué es esto, mexicanos? ¿Estáis locos? ¿Cómo tanta cobardía ha de haber, que nos hemos de ir a rendir así a los de Azcapuzalco?, y vuelto al rey le dijo: ¿Cómo, señor, permites tal cosa? Habla a ese pueblo, y dile que deje buscar medio para nuestra defensa y honor, y que no nos pongamos tan necia y afrentosamente en las manos de nuestros enemigos. Llamábase este mozo Tlacaellel, sobrino del mismo rey, y fue el más valeroso capitán, y de mayor consejo, que jamás los mexicanos tuvieron, como más adelante se verá.

Reparando, pues, Izcoalt, con lo que el sobrino tan prudentemente le dijo, detuvo al pueblo, diciendo que le dejasen probar primero otro medio más honroso y mejor. Y con esto, vuelto a la nobleza de los suyos, dijo: Aquí estáis todos los que sois mis deudos, y lo bueno de México; el que tiene ánimo para llevar un mensaje mío a los Tepanecas, levántese. Mirándose unos a otros estuviéronse quedos, y no hubo quien quisiese ofrecerse al cuchillo. Entonces el mozo Tlacaellel, levantándose, se ofreció a ir, diciendo que, pues había de morir, que importaba poco ser hoy o mañana; que, ¿para cuál ocasión mejor se había de guardar?; que allí estaba, que le mandase lo que fuese servido. Y aunque todos juzgaron por temeridad el hecho, todavía el rey se resolvió en enviarle, para que supiese la voluntad y disposición del rey de Azcapuzalco y de su gente, teniendo por mejor aventurar la vida de su sobrino que el honor de su república.

Apercibido Tlacaellel, tomó su camino y, llegando a las guardias, que tenían orden de matar cualquier mexicano que viniese, con artificio les persuadió le dejasen entrar al rey; el cual se maravilló de verle, y, oída su embajada, que era pedirle paz con honestos medios, respondió que hablaría con los suyos, y que volviese otro día por la respuesta; y demandando Tlacaellel seguridad, ninguna otra le pudo dar, sino que usase de su buena diligencia; con esto volvió a México, dando su palabra a las guardas de volver.

El rey de México, agradeciéndole su buen ánimo, le tornó a enviar por la respuesta, la cual, si fuese de guerra, le mandó dar al rey de Azcapuzalco ciertas armas para que se defendiese, y untarle y emplumarle la cabeza, como hacían a hombres muertos, diciéndole que, pues no quería paz, le habían de quitar la vida a él y a su gente. Y aunque el rey de Azcapuzalco quisiera paz, porque era de buena condición, los suyos le embravecieron, de suerte que la respuesta fue de guerra rompida. Lo cual oído por el mensajero, hizo todo lo que su rey le había mandado, declarando con aquella ceremonia de dar armas y untar al rey con la unción de muertos, que de parte de su rey le desafiaba. Por lo cual todo pasó ledamente el de Azcapuzalco, dejándose untar y emplumar, y en pago dio al mensajero unas muy buenas armas. Y con esto le avisó no volviese a salir por la puerta del palacio, porque le aguardaba mucha gente para hacelle pedazos, sino que por un portillo que había abierto en un corral de su palacio se saliese secreto.

Cumpliólo así el mozo y, rodeando por caminos ocultos, vino a ponerse en salvo a vista de las guardas. Y desde allí los desafió, diciendo: ¡Ah Tepanecas! ¡Ah Azcapuzalcas, qué mal hacéis vuestro oficio de guardar! Pues sabed que habéis todos de morir, y que no ha de quedar Tepaneca a vida. Con esto las guardas dieron en él, y él se hubo tan valerosamente, que mató algunos de ellos, y viendo que cargaba gente, se retiró gallardamente a su ciudad, donde dio la nueva que la guerra era ya rompida sin remedio, y los Tepanecas y su rey quedaban desafiados.

Capítulo XIII. De la batalla que dieron los mexicanos a los Tepanecas, y de la gran victoria que alcanzaron
Sabido el desafío por el vulgo de México, con la acostumbrada cobardía acudieron al rey, pidiéndole licencia, que ellos se querían salir de su ciudad porque tenían por cierta su perdición. El rey los consoló y animó, prometiéndoles que les daría libertad vencidos sus enemigos, y que no dudasen de tenerse por vencedores. El pueblo replicó: Y si fuéredes vencido, ¿qué haremos? Si fuéremos vencidos, respondió él, desde agora nos obligamos de ponernos en vuestras manos, para que nos matéis y comáis nuestras carnes en tiestos sucios, y os venguéis de nosotros. Pues así será, dijeron ellos, si perdéis la victoria, y si la alcanzáis, desde aquí nos ofrecemos a ser vuestros tributarios y labraros vuestras casas y haceros vuestras sementeras y llevaros vuestras armas y vuestras cargas cuando fuéredes a la guerra, para siempre jamás nosotros y nuestros descendientes.

Hechos estos conciertos entre los plebeyos y los nobles (los cuales cumplieron después de grado, o por fuerza, tan por entero como lo prometieron), el rey nombró por su capitán general a Tlacaellel; y puesto en orden todo su campo por sus escuadras, dando el cargo de capitanes a los más valerosos de sus parientes y amigos, hízoles una muy avisada y ardiente plática, con que les añadió al coraje que ellos ya se tenían, que no era pequeño, y mandó que estuviesen todos al orden del general que había nombrado. El cual hizo dos partes su gente, y a los más valerosos y osados mandó que en su compañía arremetiesen los primeros; y todo el resto se estuviese quedo con el rey Izcoalt, hasta que viesen a los primeros romper por sus enemigos.

Marchando, pues, en orden, fueron descubiertos los de Azcapuzalco, y luego ellos salieron con furia de su ciudad, llevando gran riqueza de oro y plata, y plumería galana, y armas de mucho valor, como los que tenían el imperio de toda aquella tierra. Hizo Izcoalt señal con un atambor pequeño que llevaba en las espaldas; y luego, alzando gran grita y apellidando México, México, dieron en los Tepanecas; y aunque eran en número sin comparación superiores, los rompieron e hicieron retirar a su ciudad. Y acudiendo los que habían quedado atrás, y dando voces Tlacaellel: victoria, victoria, todos de golpe se entraron por la ciudad, donde, por mandado del rey, no perdonaron a hombre, ni a viejos, ni mujeres, ni niños, que todo lo metieron a cuchillo, y robaron y saquearon la ciudad, que era riquísima. Y no contentos con esto, salieron en seguimiento de los que habían huido y acogido a la aspereza de las sierras, que están allí vecinas, dando en ellos y haciendo cruel matanza.

Los Tepanecas, desde un monte do se habían retirado, arrojaron las armas y pidieron las vidas, ofreciéndose a servir a los mexicanos y dalles tierras y sementeras y piedra y cal y madera, y tenellos siempre por señores, con lo cual Tlacaellel mandó retirar su gente y cesar de la batalla, otorgándoles las vidas debajo de las condiciones puestas, haciéndoselas jurar solemnemente. Con tanto, se volvieron a Azcapuzalco, y con sus despojos muy ricos y victoriosos, a la ciudad de México.

Otro día mandó el rey juntar los principales y el pueblo, y repitiéndoles el concierto que habían hecho los plebeyos, preguntóles si eran contentos de pasar por él. Los plebeyos dijeron que ellos lo habían prometido, y los nobles muy bien merecido, y que así eran contentos de servirles perpetuamente, y de esto hicieron juramento, el cual inviolablemente se ha guardado. Hecho esto, Izcoalt volvió a Azcapuzalco y, con consejo de los suyos, repartió todas las tierras de los vencidos y sus haciendas entre los vencedores. La principal parte cupo al rey; luego a Tlacaellel; después, a los demás nobles, según se habían señalado en la guerra; a algunos plebeyos también dieron tierras, porque se habían habido como valientes; a los demás dieron de mano y echáronlos por ahí como a gente cobarde.

Señalaron también tierras de común para los barrios de México, a cada uno las suyas, para que con ellas acudiesen al culto y sacrificio de sus dioses. Este fue el orden que siempre guardaron de ahí adelante en el repartir las tierras y despojos de los que vencían y sujetaban. Con esto los de Azcapuzalco quedaron tan pobres, que ni aun sementera para sí tuvieron; y lo más recio fue quitalles su rey y el poder tener otro, sino solo al rey de México.

Capítulo XIV. De la guerra y victoria que tuvieron los mexicanos de la ciudad de Cuyoacán

Aunque lo principal de los Tepanecas era Azcapuzalco, había también otras ciudades que tenían entre ellos señores propios, como Tacuba y Cuyoacán. Estos, visto el estrago pasado, quisieran que los de Azcapuzalco renovaran la guerra contra mexicanos, y viendo que no salían a ello, como gente del todo quebrantada, trataron los de Cuyoacán de hacer por sí la guerra, para lo cual procuraron incitar a las otras naciones comarcanas, aunque ellas no quisieron moverse, ni trabar pendencia con los mexicanos.

Mas creciendo el odio y envidia de su prosperidad, comenzaron los de Cuyoacán a tratar mal a las mujeres mexicanas que iban a sus mercados, haciendo mofa de ellas, y lo mismo de los hombres que podían maltratar, por donde vedó el rey de México que ninguno de los suyos fuese a Cuyoacán, ni admitiesen en México ninguno de ellos. Con esto acabaron de resolverse los de Cuyoacán en darles guerra, y primero quisieron provocarles con alguna burla afrentosa. Y fue convidarles a una fiesta suya solemne, donde, después de haberles dado una muy buena comida y festejado con gran baile a su usanza, por fruta de postre les enviaron ropas de mujeres y les constriñeron a vestírsela, y volverse así con vestidos mujeriles a su ciudad, diciéndoles que, de puro cobardes y mujeriles, habiéndoles ya provocado, no se habían puesto en armas.

Los de México dicen que les hicieron en recompensa otra burla pesada, de darles a las puertas de su ciudad de Cuyoacán ciertos humazos con que hicieron malparir a muchas mujeres y enfermar mucha gente. En fin, paró la cosa en guerra descubierta, y se vinieron los unos a los otros a dar la batalla de todo su poder, en la cual alcanzó la victoria el ardid y esfuerzo de Tlacaellel, porque dejando al rey Izcoalt peleando con los de Cuyoacán, supo emboscarse con algunos pocos valerosos soldados, y rodeando vino a tomar las espaldas a los de Cuyoacán, y cargando sobre ellos les hizo retirar a su ciudad, y viendo que pretendían acogerse al templo, que era muy fuerte, con otros tres valientes soldados rompió por ellos y les ganó la delantera y tomó el templo y se lo quemó y forzó a huir por los campos, donde, haciendo gran riza en los vencidos, les fueron siguiendo por diez leguas la tierra adentro, hasta que en un cerro, soltando las armas y cruzando las manos, se rindieron a los mexicanos, y con muchas lágrimas les pidieron perdón del atrevimiento que habían tenido en tratarles como a mujeres, y ofreciéndose por esclavos, al fin les perdonaron.

De esta victoria volvieron con riquísimos despojos los mexicanos, de ropas, armas, oro, plata, joyas y plumería lindísima, y gran suma de cautivos. Señaláronse en este hecho, sobre todos, tres principales de Culhuacán, que vinieron a ayudar a los mexicanos por ganar honra; y después de reconocidos por Tlacaellel, y probados por fieles, dándoles las divisas mexicanas los tuvo siempre a su lado, peleando ellos con gran esfuerzo. Vióse bien que a estos tres, con el general, se debía toda la victoria, porque de todos cuantos cautivos hubo, se halló que, de tres partes, las dos eran de estos cuatro. Lo cual se averiguó fácilmente por el ardid que ellos tuvieron, que en prendiendo alguno, luego le cortaban un poco del cabello y lo entregaban a los demás, y hallaron ser los del cabello cortado en el exceso que he dicho. Por donde ganaron gran reputación y fama de valientes, y como a vencedores les honraron con darles de los despojos y tierras partes muy aventajadas, como siempre lo usaron los mexicanos; por donde se animaban tanto los que peleaban a señalarse por las armas.

Capítulo XV. De la guerra y victoria que hubieron los mexicanos de los Suchimilcos

Rendida ya la nación de los Tepanecas, tuvieron los mexicanos ocasión de hacer lo propio de los Suchimilcos, que, como está ya dicho, fueron los primeros de aquellas siete cuevas o linajes que poblaron la tierra. La ocasión no la buscaron los mexicanos, aunque, como vencedores, podían presumir de pasar adelante; sino los Suchimilcos escarbaron, para su mal, como acaece a hombres de poco saber y demasiada diligencia, que por prevenir el daño que imaginan, dan en él.

Parecióles a los de Suchimilco que con las victorias pasadas los mexicanos tratarían de sujetarlos, y platicando esto entre sí, y habiendo quien dijese que era bien reconocerles, desde luego, por superiores, y aprobar su ventura, prevaleció al fin el parecer contrario, de anticiparse y darles batalla. Lo cual, entendido por Izcoalt, rey de México, envió su general Tlacaellel con su gente, y vinieron a darse la batalla en el mismo campo donde partían términos. La cual, aunque en gente y aderezos no era muy desigual de ambas partes, fuélo mucho en el orden y concierto de pelear, porque los Suchimilcos acometiéronles todos juntos de montón, sin orden. Tlacaellel tuvo a los suyos repartidos por sus escuadrones con gran concierto, y así presto desbarataron a sus contrarios y los hicieron retirar a su ciudad, la cual de presto también entraron, siguiéndoles hasta encerrarlos en el templo, y de allí con fuego les hicieron huir a los montes y rendirse finalmente cruzadas las manos.

Volvió el capitán Tlacaellel con gran triunfo, saliéndole a recebir los sacerdotes con su música de flautas, y incensándole a él y a los capitanes principales, y haciendo otras ceremonias y muestras de alegría que usaban, y el rey con ellos, todos se fueron al templo a darle gracias a su falso dios, que de esto fue siempre el demonio muy codicioso, de alzarse con la honra de lo que él no había hecho, pues el vencer y reinar lo da no él, sino el verdadero Dios, a quien le parece. El día siguiente fue el rey Izcoalt a la ciudad de Suchimilco y se hizo jurar por rey de los Suchimilcos, y por consolarles prometió hacerles bien, y en señal de esto les dejó mandado hiciesen una gran calzada, que atravesase desde México a Suchimilco, que son cuatro leguas, para que así hubiese entre ellos más trato y comunicación. Lo cual los Suchimilcos hicieron, y a poco tiempo les pareció tan bien el gobierno y buen tratamiento de los mexicanos, que se tuvieron por muy dichosos en haber trocado rey y república.

No escarmentaron, como era razón, algunos comarcanos, llevados de la envidia o del temor a su perdición. Cuytlavaca era una ciudad puesta en la laguna, cuyo nombre y habitación, aunque diferente, hoy dura; eran éstos muy diestros en barquear la laguna, y parecióles que por agua podían hacer daño a México; lo cual, visto por el rey, quisiera que su ejército saliera a pelear con ellos. Mas Tlacaellel, teniendo en poco la guerra, y por cosa de afrenta tomarse tan de propósito con aquéllos, ofreció de vencerlos con solos muchachos, y así lo puso por obra. Fuése al templo y sacó del recogimiento de él los mozos que le parecieron, y tomó desde diez a dieciocho años los muchachos que halló que sabían guiar barcos o canoas, y dándoles ciertos avisos y orden de pelear, fue con ellos a Cuytlavaca, donde con sus ardides apretó a sus enemigos, de suerte que les hizo huir, y yendo en su alcance, el señor de Cuytlavaca les salió al camino, rindiéndose a sí y a su ciudad y gente, y con esto cesó el hacerles más mal.

Volvieron los muchachos con grandes despojos y muchos cautivos para sus sacrificios, y fueron recibidos solemnísimamente con gran procesión y músicas y perfumes, y fueron a adorar su ídolo, tomando tierra y comiendo de ella, y sacándose sangre de las espinillas con las lancetas los sacerdotes, y otras supersticiones que en cosas de esta cualidad usaban. Quedaron los muchachos muy honrados y animados, abrazándoles y besándoles el rey, y sus deudos y parientes acompañándoles, y en toda la tierra sonó que Tlacaellel con muchachos había vencido la ciudad de Cuytlavaca.

La nueva de esta victoria y la consideración de las pasadas abrió los ojos a los Tezcuco, gente principal y muy sabia para su modo de saber, y así el primero que fue de parecer se debían sujetar al rey de México y convidalle con su ciudad, fue el rey de Tezcuco, y con aprobación de su consejo enviaron embajadores muy retóricos con señalados presentes a ofrecerse por súbditos, pidiéndole su buena paz y amistad. Ésta se aceptó gratamente; aunque, por consejo de Tlacaellel, para efectuarse se hizo ceremonia que los de Tezcuco salían a campo con los de México y se combatían y rendían al fin, que fue un auto y ceremonia de guerra, sin que hubiese sangre ni heridas de una y otra parte. Con esto quedó el rey de México por supremo señor de Tezcuco, y no quitándoles su rey, sino haciéndole del supremo consejo suyo; y así se conservó siempre hasta el tiempo de Motezuma II, en cuyo reino entraron los españoles.

Con haber sujetado la ciudad y tierra de Tezcuco, quedó México por señora de toda la tierra y pueblos que estaban en torno de la laguna, donde ella está fundada. Habiendo, pues, gozado de esta prosperidad y reinado doce años, adoleció Izcoalt y murió, dejando en gran crecimiento el reino que le habían dado, por el valor y consejo de su sobrino Tlacaellel (como está referido), el cual tuvo por mejor hacer reyes, que serlo él, como ahora se dirá.

Capítulo XVI. Del quinto rey de México, llamado Motezuma, primero de este nombre
La elección del nuevo rey tocaba a los cuatro electores principales (como en otra parte se dijo), y juntamente, por especial privilegio, al rey de Tezcuco y al rey de Tacuba. A estos seis juntó Tlacaellel, como quien tenía suprema autoridad, y propuesto el negocio, salió electo Motezuma, primero de este nombre, sobrino del mismo Tlacaellel.

Fue su elección muy acepta, y así se hicieron solemnísimas fiestas, con mayor aparato que a los pasados. Luego que lo eligieron, le llevaron con gran acompañamiento al templo, y delante del brasero, que llamaban divino, en que siempre había fuego de día y de noche, le pusieron un trono real y atavíos de rey; allí, con unas pautas de tigre y de venado, que para esto tenían, sacrificó el rey a su ídolo, sacándose sangre de las orejas, de los molledos y de las espinillas, que así gustaba el demonio de ser honrado. Hicieron sus arengas allí los sacerdotes y ancianos y capitanes, dándole todos el parabién. Usábanse en tales elecciones grandes banquetes y bailes, y mucha cosa de luminarias. Y introdújose en tiempo de este rey, que para la fiesta de su coronación fuese él mismo en persona a mover guerra a alguna parte, de donde trajese cautivos con que se hiciesen solemnes sacrificios, y desde aquel día quedó esto por ley.

Así, fue Motezuma a la provincia de Chalco, que se habían declarado por enemigos, donde peleando valerosamente hubo gran suma de cautivos, con que ofreció un insigne sacrificio el día de su coronación, aunque por entonces no dejó del todo rendida y allanada la provincia de Chalco, que era de gente belicosa. Este día de la coronación acudían de diversas tierras, cercanas y remotas, a ver las fiestas, y a todos daban abundantes y principales comidas, y vestían a todos, especialmente a los pobres, de ropas nuevas. Para lo cual el mismo día entraban por la ciudad los tributos del rey con gran orden y aparato, ropa de toda suerte, cacao, oro, plata, plumería rica, grandes fardos de algodón, ají, pepitas, diversidad de legumbres, muchos géneros de pescados de mar y de ríos, cuantidad de frutas y caza sin cuento, sin los innumerables presentes que los reyes y señores enviaban al nuevo rey.

Venía todo el tributo por sus cuadrillas, según diversas provincias; iban delante los mayordomos y cobradores con diversas insignias; todo esto con tanto orden y con tanta policía, que era no menos de ver la entrada de los tributos, que toda la demás fiesta. Coronado el rey, dióse a conquistar diversas provincias, y siendo valeroso y virtuoso, llegó de mar a mar, valiéndose en todo del consejo y astucia de su general Tlacaellel, a quien amó y estimó mucho, como era razón.

La guerra en que más se ocupó, y con más dificultad, fue la de la provincia de Chalco, en la cual le acaecieron grandes cosas. Fue una bien notable; que, habiéndole cautivado un hermano suyo, pretendieron los Chalcas hacerle su rey, y para ello le enviaron recados muy comedidos y obligatorios. Él, viendo sus porfías, les dijo que, si en efecto querían alzarle por rey, levantasen en la plaza un madero altísimo y en lo alto de él le hiciesen un tabladillo, donde él subiese. Creyendo era ceremonia de quererse más ensalzar, lo cual pusieron así por obra, y juntando él todos sus mexicanos alrededor del madero, subió en lo alto con un ramillete de flores en la mano, y desde allí habló a los suyos en esta forma: ¡Oh, valerosos mexicanos! Estos me quieren alzar por rey suyo; mas no permitan los dioses que yo, por ser rey, haga traición a mi patria; antes quiero que aprendáis de mí dejaros antes morir, que pasaros a vuestros enemigos; diciendo esto, se arrojó y hizo mil pedazos. De cuyo espectáculo cobraron tanto horror y enojo los Chalcas, que luego dieron en los mexicanos, y allí los acabaron a lanzadas, como a gente fiera y inexorable, diciendo que tenían endemoniados corazones. La noche siguiente acaeció oír dos búhos dando aullidos tristes el uno al otro, con que los de Chalco tomaron por agüero que habían de ser presto destruídos.

Y fue así que el rey Motezuma vino en persona sobre ellos con todo su poder y los venció y arruinó todo su reino; y pasando la sierra nevada fue conquistando hasta la mar del norte, y dando vuelta hacia la del sur también ganó y sujetó diversas provincias, de manera que se hizo poderosísimo rey; todo esto con el ayuda y consejo de Tlacaellel, a quien se debe cuasi todo el imperio mexicano. Con todo, fue de parecer (y así se hizo) que no se conquistase la provincia de Tlascala, porque tuviesen allí los mexicanos frontera de enemigos, donde ejercitasen las armas los mancebos de México, y juntamente tuviesen copia de cautivos, de que hacer sacrificios a sus ídolos, que, como ya se ha visto, consumían gran suma de hombres en ellos, y éstos habían de ser forzoso tomados en guerra.

A este rey Motezuma, o por mejor decir, a su general Tlacaellel, se debe todo el orden y policía que tuvo México, de consejos, consistorios y tribunales para diversas causas, en que hubo gran orden, y tanto número de consejos y de jueces, como en cualquiera república de las más floridas de Europa. Este mismo rey puso su casa real en gran autoridad, haciendo muchos y diversos oficiales, y servíase con gran ceremonia y aparato. En el culto de sus ídolos no se señaló menos, ampliando el número de ministros y instituyendo nuevas ceremonias, y teniendo obervancia extraña en su ley y vana superstición. Edificó aquel gran templo a su dios Vitzilipuztli, de que en otro libro se hizo mención. En la dedicación del templo ofreció innumerables sacrificios de hombres que él en varias victorias había habido. Finalmente, gozando de grande prosperidad de su imperio, adoleció y murió habiendo reinado veinte y ocho años, bien diferente de su sucesor Tizocic, que ni en valor ni en buena dicha le pareció.

Capítulo XVII. Que Tlacaellel no quiso ser rey, y de la elección y sucesos de Tizocic

Juntáronse los cuatro diputados con los señores de Tezcuco y Tacuba, y presidiendo Tlacaellel, procedieron a hacer elección de rey, y encaminando todos sus votos a Tlacaellel, como quien mejor merecía aquel cargo que otro alguno, él lo rehusó con razones eficaces, que persuadieron a elegir otro. Porque decía él que era mejor para la república que otro fuese rey y él fuese su ejecutor y coadjutor, como lo había sido hasta entonces, que no cargar todo sobre él solo, pues sin ser rey era cierto que había de trabajar por su república no menos que si lo fuese.

No es cosa muy usada no admitir el supremo lugar y mando, y querer el cuidado y trabajo, y no la honra y potestad; ni aun acaece que el que puede por sí manejallo todo, huelgue que otro tenga la principal mano, a trueque que el negocio de la república salga mejor. Este bárbaro en esto hizo ventaja a los muy sabios romanos y griegos, y si no díganlo Alejandro y Julio César, que al uno se le hizo poco mandar un mundo, y a los más queridos y leales de los suyos sacó la vida a crueles tormentos, por livianas sospechas que querían reinar. Y el otro se declaró por enemigo de su patria, diciendo que, si se había de torcer del derecho, por solo reinar se había de torcer; tanta es la sed que los hombres tienen de mandar.

Aunque el hecho de Tlacaellel también pudo nacer de una demasiada confianza de sí, pareciéndole que sin ser rey lo era, pues cuasi mandaba a los reyes, y aún ellos le permitían traer cierta insignia como tiara, que a solos los reyes pertenecía. Mas con todo, merece alabanza este hecho, y mayor su consideración, de tener en más el poder mejor ayudar a la república siendo súbdito, que siendo supremo señor; pues, en efecto, es ello así, pues, como en una comedia, aquél merece más gloria, que toma y representa el personaje que más importa, aunque sea de pastor o villano, y deja el de rey o capitán a otro que lo sabe hacer; así, en buena filosofía, deben los hombres mirar más el bien común y aplicarse al oficio y estado que entienden mejor.

Pero esta filosofía es más remontada de lo que al presente se platica. Y con tanto, pasemos a nuestro cuento con decir que, en pago de su modestia y por el respeto que le tenían los electores mexicanos, pidieron a Tlacaellel que, pues no quería reinar, dijese quién le parecía reinase. El dio su voto a un hijo del rey muerto, harto muchacho, por nombre Tizocic, y respondiéronle que eran muy flacos hombros para tanto peso; respondió que los suyos estaban allí para ayudarle a llevar la carga, como había hecho con los pasados; con esto se resumieron y salió electo el Tizocic, y con él se hicieron las ceremonias acostumbradas. Horadáronle la nariz, y por gala pusiéronle allí una esmeralda, y esa es la causa que en sus libros de los mexicanos se denota este rey por la nariz horadada.

Este salió muy diferente de su padre y antecesor, porque le notaron por hombre poco belicoso y cobarde; fue para coronarse a debelar una provincia que estaba alzada, y en la jornada perdió mucho más de su gente que cautivó de sus enemigos; con todo eso volvió diciendo traía el número de cautivos que se requería para los sacrificios de su coronación; y así se coronó con gran solemnidad. Pero los mexicanos, descontentos de tener rey poco animoso y guerrero, trataron de darle fin con ponzoña, y así no duró en el reino más de cuatro años.

Donde se ve bien que los hijos no siempre sacan con la sangre el valor de los padres, y que cuanto mayor ha sido la gloria de los predecesores, tanto más es aborrecible el desvalor y vileza de los que suceden en el mando, y no en el merecimiento. Pero restauró bien esta pérdida otro hermano del muerto, hijo también del gran Motezuma, el cual se llamó Ajayaca, y por parecer de Tlacaellel fue electo, acertando más en éste que el pasado.

Capítulo XVIII. De la muerte de Tlacaellel y hazañas de Ajayaca, séptimo rey de México
Ya era muy viejo en este tiempo Tlacaellel, y como tal le traían en una silla a hombros, para hallarse en las consultas y negocios que se ofrecían. En fin adoleció, y visitándole el nuevo rey, que aún no estaba coronado, y derramando muchas lágrimas, por parecerle que perdía en él padre y padre de su patria; Tlacaellel le encomendó ahincadamente a sus hijos, especialmente al mayor, que había sido valeroso en las guerras que había tenido. El rey le prometió de mirar por él y, para más consolar al viejo, allí, delante de él, le dio el cargo e insignias de su capitán general, con todas las preeminencias de su padre, de que el viejo quedó tan contento, que con él acabó sus días, que si no hubieran de pasar de allí a los de la otra vida, pudieran contarse por dichosos, pues de una pobre y abatida ciudad, en que nació, dejó por su esfuerzo fundado un reino tan grande y tan rico y tan poderoso. Como a tal fundador cuasi de todo aquel imperio le hicieron las exequias los mexicanos, con más aparato y demostración que a ninguno de los reyes habían hecho.

Para aplacar el llanto, por la muerte de su capitán, de todo el pueblo mexicano, acordó Ajayaca hacer luego jornada como se requería para ser coronado. Y con gran presteza pasó con su campo a la provincia de Teguantepec, que dista de México doscientas leguas, y en ella dio batalla a un poderoso y innumerable ejército, que así de aquella provincia, como de las comarcanas, se habían juntado contra México. El primero que salió delante de su campo fue el mismo rey, desafiando a sus contrarios, de los cuales, cuando le acometieron, fingió huir hasta atraerlos a una emboscada, donde tenía muchos soldados cubiertos con paja; éstos salieron a deshora, y los que iban huyendo revolvieron de suerte, que tomaron en medio a los de Teguantepec y dieron en ellos, haciendo cruel matanza, y prosiguiendo asolaron su ciudad y su templo, y a todos los comarcanos dieron castigo riguroso. Y sin parar fueron conquistando hasta Guatulco, puerto hoy día muy conocido en la mar del sur.

De esta jornada volvió Ajayaca con grandísima presa y riquezas a México, donde se coronó soberbiamente, con excesivo aparato de sacrificios, de tributos y de todo lo demás, acudiendo todo el mundo a ver su coronación. Recibían la corona los reyes de México de mano de los reyes de Tezcuco, y era esta preeminencia suya. Otras muchas empresas hizo en que alcanzó grandes victorias, y siempre siendo él el primero que guiaba su gente y acometía a sus enemigos, por donde ganó nombre de muy valiente capitán. Y no se contentó con rendir a los extraños, sino que a los suyos rebeldes les puso el freno, cosa que nunca sus pasados habían podido, ni osado.

Ya se dijo arriba cómo se habían apartado de la república mexicana algunos inquietos y mal contentos, que fundaron otra ciudad muy cerca de México, la cual llamaron Tlatellulco y fue donde es agora Santiago. Estos alzados hicieron bando por sí y fueron multiplicando mucho, y jamás quisieron reconocer a los señores de México, ni prestalles obediencia. Envió, pues, el rey Ajayaca a requerilles no estuviesen divisos, sino que, pues eran de una sangre y un pueblo, se juntasen y reconociesen al rey de México. A este recado respondió el señor de Tlatellulco con gran desprecio y soberbia, desafiando al rey de México para combatir de persona a persona, y luego apercibió su gente, mandando a una parte de ella esconderse entre las espadañas de la laguna, y para estar más encubiertos, o para hacer mayor burla a los de México, mandóles tomar disfraces de cuervos y ansares y de pájaros y de ranas y de otras sabandijas que andan por la laguna, pensando tomar por engaño a los de México que pasasen por los caminos y calzadas de la laguna.

Ajayaca, oído el desafío y entendiendo el ardid de su contrario, repartió su gente y, dando parte a su general, hijo de Tlacaellel, mandóle acudir a desbaratar aquella celada de la laguna. El, por otra parte, con el resto de gente, por paso no usado, fue sobre Tlatellulco, y ante todas cosas llamó al que lo había desafiado, para que cumpliese su palabra. Y saliendo a combatirse los dos señores de México y Tlatellulco, mandaron ambos a los suyos se estuviesen quedos hasta ver quién era vencedor de los dos. Y obedecido el mandato, partieron uno contra otro animosamente, donde peleando buen rato, al fin le fue forzoso al de Tlatellulco volver las espaldas, porque el de México cargaba sobre él más de lo que ya podía sufrir. Viendo huir los de Tlatellulco a su capitán, también ellos desmayaron y volvieron las espaldas, y siguiéndoles los mexicanos, dieron furiosamente en ellos. No se le escapó a Ajayaca el señor de Tlatellulco, porque pensando hacerse fuerte en lo alto de su templo, subió tras él y con fuerza le asió y despeñó del templo abajo, y después mandó poner fuego al templo y a la ciudad.

Entretanto que esto pasaba acá, el general mexicano andaba muy caliente allá en la venganza de los que por engaño les habían pretendido ganar. Y después de haberles compelido con las armas a rendirse, y pedir misericordia, dijo el general que no había de concederles perdón, si no hiciesen primero los oficios de los disfraces que habían tomado. Por eso, que les cumplía cantar como ranas y graznar como cuervos, cuyas divisas habían tomado, y que de aquella manera alcanzarían perdón, y no de otra; queriendo por esta vía afrentarles y hacer burla y escarnio de su ardid. El miedo todo lo enseña presto: Cantaron y graznaron, y con todas las diferencias de voces que les mandaron, a trueco de salir con las vidas, aunque muy corridos del pasatiempo tan pesado que sus enemigos tomaban con ellos.

Dicen que hasta hoy dura el darse trato los de México a los de Tlatellulco, y que es paso porque pasan muy mal cuando les recuerdan algo de estos graznidos y cantares donosos. Gustó el rey Ajayaca de la fiesta, y con ella y gran regocijo se volvieron a México. Fue este rey tenido por uno de los muy buenos; reinó once años, teniendo por sucesor otro no inferior en esfuerzo y virtudes.

Capítulo XIX. De los hechos de Autzol, octavo rey de México
Entre los cuatro electores de México que, como está referido, daban el reino con sus votos a quien les parecía, había uno de grandes partes llamado Autzol; a éste dieron los demás sus votos, y fue su elección en extremo acepta a todo el pueblo, porque demás de ser muy valiente, le tenían todos por afable y amigo de hacer bien, que en los que gobiernan es principal parte para ser amados y obedecidos.

Para la fiesta de su coronación la jornada que le pareció hacer fue ir a castigar el desacato de los de Cuajutatlan, provincia muy rica y próspera, que hoy día es de lo principal de Nueva España. Habían éstos salteado a los mayordomos y oficiales que traían el tributo a México, y alzándose con él; tuvo gran dificultad en allanar esta gente, porque se habían puesto donde un gran brazo de mar impedía el paso a los mexicanos. Para cuyo remedio, con extraño trabajo e invención, hizo Autzol fundar en el agua una como isleta hecha de fajina y tierra y muchos materiales. Con esta obra pudo él y su gente pasar a sus enemigos y darles batalla, en que les desbarató, venció y castigó a su voluntad, y volvió con gran riqueza y triunfo a México a coronarse según su costumbre.

Extendió su reino con diversas conquistas Autzol, hasta llegarle a Guatimala, que está trescientas leguas de México; no fue menos liberal que valiente; cuando venían sus tributos (que, como está dicho, venían con grande aparato y abundancia) salíase de su palacio y, juntando donde le parecía al pueblo, mandaba llevasen allí los tributos; a todos los que había necesitados y pobres repartía allí ropa y comida y todo lo que habían menester en gran abundancia. Las cosas de precio, como oro, plata, joyas, plumería y preseas, repartíalas entre los capitanes y soldados y gente que le servía, según los méritos y hechos de cada uno.

Fue también Autzol gran republicano, derribando los edificios mal puestos y reedificando de nuevo muchos suntuosos. Parecióle que la ciudad de México gozaba poca agua y que la laguna estaba muy cenagosa, y determinó echar en ella un brazo gruesísimo de agua de que se servían los de Cuyoacán. Para el efecto envió a llamar al principal de aquella ciudad, que era un famosísimo hechicero, y propuesto su intento, el hechicero le dijo que mirase lo que hacía, porque aquel negocio tenía gran dificultad, y que entendiese que, si sacaba agua de madre y la metía en México, había de anegar la ciudad. Pareciéndole al rey eran excusas para no hacer lo que él mandaba, enojado le echó de allí.

Otro día envió a Cuyoacán un alcalde de corte a prender al hechicero, y entendido por él a lo que venían aquellos ministros del rey, les mandó entrar y púsose en forma de una terrible águila, de cuya vista espantados se volvieron sin prenderle. Envió otros enojado Autzol, a los cuales se les puso en figura de tigre ferocísimo, y tampoco éstos osaron tocarle. Fueron los terceros, y halláronle hecho sierpe horrible, y temieron mucho más. Amostazado el rey de estos embustes, envió a amenazar a los de Cuyoacán que, si no le traían atado aquel hechicero, haría luego asolar la ciudad. Con el miedo de esto, o el de su voluntad, o forzado de los suyos, en fin fue el hechicero, y en llegando le mandó dar garrote. Y abriendo un caño por donde fuese el agua a México, en fin salió con su intento, echando grandísimo golpe de agua en su laguna, la cual llevaron con grandes ceremonias y superstición, yendo unos sacerdotes incesando a la orilla; otros, sacrificando codornices y untando con su sangre el borde del caño; otros, tañendo caracoles y haciendo música al agua, con cuya vestidura (digo de la diosa del agua) iba revestido el principal, y todos saludando al agua y dándole la bienvenida.

Así está todo hoy día pintado En los Anales Mexicanos, cuyo libro tienen en Roma y está puesto en la sacra biblioteca o librería vaticana, donde un padre de nuestra Compañía, que había venido de México, vio ésta y las demás historias, y las declaraba al bibliotecario de Su Santidad, que en extremo gustaba de entender aquel libro, que jamás había podido entender. Finalmente, el agua llegó a México; pero fue tanto el golpe de ella, que por poco se anegara la ciudad, como el otro había dicho, y en efecto, arruinó gran parte de ella. Mas a todo dio remedio la industria de Autzol, porque hizo sacar un desaguadero, por donde aseguró la ciudad, y todo lo caído, que era ruín edificio, lo reparó de obra fuerte y bien hecha, y así dejó su ciudad cercada toda de agua, como otra Venecia, y muy bien edificada. Duró el reinado de éste once años, parando en el último y más poderoso sucesor de todos los mexicanos.

Capítulo XX. De la elección del gran Motezuma, último rey de México

En el tiempo que entraron los españoles en la Nueva España, que fue el año del Señor de mil quinientos diez y ocho, reinaba Motezuma, el segundo de este nombre y último rey de los mexicanos; digo último, porque, aunque después de muerto éste, los de México eligieron otro, y aun en vida del mismo Motezuma, declarándole por enemigo de la patria, según adelante se verá; pero el que sucedió, y el que vino cautivo a poder del marqués del Valle, no tuvieron más del nombre y título de reyes, por estar ya cuasi todo su reino rendido a los españoles. Así que a Motezuma con razón le contamos por último, y como tal así llegó a lo último de la potencia y grandeza mexicana, que para entre bárbaros pone a todos grande admiración. Por esta causa, y por ser ésta la sazón que Dios quiso para entrar la noticia de su evangelio y reino de Jesucristo en aquella tierra, referiré un poco más por extenso las cosas de este rey.

Era Motezuma de suyo muy grave y muy reposado; por maravilla se oía hablar, y cuando hablaba en el supremo consejo, de que él era, ponía admiración su aviso y consideración, por donde, aun antes de ser rey, era temido y respetado. Estaba de ordinario recogido en una gran pieza, que tenía para sí diputada en el gran templo de Vitzilipuztli, donde decía le comunicaba mucho su ídolo, hablando con él, y así presumía de muy religioso y devoto. Con estas partes, y con ser nobilísimo y de grande ánimo, fue su elección muy fácil y breve, como en persona en quien todos tenían puestos los ojos para tal cargo.

Sabiendo su elección, se fue a esconder al templo a aquella pieza de su recogimiento; fuese por consideración del negocio tan arduo que era regir tanta gente, fuese (como yo más creo) por hipocresía y muestra que no estimaba el imperio, allí, en fin, le hallaron y tomaron y llevaron con el acompañamiento y regocijo posible a su consistorio. Venía él con tanta gravedad, que todos decían le estaba bien su nombre de Motezuma, que quiere decir señor sañudo. Hiciéronle gran reverencia los electores, diéronle noticia de su elección, fue de allí al brasero de los dioses a incensar y luego ofrecer sus sacrificios, sacándose sangre de orejas, molledos y espinillas, como era costumbre. Pusiéronle sus atavíos de rey y horadándole las narices por las ternillas, colgáronle de ellas una esmeralda riquísima; usos bárbaros y penosos, mas el fausto de mandar hacía no se sintiesen.

Sentado después en su trono oyó las oraciones que le hicieron, que, según se usaba, eran con elegancia y artificio. La primera hizo el rey de Tezcuco, que, por haberse conservado con fresca memoria y ser digna de oír, la porné aquí, y fue así: La gran ventura que ha alcanzado todo este reino, nobilísimo mancebo, en haber merecido tenerte a ti por cabeza de todo él, bien se deja entender por la facilidad y concordia de tu elección y por el alegría tan general que todos por ella muestran. Tienen cierto muy gran razón, no que está ya el imperio mexicano tan grande y tan dilatado, que para regir un mundo como éste y llevar carga de tanto peso, no se requiere menos fortaleza y brío que el de tu firme y animoso corazón, ni menos reposo, saber y prudencia, que la tuya. Claramente veo yo que el omnipotente Dios ama esta ciudad, pues le ha dado luz para escoger lo que le convenía. Porque, ¿quién duda que un príncipe, que antes de reinar había investigado los nueve dobleces del cielo, agora, obligándole el cargo de su reino, con tan vivo sentido no alcanzará las cosas de la tierra, para acudir a su gente? ¿Quién duda que el gran esfuerzo que has siempre valerosamente mostrado en casos de importancia, no te haya de sobrar agora, donde tanto es menester? ¿Quién pensará que en tanto valor haya de faltar remedio al huérfano y a la viuda? ¿Quién no se persuadirá que el imperio mexicano haya ya llegado a la cumbre de la autoridad, pues te comunicó el Señor de lo criado tanta, que en solo verte la pones a quien te mira? Alégrate, ¡oh tierra dichosa!, que te ha dado el Criador un príncipe que te será columna firme en que estribes, será padre y amparo de que te socorras, sera más que hermano en la piedad y misericordia para con los suyos. Tienes por cierto rey que no tomará ocasión con el estado para regalarse y estarse tendido en el lecho, ocupado en vicios y pasatiempos; antes al mejor sueño le sobresaltará su corazón y le dejará desvelado el cuidado que de ti ha de tener. El más sabroso bocado de su comida no sentirá, suspenso, en imaginar en tu bien. Dime, pues, reino dichoso, si tengo razón en decir que te regocijes y alientes con tal rey. Y tú, ¡oh generosísimo mancebo y muy poderoso señor nuestro!, ten confianza y buen ánimo, que pues el Señor de todo lo criado te ha dado este oficio, también te dará su esfuerzo para tenerle. Y el que en todo el tiempo pasado ha sido tan liberal contigo, puedes bien confiar que no te negará sus mayores dones, pues te ha puesto en mayor estado, del cual goces por muchos años y buenos.

Estuvo el rey Motezuma muy atento a este razonamiento, el cual acabado, dicen se enterneció de suerte que, acometiendo a responder por tres veces, no pudo, vencido de lágrimas, lágrimas que el propio gusto suele bien derramar, guisando un modo de devoción salida de su propio contentamiento, con muestra de grande humildad. En fin, reportándose, dijo brevemente: Harto ciego estuviera yo, buey rey de Tezcuco, si no viera y entendiera que las cosas que me has dicho ha sido puro favor que me has querido hacer, pues habiendo tantos hombres tan nobles y generosos en este reino, echastes mano para él del menos suficiente, que soy yo. Y es cierto que siento tan pocas prendas en mí para negocio tan arduo, que no sé qué me hacer, sino acudir al Señor de lo criado, que me favorezca, y pedir a todos que se lo supliquen por mí. Dichas estas palabras, se tornó a enternecer y llorar.

Capítulo XXI. Cómo ordenó Motezuma el servicio de su casa, y la guerra que hizo para coronarse
Este, que tales muestras de humildad y ternura dio en su elección, luego, viéndose rey, comenzó a descubrir sus pensamientos altivos. Lo primero mandó

que ningún plebeyo sirviese en su casa, ni tuviese oficio real, como hasta allí sus antepasados lo habían usado, en los cuales reprehendió mucho haberse servido de algunos de bajo linaje; y quiso que todos los señores y gente ilustre estuviese en su palacio y ejerciese oficios de su casa y corte.

A esto le contradijo un anciano de gran autoridad, ayo suyo, que lo había criado, diciéndole, que mirase que aquello tenía mucho inconveniente, porque era enajenar y apartar de sí todo el vulgo y gente plebeya, y ni aun mirarle a la cara no osarían viéndose así desechados. Replicó él, que eso era lo que él quería, y que no había de consentir que anduviesen mezclados plebeyos y nobles como hasta allí, y que el servicio que los tales hacían, era cual ellos eran, con que ninguna reputación ganaban los reyes. Finalmente, se resolvió de modo, que envió a mandar a su consejo quitasen luego todos los asientos y oficios que tenían los plebeyos en su casa y en su corte, y los diesen a caballeros; y así se hizo.

Tras esto salió en persona a la empresa, que pará su coronación era necesaria. Habíase rebelado a la corona real una provincia muy remota hacia el mar océano del norte: llevó consigo a ella la flor de su gente, y todos muy lucidos y bien aderezados. Hizo la guerra con tanto valor y destreza, que en breve sojuzgó toda la provincia y castigó rigurosamente los culpados, y volvió con grandísimo número de cautivos para los sacrificios, y con otros despojos muchos. A la vuelta le hicieron todas las ciudades solemnes recibimientos, y los señores de ellas le sirvieron agua a manos, haciendo oficios de criados suyos, cosa que con ninguno de los pasados habían hecho: tanto era el temor y respeto que le habían cobrado.

En México se hicieron las fiestas de su coronación con tanto aparato de danzas, comedias, entremeses, luminarias, invenciones, diversos juegos y tanta riqueza de tributos traídos de todos sus reinos, que concurrieron gentes extrañas y nunca vistas, ni conocidas a México, y aun los mismos enemigos de mexicanos vinieron disimulados en gran número a verlas, como eran los de Tlascala y los de Mechoacán. Lo cual entendido por Motezuma, los mandó aposentar y tratar regaladísimamente como a su misma persona, y les hizo miradores galanos como los suyos, de donde viesen las fiestas; y de noche, así ellos, como el mismo rey, entraban en ellas, y hacían sus juegos y máscaras.

Y porque se ha hecho mención de estas provincias es bien saber, que jamás se quisieron rendir a los reyes de México, Mechoacán, ni Tlascala, ni Tepeaca, antes pelearon valerosamente, y algunas veces vencieron los de Mechoacán a los de México, y lo mismo hicieron los de Tepeaca. Donde el marqués D. Fernando Cortés, después que le echaron a él y a los españoles de México, pretendió fundar la primera ciudad de españoles, que llamó, si bien me acuerdo, Segura de la Frontera, aunque permaneció poco aquella población; y con la conquista que después hizo de México, se pasó a ella toda la gente española. En efecto, aquellos de Tepeaca, y los de Tlascala, y los de Mechoacán se tuvieron siempre en pie con los mexicanos, aunque Motezuma dijo a Cortés que de propósito no los habían conquistado, por tener ejercicio de guerra y número de cautivos.

Capítulo XXII. De las costumbres y grandezas de Motezuma
Dio este rey en hacerse respetar, y aun cuasi adorar como Dios. Ningún plebeyo le había de mirar a la cara, y si lo hacía, moría por ello: jamás puso sus pies en el suelo, sino siempre llevado en hombros de señores; y si había de bajarse, le ponían una alfombra rica donde pisase. Cuando iba camino, había de ir él y los señores de su compaña por uno como parque hecho de propósito, y toda la otra gente por defuera del parque a uno y otro lado: jamás se vestía un vestido dos veces, ni comía, ni bebía en una vasija, o plato más de una vez: todo había de ser siempre nuevo; y de lo que una vez se había servido, dábalo luego a sus criados, que con estos percances andaban ricos y lucidos.

Era en extremo amigo de que se guardasen sus leyes: acaecíale cuando volvía con victoria de alguna guerra, fingir que iba a alguna recreación, y disfrazarse para ver, si por no pensar que estaba presente, se dejaba de hacerse algo de la fiesta o recibimiento: y si en algo se excedía o faltaba, castigábalo sin remedio. Para saber cómo hacían su oficio sus ministros, también se disfrazaba muchas veces, y aún echaba quien ofreciese cohechos a sus jueces, o les provocase cohechos a sus jueces, o les provocase a cosa mal hecha, y en cayendo en algo de esto, era luego sentencia de muerte con ellos. No curaba que fueran señores, ni aun deudos, ni aun propios hermanos suyos, porque sin remisión moría el que delinquía: su trato con los suyos era poco, raras veces se dejaba ver; estábase encerrado mucho tiempo, y pensando en el gobierno de su reino.

Demás de ser justiciero y grave, fue muy belicoso, y aun muy venturoso, y así alcanzó grandes victorias, y llegó a toda aquella grandeza que por estar ya escrita en historia de España, no me parece repetir más. Y en lo que aquí adelante se dijere, solo terné cuidado de escribir lo que los libros y relaciones de los indios cuentan, de que nuestros escritores españoles no hacen mención, por no haber tanto entendido los secretos de aquella tierra, y son cosas muy dignas de ponderar, como agora se verá.

Capítulo XXIII. De los presagios y prodigios extraños que acaecieron en México, antes de fenecerse su imperio

Aunque la Divina Escritura[239] nos veda el dar crédito a agüeros y pronósticos vanos, y Jeremías nos advierte,[240] que de las señales del cielo no temamos, como lo hacen los gentiles; pero enseña con todo eso la misma Escritura, que en algunas mudanzas universales, y castigos que Dios quiere hacer, no son de despreciar las señales, monstruos y prodigios, que suelen preceder muchas veces, como lo advierte Eusebio Cesariense.[241] Porque el mismo Señor de los cielos y de la tierra ordena semejantes extrañezas y novedades en el cielo, y elementos, y animales y otras criaturas suyas, para que en parte sean aviso a los hombres, y en parte principio de castigo con el temor y espanto que ponen.

En el segundo libro de los Macabeos[242] se escribe, que antes de aquella grande mudanza y perturbación del pueblo de Israel, causada por la tiranía de Antioco llamado Epífanes, al cual intitulan las letras Sagradas[243] raíz de pecado, acaeció por cuarenta días enteros verse por toda Jerusalén grandes escuadrones de caballeros en el aire, que con armas doradas, y sus lanzas y escudos, y caballos feroces, y con las espadas sacadas, tirándose y hiriéndose, escaramuzaban unos con otros; y dicen, que viendo esto los de Jerusalén, suplicaban a Dios alzase su ira, y que aquellos prodigios parasen en bien. En el libro de la Sabiduría también, cuando quiso Dios sacar de Egipto su pueblo, y castigar a

---

239 Deut. 28, vv. 9, 10 et 11.
240 Jerem. 10, v. 2.
241 Lib. 9, de Demostrat. Evangel. demonst. 1.
242 2. Mach. 5.
243 1. Mach. 1.

los egipcios, se refieren[244] algunas vistas y espantos de monstruos, como de fuegos vistos a deshora, de gestos horribles que aparecían.

Josefo, en los libros de Bello Judaico, cuenta muchos y grandes prodigios, que precedieron a la destrucción de Jerusalén y último cautiverio de la desventurada gente, que con tanta razón tuvo a Dios por contrario. Y de Josefo tomó Eusebio Cerasiense[245] y otros la misma relación, autorizando aquellos pronósticos. Los historiadores están llenos de semejantes observaciones en grandes mudanzas de estados, o repúblicas, o religión, y Paulo Orosio cuenta no pocas. Sin duda no es vana su observancia, porque aunque el dar crédito ligeramente a pronósticos y señales, es vanidad, y aun superstición prohibida por la ley de nuestro Dios, mas en cosas muy grandes y mudanza de naciones, y reinos y leyes muy notables, no es vano, sino acertado creer, que la sabiduría del Altísimo ordena o permite cosas que den como alguna nueva de lo que ha de ser, que sirva, como he dicho, a unos de aviso y a otros de parte de castigo, y a todos de indicio, que el rey de los cielos tiene cuenta con las cosas de los hombres. El cual, como para la mayor mudanza del mundo, que será el día del Juicio, tiene ordenadas las mayores y más terribles señales que se pueden imaginar, así para denotar otras mudanzas menores, pero notables, en diversas partes del mundo, no deja de dar algunas maravillosas muestras, que según la ley de su eterna sabiduría tiene dispuestas.

También se ha de entender, que aunque el demonio es padre de la mentira; pero a su pesar le hace el Rey de gloria confesar la verdad muchas veces, y aun él mismo de puro miedo y despecho la dice no pocas. Así daba voces en el desierto,[246] y por la boca de los endemoniados, que Jesús era el salvador, que había venido a destruille. Así por la pithonisa decía,[247] que Paulo predicaba el verdadero Dios. Así apareciéndose, y atormentando a la mujer de Pilato, le hizo negociar por Jesús, varón justo. Así otras historias, sin la sagrada, refieren diversos testimonios de los ídolos en aprobación de la religión cristiana, de que Lactancia, Próspero y otros hacen mención. Léase Eusebio en los libros de la Preparación Evangélica, y después en los de Demostración, que trata de esto largamente.

---

244 Sap. 17.
245 Euseb. lib. 1, de Eccles. Histor.
246 Mat. 1. Luc. 4.
247 Act. 16.

He dicho todo esto tan de propósito, para que nadie desprecie lo que refieren las historias y anales de los indios cerca de los prodigios extraños, y pronósticos que tuvieron de acabarse su reino y el reino del demonio, a quien ellos adoraban juntamente: los cuales, así por haber pasado en tiempos muy cercanos, cuya memoria está fresca, como por ser muy conforme a buena razón, que de una tan mudanza el demonio sagaz se recelase y lamentase, y Dios junto con esto comenzase a castigar a idólatras tan crueles y abominables, digo que me parecen dignos de crédito, y por tales los tengo y refiero aquí.

Pasa, pues, de esta manera: que habiendo reinado Motezuma en suma prosperidad muchos años, y puesto en tan altos pensamientos, que realmente se hacía servir y temer, y aun adorar, como si fuera Dios, comenzó el Altísimo a castigarle, y en parte avisarle, con permitir, que los demonios a quien adoraba, le diesen tristísimos anuncios de la pérdida de su reino, y le atormentasen con pronósticos nunca vistos, de que él quedó tan melancólico y atónito, que no sabía de sí. El ídolo de los Cholola, que se llama Quezalcoalt, anunció que venía gente extraña a poseer aquellos reinos. El rey de Tezcuco, que era gran mágico y tenía pacto con el demonio, vino a visitar a Motezuma a deshora y le certificó que le habían dicho sus dioses, que se le aparejaban y él y a todo su reino grandes pérdidas y trabajos. Muchos hechiceros y brujos le iban a decir lo mismo, entre los cuales fue uno, que muy en particular le dijo lo que después le vino a suceder; y estándole hablando advirtió, que le faltaban los dedos pulgares de los pies y manos.

Disgustado de tales nuevas, mandaba prender todos estos hechiceros, mas ellos se desaparecían presto de la prisión, de que el Motezuma tomaba tanta rabia, que no pudiendo matarlos, hacía matar sus mujeres y hijos, y destruir sus casas y haciendas. Viéndose acosado de estos anuncios, quiso aplacar la ira de sus dioses, y para esto dio en traer una piedra grandísima, para hacer sobre ella bravos sacrificios. Yendo a traerla muchísima gente con sus maromas y recaudo, no pudieron moverla, aunque porfiando quebraron muchas maromas muy gruesas, mas como porfiasen todavía, oyeron una voz junto a la piedra, que no trabajasen en vano, que no podrían llevarla, porque ya el señor de lo criado no quería que se hiciesen aquellas cosas.

Oyendo esto Motezuma, mandó que allí hiciesen los sacrificios. Dicen que tornó otra voz: ¿Ya no he dicho que no es la voluntad del Señor de lo criado, que se haga eso? Para que veais que es así, yo me dejaré llevar un rato, y después no podréis menearme. Fue así, que un rato la movieron con facilidad, y después no hubo remedio, hasta que con muchos ruegos se dejó llevar hasta la entrada de la ciudad de México, donde súbito se cayó en una acequia y buscándola no pareció más, sino fue en el propio lugar de adonde la habían traído, que allí tornaron a hallar, de que quedaron muy confusos y espantados.

Por este propio tiempo apareció en el cielo una llama de fuego grandísima, y muy resplandeciente, de figura piramidal, la cual comenzaba a aparecer a la media noche yendo subiendo, y al amanecer cuando salía el Sol, llegaba al puesto de medio día, donde desaparecía. Mostróse de este modo cada noche por espacio de un año, y todas las veces que salía, la gente daba grandes gritos, como acostumbraban, entendiendo era pronóstico de gran mal. También una vez, sin haber lumbre en todo el templo, ni fuera de él, se encendió todo, sin haber trueno ni relámpago, y dando voces las guardas, acudió muchísima gente con agua, y nada bastó, hasta que se consumió todo: dicen, que parecía que salía el fuego de los mismos maderos, y que ardía más con el agua.

Vieron otrosí salir un cometa siendo de día claro, que corrió de poniente a oriente, echando gran multitud de centellas: dicen era su figura de una cola muy larga, y al principio tres como cabezas. La laguna grande, que está entre México y Tezcuco, sin haber aire, ni temblor de tierra, ni otra ocasión alguna, súbitamente comenzó a hervir, creciendo a borbollones tanto, que todos los edificios que estaban cerca de ella cayeron por el suelo. A este tiempo dicen se oyeron muchas voces como de mujer angustiada, que decía muchas veces: ioh hijos míos, que ya se ha llegado vuestra destrucción! Otras veces decía: ioh hijos míos! ¿dónde os llevaré, para que no os acabéis de perder? Aparecieron también diversos monstruos con dos cabezas, que llevándolos delante de el rey desaparecían.

A todos estos monstruos vencen dos muy extraños: uno fue, que los pescadores de la laguna tomaron una ave del tamaño de una grulla y de su color, pero de extraña hechura, y no vista. Lleváronla a Motezuma; estaba a la sazón en los palacios que llamaban de llanto y luto, todos teñidos de negro, porque

399

como tenía diversos palacios para recreación, también los tenía para tiempo de pena; y estaba en él con muy grande, por las amenazas que sus dioses le hacían con tan tristes anuncios. Llegaron los pescadores a punto de medio día y pusiéronle delante aquella ave, la cual tenía en lo alto de la cabeza una cosa como lúcida y transparente, a manera de espejo, donde vio Motezuma, que se parecían los cielos y las estrellas, de que quedó admirado, volviendo los ojos al cielo, y no viendo estrellas en él. Tornando a mirar en aquel espejo, vio que venía gente de guerra de hacia oriente, y que venía armada, peleando y matando. Mandó llamar sus agoreros, que tenía muchos, y habiendo visto lo mismo, y no sabiendo dar razón de lo que eran preguntados, al mejor tiempo desapareció el ave, que nunca más la vieron, de que quedó tristísimo, y todo turbado el Motezuma.

Lo otro que sucedió fue, que le vino a hablar un labrador, que tenía fama de hombre de bien, y llano, y éste le refirió que estando el día antes haciendo su sementera, vino una grandísima águila volando hacia él, y tomóle en peso sin lastimarle, y llevóle a una cierta cueva, donde le metió, diciendo el aguila: Poderosísimo señor, ya traje a quien me mandaste. Y el indio labrador miró a todas partes a ver con quién hablaba, y no vio a nadie, y en esto oyó una voz que le dijo: ¿Conoces a ese hombre, que está ahí tendido en el suelo?, y mirando al suelo vio un hombre adormecido, y muy vencido de sueño, con insignias reales, y unas flores en la mano, con un pebete de olor ardiendo, según el uso de aquella tierra, y reconociéndole el labrador, entendió que era el gran Motezuma. Respondió el labrador, luego después de haberle mirado: Gran Señor, éste parece a nuestro rey Motezuma. Tornó a sonar la voz: verdad dices, mírale cual está, tan dormido y descuidado de los grandes trabajos y males que han de venir sobre él. Ya es tiempo que pague las muchas ofensas que ha hecho a Dios y las tiranías de su gran soberbia, y está tan descuidado de esto, y tan ciego en sus miserias, que ya no siente. Y para que lo veas, toma ese pebete que tiene ardiendo en la mano, y pégaselo en el muslo, y verás que no siente. El pobre labrador no osó llegar ni hacer lo que decían, por el gran miedo que todos tenían a aquel rey. Mas tornó a decir la voz: No temas, que yo soy más sin comparación, que ese rey; yo le puedo destruir y defenderte a ti, por eso haz lo que te mando. Con esto el villano, tomando el pebete de la mano del rey, pególselo ardiendo al muslo, y no se meneó ni mostró sentimiento. Hecho esto, le dijo la voz que, pues vía cuán dormido estaba aquel rey, que le fuese a despertar y le contase todo lo que había pasado, y que el águila por el mismo mandado le tornó a llevar en peso y le puso en el propio lugar de donde lo había traído, y en cumplimiento de lo que se le había dicho, venía a avisarle. Dicen que se miró entonces Motezuma el muslo y vio que lo tenía quemado, que hasta entonces no lo había sentido, de que quedó en extremo triste y congojado.

Pudo ser que esto que el rústico refirió le hubiese a él pasado en imaginaria visión. Y no es increíble que Dios ordenase, por medio de ángel bueno, o permitiese, por medio de ángel malo, dar aquel aviso al rústico (aunque infiel), para castigo del rey. Pues semejantes apariciones leemos en la divina Escritura[248] haberlas tenido también hombres infieles y pecadores, como Nabucodonosor y Balam y la pitonisa de Saúl. Y cuando algo de estas cosas no hubiese acaecido tan puntualmente, a lo menos es cierto que Motezuma tuvo grandes tristezas y congojas por muchos y varios anuncios, de que su reino y su ley habían de acabarse presto.

Capítulo XXIV. De la nueva que tuvo Motezuma de los españoles que habían aportado a su tierra, y de la embajada que les envió
Pues a los catorce años del reinado de Motezuma, que fue en los mil y quinientos y diez y siete de nuestro Salvador, aparecieron en la mar del norte unos navíos con gente, de que los moradores de la costa, que eran vasallos de Motezuma, recibieron grande admiración, y queriendo satisfacerse más quién eran, fueron en unas canoas los indios a las naos, llevando mucho refresco de comida y ropa rica, como que iban a vender.

Los españoles les acogieron en sus naos y, en pago de las comidas y vestidos que les contentaron, les dieron unos sartales de piedras falsas, coloradas, azules, verdes y amarillas, las cuales creyeron los indios ser piedras preciosas. Y habiéndose informado los españoles de quién era su rey y de su gran potencia, les despidieron, diciéndoles que llevasen aquellas piedras a su señor y dijesen que de presente no podían ir a verle, pero que presto volverían y se verían con él. Con este recado fueron a México los de la costa, llevando

---

248 Dan. 2. Núm. 22, 1. Reg. 28.

pintado en unos paños todo cuanto habían visto, y los navíos y hombres, y su figura, y juntamente las piedras que les habían dado. Quedó con este mensaje el rey Motezuma muy pensativo, y mandó no dijesen nada a nadie. Otro día juntó su consejo y, mostrando los paños y los sartales, consultó qué se haría. Y resolvióse en dar orden a todas las costas de la mar que estuviesen en vela y que cualquier cosa que hubiese le avisasen.

Al año siguiente, que fue a la entrada del diez y ocho, vieron asomar por la mar la flota en que vino el marqués del Valle, don Fernando Cortés, con sus compañeros, de cuya nueva se turbó mucho Motezuma, y consultando con los suyos, dijeron todos que, sin falta, era venido su antiguo y gran señor Quetzaalcoatl, que él había dicho volvería, y que así venía de la parte de oriente, adonde se había ido. Hubo entre aquellos indios una opinión, que un gran príncipe les había en tiempos pasados dejado, y prometido que volvería, de cuyo fundamento se dirá en otra parte. En fin, enviaron cinco embajadores principales con presentes ricos a darles la bienvenida, diciéndoles que ellos sabían que su gran señor Quetzaalcoatl venía allí, y que su siervo Motezuma le enviaba a visitar, teniéndose por siervo suyo.

Entendieron los españoles este mensaje por medio de Marina, india que traían consigo, que sabía la lengua mexicana. Y pareciéndole a Hernando Cortés que era buena ocasión aquélla para su entrada en México, hizo que le aderezasen muy bien su aposento, y puesto él con gran autoridad y ornato, mandó entrar los embajadores, a los cuales no les faltó sino adoralle por su Dios. Diéronle su embajada, diciendo que su siervo Motezuma le enviaba a visitar, y que, como teniente suyo, le tenía la tierra en su nombre, y que sabía que él era el Topilcin, que les había prometido muchos años había volver a vellos, y que allí le traían de aquellas ropas, que él solía vestirse cuando andaba entre ellos, que les pedían las tomase, ofreciéndole muchos y muy buenos presentes.

Respondió Cortés aceptando las ofertas y dando a entender que él era el que decían, de que quedaron muy contentos, viéndose tratar por él con gran amor y benevolencia (que en esto, como en otras cosas, fue digno de alabanza este valeroso capitán), y si su traza fuera adelante, que era por bien ganar aquella gente, parece que se había ofrecido la mejor coyuntura que se podía pensar para sujetar el evangelio con paz y amor toda aquella tierra. Pero los pecados de aquellos crueles homicidas y esclavos de satanás pedían ser castigados del cielo, y los de muchos españoles no eran pocos; y así los juicios altos de Dios dispusieron la salud de las gentes, cortando primero las raíces dañadas. Y como dice el Apóstol:[249] La maldad y ceguera de los unos fue la salvación de los otros.

En efecto, el día siguiente, después de la embajada dicha, vinieron a la capitana los capitanes y gente principal de la flota, y entendiendo el negocio y cuán poderoso y rico era el reino de Motezuma, parecióles que importaba cobrar reputación de bravos y valientes con aquella gente; y que así, aunque eran pocos, serían temidos y recibidos en México. Para esto hicieron soltar toda la artillería de las naos, y como era cosa jamás vista por los indios, quedaron tan atemorizados, como si se cayera el cielo sobre ellos. Después los soldados dieron en desafiallos a que peleasen con ellos, y no se atreviendo los indios, los denostaron y trataron mal, mostrándoles sus espadas, lanzas, gorgujes, partesanas y otras armas, con que muchos les espantaron.

Salieron tan escandalizados y atemorizados los pobres indios, que mudaron del todo opinión, diciendo que allí no venía su rey y señor Topilcin, sino dioses enemigos suyos para destruirlos. Cuando llegaron a México estaba Motezuma en la casa de Audiencia, y antes que le diesen la embajada, mandó el desventurado sacrificar en su presencia número de hombre, y con la sangre de los sacrificados rociar a los embajadores, pensando con esta ceremonia (que usaban en solemnísimas embajadas) tenerla buena. Mas oída toda la relación e información de la forma de navíos, gente y armas, quedó del todo confuso y perplejo, y habido su consejo no halló otro mejor medio que procurar estorbar la llegada de aquellos extranjeros por artes mágicas y conjuros. Solíanse valer de estos medios muchas veces, porque era grande el trato que tenían con el diablo, con cuya ayuda conseguían muchas veces efectos extraños.

Juntáronse, pues, los hechiceros, magos y encantadores, y, persuadidos de Motezuma, tomaron a su cargo el hacer volver aquella gente a su tierra, y para esto fueron hasta ciertos puestos que, para invocar los demonios y usar su arte, les pareció. Cosa digna de consideración: hicieron cuanto pudieron y supieron; viendo que ninguna cosa les empecía a los cristianos, volvieron a su rey diciendo que aquéllos eran más que hombres, porque nada les daña-

---

249 Rom. 11.

ba de todos sus conjuros y encantos. Aquí ya le pareció a Motezuma echar por otro camino y, fingiendo contento de su venida, envió a mandar en todos sus reinos, que sirviesen a aquellos dioses celestiales que habían venido a su tierra. Todo el pueblo estaba en grandísima tristeza y sobresalto.

Venían nuevas a menudo que los españoles preguntaban mucho por el rey y por su modo de proceder y por su casa y hacienda. De esto él se congojaba en demasía, y aconsejándole los suyos y otros nigrománticos que se escondiese, y ofreciéndole que ellos le pornían donde criatura no pudiese hallarle, pareciole bajeza, y determinó aguardar, aunque fuese muriendo. Y, en fin, se pasó de sus casas reales a otras, por dejar su palacio para aposentar en él a aquellos dioses, como ellos decían.

Capítulo XXV. De la entrada de los españoles en México
No pretendo tratar los hechos de los españoles que ganaron a la Nueva España, ni los sucesos extraños que tuvieron, ni el ánimo y valor invencible de su capitán don Fernando Cortés, porque de esto hay ya muchas historias y relaciones, y las que el mismo Fernando Cortés escribió al emperador Carlos V, aunque con estilo llano y ajeno de arrogancia, dan suficiente noticia de lo que pasó, y fue mucho y muy digno de perpetua memoria. Solo para cumplir con mi intento, resta decir lo que los indios refieren de este caso, que no anda en letras españolas hasta el presente.

Sabiendo, pues, Motezuma las victorias del capitán y que venía marchando en demanda suya, y que se había confederado con los de Tlascala, sus capitales enemigos, y hecho un duro castigo en los de Cholola, sus amigos, pensó engañarle o proballe con enviar con sus insignias y aparato un principal, que se fingiese ser Motezuma. Cuya ficción, entendida por el marqués, de los de Tlascala, que venían en su compañía, envióle con una prudente reprehensión por haberle querido engañar, de que quedó confuso Motezuma, y con el temor de esto, dando vueltas a su pensamiento, tornó a intentar hacer volver a los cristianos por medio de hechiceros y encantadores. Para lo cual juntó muchos más que la primera vez, amenazándoles que les quitaría las vidas si le volvían sin hacer el efecto a que los enviaba; prometieron hacerlo.

Fueron una cuadrilla grandísima de estos oficiales diabólicos al camino de Chalco, que era por donde venían los españoles. Subiendo por una cuesta arriba, aparecióles Tezcatlipuca, uno de sus principales dioses, que venía de hacia el real de los españoles, en habito de los Chalcas, y traía ceñidos los pechos con ocho vueltas de una soga de esparto; venía como fuera de sí y como hombre embriagado de coraje y rabia. En llegando al escuadrón de los nigrománticos y hechiceros, paróse y díjoles con grandísimo enojo: ¿Para qué volvéis vosotros acá? ¿Qué pretende Motezuma por vuestro medio? Tarde ha acordado, que ya está determinado que le quiten su reino y su honra y cuanto tiene, por las tiranías grandes que ha cometido contra sus vasallos, pues no ha regido como señor, sino como tirano traidor. Oyendo estas palabras, conocieron los hechiceros que era su ídolo, y humilláronse ante él y allí le compusieron un altar de piedra y le cubrieron de flores que por allí había. Él, no haciendo caso de esto, les tornó a reñir, diciendo: ¿A qué venistes aquí, traidores? Volveos, volveos luego y mirad a México, porque sepáis lo que ha de ser de ella. Dicen que volvieron a mirar a México y que la vieron arder y abrasarse toda en vivas llamas.

Con esto el demonio desapareció, y ellos, no osando pasar adelante, dieron noticia a Motezuma, el cual por un rato no pudo hablar palabra, mirando pensativo al suelo; pasado aquel tiempo, dijo: ¿Pues qué hemos de hacer si los dioses y nuestros amigos no nos favorecen, antes prosperan a nuestros enemigos? Ya yo estoy determinado, y determinémonos todos, que, venga lo que viniere, que no hemos de huir, ni nos hemos de esconder, ni mostrar cobardía. Compadézcome de los viejos, niños y niñas, que no tienen pies ni manos para se defender; y diciendo esto calló, porque se comenzaba a enternecer.

En fin, acercándose el marqués a México, acordó Motezuma hacer de la necesidad virtud, y salióle a recibir como tres cuartos de legua de la ciudad, yendo con mucha majestad y llevado en hombros de cuatro señores y él cubierto de un rico palio de oro y plumería. Al tiempo de encontrarse bajó el Motezuma, y ambos se saludaron muy cortésmente, y don Fernando Cortés le dijo estuviese sin pena, que su venida no era para quitarle ni disminuirle su reino.

Aposentó Motezuma a Cortés y a sus compañeros en su palacio principal, que lo era mucho, y él se fue a otras casas suyas; aquella noche los soldados jugaron el artillería por regocijo, de que no poco se asombraron los indios, no hechos a semejante música. El día siguiente juntó Cortés en una gran sala a Motezuma y a los señores de su corte, y juntos les dijo, sentado él en su silla: Que él era criado de un gran príncipe, que le había mandado ir por aquellas tierras a hacer bien, y que había en ellas hallado a los de Tlascala, que eran sus amigos, muy quejosos de los agravios que les hacían siempre los de México, y que quería entender quién tenía la culpa, y confederarlos para que no se hiciesen mal unos a otros de ahí adelante, y que él y sus hermanos, que eran los españoles, estarían allí sin hacerles daño, antes les ayudarían lo que pudiesen. Este razonamiento procuró le entendiesen todos bien, usando de sus intérpretes. Lo cual, percibido por el rey y los demás señores mexicanos, fue grande el contento que tuvieron y las muestras de amistad que a Cortés y los demás dieron.

 Es opinión de muchos, que como aquel día quedó el negocio puesto, pudieran con facilidad hacer del rey y reino lo que quisieran, y darles la ley de Cristo con gran satisfacción y paz. Mas los juicios de Dios son altos, y los pecados de ambas partes, muchos; y así se rodeó la cosa muy diferente, aunque al cabo salió Dios con su intento de hacer misericordia a aquella nación con la luz de su evangelio, habiendo primero hecho juicio y castigo de los que lo merecían en su divino acatamiento. En efecto, hubo ocasiones con que de la una parte a la otra nacieron sospechas y quejas y agravios, y viendo enajenados los ánimos de los indios, a Cortés le pareció asegurarse con echar mano del rey Motezuma y prenderle y echarle grillos; hecho que espanta al mundo, igual al otro suyo, de quemar los navíos y encerrarse entre sus enemigos a vencer o morir.

 Lo peor de todo fue que, por ocasión de la venida impertinente de un Pánfilo de Narváez a la Vera-Cruz, para alterar la tierra, hubo Cortés de hacer ausencia de México y dejar al pobre Motezuma en poder de sus compañeros, que ni tenían la discreción ni moderación que él. Y así vino la cosa a términos de total rompimiento, sin haber medio ninguno de paz.

Capítulo XXVI. De la muerte de Motezuma y salida de los españoles de México
En la ausencia de Cortés de México, pareció al que quedó en su lugar hacer un castigo en los mexicanos, y fue tan excesivo y murió tanta nobleza en un gran mitote o baile que hicieron en palacio, que todo el pueblo se alborotó y

con furiosa rabia tomaron armas para vengarse y matar los españoles; y así les cercaron la casa y apretaron reciamente, sin que bastase el daño que recibían de la artillería y ballestas, que era grande, a desvialles de su porfía.

Duraron en esto muchos días, quitándoles los bastimentos y no dejando entrar ni salir criatura. Peleaban con piedras, dardos arrojadizos, su modo de lanzas y espadas, que son unos garrotes en que tienen cuatro o seis navajas agudísimas, y tales, que en estas refriegas refieren las historias que de un golpe de estas navajas llevó un indio a cercén todo el cuello de un caballo. Como un día peleasen con esta determinación y furia, para quietalles hicieron los españoles subir a Motezuma con otro principal a lo alto de una azotea, amparados con las rodelas de dos soldados que iban con ellos. En viendo a su señor Motezuma pararon todos y tuvieron grande silencio. Díjoles entonces Motezuma, por medio de aquel principal, a voces, que se sosegasen y que no hiciesen guerra a los españoles, pues estando él preso, como vían, no les había de aprovechar.

Oyendo esto un mozo generoso, llamado Quicuxtemoc, a quien ya trataban de levantar por su rey, dijo a voces a Motezuma que se fuese para bellaco, pues había sido tan cobarde, y que no le habían ya de obedecer, sino darle el castigo que merecía, llamándole por más afrenta de mujer. Con esto, enarcando su arco, comenzó a tirarle flechas, y el pueblo volvió a tirar piedras y proseguir su combate. Dicen muchos que esta vez le dieron a Motezuma una pedrada, de que murió. Los indios de México afirman que no hubo tal, sino que después murió la muerte que luego diré.

Como se vieron tan apretados, Alvarado y los demás enviaron al capitán Cortés aviso del gran peligro en que estaban. Y él, habiendo con maravillosa destreza y valor puesto recaudo en el Narváez, y cogídole para sí la mayor parte de su gente, vino a grandes jornadas a socorrer a los suyos a México, y aguardando a tiempo que los indios estuviesen descansando, porque era su uso en la guerra, cada cuatro días descansar uno, con maña y esfuerzo entró, hasta ponerse con el socorro en las casas reales, donde se habían hecho fuertes los españoles; por lo cual hicieron muchas alegrías y jugaron el artillería.

Mas como la rabia de los mexicanos creciese, sin haber medio para sosegarlos, y los bastimentos les fuesen faltando del todo, viendo que no había esperanza de más defensa, acordó el capitán Cortés salirse una noche a cencerros atapados, y habiendo hecho unas puentes de madera para pasar dos acequias grandísimas y muy peligrosas, salió con muy gran silencio a media noche. Y habiendo ya pasado gran parte de la gente la primera acequia, antes de pasar la segunda fueron sentidos de una india, la cual fue dando grandes voces que se iban sus enemigos, y a las voces se convocó y acudió todo el pueblo con terrible furia; de modo que al pasar la segunda acequia, de heridos y atropellados cayeron muertos más de trescientos, adonde está hoy una ermita que, impertinentemente y sin razón, la llaman de los Mártires.

Muchos, por guarecer el oro y joyas que tenían, no pudieron escapar; otros, deteniéndose en recogello y traello, fueron presos por los mexicanos y cruelmente sacrificados ante sus ídolos. Al rey Motezuma hallaron los mexicanos muerto y pasado, según dicen, de puñaladas; y es su opinión que aquella noche le mataron los españoles, con otros principales. El marqués, en la relación que envió al emperador, antes dice que a un hijo de Motezuma, que él llevaba consigo, con otros nobles, le mataron aquella noche los mexicanos. Y dice que toda la riqueza de oro y piedras y plata que llevaban se cayó en la laguna, donde nunca más pareció.

Como quiera que sea, Motezuma acabó miserablemente, y de su gran soberbia y tiranías pagó el justo juicio del Señor de los cielos lo que merecía. Porque, viniendo a poder de los indios su cuerpo, no quisieron hacerle exequias de rey, ni aun de hombre común, desechándole con gran desprecio y enojo. Un criado suyo, doliéndose de tanta desventura de un rey, temido y adorado antes como dios, allá le hizo una hoguera y puso sus cenizas donde pudo, en lugar harto desechado. Volviendo a los españoles que escaparon, pasaron grandísima fatiga y trabajo, porque los indios les fueron siguiendo obstinadamente dos o tres días, sin dejarles reposar un momento, y ellos iban tan fatigados de comida, que muy pocos granos de maíz se repartían para comer.

Las relaciones de los españoles y las de los indios concuerdan en que aquí les libró nuestro Señor por milagro, defendiéndoles la Madre de misericordia y Reina del cielo, María, maravillosamente en un cerrillo, donde a tres leguas de México está hasta el día de hoy fundada una iglesia en memoria de esto, con título de Nuestra Señora del Socorro. Fuéronse a los amigos de Tlascala, donde se rehicieron y, con su ayuda y con el admirable valor y gran traza de

Fernando Cortés, volvieron a hacer la guerra a México, por mar y tierra, con la invención de los bergantines que echaron a la laguna; y después de muchos combates y más de sesenta peleas peligrosísimas, vinieron a ganar del todo la ciudad día de San Hipólito, a trece de agosto de mil y quinientos y veinte y un años.

El último rey de los mexicanos, habiendo porfiadísimamente sustentando la guerra, a lo último fue tomado en una canoa grande, donde iba huyendo, y traído con otros principales ante Fernando Cortés. El reyezuelo, con extraño valor, arrancando una daga, se llegó a Cortés y le dijo: Hasta agora yo he hecho lo que he podido en defensa de los míos; agora no debo más sino darle ésta, y que con ella me mates. Respondió Cortés que él no quería matarle, ni había sido su intención de dañarles; mas que su porfía tan loca tenía la culpa de tanto mal y destruición, como habían padecido; que bien sabían cuántas veces les habían requerido con la paz y amistad. Con esto le mandó poner guardia y tratar muy bien a él y a todos los demás que habían escapado.

Sucedieron en esta conquista de México muchas cosas maravillosas, y no tengo por mentira, ni por encarecimiento, lo que dicen los que escriben, que favoreció Dios el negocio de los españoles con muchos milagros, y sin el favor del cielo era imposible vencerse tantas dificultades y allanarse toda la tierra al mando de tan pocos hombres. Porque, aunque nosotros fuésemos pecadores e indignos de tal favor, la causa de Dios y gloria de nuestra fe y bien de tantos millares de almas, como de aquellas naciones tenía el Señor predestinadas, requería que para la mudanza que vemos se pusiesen medios sobrenaturales y propios del que llama a su conocimiento a los ciegos y presos, y les da luz y libertad con su sagrado evangelio. Y porque esto mejor se crea y entienda, referiré algunos ejemplos que me parecen a propósito de esta historia.

Capítulo XXVII. De algunos milagros que en las Indias ha obrado Dios en favor de la Fe, sin méritos de los que los obraron
Santa Cruz de la Sierra es una provincia muy apartada y grande en los reinos del Perú, que tiene vecindad con diversas naciones de infieles que aún no tienen luz del evangelio, si de los años acá que han ido padres de nuestra

Compañía con ese intento, no se la han dado. Pero la misma provincia es de cristianos, y hay en ella españoles y indios baptizados en mucha cuantidad.

La manera en que entró allá la cristiandad fue ésta: Un soldado de ruín vida y facineroso en la provincia de los Charcas, por temor de la justicia, que por sus delitos le buscaba, entró mucho la tierra adentro y fue acogido de los bárbaros de aquella tierra, a los cuales, viendo el español que pasaban gran necesidad por falta de agua, y que para que lloviese hacían muchas supersticiones, como ellos usan, díjoles que, si ellos hacían lo que él les diría, que luego llovería. Ellos se ofrecieron a hacerlo de buena gana. El soldado con esto hizo una grande cruz, y púsola en lo alto y mandóles que adorasen allí y pidiesen agua, y ellos lo hicieron así. Cosa maravillosa: Cargó luego tan copiosísima lluvia, que los indios cobraron tanta devoción a la santa cruz, que acudían a ella con todas sus necesidades y alcanzaban lo que pedían, tanto, que vinieron a derribar sus ídolos y a traer la cruz por insignia, y pedir predicadores que le enseñasen y baptizasen; y la misma provincia se intitula hasta hoy por eso Santa Cruz de la Sierra.

Mas porque se vea por quién obraba Dios estas maravillas, es bien decir cómo el sobredicho soldado, después de haber algunos años hecho estos milagros de apóstol, no mejorando su vida, salió a la provincia de los Charcas y, haciendo de las suyas, fue en Potosí públicamente puesto en la horca. Polo, que le debía de conocer bien, escribe todo esto como cosa notoria que pasó en su tiempo.

En la peregrinación extraña que escribe Cabeza de Vaca, el que fue después gobernador en el Paraguay, que le sucedió en la Florida con otros dos o tres compañeros que solos quedaron de una armada, en que pasaron diez años en tierras de bárbaros, penetrando hasta el mar del sur, cuenta y es autor fidedigno: Que compeliéndoles los bárbaros a que les curasen de ciertas enfermedades, y que si no lo hacían les quitarían la vida, no sabiendo ellos parte de medicina, ni teniendo aparejo para ella, compelidos de la necesidad se hicieron médicos evangélicos, y diciendo las oraciones de la Iglesia, y haciendo la señal de la cruz, sanaron aquellos enfermos. De cuya fama hubieron de proseguir el mismo oficio por todos los pueblos, que fueron innumerables, concurriendo el Señor maravillosamente, de suerte que ellos se admiraban de sí mismos, siendo hombres de vida común, y el uno de ellos un negro.

Lancero fue en el Perú un soldado, que no se saben de él más méritos que ser soldado, decía sobre las heridas ciertas palabras buenas, haciendo la señal de la cruz, y sanaban luego; de donde vino a decirse como por refrán, el salmo de Lancero. Y examinado por los que tienen en la Iglesia autoridad, fue aprobado su hecho y oficio.

En la ciudad del Cuzco, cuando estuvieron los españoles cercados, y en tanto aprieto que sin ayuda del cielo fuera imposible escapar, cuentan personas fidedignas y yo se lo oí, que echando los indios fuego arrojadizo sobre el techo de la morada de los españoles, que era donde es agora la iglesia mayor, siendo el techo de cierta paja, que allí llaman icho, y siendo los hachos de tea muy grandes, jamás prendió ni quemó cosa, porque una Señora que estaba en lo alto, apagaba el fuego luego, y esto visiblemente lo vieron los indios, y lo dijeron muy admirados.

Por relaciones de muchos y por historias que hay, se sabe de cierto, que en diversas batallas que los españoles tuvieron, así en la Nueva España como en el Perú, vieron los indios contrarios en el aire un caballero con la espada en la mano, en un caballo blanco, peleando por los españoles; de donde ha sido y es tan grande la veneración que en todas las Indias tienen al glorioso Apóstol Santiago. Otras veces vieron en tales conflictos la imagen de nuestra Señora, de quien los cristianos en aquellas partes han recibido incomparables beneficios.

Y si estas obras del cielo se hubiesen de referir por extenso, como han pasado, sería relación muy larga. Baste haber tocado esto, con ocasión de la merced que la Reina de gloria hizo a los nuestros, cuando iban tan apretados y perseguidos de los mexicanos. Lo cual todo se ha dicho para que se entienda, que ha tenido nuestro Señor cuidado de favorecer la fe y religión cristiana, defendiendo a los que la tenían aunque ellos por ventura no mereciesen por sus obras semejantes regalos y favores del cielo.

Junto con esto es bien que no se condenen tan absolutamente todas las cosas de los primeros conquistadores de las Indias, como algunos letrados y religiosos han hecho con buen celo sin duda, pero demasiado. Porque aunque por la mayor parte fueron hombres cudiciosos, ásperos, y muy ignorantes del modo de proceder, que se había de tener entre infieles, que jamás habían ofendido a los cristianos; pero tampoco se puede negar, que de parte de los infieles hubo muchas maldades contra Dios y contra los nuestros, que les obligaron a usar de rigor y castigo. Y lo que es más, el Señor de todos, aunque los fieles fueron pecadores, quiso favorecer su causa y partido para bien de los mismos infieles que habían de convertirse después por esa ocasión al santo evangelio. Porque los caminos de Dios son altos, y sus trazas maravillosas.

Capítulo XXVIII. De la disposición que la divina providencia ordenó en Indias para la entrada en la religión cristiana en ellas

Quiero dar fin a esta Historia de Indias, con declarar la admirable traza, con que Dios dispuso y preparó la entrada del evangelio en ellas, que es mucho de considerar, para alabar y engrandecer el saber y bondad del Criador.

Por la relación y discurso que en estos libros he escrito, podrá cualquiera entender, que así en el Perú, como en la Nueva España, al tiempo que entraron los cristianos, habían llegado aquellos Reinos a lo sumo, y estaban en la cumbre de su pujanza, pues los Incas poseían en el Perú desde el reino de Chile hasta pasado el de Quito, que son mil leguas; y estaban tan servidos y ricos de oro, plata y todas riquezas. Y en México, Motezuma imperaba desde el mar océano del norte, hasta el mar del sur, siendo temido y adorado, no como hombre, sino como dios.

A este tiempo juzgó el Altísimo, que aquella piedra de Daniel,[250] que quebrantó los reinos y monarquías del mundo, quebrantase también los de estotro mundo nuevo, y así como la ley de Cristo vino, cuando la monarquía de Roma había llegado a su cumbre, así también fue en las Indias occidentales. Y verdaderamente fue suma providencia del Señor. Porque el haber en el orbe una cabeza, y un señor temporal (como notan los sagrados doctores), hizo que el evangelio se pudiese comunicar con facilidad a tantas gentes y naciones. Y lo mismo sucedió en las Indias, donde el haber llegado la noticia de Cristo a las cabezas de tantos reinos y gentes, hizo que con facilidad pasase por todas ellas.

Y aun aquí hay un particular notable, que como iban los señores de México y del Cuzco conquistando tierras, iban introduciendo también su lengua, porque aunque hubo y hay muy gran diversidad de lenguas particulares y

---

250 Dan. 2.

propias; pero la lengua cortesana del Cuzco corrió y corre hoy día más de mil lenguas, y la de México debe correr poco menos. Lo cual para facilitar la predicación en tiempo que los predicadores no reciben el don de lenguas como antiguamente, no ha importado poco, sino muy mucho.

De cuanta ayuda haya sido para la predicación y conversión de las gentes la grandeza de estos dos imperios, que he dicho, mírelo quien quisiere en la suma dificultad que se ha experimentado en reducir a Cristo los indios que no reconocen un señor. Véanlo en la Florida, y en el Brasil, y en los Andes y en otras cien partes, donde no se ha hecho tanto efecto, en cincuenta años, como en el Perú y Nueva España en menos de cinco se hizo.

Si dicen, que el ser rica esa tierra fue la causa, yo no lo niego; pero esa riqueza era imposible habella, ni conservalla, si no hubiera monarquía. Y eso mismo es traza de Dios, en tiempo que los predicadores de el evangelio somos tan fríos y faltos de espíritu, que haya mercaderes y soldados que con el calor de la cudicia y del mando, busquen y hallen nuevas gentes, donde pacemos con nuestra mercadería. Pues como San Agustín dice,[251] la profecía de Isaías se cumplió, en dilatarse la Iglesia de Cristo, no solo a la diestra, sino también a la siniestra, que es como él declara, crecer por medios humanos y terrenos de hombres, que más se buscan a sí, que a Jesucristo.

Fue también gran providencia de el Señor, que cuando fueron los primeros españoles, hallaron ayuda en los mismos indios, por haber parcialidades y grandes divisiones. En el Perú está claro que la división entre los dos hermanos Atahualpa y Guáscar, recién muerto el gran rey Guaynacapa su padre, esa dio la entrada al marqués don Francisco Pizarro, y a los españoles, queriéndolos por amigos cada uno de ellos, y estando ocupados en hacerse la guerra el uno al otro. En la Nueva España no es menos averiguado, que el ayuda de los de la provincia de Tlascala, por la perpetua enemistad que tenían con los mexicanos, dio al marqués don Fernando Cortés, y a los suyos la victoria y señorío de México, y sin ellos fuera imposible ganarla, ni aun sustentarse en la tierra.

Quién estima en poco a los indios, y juzga que con la ventaja que tienen los españoles de sus personas y caballos, y armas ofensivas y defensivas, podrán conquistar cualquier tierra y nación de indios, mucho, mucho se engaña. Ahí está Chile, o por mejor decir Arauco y Tucapel, que son dos valles que ha más

---

251 Azg. lib. 2, de conc. Evang., cap. 36.

de veinte y cinco años, que con pelear cada año, y hacer todo su posible, no les han podido ganar nuestros españoles cuasi un pie de tierra, porque perdido una vez el miedo a los caballos y arcabuces, y sabiendo que el español cae también con la pedrada, y con la flecha, atrévense los bárbaros, y éntranse por las picas, y hacen su hecho.

¿Cuántos años ha que en la Nueva España se hace gente, y va contra los Chichimecos, que son unos pocos de indios desnudos con sus arcos y flechas; y hasta el día de hoy no están vencidos, antes cada día más atrevidos y desvergonzados? ¿Pues los Chunchos, Chiriguanas, y Pilcozones y los demás de los Andes? ¿No fue la flor del Perú llevando tan grande aparato de armas y gente como vimos? ¿Qué hizo? ¿Con qué ganancia volvió? Volvió no poco contenta de haber escapado con la vida, perdido el bagaje, y caballos cuasi todos.

No piense nadie, que diciendo indios, ha de entender hombre de tronchos, y si no llegue y pruebe. Atribúyase la gloria a quien se debe, que es principalmente a Dios, y a su admirable disposición, que si Motezuma en México, y el Inga en el Perú se pusieran a resistir a los españoles la entrada, poca parte fuera Cortés, ni Pizarro, aunque fueron excelentes capitanes, para hacer pie en la tierra.

Fue también no pequeña ayuda para recibir los indios bien la ley de Cristo, la gran sujeción que tuvieron a sus reyes y señores. Y la misma servidumbre y sujeción al demonio y a sus tiranías, y yugo tan pesado, fue excelente disposición para la divina Sabiduría, que de los mismos males se aprovecha para bienes y coge el bien suyo del mal ajeno, que él no sembró. Es llano, que ninguna gente de las Indias occidentales ha sido, ni es más apta para el evangelio, que los que han estado más sujetos a sus señores, y mayor carga han llevado, así de tributos y servicios, como de ritos y usos mortíferos. Todo lo que poseyeron los reyes mexicanos y del Perú, es hoy lo más cultivado de cristiandad, y donde menos dificultad hay en gobierno político y eclesiástico. El yugo pesadísimo e incomportable de las leyes de satanás, y sacrificios y ceremonias, ya dijimos arriba, que los mismos indios estaban ya tan cansados de llevarlo, que consultaban entre sí de buscar otra ley y otros dioses a quien servir. Así les pareció, y parece la ley de Cristo justa, suave, limpia, buena, igual, y toda llena de bienes.

Y lo que tiene dificultad en nuestra ley, que es creer misterios tan altos y soberanos, facilitóse mucho entre éstos, con haberles platicado el diablo otras cosas mucho más difíciles; y las mismas cosas que hurtó de nuestra ley evangélica como su modo de comunión y confesión, y adoración de tres en uno, y otras tales, a pesar del enemigo, sirvieron para que las recibiesen bien en la verdad los que en la mentira las habían recibido; en todo es Dios sabio y maravilloso, y con sus mismas armas vence al adversario, y con su lazo le coge, y con su espada le degüella.

Finalmente, quiso nuestro Dios (que había criado estas gentes, y tanto tiempo estaba, al parecer, olvidado de ellas, cuando llegó la dichosa hora) hacer, que los mismos demonios, enemigos de los hombres, tenidos falsamente por dioses, diesen a su pesar testimonio de la venida de la verdadera ley, del poder de Cristo y del triunfo de su cruz, como por los anuncios, y profecías, y señales y prodigios, arriba referidos, y por otros muchos que en el Perú, y en diversas partes pasaron, certísimamente consta. Y los mismos ministros de satanás, indios hechiceros y magos lo han confesado, y no se puede negar, porque es evidente y notorio al mundo, que donde se pone la cruz, y hay iglesias, y se confiesa el nombre de Cristo, no osa chistar el demonio, y han cesado sus pláticas y oráculos y respuestas y apariencias visibles, que tan ordinarias eran en toda su infidelidad. Y si algún maldito ministro suyo participa hoy algo de esto, es allá en las cuevas o simas, y lugares escondidísimos, y del todo remotos del nombre y trato de cristianos; sea el sumo Señor bendito por sus grandes misericordias y por la gloria de su santo nombre.

Cierto, si a esta gente, como Cristo les dio ley, y yugo suave, y carga ligera, así los que les rigen temporal y espiritualmente, no les echasen más peso del que pueden bien llevar, como las cédulas del buen Emperador, de gloriosa memoria, lo disponen y mandan, y con esto hubiese siquiera la mitad del cuidado en ayudarles a su salvación, del que se pone en aprovecharnos de sus pobres sudores y trabajos, sería la cristiandad más apacible y dichosa del mundo; nuestros pecados no dan muchas veces lugar a más bien. Pero con esto digo lo que es verdad, y para mí muy cierta, que aunque la primera entrada del evangelio en muchas partes no fue con la sinceridad y medios cristianos que debiera ser; mas la bondad de Dios sacó bien de ese mal, y hizo que la sujeción de los indios les fuese su entero remedio y salud.

Véase todo lo que en nuestros siglos se ha de nuevo allegado a la cristiandad en oriente y poniente, y véase cuán poca seguridad y firmeza ha habido en la fe y religión cristiana, donde quiera que los nuevamente convertidos han tenido entera libertad para disponer de sí a su albedrío: en los indios sujetos la cristiandad va sin duda creciendo y mejorando, y dando de cada día más fruto, y en otros de otra suerte, de principios más dichosos, va descayendo y amenazando ruina. Y aunque en las Indias occidentales fueron los principios bien trabajosos, no dejó el Señor de enviar luego muy buenos obreros y fieles ministros suyos, varones santos y apostólicos, como fueron fray Martín de Valencia, de San Francisco; fray Domingo de Betanzos, de Santo Domingo; fray Juan de Roa, de San Agustín, con otros siervos del Señor, que vivieron santamente, y obraron cosas sobre humanas. Perlados también sabios y santos y sacerdotes muy dignos de memoria, de los cuales no solo oímos milagros notables y hechos propios de apóstoles; pero aún en nuestro tiempo los conocimos y tratamos en este grado.

Mas porque el intento mío no ha sido más que tratar lo que toca a la Historia propia de los mismos indios, y llegar hasta el tiempo que el Padre de nuestro Señor Jesucristo tuvo por bien comunicalles la luz de su palabra, no pasaré adelante, dejando para otro tiempo, o para mejor ingenio, el discurso del evangelio en las Indias occidentales, pidiendo al sumo Señor de todos, y rogando a sus siervos supliquen ahincadamente a la Divina Majestad que se digne por su bondad visitar a menudo, y acrecentar con dones del cielo la nueva cristiandad, que en los últimos siglos ha plantado en los términos de la tierra. Sea al Rey de los siglos gloria, y honra y imperio por siempre jamás. Amén.

Todo lo que en estos siete libros desta Historia Natural y Moral de Indias está escripto, sujeto al sentido y corrección de la Santa Iglesia Católica Romana en todo y por todo. En Madrid, 21 de febrero, 1589.

Fue impreso en Sevilla, casa de Juan de León, junto a las Siete Revueltas, 1590.

Libros a la carta

A la carta es un servicio especializado para
  empresas,
  librerías,
  bibliotecas,
  editoriales
  y centros de enseñanza;
  y permite confeccionar libros que, por su formato y concepción, sirven a los propósitos más específicos de estas instituciones.

Las empresas nos encargan ediciones personalizadas para marketing editorial o para regalos institucionales. Y los interesados solicitan, a título personal, ediciones antiguas, o no disponibles en el mercado; y las acompañan con notas y comentarios críticos.

Las ediciones tienen como apoyo un libro de estilo con todo tipo de referencias sobre los criterios de tratamiento tipográfico aplicados a nuestros libros que puede ser consultado en linkgua-digital.com.

Linkgua edita por encargo diferentes versiones de una misma obra con distintos tratamientos ortotipográficos (actualizaciones de carácter divulgativo de un clásico, o versiones estrictamente fieles a la edición original de referencia).

Este servicio de ediciones a la carta le permitirá, si usted se dedica a la enseñanza, tener una forma de hacer pública su interpretación de un texto y, sobre una versión digitalizada «base», usted podrá introducir interpretaciones del texto fuente. Es un tópico que los profesores denuncien en clase los desmanes de una edición, o vayan comentando errores de interpretación de un texto y esta es una solución útil a esa necesidad del mundo académico.

Asimismo publicamos de manera sistemática, en un mismo catálogo, tesis doctorales y actas de congresos académicos, que son distribuidas a través de nuestra Web.

El servicio de «libros a la carta» funciona de dos formas.

1. Tenemos un fondo de libros digitalizados que usted puede personalizar en tiradas de al menos cinco ejemplares. Estas personalizaciones pueden ser de todo tipo: añadir notas de clase para uso de un grupo de estudiantes, introducir logos corporativos para uso con fines de marketing empresarial, etc. etc.

2. Buscamos libros descatalogados de otras editoriales y los reeditamos en tiradas cortas a petición de un cliente.

www.ingramcontent.com/pod-product-compliance
Lightning Source LLC
Chambersburg PA
CBHW031844220426
43663CB00006B/490